現代地域政策学

動態的で補完的な内発的発展の創造

入谷貴夫 著
Iriya Takao

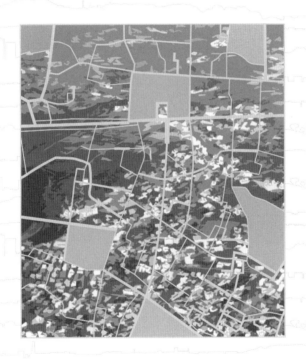

法律文化社

はしがき

　地域社会は，高度成長期から連綿と続いた大企業と大型公共事業の誘致に依存する「外来型開発」から脱却し，維持可能で内発的な発展に転換することが求められていた。

　今日，経済のグローバリゼーションの進展，三位一体改革や市町村合併による「構造改革」によって，地域経済の空洞化が進み地域格差が拡大している。一方，地域開発政策は，全国総合開発計画から国土形成計画に変更され，地域格差の是正を目指す「地域間の均衡ある発展」という目標を外した。新しい国土形成計画（2015年）では小さな拠点の形成，コンパクトシティの形成や連携中枢都市圏の形成など新たな地域構造の再編を掲げている。そこでは，地方に対して，発展の抽象的な条件だけを掲げる“静態的”で，国の責任や役割を縮小して自治体に自助努力を要請する“自己完結的”な「内発的発展」を求めるに至っている。こうした地方に内発的な自助努力を求める政策は，明治期の内務省主導の「地方改良運動」や昭和恐慌期の「農村経済更生運動」にもみられ共通している。

　このため，改めて，国の責任や役割を明確にする内発的発展の地域政策を確立することが求められているといえよう。そのためには，高度成長期に推進された外来型開発の批判的実証分析を通して提唱された「内発的発展論」を今日の状況を踏まえて政策論としてさらに発展させ，地域から日本の未来を切り拓くことが求められる。この課題を実現するためには，国が奨励する“静態的”で“自己完結的”な内発的発展ではなく，発展のプロセスを重視する“動態的”で国の責任や役割を明確にする“補完的”な内発的発展論を展開する必要がある。本書では，こうした課題を明らかにするために2つの理論を提起した。

　第1の理論は，動態的な側面に関する地域の「制度・循環・マネジメント」である。

　全国の4つの市町村（綾町，諸塚村，梼原町，帯広市）の地域政策の実証研究から導きだした内発的発展の理論と産業連関分析の方法による数量分析をベー

スにして，地域の「制度・循環・マネジメント」の考え方を提起した。

　地域は，生活と生産の容器（地域共同社会）であり，マクロ経済とミクロ経済の間にあり，かつ素材と体制の間にある中間システムである。このため，国民経済の論理や，企業や家計の論理に依りつつもそれだけでは解けない領域であり，独自の論理が求められるとともに，それぞれの地域の個性を考慮した政策が求められる。さらに，市場システムに限定するのではなく，公共部門の能動性や環境や文化などを総合する視点も不可欠である。

　日本各地の地域は，自然的・地理的・社会的な条件のもとで，多様で固有のありよう（本書では「地域の政治経済制度」と表現している。以下，同様）を確立してきた。そして，先進的な地域では，その固有の政治経済制度のもとで次のような3つの地域循環を重層的に育んできた（「3層の地域循環構造」）。

　第1は，6次産業化などの地域内での経済循環である（「地域経済循環」）。

　第2は，公共部門による地域経済循環の支援と住民福祉の向上のための支出と投資が，民間部門の活性化と税源涵養につながり，その結果，公共部門に税収をもたらす循環である（「公共・民間循環」）。

　第3は，自然環境・アメニティを活用し保全することが，地域社会にエコツーリズムや自然エネルギーなどの新しい社会的な価値をもたらす循環である（「環境・社会循環」）。

　これらのうち第2の公共・民間循環と第3の環境・社会循環は，そのプロセスに地域経済循環を含んでおり第1の地域経済循環と共通性がある。

　市町村が内発的に発展する条件を獲得するためには，第1に，こうした固有の政治経済制度とそれに根ざす3層の地域循環構造を理論的に把握し，第2に，地域経済循環の実態を地域的産業連関システム（具体的には，第Ⅱ部で4つの市町村の分析から抽出したフードシステム，ウッドシステム，自然エネルギーシステム，エコツーリズムシステム，ケアシステムなど）として把握するとともに，地域産業連関表などの統計資料を活用して数量的に把握し，第3に，地域の政治経済制度と3層の地域循環構造を総合的にマネジメントする地域政策を確立することが課題となる。

　第2の理論は，補完的な側面に関する下から（地域から）構築する地域政策論である。

上で述べた市町村段階での内発的発展の地域政策は，市町村段階だけでは限界がある。しかし，それが広域自治体である都道府県段階の地域政策に結合することにより有効性を増す。そして最終的には，それが国の地域政策に結実し，国は地方分権的な行財政制度を確立し，都道府県と市町村の地域政策を支援することにより実効性が高まる。

　本書では，このうち，都道府県段階において高度成長期に対照的な地域政策を採用した2つの事例，大分県の拠点開発方式（ヨコの開発）と京都府の根幹的事業方式（タテの開発）を比較分析し，都道府県段階の地域政策として域内の均等発展を目的とする広域機能の活用と，それと有機的に結びついた補完機能と連絡調整機能の一体的運用が地域経済のありようを分かつ分水嶺であり，京都府の地域政策が有効であることを明らかにした。

　こうした市町村と都道府県，そして国の関係のなかで，下から（地域から）地域政策を構築するあり方は，戦後日本の「シャウプ勧告」や「神戸勧告」，ヨーロッパで本格的な開花期を迎えようとしている「ヨーロッパ地方自治憲章」や「世界地方自治宣言」の基本的な原理となっている「補完性原理」と共通性がある。

　本書は，以上のような地域と地域政策をめぐる現状と課題を明らかにするために3部構成とした。

　第I部は，本書の背骨となる理論編である。

　最初に，地域と地域政策の現状を分析した。地域を取りまく現状は，海外生産比率が1985年のプラザ合意以降上昇し，それとともに国内では都市圏での企業立地が増え，地方圏での立地が減少している。また，行政投資も地方圏では減少傾向にある。さらに，産業別就業者は，2000年までは第1次産業を中心に減少傾向にあったが，21世紀に入ると第1次産業のみならず第2次，第3次産業でも減少傾向がみられる。地方圏におけるこうした民間投資と行政投資，雇用の減少が引き金となって地方圏の都道府県と市町村における就業者の減少を招き，その結果，人口が減少している（第1章）。

　したがって，地方圏を取りまく厳しい現状を打開する新しい地域政策が求められている。新しい地域政策は次の2つの側面，すなわち「動態的」で「補完的」な側面を有している。「動態的」な側面は4つの市町村の事例分析から導

出した結論，「地域の政治経済制度に根ざす3層の地域循環構造の創造とその
マネジメント」である（第2章）。「補完的」な側面は2つの府県の地域政策の
比較分析から導出した結論，府県は広域自治体として域内で広域機能を活用し
補完機能と連絡調整機能を一体的に機能させることによって域内の市町村の均
等発展を創出しうるという「下から（地域から）構築する地域政策」である（第
3章）。

　さらに，この2つの側面は，W. ペティと町村是運動の学説検討（第10章，第
11章）から得た知見，地域の制度分析や地域経済の数量的把握の意義，および
地域政策における補完性原理の意義と重なっている。

　以上のことを踏まえて，「静態的で自己完結的な内発的発展論」とは一線を
画す「動態的で補完的な内発的発展論」をベースとした新しい地域政策の理論
を提起した。

　第Ⅱ部は，4つの市町村と2つの府県の地域政策の事例を分析した実証編で
ある。

　市町村の内発的発展の研究は，1980年代から大分県湯布院町や宮崎県綾町な
どの農山村部の事例から始まり，その後，金沢など都市部やボローニャなど海
外の事例に拡張されてきた。本書では，従来の研究成果を踏まえつつ，2000年
代に入り全国の自治体において生まれた2つの動向に着目し分析した。

　1つは，小規模自治体の交流と連帯の場である「小さくても輝く自治体
フォーラム」に集う自治体の地域づくりである。人口の自然減による新過疎問
題が浮上するなかで，地方交付税削減を伴う政府の合併推進政策（平成の大合
併）にもかかわらず，合併を選択せず自立の道を歩み始めた福島県矢祭町をは
じめ全国の小規模自治体が2003年2月に長野県栄村で「小さくても輝く自治体
フォーラム」を開催し，交流と連帯の場を設けた。こうした小規模自治体の事
例として宮崎県の綾町と諸塚村，高知県梼原町を取り上げた。

　もう1つは，全国の都道府県や市町村における中小企業振興基本条例制定に
よる産業政策である。1963年に制定された中小企業基本法が1999年に抜本的に
改正され，その6条で，地方公共団体はその区域の「自然的経済的社会的諸条
件に応じた施策を策定し，及び実施する責務を有する」とされた。これを契機
として，全国各地で中小企業振興基本条例制定の動きが活発化したが，この代

表的な事例として帯広・十勝の中小企業振興基本条例を取り上げた。

　綾町は，宮崎県宮崎市の西に位置し，人口約7500人，森林面積が約8割を占め，耕地面積は8％，その他13％の土地に住居や公共施設がコンパクトに集中している。森林の44％が国有林であり照葉樹林が保全されている。自治公民館運動による町民の主体的参加のもと，照葉樹林を保全し自然生態系との共生を目指した産業観光（地域的エコツーリズムシステム），有機農産物を柱とする地域的フードシステムを形成している（第4章）。

　諸塚村は，宮崎県の北部，九州山地の中央部にある山村である。1907年に掲げられた「林業立村」の村是のもと，木材，椎茸，畜産，茶の4大産業と交流事業の複合経営を行い，地域的ウッドシステムを中核にその中に地域的フードシステムを包含している。また，木材産地ツアーを起点とした顔の見える地域的エコツーリズムも小規模ながら重要な柱となるなど進化する林業立村である（第5章）。

　梼原町は，西日本における家族労働型の林業経営が多い新興林業地である。地域的ウッドシステムを中核とし，今日では，木質ペレットをはじめ小水力発電などの自然エネルギーによるまちづくりを進め，木質バイオマス，風力，太陽光，水力，地熱など地域にある各種の資源をすべて活用して地域的自然エネルギーシステムを形成している（第6章）。

　帯広・十勝は，農業の国際化と公共事業の減少が進むなかで，地域経済が衰退し人口が減少するのではないかという危機感が生まれ，中小企業振興基本条例を制定し，中小企業振興と産業振興の一体的な取り組みを開始した。産業振興ビジョンを策定し，小麦等を柱とする地域的フードシステムを中核に地域的ふーどツーリズムシステムと地域的自然エネルギーシステムを統合している（第7章）。

　さらに，これらの市町村段階の地域政策に加えて，戦後の高度成長期の地域開発政策の典型となった拠点開発をめぐり対照的な対応をした2つの府県を取り上げた。すなわち，拠点開発方式を取り込み外来型開発を推進した大分県（第8章）と，それにくみせず根幹的事業方式により独自の内発的発展を追求した京都府（第9章）を考察した。それぞれの地域政策を比較検討し，都道府県においては広域機能を軸として補完機能と連絡調整機能が有機的に一体化する

ことが重要であることを明らかにした。

第Ⅲ部は，地域政策に関する学説編である。

本書の地域政策の理論構築のベースとなっている2つの古典的な学説を検討した。まず，W．ペティの『政治算術』と『アイァランドの政治的解剖』を「国家の政治経済制度と3層の国力増進構造」の理論的・数量的把握とする独自の視点で整理し，地域分析への応用の可能性を考察した（第10章）。次いで，明治中期に町村是運動を実践した前田正名の『興業意見』と各地の町村是を対象に，近代工業を移植する道を選択せず，地域の制度分析や地域経済の数量的把握，および市町村→郡→府県→国へと下から（地域から）在来産業の近代化を指向した地域政策の意義を考察した（第11章）。

2017年11月

入谷 貴夫

vii

目　次

はしがき

第Ⅰ部　地域政策の理論

第1章　地域政策の現状と課題 ——————— 3

1　地域をめぐる状況……3

海外生産の拡大と地方圏での企業立地の減少　　輸出産業の拡大と内需
産業の縮小　　格差広がる行政投資　　すべての産業で進む就業者の減
少　　地方圏での人口減少

2　道州制・国土形成計画・地方創生と地域……8

道州制に関する提言と都道府県　　国土形成計画と地域構造の再編

3　地域政策の課題……19

外来型開発から維持可能な内発的発展へ　　内発的発展論の動向　　動
態的で補完的な内発的発展論の課題

第2章　地域の「制度・循環・マネジメント」の理論 ——— 31

1　地域の政治経済制度と3層の地域循環構造の把握……31

地域とは何か　　地域の政治経済制度の多様性　　3層の地域循環構造
の把握　　EUの地域政策と地域の多様性（Diversity）　　地域経済循環
公共・民間循環　　環境・社会循環

2　地域経済循環の数量的把握……52

産業連関分析の4つのポイント　　地域経済循環の静態的把握と動態的
把握　　経済波及効果と雇用の創出　　産業連関分析と政策提言

3　地域づくりのマネジメント政策……59

条例と長期計画　　地域経済づくりと地域づくりの統合　　地元の自治
体，企業，農家，林家，住民を主体に

第3章　地域政策と市町村・都道府県・国の関係 ——— 64

1　大分県と京都府の地域政策の比較……64

viii

地域政策の目的　　地域政策の成果　　都道府県の地域政策と広域機能

2　地域政策と都道府県の役割……76

―都道府県合併特例法をめぐる論戦から―

3　地域政策と補完性原理……80

シャウプ勧告と神戸勧告　　ヨーロッパ地方自治憲章と世界地方自治宣言　　地域政策における市町村と都道府県の課題

第Ⅱ部　地域政策の事例

第4章　照葉樹林と産業観光によるまちづくり―宮崎県綾町―

―――――――――――――――――――――――――――――――87

1　自然生態系との共生を目指した各種政策の統合……88

環境政策　　産業政策　　産業観光政策　　ユネスコエコパークへの登録

2　トレンドの先取りと目標設定による行財政運営……95

まちづくりの明確な目標設定　　産業活性化事業の独立採算　　公共施設等の先行投資

3　自治公民館運動による学習・参加・自治……98

4　綾町の政治経済制度と3層の地域循環構造の形成……100

5　綾町の地域循環構造の分析……103

産業構造と町際収支　　綾町の地域経済循環の姿　　産業相互の依存関係　　移出産業と地元市場産業　　綾町の地域循環構造分析のまとめ

6　各種事業の経済波及効果―生産・粗付加価値・雇用・税収―……112

第5章　産業の川上・川中・川下が循環する林業立村

―宮崎県諸塚村― ――――――――――――――――――――117

1　村是にみる「林業立村」の確立……117

2　4大産業の確立と百彩の森づくり……119

4大産業の確立と木材加工　　百彩の森づくりと交流事業の推進　　諸塚方式自治公民館の役割

3　FSC認証と森林炭素吸収量活用……125

目　次　ix

　　　　FSC 認証の取得　　森林炭素吸収量活用プロジェクト

　4　3 層の地域循環構造の形成による林業立村の進化……127

　5　諸塚村の地域循環構造の分析……130

　　　　産業構造と村際収支　　諸塚村の地域経済循環の姿　　産業相互の依存
　　　　関係　　移出産業と地元市場産業　　諸塚村の地域循環構造分析のまと
　　　　め

　6　各種事業の経済波及効果—生産・粗付加価値・雇用・税収—……140

第 6 章　自然エネルギーによるまちづくり—高知県梼原町—
　　　　　　　　　　　　　　　　　　　　　　　　　　　　　　　142

　1　「木の里づくり」と林業の担い手の組織化……142

　2　環境保全型まちづくりへの転換……143

　　　　FSC 認証の取り組み　　森林づくり基本条例と水源地域森林整備交付金
　　　　事業　　第 4 次総合振興計画と森と水の文化構想

　3　自然エネルギーによる「環境の里づくり」……147

　　　　木質ペレットの生産・普及と J-VER の活用　　森林整備による CO_2 吸
　　　　収と町産材の地産地消　　各種自然エネルギーと CO_2 の削減

　4　自然エネルギーによる地域循環構造の創造……151

　　　　地域経済循環の創造と地域経済づくり　　木質ペレットの生産と雇用の
　　　　創出　　環境・社会循環の創造

　5　梼原町の地域循環構造の分析……155

　　　　産業構造と町際収支　　梼原町の地域経済循環の姿　　産業相互の依存
　　　　関係　　移出産業と地元市場産業　　梼原町の地域循環構造分析のまと
　　　　め

　6　各種事業の経済波及効果—生産・粗付加価値・雇用・税収—……164

第 7 章　中小企業振興基本条例と帯広・十勝の地域経済
　　　　　—北海道帯広市—　　　　　　　　　　　　　　　　　167

　1　帯広市中小企業振興基本条例の制定……167

　　　　中小企業振興基本条例制定の経緯　　中小企業振興基本条例の特徴

　2　帯広・十勝の地域経済と産業振興ビジョン……169

産業振興の考え方　　地域経済づくりと地域づくりの一体化　　地域的
産業連関システムの創造

3　地域的フードシステムの創造……174

帯広畜産大学・帯広信用金庫による「地域密着型フードシステム」の提
言　　地域的フードシステム創造の取り組み

4　十勝の地域循環構造の分析……179

産業構造と域際収支　　十勝の地域経済循環の姿　　産業相互の依存関
係　　移出産業と地元市場産業　　十勝の地域循環構造分析のまとめ

5　各種事業の経済波及効果—生産・粗付加価値・雇用・税収—……188

第8章　大分県における拠点開発方式と外来型開発 ——— 190

はじめに……190

1　大分・鶴崎臨海工業地帯開発の始動……191

「別府湾沿岸地区」から「瀬戸内海沿岸地域」への改称　　在来型産業
振興から重化学工業誘致への転換　　内発的振興策から外来型開発への
転換

2　大分地区新産業都市建設計画の概要……197

新産業都市建設の目的　　新産業都市建設の目標

3　新産業都市の産業連関構造—産業連関の希薄化—……202

1965年の産業連関分析　　1980年の産業連関分析　　重化学工業コンビ
ナートにおける3系列の産業連関構造

4　大分市と大分地区への一極集中と過疎化の進展……215

大分市への人口集中と過疎化の進展　　大分市への就業者の集中　　大
分市への事業所と従業者の集中　　大分市への出荷額の集中　　大分市
の財政(歳出)規模の拡大　　大分市への一極集中の進行

5　公共投資と地域経済……221

行政投資の計画と実績　　大分県の歳出の動向　　大分県財政における
歳入の動向

6　拠点開発と環境……226

大分県における公害の実態　　家島・三佐地区の集団移転(生活の破壊)
2期計画(8号地計画)と地域社会

おわりに……228

第9章 京都府における根幹的事業方式と内発的発展 —— 232

はじめに……232

1 京都府の地域的特性……232

2 京都府の総合開発計画—根幹的事業方式から地域開発事業方式へ—……234

　　総合開発計画の役割　　京都府総合開発計画(1964年)の理念　　根幹的事業方式の論理　　第2次京都府総合開発計画(1971年)の理念

3 京都府の産業連関構造の姿……246

　　戦後の京都府経済の推移　　1970年と1980年の産業連関分析　　1970年産業連関構造　　1980年の産業連関構造

4 総合開発計画と京都府内の均等発展……257

　　人　口　　就業者　　事業所と従業者　　出荷額　　歳　出

5 民力培養型公共投資と税収効果……262

6 京都府の公害防止条例……264

おわりに—都道府県の地域政策の位置と役割—……264

第Ⅲ部　地域政策の学説

第10章　W.ペティの「位置・産業・政策」理論と地域政策

—— 269

はじめに……269

1 自然体と政治体との類比—国家の政治経済制度の理論的把握—……271

2 「位置・産業・政策」を評価軸とする3層の国力増進構造の理論的・数量的把握……273

　　評価軸としての「位置・産業・政策」　　オランダとフランスの国力比較　　イギリスとフランスの国力比較　　イギリスの国力増進(フランス凌駕)の根拠

3 「数・重量・尺度」による国力増進構造の数量的把握の意義……285

4 ペティの「国家の政治経済制度と3層の国力増進構造」論……288

5 ペティ理論の地域政策論への応用……289

　　地域への応用　　地域の政治経済制度と3層の地域循環構造の理論的把握　　地域産業連関表による地域経済循環の数量的把握

第11章　明治期の町村是運動と補完性原理 ——————— 297

はじめに……297

1　日本資本主義形成期と殖産興業政策……299

　　興業銀行による在来産業近代化論　　「物に問う」調査方法

2　在来産業の近代化構想と町村是運動……304

　　下から（地域から）の在来産業近代化　　町村是運動の系譜

3　町村是の目的と構成―愛媛県余土村是―……307

　　余土村是の目的と構成　　余土村の政治経済制度　　余土村の収支
　　余土村を維持経営するための政策

4　郡是の目的と構成―福岡県生葉竹野郡是と八女郡是―……315

　　生葉竹野郡是の目的と構成　　八女郡是の目的と構成

5　町村是運動の限界と意義―地域政策論への示唆―……322

　　町村是運動の限界　　町村是運動の意義

おわりに―現代の地域政策論の構築に向けて―……327

参考文献……333

初出一覧……345

事項索引……347

人名索引……351

第Ⅰ部

地域政策の理論

第1章
地域政策の現状と課題

1 地域をめぐる状況

最初に，地域をめぐる現状を把握するために海外生産，企業立地，産業構造，行政投資，就業構造，人口の動向を確認しよう。

（1）海外生産の拡大と地方圏での企業立地の減少

企業の海外生産比率をみると，1985年度のプラザ合意以降上昇し続けており，1985年度の3.0％から2014年度では24.3％と過去最高水準となっている。2013年度について業種別にみると，輸送機械（46.9％）、はん用機械（34.2％），情報通信機械（30.7％）などで高い[1]。

これは，1985年以降，グローバリゼーションの進展＝アジアや世界における最適地生産構造の構築が進んだことを反映している。例えば，自動車は，2000年に海外生産が輸出を上回り，さらに2010年には海外生産が国内生産を上回り，先進国での販売と日本や第三国への輸出を増加させてきた。

こうした製造業の海外生産を反映して，1990年に80％を占めていた地方圏の企業立地比率は2015年には67.1％へ減少するなど，グローバリゼーションは地方圏での企業立地の減少を加速させている[2]。

（2）輸出産業の拡大と内需産業の縮小

こうした拡大する海外生産が，日本経済の産業連関構造にどのように投影されているかについて産業連関表をもとに確認しよう（表1-1）。

2011年の国内生産額は941兆円で，2005年より3.2％減少した。これは1955年の産業連関表作成の開始以降，初めての減少となった。

輸出産業と輸出誘発産業（以下，総称して「輸出産業」）は1995年から増加傾向にあったが2011年はともに減少している。一方，内需産業と内需誘発産業（以

4 第Ⅰ部 地域政策の理論

表1-1 輸出産業と内需産業の変化（1995・2000・2005・2011年）

単位：10億円，（ ）内は構成比・指数

年	輸出産業（a＋b）		内需産業（c＋d）		国内生産額
	a. 輸出産業	b. 輸出誘発産業	c. 内需産業	d. 内需誘発産業	
1995	100,821（10.8%，100）		836,280（89.2%，100）		937,101（100%，100）
	46,809（5.0%，100）	54,012（5.8%，100）	486,577（51.9%，100）	349,703（37.3%，100）	
2000	123,134（12.8%，122）		835,752（87.2%，100）		958,886（100%，102）
	57,487（6.0%，123）	65,647（6.8%，122）	496,846（51.8%，102）	338,906（35.3%，97）	
2005	160,323（16.5%，159）		811,692（83.5%，97）		972,015（100%，104）
	73,769（7.6%，158）	86,554（8.9%，160）	481,584（49.5%，99）	330,108（34.0%，94）	
2011	153,778（16.3%，153）		786,944（83.7%，94）		940,722（100%，100）
	70,945（7.5%，152）	82,833（8.8%，153）	465,510（49.5%，96）	321,434（34.2%，92）	

注1）2011年の国内生産額は速報値より約3870億円少ない。
注2）a) 輸出産業：各産業の最終需要である輸出額の合計，b) 輸出誘発産業：輸出によって誘発される各産業の生産額の合計，c) 内需産業：各産業の国内最終需要額×自給率の合計，d) 内需誘発産業：内需産業によって誘発される各産業の生産額の合計。a＋b＋c＋dの合計額は国内生産額と一致する。
出所）総務省「産業連関表」（1995，2000，2005，2011年版）より作成。

下，「内需産業」）は1995年からほぼ一貫して減少している。輸出産業は1995年100.8兆円から2011年153.8兆円へ53兆円増加し，内需産業は836.3兆円から786.9兆円に49.4兆円減少している。構成比でみると，輸出産業は1995年の10.8%から2011年16.3%へ5.5ポイント増加し，内需産業は89.2%から83.7%へ5.5ポイント減少している。産業別にみると，輸出産業では電気機械が後退し輸送機械と商業が伸び，内需産業では建設が後退し不動産と医療・保健・社会保障が伸びている。

　さらに，国内の再投資の状況について最終需要の固定資本形成をみると，公的部門の公共投資は2011年では18.6兆円となり1955年の40.2兆円の46%まで減少している。民間部門の設備投資も減少傾向にあり，1995年の99.5兆円，2000年の94.2兆円，2005年の90兆円へと5兆円程度減少してきたが，2011年には71.8兆円へと20兆円程度減少した（図1-1）。

このように1995～2011年の日本経済は，輸出産業が拡大し内需産業が縮小するという両極分解の傾向が明確であるとともに，公共投資と民間投資の再投資力も低下している。

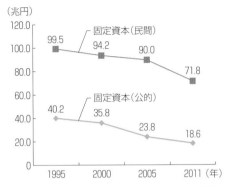

図1-1　再投資の推移（1995～2011年）

出所）総務省「産業関連表」（1995，2000，2005，2011年版）より作成。

（3）格差広がる行政投資

地方圏の行政投資は，1986年から1992年にかけて地方単独事業の拡大により行政投資全体が増加傾向を示すなかで構成比は低下している。93年から99年にかけて構成比を高めたが，2000年から03年にかけて構造改革により地方の公共投資が削減されたことにより減少している。その後，若干増加しているが，2006年から再び低下している［総務省 2016］。

2011年度は東日本大震災の影響で東北の投資額が大幅に増えたため地方圏の割合が高くなっているが，この復旧・復興分を除くと2012年度は大都市圏51.4％，地方圏48.6％であるため地方圏での減少傾向が続いている。また，2013年度も地方圏が50％を超えたが，東日本大震災復旧・復興分を除いたブロック別行政投資額では東北ブロックの割合が15.0％となっており，大都市圏の比率が49.6％，地方圏の比率が50.4％となっている。

（4）すべての産業で進む就業者の減少

以上のことを反映して就業構造も大きく変化している（表1-2）。

1985年から2000年にかけて，林業や農業など第1次産業で40～50％と大幅に減少し，製造業でも12.5％減少した。一方，不動産業やサービス業では反対に45～55％の増加がみられた。

しかし，2000年から2010年にかけては，医療・福祉が43.4％増加しているが，その他のすべての産業で減少ないし増加幅の減少がみられる。したがって，近年では第1次産業だけでなく第2次産業，福祉や教育分野を除く第3次

6   第Ⅰ部　地域政策の理論

表1-2　産業別就業者の推移 （構成比）

産業（大分類）	1985年	1990年	1995年	2000年	増減率（％） 1985～2000
農　業	8.3	6.4	5.3	4.5	−41.2
林　業	0.2	0.2	0.1	0.1	−52.0
漁　業	0.7	0.6	0.5	0.4	−39.9
鉱　業	0.2	0.1	0.1	0.1	−43.8
建設業	9.0	9.5	10.3	10.0	19.4
製造業	23.9	23.7	21.1	19.4	−12.5
電気・ガス・熱供給・水道業	0.6	0.5	0.6	0.6	4.3
運輸・通信業	6.0	6.0	6.1	6.2	11.2
卸売・小売業，飲食店	22.9	22.4	22.8	22.7	7.0
金融・保険業	3.0	3.2	3.1	2.8	1.7
不動産業	0.8	1.1	1.1	1.2	55.7
サービス業	20.5	22.5	24.8	27.4	44.5
公務（他に分類されないもの）	3.5	3.3	3.4	3.4	4.2
分類不能の産業	0.3	0.5	0.7	1.2	350.2

産業（大分類）	2000年	2010年	増減率（％） 2000～2010
農業・林業	4.7	3.7	−25.4
漁　業	0.4	0.3	−30.0
鉱業・採石業・砂利採取業	0.1	0.0	−52.2
建設業	10.1	7.5	−29.5
製造業	19	16.1	−19.8
電気・ガス・熱供給・水道業	0.5	0.5	−16.0
情報通信業	2.5	2.7	4.6
運輸業・郵便業	5.1	5.4	0.0
卸売業・小売業	18.1	16.4	−14.0
金融業・保険業	2.8	2.5	−13.6
不動産業・物品賃貸業	1.7	1.9	4.6
学術研究、専門・技術サービス業	3.1	3.2	−3.6
宿泊業、飲食サービス業	6.0	5.7	−10.0
生活関連サービス業、娯楽業	3.8	3.7	−8.5
教育、学習支援業	4.1	4.4	1.1
医療・福祉	6.8	10.3	43.4
複合サービス事業	1.1	0.6	−45.8
サービス業	5.5	5.7	−1.4
公　務	3.4	3.4	−5.9
分類不能の産業	1.2	5.8	354.7

出所）総務省「国勢調査」より作成。

産業で就業者が減少している。

（5）地方圏での人口減少

　以上のことは，人口の動向に大きな影響を与えている［総務省統計局 2016］。

　2010～15年にかけて人口が増加した8都県について人口増加率をみると，前回（2005～10年の人口増加率）に比べ，沖縄県（2.3％から3.0％へ0.7ポイント拡大），福岡県（0.4％から0.6％へ0.2ポイント拡大）の2県で増加幅が拡大している。なお，前回から今回にかけて人口が減少から増加に転じた都道府県はない。

　一方，人口が減少した39道府県についてみると，大阪府が増加から減少に転じている。福島県（3.0％から5.7％へ2.7ポイント拡大），茨城県（0.2％から1.7％へ1.5ポイント拡大），三重県（0.7％から2.1％へ1.4ポイント拡大）および大分県（1.1％から2.5％へ1.4ポイント拡大）など33道府県で減少幅が前回に比べ拡大している。

　また，全国1719市町村について，2015年10月1日時点の境域で5年間の人口の増減をみると，人口が増加したのは303市町村で，全体の17.6％を占めている。そのうち，東京都特別区部，政令指定都市およびその周辺市町村を中心に人口が増加している。一方，人口が減少したのは1416市町村で，全体の82.4％を占めている。特に5％以上人口が減少した市町村は約半数（48.2％）とその割合は拡大している。

　以上のように，地方圏は企業の海外生産拡大に伴う企業立地の減少，内需産業の縮小，行政投資の減少が同時進行し，第1次産業だけでなく第2次産業や第3次産業でも就業者が減少しつつある。この結果，地方圏では人口減少が生じているのである。

　こうした地方の衰退を食い止め発展を創出する地域政策を確立することが求められる。しかし，今日，次にみるように，道州制の提言や国土形成計画はこうした地方の現状を前提にして地域構造の再編を推進することを目指している[3]。

8　第Ⅰ部　地域政策の理論

2　道州制・国土形成計画・地方創生と地域

（1）道州制に関する提言と都道府県

　道州制に関する提言や，道州制を想定した道州の事務に関する答申が各方面から出されている。ここでは，自由民主党の道州制推進基本法案，第28次地方制度調査会の答申，および日本経済団体連合会（経団連）の提言を取り上げ，道州制に関する制度設計を整理し，併せて地域経済への影響を考察する。

(1)　自由民主党の道州制推進基本法案—道州＝国際競争力を有する地域経営を行う主体

　自民党の道州制推進基本法案（骨子案，2013年10月30日）は，道州は国際競争力を有する地域経営の主体と規定しつつ，地方交付税の財源保障機能を否定し地方交付税廃止を掲げている［自由民主党道州制推進本部 2013］。

　骨子案の「3　基本理念」において，道州制と基礎自治体の理念を次のように規定している。すなわち，「道州は，従来の国家機能の一部を担い，国際競争力を有する地域経営の主体として構築すること」としているように，府県を廃止することによって生活圏と経済圏を分離し，道州は国際競争力を有する“地域経営を行う主体”とすることを理念としている。また，基礎自治体については，住民に身近な地方公共団体として，都道府県および市町村の権限をおおむね併せもち，住民に直接関わる事務について自ら考え，自ら実践することができる主体（一部事務組合など補完的システムを排除し，さらなる市町村合併による人口30万〜40万人規模が想定されている）として描いている。

　その上で，骨子案の「4　道州制の基本的な方向」では，「道州及び基礎自治体の事務を適切に処理するため，道州及び基礎自治体に必要な税源を付与するとともに，税源の偏在を是正するため必要な財政調整制度を設けること。」としている。ここで財政調整制度が有している財源保障機能を否定する理由は，骨子案が目指す道州の理念（狙い）と関連している。すなわち，道州の財源は，ナショナル・ミニマム実現のためではなく，国際競争力の実現のために自由に使えるものでなければならないことにある。このことから，ナショナル・ミニマムを実現する財源保障機能は否定され，税源の偏在を是正するだけの財政調

整制度が目指されているのである。

(2)　第28次地方制度調査会答申—道州は都道府県の広域事務と連絡調整事務を担う

　第28次地方制度調査会は，道州制を想定して道州が担う事務について答申している［総務省 2005］。

　それによると，「道州は，国から移譲される事務及び都道府県の実施している事務のうち広域的な事務を中心に担い，このほか市町村の連絡調整に関する事務や，一定の規模・能力を有する市町村でも自ら処理することが適当でない事務（補完事務）を担うこととする。」また，「市町村が単独で事務を処理することが難しい場合には，市町村間の事務委託や広域連合等の活用によって対応する。さらに著しく小規模な市町村にあっては，道州が調整する仕組みを導入すべきか，引き続き検討する。」としている（傍点は筆者）。

　このことから，道州は，都道府県の３つの事務のうち主に「広域事務」と「連絡調整事務」を担うことが想定されていることがわかる。

(3)　経団連の提言—道州による「規模の経済」と「選択と集中」の行政改革

　経団連は，道州財政の具体的な在り方について提言を行っている。経団連の御手洗冨士夫会長（当時）は，九州で行った講演「道州制でひらく九州と日本の未来」［日本経済団体連合会 2008］の中で，道州制の意義について，行革効果，すなわち行政コストの削減効果や行政の効率化効果といった側面にも注目する必要があるとして，21世紀政策研究所報告書［21世紀政策研究所 2008］の内容を紹介して次のように述べている。

　　「九州７県が道州制のもとで一体となった場合，九州の総人件費の約15％に相当する約2700億円が削減可能との試算が出ております。（中略）これに加えて，社会資本整備への投資配分を効率的に行って現在と同じ域内総生産を達成する場合，約6200億円が効率化され，先に述べた財政支出の削減効果とあわせて，九州の域内総生産の２％に相当する約8900億円の効率化効果が生まれるとの試算が示されております。」

　すなわち，御手洗は，九州７県を廃止し道州にすることで２つのメリットが

10　第Ⅰ部　地域政策の理論

生まれるとしている。第1は，「規模の経済」による人件費の削減である。第2は，財源の「選択と集中」で社会資本の投資配分を変更し，少ない投資でも同規模の域内総生産を達成できることである。この「選択と集中」は，九州では，第1次産業（農林水産業）よりも非1次産業（製造業などその他産業）の生産性が高いので，第1次産業から非1次産業へ社会資本の配分を変更することで九州の域内総生産を高めることができる，あるいは域内総生産を一定とすれば社会資本予算を削減できるという考えをベースにしている。

　上記の第1の「規模の経済」は，人件費のみならず教育や福祉など公共サービス全般にも及ぶことは必至である。第2の「選択と集中」は，生活を支える生産活動の崩壊に直結する。なぜなら，これまで九州7県が実施してきた第1次産業向けの社会資本投資が削減されれば第1次産業の生産活動は衰退し，それを基盤としている地域経済も崩壊するからである。この結果，自治体における生活とそれを支える生産活動は衰退し，自治体が崩壊の危機に瀕することは明白である。

　以上3つの提言から読み取れる現段階での道州制の枠組みは，①道州は国際競争力を有する地域経営の主体であること，②道州は都道府県の事務のうち主に広域事務と連絡調整事務を担うこと，③道州制による「規模の経済」と「選択と集中」によって行政改革を行うことの3点にまとめることができる。

⑷　産業連関分析でみる道州制の地域経済に及ぼす影響―宮崎県を例に

　それでは，このような内容の道州制が実施された場合，都道府県の地域経済はどのような影響を受けるのか。このことについて，宮崎県を対象として産業連関分析の方法によって数量的に把握し検討しようと思う。

　分析する内容は次の2つである。第1は，広域事務と連絡調整事務が道州に移管された場合に宮崎県経済はどのような影響を受けるのかについてである。第2は，道州による財源配分の変更によって第1次産業から非1次産業へ社会資本の配分が変更された場合に，宮崎県経済はどのような影響を受けるのかについてである。

①道州が担う可能性のある広域事務と連絡調整事務の影響分析

　都道府県財政うちどの程度が道州から再び旧都道府県地域に配分されるかは

現時点の枠組みからは判断できない。そこで，ここでは地方制度調査会答申を
もとに，道州が担う可能性がある広域事務と連絡調整事務に相当する財政が地
域経済に果たしている経済効果を試算し，道州制に移行すればその経済効果が
失われるという想定のもと分析を行う。

　この試算を行うためには，宮崎県財政のうち道州によって担われる金額を把
握する必要がある。そこで，第1に宮崎県が実施している事務事業を広域事
務・連絡調整事務・補完事務に分割し，第2にその分割割合をもとにして道州
が担う可能性がある広域事務と連絡調整事務の金額を確定する方法でアプロー
チしてみよう。

　上記第1の作業のために，全国知事会報告書が提案した「6つのメルクマー
ル」を利用した［全国知事会 2001］。6つのメルクマールとは，①産業（製品・サー
ビスの生産・供給）に係るものであるか，②法人等に係るものであるか，③行政
対象が広域的に一体のものであるか，④行政需要・行政対象が広域的に散在し
ているものであるか，⑤相当高度の専門性を必要とするものであるか，⑥市町
村を包括する団体という性格に係るものであるかである。そして，これらの6
つのメルクマールを念頭において「環境」，「保健・医療・福祉」，「生活」，「産
業」，「教育・文化」，「基盤整備」，「地域振興」および「防災・危機管理」の8
つの行政分野ごとに，これらのメルクマールの適用を試みている。

　その上で，6つのメルクマールと地方自治法の規定する3種類の事務との関
係を次のように関連づけている。

　メルクマール①，②および③は「広域事務」に該当する。

　メルクマール④は「広域事務」又は「補完事務」に該当する。

　メルクマール⑤は「補完事務」に該当する。

　メルクマール⑥は「連絡調整事務」又は「補完事務」に該当する。

　こうした6つのメルクマールと3種類の事務との関係を活用して分析した結
果，宮崎県財政は，広域事務が64.7％，連絡調整事務が10.7％，補完事務が
24.6％となり，したがって広域事務と連絡調整事務の合計は75.4％となった。[4]
この値は，愛知県のデータ80％と神奈川県のデータ87％を勘案して有意である
と判断した［愛知県 2004：22-24；神奈川県自治総合研究センター 2004：40］。

　次に，上記の広域事務・連絡調整事務・補完事務の比率にしたがって平成24

12　第Ⅰ部　地域政策の理論

表1-3　道州制が地域経済に及ぼす影響（宮崎県のケース）

	最終需要 （億円）	生産誘発 （億円）	付加価値誘発 （億円）	雇用誘発 （人）	税収効果 （億円）
1．人件費	−621	−689	−447	−6,383	−4.9
2．一般政府消費支出	−1,585	−2,621	−1,679	−22,906	−19.0
3．公的固定資本形成	−498	−792	−409	−7,540	−5.3
小　計	−2,704	−4,102	−2,535	−36,829	−29.2
4．生産額	−991	−1,215	−799	−8,184	−9.9
合　計	−3,695	−5,317	−3,334	−45,013	−39.1

注）2005年宮崎県産業連関表をもとに試算した。

年度宮崎県財政の決算額を広域事務・連絡調整事務・補完事務の3つに分割し，このうち広域事務と連絡調整事務の決算額を確定した[5]。その上で，この広域事務と連絡調整事務の決算額を，「人件費」「一般政府消費支出」「公的固定資本形成」にそれぞれ分割した。そして，この3者についてそれぞれ産業連関分析を行って影響額を算出し，その結果を表1-3に示した。

　1．人件費，2．一般政府消費支出，3．公的固定資本形成のそれぞれの最終需要は小計−2704億円となり，生産誘発は小計−4102億円，付加価値誘発は小計−2535億円，雇用誘発は小計−3万6829人，税収効果は小計−29.2億円となった。

　すなわち，道州が都道府県の広域事務と連絡調整事務を担うことになれば，最大で上記の需要・生産・付加価値・雇用・税収が失われることになるのである。

②第1次産業から非1次産業へ社会資本の配分変更による影響分析

　道州制は都道府県の広域機能を道州に移転するものである。そこで，道州が財源の配分割合を変更することによってどのような影響が現れるのかについて，21世紀政策研究所が試算した九州7県のデータをもとに考察してみよう（表1-4）［21世紀政策研究所 2009：91-92］。

　この試算は，現行の産業基盤型社会資本の各県への配分を九州経済への寄与が大きい地域に再配分することにより，九州の生産額がどの程度増加するのかを推計したものであり，第1次産業向け社会資本と非1次産業向け社会資本の

第 1 章　地域政策の現状と課題　　13

表 1 - 4　社会資本の配分変更による影響

単位：百万円

| | 産業基盤型社会資本額 | | 生産額 | | |
	第 1 次産業向け	非 1 次産業向け	第 1 次産業	非 1 次産業	全産業
福岡県	870,000	4,570,000	25,650	538,864	564,515
佐賀県	− 550,000	− 90,000	− 11,939	− 8,470	− 20,409
長崎県	− 1,130,000	− 890,000	− 22,705	− 74,459	− 97,164
熊本県	520,000	− 490,000	14,446	− 44,303	− 29,857
大分県	− 350,000	− 210,000	− 8,111	− 19,604	− 27,715
宮崎県	1,080,000	− 1,180,000	33,668	− 89,976	− 56,307
鹿児島県	− 440,000	− 1,710,000	− 10,603	− 132,960	− 143,563
合　計	0	0	20,407	169,093	189,500

出所）21世紀政策研究所 ［2009：92］。

九州全体での金額を一定とし，地域配分だけを変更している。

　こうした社会資本の配分変更により，第 1 次向け社会資本も非 1 次向け社会資本もともに増加するのは福岡県だけである。両方とも減少するのは，佐賀県，長崎県，大分県，鹿児島県である。第 1 次向け社会資本が増加し非 1 次向け社会資本が減少するのは熊本県と宮崎県である。これらのうち宮崎県について分析してみよう。

　宮崎県では，第 1 次産業向け社会資本が 1 兆800億円増加し，非 1 次産業向けが 1 兆1800億円減少している。その結果，第 1 次産業で生産額が336億6800万円増加し，非 1 次産業で生産額が899億7600万円減少し，トータルで563億700万円の生産額の減少が生じることになる。

　この563億700万円は，生産者価格表示の産出額では約991億円となるので，この産出額をもとに産業連関分析を行った。その結果を表 1 - 3 の「4.生産額」に示した。最終需要 − 991億円，生産誘発は − 1215億円，付加価値誘発は − 799億円，雇用誘発は − 8184人，税収は − 9.9億円である。

③道州制が地域経済に及ぼす影響の全体像

　以上，道州が担う可能性のある広域事務と連絡調整事務の影響分析と，第 1 次産業から非 1 次産業へ社会資本の配分変更による影響分析についてそれぞれみてきたが，それらの結果をまとめると次のようになる（図1-2）。

14　第Ⅰ部　地域政策の理論

図1-2　道州制が宮崎県経済に及ぼす全体像

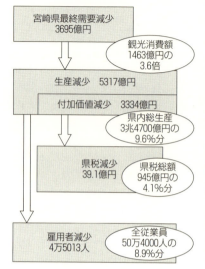

出所）筆者作成。

　全体の最終需要の減少額は3695億円となり，これが生産の減少，付加価値の減少，雇用の減少，税収の減少をもたらすことになる。

　この最終需要の減少による生産減少額は5317億円となる。この金額は2012年の宮崎県観光消費額1463億円の3.6倍である。付加価値減少額は3334億円であり，2012年の県内総生産3兆4700億円の9.6％に相当する。雇用者の減少は4万5013人であり，2012年の宮崎県内従業者50万4000人の8.9％に相当する。最後に，県税の減少は39.1億円であり，2012年の県税945億円の4.1％に相当する。

　また，生産の減少は医療・保健・社会保障・介護，公務，建設，不動産，商業，対事業所サービスなど，県内の多様な産業に及ぶことがわかる。

　このように道州制が地域経済に及ぼす影響を数量的に分析した結果，道州制導入は宮崎県経済に甚大な損失を及ぼすことが明らかである。

　なお，この結論は，市町村合併において周辺自治体が寂れたことと同様であ

る。また，地方創生の総合戦略においても同様の問題が生じる可能性がある。

（2）国土形成計画と地域構造の再編

　最初に，国土形成計画に至るまでの国土計画の変遷を確認しておこう[6]。

　戦後日本の最初の国土計画は，1950年に制定された「国土総合開発法」に基づいて1962年に策定された「全国総合開発計画（一全総）」である。これは，1960年に決定された「国民所得倍増計画」に対応した大規模な工業開発を推進する国土計画であり，「拠点開発方式」を採用し，全国に産業開発の拠点を形成し周辺農村部への波及効果を期待した。1962年に新産業都市建設促進法，1964年に工業特別地域整備促進法が制定されると42都府県の44地域が申請を行い，新産業都市15ヶ所，工業特別整備地域6ヶ所が指定された。しかし，石油ショックを経て産業構造が変化し重化学工業は衰退するとともに，公害や環境破壊，過疎化などの地域問題を惹起することになった。

　次いで，1969年に「新全国総合開発計画（二全総）」が閣議決定された。これは，高度成長の継続，都市問題の深刻化と地域格差の拡大，工業用地など国土の効率的活用という視点から開発可能性を全国に広げることを目的とし「大規模プロジェクト方式」を採用した。しかし，拠点開発の失敗を経験した各地の住民が反対運動をおこし開発は進展せず，1973年に石油ショックが起こり計画は頓挫した。住民の反対を押し切って工業用地が造成された青森県のむつ小川原地区では計画とは異なる核燃料サイクル施設が立地し，鹿児島県の志布志湾地区では石油備蓄基地が建設された。

　二全総の失敗により，1977年に策定された「第3次全国総合開発計画（三全総）」は産業開発から福祉や歴史的文化を重んじる目標を取り入れた定住圏構想を打ち出した。しかし，産業政策は二全総をうけつぐことになりモデル地域をつくれないまま四全総に移行した。

　1987年に制定された「第4次全国総合開発計画（四全総）」は，日本経済の国際化・情報化・サービス化の進行のなかで生まれた東京一極集中を是正するために，多極分散型国土構造を目標に設定した。このために，東京の改造，地方都市の開発（テクノポリスや中核都市の建設による情報・サービス機能の分散），リゾート基地開発を軸とする過疎地の開発，大規模通信網の整備を柱とした。こ

のうち，新幹線の整備をのぞけばいずれも成果をあげたとはいえない。アメリカの要求に応えた内需拡大策により，東京大都市圏や地方中枢で都市開発ブームが起こり，農山村を含む地方圏ではリゾート開発が進展した。しかし，バブル経済が崩壊し長期不況に転じるなかでリゾート開発は頓挫した。その後，1998年に多軸型国土構造の形成を目標とする「全国総合開発計画」が策定されたが，内容も実現の道筋も不明で社会の関心を得ることもなかった。

　21世紀に入って，全国総合開発計画は国土形成計画（2008年）に転換し大きな変化が生まれている[7]。

　中村は，「国土形成計画は，従来の国土計画が一貫して掲げてきた地域格差の是正を柱とする『地域間の均衡ある発展』という目標を外した。後進地域は，大都市地域の整備を優先する国土計画が出されるたびに反発してきたが，もはや，その根拠を失うことになった。グローバル競争への対応として，大都市圏の成長を促進し，地方圏には地方の自立，地域の自己責任を求めるという，日本の国土計画の転換を象徴する改訂であった。」として次のように述べている[中村剛治郎 2011：230]。

　第1は，グローバル競争の激化等のもとで，もはや国内的地域均衡の発想にこだわることなく，国際的視野から，日本経済の成長のエンジンとして世界都市・東京あるいは3大都市圏の発展を位置づけ，国家戦略として大都市圏の発展戦略を策定し推進するという立場を打ち出した。第2は，地方圏につい25，広域ブロックを経済圏としての「地域の自立」の空間単位とし，生活圏としてのローカル地域のレベルでは，補完性原則を強調して，諸地域が国依存をやめ，自助努力で内発的に地域経済振興に取り組むことを求める立場を鮮明にした。第3に，農山村地域や過疎地域など経済発展を望めないとみなされた周辺地域は，経済政策的な地域政策の対象とせず，福祉国家への依存を縮小するために，それに代わる「民」の担う公共，行政と「民」との協働を意味する「新たな公」の発展が重要とされた。

　さらに，『国土のグランドデザイン2050』（2014年）をベースに新しい「国土形成計画」（2015年）が策定された。この計画では，人口減少と巨大災害への危機意識を共有する必要を踏まえて，3大都市圏，地方圏，過疎地域・条件不利地域ごとに目指すべき地域構造について次のように述べている。

第1章　地域政策の現状と課題　17

　第1は，3大都市圏におけるスーパー・メガリージョンの形成である。

　経済のグローバル化が進展するなかでわが国経済の成長力を高めるために
は，わが国の企業や人が海外とつながり，海外の企業や人がもたらす成長力を
取り込む必要がある。このため，わが国の企業や人が，例えば革新的な技術
シーズを生み出すなどにより国際競争力を高め，東アジア等の国とのゲート
ウェイ機能を強化するとともに，国内外で活躍する企業にとって魅力のある事
業環境を構築していかなければならない。また，特に地方において，グローバ
ルに活躍できる人材の確保も必要である。あわせて3大都市圏を結ぶリニア中
央新幹線の開業を見据えて世界からヒト，モノ，カネ，情報を引きつけるスー
パー・メガリージョンの形成を推進することが重要である。さらに，観光によ
る交流人口や留学，ビジネスによる滞在人口の拡大を図っていくことが重要で
ある。こうした取り組みを通じて，グローバル化に対応した国土の形成を図っ
ていく［国土交通省 2015：32］。

　第2は，3大都市圏以外の地方圏の内発的発展である。

　3大都市圏以外の地域では，地域産業の形成のためには，まず地域資源等の
魅力について再認識し，最大限活かすことによって，付加価値の向上を図るこ
とが重要であるとして，2008年の計画では明示的でなかった「内発的発展」と
いう用語を多用しながら次のように述べている。

　地域に魅力ある『しごと』を安定的に創出・維持するためには，域外からの
企業・工場誘致のみに依存するのではなく，地域発のイノベーションを契機と
した新産業の創出や既存企業の高付加価値化等“内発的発展”を促すことが重
要である。このためには，地域特有の産業，知識，技術等の資源を集積させる
とともに，域外から取り込んだヒト，モノ，カネ，情報とこれらを結び付け，
対流によるイノベーションを誘発することが必要である。また，若者や女性を
含む地域の人材による起業や，既存企業による新たな事業分野での第二創業を
促進するには，それに向けたサポート体制の強化が必要である［国土交通省
2015：26］。

　第3は，過疎地域・条件不利地域の内発的発展である。

　地理的，自然的，社会的条件の厳しい，離島地域，豪雪地帯，山村地域，半
島地域，過疎地域等については，わが国全体が人口減少社会を迎え，地域を取

り巻く状況がさらに厳しくなるなかにあっても，地域の実情に応じた内発的発展を実現し，地域の特性を活かした自立的な地域社会を構築する［国土交通省2015：73］。

第4は，地域における共助の精神の活用である。

都市，地方にかかわらず，地域に暮らす人々や様々な主体が，共助の精神の下で，地域の担い手として積極的に地域づくりにかかわり，特色ある資源を活用しながら地域を磨き，また持続可能なコミュニティを形成し，安心して住み続けることができること，さらに，人々が多様な地域や世代を超えて対流することにより，新たな価値が創造され，イノベーションが生まれ，内発的発展につながることが，対流促進型国土の形成に向けて，目指すべき地域社会の姿である［国土交通省 2015：159］。

また，地域づくりにおける行政の役割について，外部から画一的な取り組みを押しつけることなく，たとえ時間がかかっても，地域住民等が合意形成に向けて話し合いを繰り返し，自らの意思で立ち上がるというプロセスが重要である。一人一人が当事者意識をもち，地域の産業，技術，人材等の資源を活用しながら，地域の実情に応じた内発的な発展を実現させることが期待される。そこで，市町村は，地域住民のニーズを的確に把握し，多様な主体と協働して地域づくりを行う。都道府県は，市町村と連携するとともに，市町村の圏域を超える広域的な見地からの業務を行う。国は，都道府県および市町村と連携しながら，地域の個性を重視した必要な支援を行うとともに，広域的な見地からの交通・情報ネットワークの確保等の対応を進める。その際，関係府省の連携により，ワンストップで地域の要望等に対応できるよう体制の整備を図る［国土交通省 2015：162］。

以上のことから目指すべき地域構造は次のようなものである。

まず，3大都市圏については，グローバル化が進むなかでリニア中央新幹線の開設を前提として「スーパー・メガリージョン」の形成を進める。

次に，それ以外の地方圏では，都市機能や居住機能を都市の中心部等に誘導し，再整備を図るとともに，これと連携した公共交通ネットワークの再構築を図りコンパクトシティを形成する。そして，複数の地方都市がコンパクト＋ネットワークにより「連携中枢都市圏」を構築する。過疎地域では日常生活に

不可欠な機能を歩いて動ける範囲に集約し，周辺地域とネットワークでつなぐ「小さな拠点」を形成する。その上で，こうした地方圏における地域構造の実現を支える主体について，内発的発展の"自助努力"と"共助社会"の形成を求めている。

　なお，近年の地方創生政策はこうした地域構造の再編を促進するものである。石破茂地方創生担当大臣（当時）は，骨太方針2014の「行政サービスの集約と経済活動の活性化」は，「総合戦略」に関する論点である「地方中枢拠点都市及び近隣市町村，定住自立圏における地域インフラ・サービスの集約・活性化（地域の土地利用，公共施設・公共サービス・公立病院等の集約・活性化)」のことであると国会で答弁している。ここでは，「地方中枢拠点都市」は「都市再生特別措置法」「改正地域再生法」「公共施設等総合管理計画」「公立病院改革ガイドライン」を総動員して周辺自治体のインフラやサービスの集約を行うことを政策目標としている。したがって，周辺自治体のインフラやサービスは「選択と集中」によって中枢拠点都市に集約することを目的としていることに留意する必要がある。

　しかし，国の責任や役割については言及がなく，市町村，都道府県，国の役割については連携することが述べられているが，事務配分や財源配分などの地方分権改革については言及していない。

　以上のような道州制や国土形成計画は，地方圏の疲弊を加速させるだけである。したがって，こうした地域政策を転換するしかない。次に，求められる地域政策の課題を考察する。

3　地域政策の課題

　地域政策は，地域経済の矛盾（不均等発展）と過疎問題や都市問題などの地域問題を解決するための公共政策である［宮本 1990：23；中村剛治郎 2011：214］。したがって，地域政策は，その目的において経済のみならず教育，福祉，文化，環境などの諸課題の総合性を不可欠とする。このため，分析対象もそれに対応して経済・政治・社会・文化・環境などを総合的に取り扱うことになる。故に，地域政策は，経済主義的な産業立地政策である国土政策や産業政

20 　第Ⅰ部　地域政策の理論

策に解消されるものではない。

　また，地域政策は，地域格差の是正という全国的視角をもつ地域政策のみが本来の地域政策であるというものではない。むしろ，個々の地域の地域政策こそが本来の地域政策であり，地域政策体系の基本である［中村剛治郎 2004：58-59］。

　こうした地域政策に関する基本認識のもと，内発的発展論に焦点をあてて地域政策の課題を考察する。

（1）外来型開発から維持可能な内発的発展へ

　内発的発展（endogenous development）は，外来型開発（exogenous development）に代わる新しい地域開発理念として提起された[8]。

　戦後日本でも地域開発政策によって工場などの分散がはかられたが，真の地方の発展とはなっておらず，環境の破壊や地方都市の画一化がすすみはじめている[9]。したがって，企業や政治の論理からでた「地方の時代」でなく，「草の根の民主主義」に依拠して，「地域自治の時代」をひらいてゆくことが，大都市圏でも農村でも必要とされているとして，宮本憲一は内発的発展の考え方を次のように述べている［宮本 1980：142-143］。

　　地域自治の時代の地域開発は，「内発的発展」といってよい。四半世紀にわたる過疎化の厳しい状況を打開するために，農村の中に，いま「内発的発展」の事例がみられるようになった。先述のような木曽谷の妻籠の宿場町再生，北海道池田町の十勝ワインの企業化，長野県佐久総合病院の健康づくりのコミュニティ創生，大分県湯布院の観光業と大山町の農業の結合による過疎化からの脱却，沖縄県の「島おこし運動」など，私の知るかぎりでも，ずい分多くなっている。

　　これらの「内発的発展」の特徴は，第1に，外来型開発とちがって外部の企業とくに大企業に依存せず，住民自らの創意工夫と努力によって産業を振興していることである。中央政府や県の補助金に依存しないことも特徴である。外来の資本や補助金を導入する場合は，地元の経済がある程度発展して，これと必然的な関係を要求した時である。

第2は，地域内需要に重点をおいて，全国市場や海外市場をさいしょからめざさないことである。できるだけ生産や営業の発展を地域内の需要にとどめ，急激な売り上げの増大をのぞまず，安定した健全な経営がつづくことをのぞんでいる。

　第3は，個人の営業の改善からはじまって，全体の地域産業の改善へすすみ，また経済振興だけでなく，文化，教育，医療，福祉などとも関連した，コミュニティづくりとなっていることである。

　すべての例がこのようであるというのではなく，また，この発展が定着化するには，まだ多くの困難が予想されるが，このような特徴をもった例ほど堅実に発展しているといえる。

　いまのところ，「内発的発展」の創意は，少数のインテリあるいは一部の生産者からはじまっていて，大衆的なものでない。実例がふえているとはいえ，国土全体からみてまだ極限されている。しかし，この方向を模索してゆけば，新しい展望が生まれよう。

　その後，内発的発展の原則として，住民参加の制度と資本や土地利用を規制しうる自治権を追加して次の4点が掲げられた［宮本 1989a：296-303]。

　第1は，地域開発が大企業や政府の事業としてではなく，地元の技術・産業・文化を土台にして，地域内の市場を主な対象として地域の住民が学習し計画し経営するものである。

　第2は，環境保全の枠のなかで開発を考え，自然の保全や美しい街並みをつくるというアメニティを中心の目的とし，福祉や文化が向上するような総合され，なによりも地元住民の人権の確立をもとめる総合目的をもっているということである。

　第3は，産業開発を特定業種に限定せず複雑な産業部門にわたるようにして，付加価値があらゆる段階で地元に帰属するような地域産業連関をはかることである。

　第4は，住民参加の制度をつくり，自治体が住民の意思を体して，その計画にのるように資本や土地利用を規制しうる自治権をもつことである。[10]

　さらに，その後，内発的発展論は当初から環境保全を開発の目的の枠組みと

22　第Ⅰ部　地域政策の理論

していたが，それはあくまで都市あるいは地域の環境であった。今日ではグローバルな視点が内発的発展に必要であるとして，維持可能な内発的発展論へと発展している［宮本 1999：360］。

（2）内発的発展論の動向

　さて，今日，こうした地域主導の内発的発展の動きを国の地域政策に取り込もうとする「補完的」内発的発展論が登場している［中村剛治郎 1996：198-199］。しかし，こうした動向は，歴史を遡れば明治期の地方改良運動や昭和恐慌期の農村経済更生運動にもみられる［川瀬 2016：265-267］。そこで，最初にこうした事例を確認しておこう。

　地方改良運動は，日露戦時に戦争遂行のために国民の自発的服従協力体制を市町村に作りだすことを目的として，上からのしめつけの限界を悟った内務官僚が新しい国民の活力を引き出すために考えた政策であり，1908年の戊申詔書発布により本格化した。この運動の指導理念は，一村一家観念，分度推譲，勤倹貯蓄などを基礎とした報徳精神であった［大島 1975：261］。そして，この運動のベースとなったのは後期町村是運動であった。前田正名によって組織化された町村是運動は，前田が関係した初期町村是運動の段階（民間運動段階）と前田が退いた後の後期町村是運動の段階（官製運動段階）に区分されるが，地方改良運動はこの後期町村是運動を取り込む形で進められた［太田 1991：40-41］。

　農村経済更生運動は，昭和恐慌下における疲弊する農村経済を農村内部から自発的に打開する取り組みであり，稲作と養蚕に特化した農業を畜産や果樹などを複合した経営にすること，農業資材の自給を図ること，藁加工やアンゴラうさぎ飼育など農家経済の多角化などを推進するものであった［川瀬 2016：266］。しかし，1938年以降は，国が農村における中堅人物（自小作上層や自作農）の要請を通じて農業生産力の拡充をはかり，農村を戦時体制の構築に耐えうる基盤に再編成するための中心的施策に転化した［中村政則 1975a：355］。

　さて，戦後では1980年代後半にその第一段が登場している。宮本は，「1980年代後半になってバブルの崩壊など外来型開発の失敗が誰の目にも明らかになると，内発的発展の必要を政府も認めざるをえなくなりました。そこで，国土

計画の中でも内発性が強調されるようになり，『内発型テクノポリス』というような用語も生まれています。また，1988年，当時の竹下首相は『ふるさと創生』を提唱して各市町村に1億円の交付金を配布しました。」と述べている［宮本 1998：232-233］。また，中村も「国家の役割と負担を多国籍企業の利害と関わる国際関係に重点化し，国内では規制緩和と一体的に『地方分権』をすすめて国家の負担を軽減する国際化時代の新自由主義の立場からも，内発的地域経済開発は奨励されるに至っている。」と指摘している［中村剛治郎 1996：198］。こうした動きは，1980年代後半からのバブル経済の崩壊，日本経済と地域経済の疲弊とそれに伴う国家財政の危機に対して，新自由主義的な規制緩和を背景として，内発的発展を補完的に利用しようというものであった。

　戦後における第二段は，21世紀に登場した全国総合開発計画に代わる国土形成計画である。本章第2節の（2）でみたように，それは，地域格差の是正というテーマを外し地方圏と過疎地域に内発的発展の自助努力と共助社会の形成を求めるものである。

　しかし，こうした国が掲げる内発的発展論には次のような欠陥がある。すなわち，第1に，目的や方法，主体については明確な言及がなく曖昧なことである。第2に，内発的発展が「静態的」で「自己完結的」なものになっていることである。ここで「静態的」とは，内発的発展の内容がイノベーションを契機とした新産業の創出や既存企業の高付加価値化など，地域が内発的に発展するための条件を挙げているにすぎないという意味である。そして，「自己完結的」とは，地域（市町村）の内発的発展を都道府県や国の地域政策に展開することを奨励しているのではなく，あくまでも国は地方に地域経済の自立を求める立場から，それぞれの地域内で自己完結的に内発的発展を追求することを求め，関与をしないという意味である。

　しかし，内発的発展論は，このような静態的で自己完結的なものではなく，発展論として本来的に「動態的」で「補完的」なものである。国が自らの責任を放棄し，地方に自助努力を求めるために内発的発展論が唱えられている今日の状況を鑑みると，補完性原理などの世界の動向を踏まえて内発的発展論を「発展」させる研究が求められているといえよう。

　そこで，こうした課題について注目すべき論点を提起している研究に触れつ

24 第 I 部 地域政策の理論

つ，この課題にアプローチしようと思う。

　まず，動態的な側面についてである。中村は，空間経済学や経済基盤説を静態的な把握の典型例として次のように批判している。

　クルーグマンらの空間経済学は，収穫逓増効果を前提としてその効果の静態的分析にとどまっているが，いかなるプロセスによって収穫逓増効果を生み出したり強化したりできるのか，またそれはなぜいかにして消失していくのか，その動態的なプロセスが核心的論点である［中村剛治郎 2004：33］。また，経済基盤説は，地域経済の成長理論にとっては動態的視点が不可欠であるが静態的分析にとどまっている。地元市場型産業の多様な発展は，地域経済の成長や移出産業の強化につながる。両者の補完的クラスター的関係に注目すべきであって，地元市場型産業を軽視するのは誤りである［中村剛治郎 2004：73］。

　静態的な把握をこう批判した上で，政策上の問題は複雑な産業構造をもつ地域経済へと向かう動態的なプロセス，あるいは，目標実現への発展戦略いかんにあるとして，専門特化により発展を生み出すことを通じて関連産業の発展を導く，つまり「専門化を通じての多角化」という動態的発展プロセスあるいは戦略の意義を考慮すべきであると述べている。したがって，特定産業の地域的集積それ自体ではなく，そのあり方が問題なのである。また，特定産業の発展に伴う前方後方地域内産業連関的発展による関連産業の発展は，内発的発展の定義では付加価値の地元帰属という分配の問題として理解されているが，特定産業や関連産業の競争力を生み出す源泉という点で，発展のプロセスや供給サイドの問題として捉えなおす必要がある。後者の結果として前者の配分的成果が生まれるからである［中村剛治郎 2004：21-22］。こうした動態的な面に関する中村の主張は，その後，地域政策論における動態的発展論の比較地域的制度アプローチとして整理されている［中村剛治郎 2011：222］。

　次に，補完的な側面についてである。

　中村は，次のように述べている。地域と国土の開発計画の関係について，地域計画が基本で国土計画は補完的に支える，つまり，地域的政治経済システムに焦点を当てた，地域自立を目指す個性的な地域発展計画から出発して，自立的な地域が対等に協力しあう地域的関係（水平的国土構造）を支えたり，条件不利地域に特別の支援プログラムを実施するために国土計画が策定されるとい

う，補完性原理に基づく地域計画中心の政策体系が本来の姿である［中村剛治郎 2004：134］。

　さらに，中村の最近の研究では，内発的発展における補完性原理の意義についても次のように言及している。そもそも，ヨーロッパの補完性原理の意義は，「国家の役割の縮小ではなく，福祉国家が地域の領域へ介入を強める時代に，あるいは，統合ＥＵが国家の領域へ介入を強めようとする時代に，地域の自治権や国家の主権を尊重したうえで支援を強化する立場を再確認してきたものである。」［中村剛治郎 2011：232］との基本認識のもとで，「現代の内発的発展論は，国家が内発的発展を支えるための国の制度的な仕掛けを積極的に整備して国家の役割を果たすことを求めるものであって，日本で見られるように，国家の成長戦略から外れる地域に自助努力としての内発的発展を求めて国家の責任や役割を縮小しようとするものではないのである。」として，日本における補完性原理の解釈の特異性を明らかにしつつ，国家が地域の内発的発展を支えることが本来の補完性原理であるとしている［中村剛治郎 2011：226］。

　さらに，中村は地域と国家のこうした補完関係をふまえて，地域一般ではなく「都道府県」レベルに着目して考察する必要についても次のように述べている。「府県レベルで想定することの重要性を感じつつある。6つの地域性をめぐる矛盾の相互連関した展開範囲，主体としての住民運動の府県レベルでの高揚，現代経済における公共部門の意義の増大と府県自治体の役割がその根拠である。いうまでもなく，地域性をめぐる矛盾には府県レベルをこえる広域問題もあれば，府県内のより狭域レベルのものもある。しかし，それらは前述の重層的地域構造において府県レベル地域経済を支え補完する地域間の広域問題（前者）や府県レベル地域経済の基礎を強化する地域内の狭域問題（後者）として位置づけられるのであって，重層的地域構造において府県レベル地域がもつ基本的拠点としての地域経済という独自の意義を否定することは誤りであろう。」としている［中村剛治郎 1979：40］。[11]こうした認識のもとで，都道府県レベルの分析についての重要性と拠点開発の失敗の教訓のうえにたって，大阪府の今後の地域開発政策を「まちづくり産業振興論」として構想している。このように，中村は地域と国家の補完関係を論じ，さらに都道府県レベルでは大阪府の地域開発政策のあり方を論じている。

26　第Ⅰ部　地域政策の理論

　また，近年では長野県の地域政策に着目した研究も行われている。

　森は，財政制度と都道府県レベルに着目する視角から［森 2008：3-6］，長野県の公共事業改革を分析して次のように述べている［森 2008：278-287］。

　公共事業改革は，次のような限界があった。第1は，公共事業改革により県財政の規模が縮小したこと，第2は，長野県の公共事業改革において国の公共事業に関する諸制度との間での制度的補完性が機能しなかったこと，第3は，国と地方の関係は依然として制度的階層性をもったトップダウン型の公共事業制度であったことである。

　しかし，こうした限界がありつつも長野県の公共事業改革における制度改革が国の制度的修正をもたらした例として，入札制度改革において長野県独自の「簡易型」総合評価方式が国の入札制度を変えたこと，一般競争入札の全面的導入が国を通じて全国の自治体へ影響を与えていること，木製ガードレールや宅幼老所，ゼロ予算事業が全国に広まったことをあげている。

　その上で，分権社会に相応しい公共事業システムの構築は，地方サイドからの公共事業改革運動の展開によるべきであり，入札制度，建設産業支援制度，公共事業補助金改革，地方税財源の充実方策など，制度補完的な機能をもつ包括的な改革以外にないとしている。この意味で，長野県のような自治体レベルにおける諸改革のなかから，日本の社会・経済システムの転換へ向けて，国と地方間，そして公民間における制度的補完性に基づく政策的連携のあり方を検討することの重要性を説いている。

　諸富は，グローバル化時代の発展概念の要素の1つとして「地域ガバナンス」を挙げ次のように述べている。経済のグローバル化が加速させる環境変化を念頭におくならば，従来型の全国計画に基づくトップダウン型の意思決定構造では，硬直的で地域固有性を考慮できず，地域の依存心と画一性を蔓延させてしまうために，現代の課題解決には不適合である。したがって，求められるのは，愛媛県の内子町や宮崎県の綾町（第4章）のように地域に決定権を与え，構造変化に対して住民が自発的かつ柔軟に対応できる仕組みを工夫し，そこからボトムアップ型に機能するシステムを構築することである［諸富 2010:285］。

　こうした基本認識のもとで，「もちろん基礎自治体が単独ですべての行政を担うことのできないケースもこれから出てくるだろう。その場合でも，安易に

合併に走らず，できる限り基礎自治体の主体性・イニシアティブを発揮できるような制度的仕組みを確保してくことが重要である。そして，基礎自治体が困難に直面する場合には都道府県が支援に入り，都道府県でも手に負えない場合には国がさらに支援に入るという具合に，より上層の政府が下層の自治体をバックアップする体制を作っておけばよい。このような垂直的政府関係は一般に，『補完性原理』の名で呼ばれている。」と述べている［諸富 2010：283-284］。

そして，この「補完性原理」に関わる都道府県レベルの役割に着目して，長野県の『長野県市町村「自立」支援プラン―新たなる「コモンズ」の創出を目指して』（2003年）の意義を次のように述べている［諸富 2010：284-285］。すなわち，基礎自治体の自主性と自律性をまず尊重することを基本としている。そして，基礎自治体が単独で十分に行政を展開できない問題については，まずは水平連携としての町村連合で対応し，それをさらに，県内全域をカバーする10の広域連合で補充していくという構想である。そして県は，市町村，町村連合，広域連合に職員を派遣するとともに権限を委譲し，現場に近いところで分権的な意思決定がスピーディに行えるよう側面支援を行う。したがって，この制度設計には，あくまでも自治の単位としての狭域の基礎自治体を尊重するという姿勢が貫いていることに意義があるとしている。

（3）動態的で補完的な内発的発展論の課題

以上の内発的発展論の研究動向を踏まえて課題を整理すると次のようになろう。

動態的な面については，地元市場産業の移出産業化や専門化による多角化など産業活動レベルに着目した研究がある他はみあたらない。したがって，これにとどまらず産業活動を規定する地域の自然的・地理的・社会的な条件である地域の政治経済制度との関連で考察すること，およびそうした経済過程をマネジメントする行政レベルとの連関をも射程に入れて総合的に考察することが求められる。

次いで，補完的な面については，補完性原理の重要性については共通認識となっており都道府県段階での研究も進んでいる。しかし，地域一般ではなく都道府県段階に着目する必要性があるとして，大阪府の地域開発政策のあり方を

28　第Ⅰ部　地域政策の理論

構想する研究や，都道府県段階の実証的研究も行われているが，個別政策分野
に限られている。したがって，市町村段階での内発的発展にとどまらず都道府
県段階においても内発的発展を指向した総合計画の実証研究とその理論化が求
められる。

　本書で取り上げる4つの市町村と2つの府県の事例を踏まえて，内発的発展
論の“動態的”で“補完的”な側面に関する内容を次のように考える。

　まず，内発的発展の第1の要素である動態的側面は，地域の政治経済制度と
それに根ざした3層の地域循環構造（地域経済循環，公共・民間循環，環境・社会
循環），そしてその地域循環構造をマネジメントすることである。そこで，中
村の「複雑な産業構造をもつ地域経済に向かう動態的プロセス」という論点に
着目すると，全国各地で，地域の特長に根ざした多様な地域的産業連関システ
ムが創造されていることが確認できる。地域は，自然的・地理的・社会的な条
件のもとで多様なありよう（地域の政治経済制度）を確立してきた。そして，先
進的な地域では，その固有の政治経済制度のもとで次のような3つの地域循環
を重層的に育んできた（3層の地域循環構造）。

　第1は，6次産業化などの地域内での経済循環である（地域経済循環）。具体
的には，地域的ウッドシステムや地域的フードシステムなどの地域的産業連関
システムである。

　第2は，公共部門による地域経済循環の支援と住民福祉の向上のための支出
と投資が，民間部門の活性化と税源涵養につながり，その結果，公共部門に税
収をもたらす（公共・民間循環）。具体的には，地域的ケアシステムなどの地域
的産業連関システムである。

　第3は，自然環境やアメニティを活用し保全することが，地域社会にエコ
ツーリズムや自然エネルギーなどの新しい価値をもたらす（環境・社会循環）。
具体的には，地域的自然エネルギーシステムと地域的エコツーリズムシステム
などの地域的産業連関システムである。

　これらのうち第2と第3の循環は，そのプロセスに地域経済循環を含んでお
り，第1の地域経済循環と共通性がある。

　第2の公共部門と地域経済を総合するアプローチの背景には，新自由主義的
構造改革による平成の大合併の際に，とりわけ小規模自治体における公共部門

が有する地域経済や住民生活に対する役割が認識されたことがある。この点について、岡田は「過疎地域の、民間の投資力の少ない市町村ほど、地方自治体の財政が大きなウェイトを占めており、地域内再投資力を高めようとするならば、いかにこの自治体財政を活用していくかに鍵があるということです。」［岡田 2005：145］と述べ、また「基礎自治体の行財政支出は、地域社会の構成要素に直接、間接に作用しており、その意味で地域社会総体の形成主体として能動的な役割をはたしているといえます。しかも、それぞれの地域の自然条件、歴史的条件と独自な政策の展開などによって、地域の個性をも再生産しているといえます。」［岡田 2005：147-149］としている。また、第3の環境と地域経済を総合するアプローチは、宮本が維持可能な内発的発展論を説くとき環境と産業、地域経済の関係を視野に入れていたことに基づいている。

　こうした地域的産業連関システムは、宮崎県諸塚村の事例（第5章）にみられるように、当初は林業立村の村是のもと木材の素材生産に重点をおいていたが、その後素材生産にとどまらず素材の加工、加工品の利用まで原料―中間財―最終製品という一貫した地域的産業連関システムを構築し、さらに地域経済と複合的に結びつく産業連関構造を創出している。さらに、これらの地域的産業連関システムは、地域の政治経済制度に根ざし、連関構造が創出されるよう地域政策によってマネジメントされていることがわかる。

　次に、内発的発展の第2の要素である補完的側面は、市町村の内発的発展の地域政策を都道府県の地域政策へ、さらに国の地域政策に展開し、国は都道府県と市町村の地域政策を支援するという、下から（地域から）の地域政策を構築することである。

　こうした補完的なプロセスのうち、市町村段階にとどまらず都道府県段階における内発的発展の事例研究が求められるが、従来の内発的発展論は市町村段階の事例研究が中心であり都道府県段階の本格的な事例分析は行われていない。これは、戦後、都道府県は国の機関委任事務である地域開発政策を推進してきたこともあり、内発的発展を追求する余地が市町村に比べて小さかったことが大きな原因であろう。しかし、そうしたなかにあって、京都府は高度成長期に国の地域開発政策にくみせず独自の内発的発展を追求した貴重な事例である。

以下，動態的側面については，第2章で地域の政治経済制度とそれに根ざした3層の地域循環構造（地域経済循環，公共・民間循環，環境・社会循環），そしてその地域循環構造をマネジメントする論理を提起する。そして，補完的側面については，第3章で市町村の内発的発展の地域政策を都道府県の地域政策へ，さらに国の地域政策に展開し，国は都道府県と市町村の地域政策を支援するという下から（地域から）の地域政策を提起したうえで，都道府県段階の地域政策に焦点をあてて考察する。

1） 経済産業省「海外事業活動基本調査概要」各年版より。
2） 経済産業省「工場立地動向調査」各年版より。
3） こうした今日の情勢に関しては，岡田［2015］が詳しく分析している。
4） この分析で利用したのは宮崎県『平成24年度当初予算案の概要について （別冊）各部局の主な新規・重点事業』であり，当初予算に盛り込まれた約700の事務事業の概要と予算額が掲げられている。
5） 宮崎県の決算額のデータは2012年度「決算カード」を利用した。
6） 宮本［1998］，中村剛治郎［2011］，安東［2008］を参照。
7） 国土形成計画は，2005年に国土総合開発法が55年ぶりにその役割を見直されて「国土形成計画法」に変わった最初の計画である。
8） 外来型開発の命名は，宮本［1989a：285］が最初である。内発的発展についての最初の提起は，宮本［1980：243］にみられる。
9） 地域開発政策の研究は，宮本編［1977b］が代表的である。
10） その後，さらに目的の総合性，福祉的社会連関を創る方法，住民の参加と自治という3つの原則（目的・方法・主体）に整理されている［宮本 1998：233-239］。これは，内発的発展論の明瞭さを考慮しての対応と思われる。
11） なお，同論文は，『地域政治経済学』において，高度成長期の地域開発の論理あるいは開発方式は地域開発の失敗を生み出す要因になったとして，この教訓を基礎に，「下からの発展」を導く地域政策を構想するとすれば，どのように展望しうるであろうかとして，主として国内市場で発展する産業を振興する地域産業政策として再掲されている［中村剛治郎 2004：209］。

第2章
地域の「制度・循環・マネジメント」の理論

1　地域の政治経済制度と3層の地域循環構造の把握

　まず，地域とは何かを把握するためには他の地域と異なる独自性（個性）は何かを把握することが重要である。

（1）地域とは何か

　地域は，人間の生活とそれを支える生産の場としての地域共同社会である。

　地域は，それぞれの自然的・地理的・社会的な条件のもとで，環境，生産様式（経済），生活様式（文化）が接合する複合体として形成されてきた。それゆえ，地域は環境，生産様式（経済），生活様式（文化）の総合性の視点が不可欠な存在である。

　そして，それぞれの地域は，環境，生産様式（経済），生活様式（文化）のあり方とその接合のあり方に応じて個性的であり独自性がある。また，地域は，人間が生活と生産のための共同社会的条件を創設・維持・管理するための自治の単位でもある。そして，地域は，開かれた存在であり他の地域との交流と連帯を不可欠としている。

　さて，これまでの経済学では，経済の単位としてミクロの企業・家計とマクロの国民経済が取り扱われてきた。しかし，地域は，企業・家計と国民経済に解消されないそれらの間にある「中間システム」として機能している。それとともに，素材と体制の間にある「中間システム」でもある。したがって，地域は，ミクロ理論やマクロ理論に依りつつもそれだけでは説けず，素材規定と体制規定の間にある「中間システム」としての独自の論理を構成することが求められる。[1]

　さらに，市場システムの機能に限定せず，公共部門の能動的な役割，環境・文化の意義を総合する政治経済学として構成する必要がある。

32 第Ⅰ部 地域政策の理論

（2）地域の政治経済制度の多様性

　地域は，それぞれの自然的・地理的・社会的な条件のもとで，環境，生産様式（経済），生活様式（文化）のあり方とその接合のあり方に応じて独自性を確立し，多様なありようを形成してきた。そこで，こうした地域の独自性を明らかにするために，地域を構成する中間的構造を媒介して考察してみよう。[2]

　表2-1は，第Ⅱ部で取り上げる4市町村の人口，土地利用，事業所，域内生産額，産業別就業人口，農林水産費と商工費，市町村類型などを集計したものである。

　土地利用については，諸塚村と梼原町では林野が90％以上を占めており，多くが民有林であるのに対し，帯広市では林野と耕地がそれぞれ40％近くを占めている。綾町は，林野が約80％であるが，照葉樹林の国有林が多くを占めている。こうした土地利用の違いを反映して，綾町では照葉樹林を保全し活用する産業観光が栄えているのに対し，諸塚村と梼原町では木材生産と加工，産直住宅が中軸となっている。また，帯広市では，広大な面積の農地を活用した全国屈指の小麦産地となっている。

　市町村類型では，帯広市が第2次産業と第3次産業が80％以上の都市であるのに対して，綾町，諸塚村，梼原町は80％未満の中山間地である。地方交付税種地でみると，帯広市は生活圏の中核都市であるのに対して，他の3つの町村は中核都市の周辺町村である。

　事業所では，帯広市は卸売・小売とサービス業で半数近くを占め，十勝地域の中心都市の性格を反映している。4自治体とも共通して建設業の比率が10～15％を占めている。域内生産額では，諸塚村と梼原町の林業の比率が高い。また，帯広市の卸売・小売とサービス業の比率は50％を超え，綾町の製造業は40％を占めている。

　産業別就業人口では，第1次産業の比率が諸塚村で38％，梼原町で35％と高い。これと対照的なのは帯広市で，第3次産業が75％を占めている。梼原町は第1次，第2次，第3次がほぼ同規模である。

　歳出では，諸塚村と梼原町で農林水産業費の比率が高く，綾町と帯広市で商工費の比率が高い。梼原町では，産業経済費より土木費の方が多い。

　以上の比較から，それぞれの自治体の地域のありようには多様性があること

第2章　地域の「制度・循環・マネジメント」の理論　　33

表2-1　市町村の比較（人口，土地利用，産業構造，地域類型等）

	綾　町		諸塚村		椎原町		帯広市	
	数値	構成比	数値	構成比	数値	構成比	数値	構成比
人口（人）	7,599		1,969		3,853		168,464	
土地面積（ha）	9,521	100.0	18,759	100.0	23,651	100.0	61,894	100.0
林野	7,578	79.6	17,775	94.8	21,415	90.5	23,714	38.3
耕地	731	7.7	191	1.0	338	1.4	23,000	37.2
市町村類型	Ⅱ-0		Ⅰ-0		Ⅰ-0		Ⅳ-1	
地方交付税種地	2-2		2-1		2-1		1-5	
事業所（全産業）	387	100.0	109	100.0	273	100.0	9,022	100.0
農林漁業	29	7.5	1	0.9	4	1.5	48	0.5
建設業	40	10.3	16	14.7	40	14.7	915	10.1
製造業	38	9.8	12	11.0	24	8.8	283	3.1
卸売・小売業	112	28.9	23	21.1	87	31.9	2,422	26.8
サービス業	57	14.7	17	15.6	35	12.8	1,957	21.7
域内総生産（百万円）	25,729	100.0	6,476	100.0	10,633	100.0	537,598	100.0
農　業	1,751	6.8	111	1.7	190	1.8	12,940	2.4
林　業	116	0.4	671	10.4	352	3.3	1,817	0.3
製造業	10,357	40.3	−13	−0.2	865	8.1	47,260	8.8
建設業	2,003	7.8	946	14.6	1,369	12.9	28,941	5.4
卸・小売業	1,879	7.3	220	3.4	429	4.0	113,903	21.2
サービス業	2,962	11.5	1,049	16.2	2,090	19.7	161,231	30.3
産業別就業人口（人）	3,919	100.0	1,091	100.0	2,672	100.0	80,246	100.0
第1次産業	983	25.1	409	37.5	945	35.4	3,822	4.8
第2次産業	1,052	26.8	221	20.3	752	28.1	16,241	20.2
第3次産業	1,884	48.1	461	42.3	975	36.5	60,183	75.0
歳出総額（千円）	4,189,732	100.0	4,181,351	100.0	7,180,915	100.0	81,038,144	100.0
農林水産業費（a）	308,925	7.4	578,103	13.8	866,539	12.1	2,892,659	3.6
商工費（b）	423,220	10.1	87,185	2.1	21,919	0.3	8,070,529	10.0
産業経済費（a＋b）	732,145	17.5	665,288	15.9	888,458	12.4	10,963,188	13.6
民生費	1,022,865	24.4	334,279	8.0	599,731	8.4	26,944,490	33.2
土木費	390,618	9.3	363,156	8.7	1,140,201	15.9	8,813,741	10.9

注）域内総生産は市町村民経済計算，事業所は事業所・企業統計，人口，産業別就業人口，歳出総額，市町村類型，
　　地方交付税種地は2010年度決算カード，土地面積は農林水産省統計より。

を確認することができる。この地域の多様性を中間的構造と関連付けて総合する
と次のようになろう。

　中核的な産業は，中山間地では農業や林業であるが，都市部では食料品や衣
料，機械など製造業である（産業構造）。地域経済を担う主体は，中小企業であ
る地域もあれば，大企業，農家や林家など自営業であることもあり，事業所の
数も様々である（産業組織）。森林や農地の比率が高い地域もあれば，工場用地

や宅地が広大である地域もある。また，山村では国有林の比率が高く私有林が占めることもある（土地利用）。産業構造や土地利用を反映して農林水産費や商工費などの産業経済費，土木費などの構成は異なり，高齢化率が高い場合は民生費が多くを占める（財政構造）。行政部局だけでなく第三セクターや公社など公私混合部門が重要な役割を果たしている地域もある（行政組織）。農村部では，地縁組織である自治公民館が互助組織のみならず産業組織の役割を果たしている地域もあれば，都市部では，自治会が形骸化してNPOなど新しい市民組織が生まれている地域もある（社会組織）。森林面積が広大で水が豊富な地域もあれば，生物多様性に富む地域，バイオマスなど再生可能エネルギーが豊富な地域や日照時間が長い地域もある（自然環境）。また，歴史的遺産が存在する地域もある（アメニティ）。さらに，伝統文化や食文化が多様な地域もある（文化）。

　このように，地域は，自然的・地理的・社会的な条件のもとで，こうした産業構造，産業組織，土地所有と土地利用，人口（年齢）構成，財政構造，行政組織，社会組織，環境・アメニティ，伝統文化などの制度のありようとそれらの制度の複合の仕方を基礎にして，多様で固有の「地域の政治経済制度」を確立してきたといえる。戦後の中央集権的な行財政制度と国土構造のもとで，地域の画一化が進んだが，他方では依然として多様性を維持していることも事実である。

　こうした地域の政治経済制度を比較可能な枠組みとして示すと次のようになる（図2-1）[3]。

　まず，「地域社会」は，大気，水，土壌，みどり，景観や歴史的遺産などの「環境・アメニティ」を基礎条件としてそれに包摂されている。

　そして，「地域社会」は，「民間部門」と「公共部門」および両者の要素を併せもつ「混合部門」から構成されている。民間部門は，「生活」とそれを支える「地域経済」から構成されている。住民の生活は，衣食住や福祉・教育などの公共サービスや公共施設から成り立っている。地域経済は，川上の第1次産業，川中の第2次産業，川下の第3次産業で構成されている。また，こうした地域経済は，農家，林家，中小企業や各種の経済団体によって担われており，各種の産業施設，公設研究所，大学や産業基盤によって支えられている。さら

第2章 地域の「制度・循環・マネジメント」の理論　35

図2-1　地域の政治経済制度と3層の地域循環構造

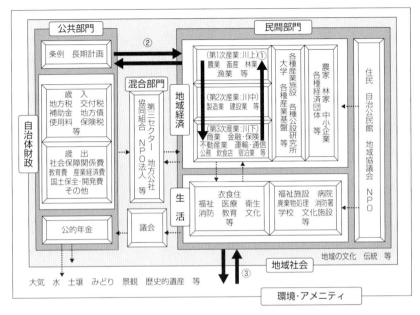

注）図中の①は地域経済循環，②は公共・民間循環，③は環境・社会循環を意味する。
出所）筆者作成。

に，こうした生活や地域経済を自治公民館やNPOなど社会組織が直接間接に支えている。

　公共部門は，地域づくりの指針となる条例・長期計画，自治体財政の歳入・歳出，公的年金を主な内容としている。混合部門は，第三セクターや地方公社，協同組合などである。

　また，地域のあり方を決定するのは，住民の代表である議会である。

（3）3層の地域循環構造の把握

　さらに，先進的な地域では，その固有の政治経済制度のもとで次のような3つの地域循環を重層的に形成してきたことを見逃してはならない。

　第1は，地域内での経済循環の形成である（図2-1の①：地域経済循環）。これは，地域内で第1次産業（川上），第2次産業（川中），第3次産業（川下）の

間に複雑な産業連関を形成し，付加価値を付け社会的余剰（利潤，租税，貯蓄）を地元に確保して地域内に再投資し，地元の福祉，教育，文化，芸術の発展に寄与してきた。

第2は，公共部門と民間部門の循環の形成である（図2-1の②：公共・民間循環）。上記のような川上・川中・川下間の循環を促進するために，社会的に価値のある公共事業や公共サービスを供給してきた。また，住民生活を向上させる公共サービスを供給し住民福祉向上に取り組んできた。これらの投資や支出は，同時に地域経済に需要を創出し経済波及効果をもたらし，これを通して税源を涵養してきた。

第3は，自然環境・アメニティと社会の循環の形成である（図2-1の③：環境・社会循環）。バイオマス資源や自然エネルギーの利活用による環境負荷を軽減する産業の形成，環境やアメニティを活用することによるエコツーリズムの実践，森林の炭素吸収機能と林業政策の統合など新しい社会的使用価値を創造してきた。これらは，環境の世紀において求められる重要な政策であり地域経済の発展に寄与するものである。

以上のような「地域経済循環」「公共・民間循環」「環境・社会循環」から構成される3層の循環を総合して「地域循環構造」と呼ぶことにする。

例えば，第Ⅱ部で考察する綾町では，産業観光（地域的エコツーリズムシステム）と地域的フードシステムが形成されている。諸塚村では，地域的ウッドシステム，地域的フードシステムおよび地域的エコツーリズムシステムが，梼原町では地域的ウッドシステムと地域的自然エネルギーシステムが，帯広市では地域的ウッドシステムが形成されており，同時に地域的自然エネルギーシステムおよびふーどツーリズム（地域的エコツーリズムシステム）の形成が目指されている。このように，3層の地域循環構造は，具体的には地域における各種の産業が相互に連関する「地域的産業連関システム」として存在している。

第Ⅱ部で取り上げた自治体では，これらの地域的産業連関システムの形成が地域の内発的な発展にとって重要な基盤となっている。それぞれの地域において，こうした地域の政治経済制度に立脚した3層の地域循環構造を把握することが重要である。

第2章　地域の「制度・循環・マネジメント」の理論　37

（4）EU の地域政策と地域の多様性（Diversity）

　以上のように，地域の政治経済制度とそれに根ざす3層の地域循環構造は，それぞれの地域において様々であり"多様性"がある。

　こうした，地域の"多様性"については，EU における近年の地域政策においても注目されている。

　EU では，27加盟国の間と様々な地域の間に経済格差が存在する。例えば，域内総生産の43%，および研究とイノベーション投資の75%が，EU 総面積の14%を占めるにすぎないロンドン，ハンブルグ，ミュンヘン，ミラノ，パリを結ぶ五角形内部地帯に集中している。また，2004年以降，EU が中・東・南欧へ拡大したため，域内の地域格差はさらに広がっている。EU の地域政策は，こうした地域格差を是正し域内の結束を目指す政策である。

　EU の地域政策は，1975年の欧州地域開発基金（ERDF）の創設に導入されたが，1993年のマーストリヒト条約の発効に伴って，政策の中心に「経済的・社会的結束」が据えられ，ユーロ導入を念頭に「結束基金（Cohesion Fund）」と「地域委員会」が創設された。今日の EU の地域政策は欧州地域開発基金（FRDF），欧州社会基金（ESF），結束基金（CF）の3つの基金によって実施されており，2007-13年には総額約3470億ユーロの予算が3つの基金に計上されている。

　「地域的結束に関する緑書」（2008年）は，"地域の多様性を財産に"をテーマとして，経済的・社会的結束（economic, social cohesion）に加えて地域的結束（territorial cohesion）の必要性を説いている。2009年に発効したリスボン条約にも地域的結束が盛り込まれた。

　こうした EU の地域政策で注目されるのは，従来のマクロ的なアプローチだけでなく，地域の多様性に着目しそれを"財産"に転換するために，地域，社会，環境面での発展指標を新たな基準とすることを目指すなど，地域的アプローチも指向されていることである［中村剛治郎 2011：224-225］。

（5）地域経済循環──6次産業化による産業の川上・川中・川下の循環──

　次に，3層の地域循環構造について，具体的にみてみよう。

　最初に，地域経済循環である。図2-2は，産業連関表を参考にして，地域経済循環の構造を図式化したものである。

図中の(a)に示すように,地域の産業は需要面から見ると,地域外の需要に依存する移出産業と地域内の需要に依存する地元市場産業に区分される。こうした移出産業と地元市場産業の区分とともに,第1次産業,第2次産業,第3次産業の各産業間での取引と各産業内部で取引が行われている。

この産業間と産業内での取引の結果,図中の(b)に示すように雇用者所得と営業余剰からなる付加価値が生み出される。

これらの雇用者所得と営業余剰は,図中の(c)に示すように最終需要となる。まず,雇用者所得の多くは,衣食住や教育・福祉のために支出され消費となり,残りの一部は金融機関へ貯蓄され,他の一部は住民税や固定資産税として納税に使われる。金融機関へ預けられた貯蓄は,金融機関によって企業等に貸出され,企業はそれを設備投資や運転資金として再投資する。

次に,営業余剰は,設備投資や運転資金として再投資されたり法人住民税や固定資産税に使われたりする。

雇用者所得と営業余剰から税金に回された部分は,自治体によって公共サー

図2-2 地域経済循環の構造

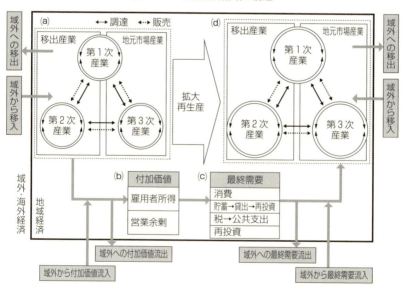

出所) 筆者作成。

ビスを提供するための公共支出として，また道路整備や学校建設のため公共事業として投資される。このように，地域において新たな消費，公共支出・公共投資，再投資が行われことによって，(d)に示すように産業間と産業内での取引が拡大し地域経済の拡大再生産が実現する。

なお，地域経済は開放体系であることから，地域経済循環は，移輸出と移輸入を通してリージョナル，ナショナル，グローバルなレベルの循環と結びついて重層化している。したがって，こうした地域間での経済循環，さらに海外との経済循環を加味しなければならない。

例えば，地域においてすべての産業がフルセットで活動していることはなく，産業間と産業内で取引のすべてを地域内では完結できない。したがって，図中の(a)と(d)において産業間と産業内の取引は，域外から原材料を調達することになる（図中の「域外からの中間投入の移入」）。同時に，域外への中間投入の移出もある。

また，(b)において本社が域外にある工場を誘致している場合は，生み出された営業余剰が本社のある域外へ流出する。従業員が域外に住んでいる場合は，雇用者所得も域外に流出する。同時に，域外から営業余剰や雇用者所得が流入することもある。

さらに，(c)において地域での消費，公共支出・公共投資，再投資のすべてを地域で賄えず，域外に流出することもある。同時に，他方では，域外から消費，公共支出・公共投資，再投資が流入することもある。

このため，地域において消費財と資本財を地元企業が供給する比率である自給率を高めることにより，中間投入の移入を減らし，付加価値をできるだけ地域内に確保し，最終需要を域内にとどめることにより，地域経済循環を創造することが可能となる。したがって，地域経済循環を創造することは，今後の地域経済づくりを考える上で重要なことである。

そこで，次に，先進的な取り組みの事例から，農産物や魚介類を軸とした「地域的フードシステム」と，林産物を軸とした「地域的ウッドシステム」を考察してみよう。

40　第Ⅰ部　地域政策の理論

(1)　地域的フードシステムによる地域経済循環の創造

　第Ⅱ部でみるように，綾町では有機農業を基盤として手づくり加工品の販売や学校給食での地産地消，域外への販売という一連の地域的フードシステムが形成されている。また，帯広市は，2007年に中小企業振興基本条例を制定し，これまでに第1次産業である農業を基礎に第2次産業，第3次産業が発展してきた経済を，さらに農産物の加工部門を拡大することに焦点を当てた新しいまちづくりを展開している。その中心となるものが，帯広市を含む十勝地域の特徴を活かした地域的フードシステムの創造である。

　ここで，「地域的フードシステム」という用語の"地域的"の意味について，日本の飲食費の流れをもとに述べておこう［農林水産省 2011］。2005年では，10.6兆円の食用農水産物が，食品産業で加工され外食産業や食品小売業に販売され，73.6兆円の最終消費額になっている。この一連の流れのなかで，食用農水産物の輸入が1.2兆円，一次加工品の輸入が1.4兆円，最終製品の輸入が3.9兆円あり，輸入品の合計は6.5兆円を占めている。

　また，飲食費の動向を時系列でみると，国産の農水産物の規模は，1995年の11.7兆円から2005年の9.4兆円へ20％も減少している［農林水産省 2011］。また，食料市場全体に占める割合も，1980年の25.7％から2005年の14.5％へと年々低下している。これに対して，輸入農産物は，1995年の11.4兆円から2005年の12.1兆円へ増加し，輸入加工品は1985年の20.3兆円から2005年の52.4兆円への2.6倍に増えている。このように，日本の食の市場は，国産の農林水産物の規模が大幅に減少する一方で，輸入農産物・加工品が増加していることがわかる。

　こうした状況のもとで，食品産業の大企業が自らの競争力優位を目的とした川下主導の6次産業化が進展している。しかし，それは輸入農産物や輸入加工品を原材料としていることもあるため，6次産業化が進んでも地域農業や地域経済が振興されるとは限らない。

　したがって，地域の農業生産を拡大し地域経済が発展するような6次産業化が不可欠である。すなわち，大企業主導ではなく地元の農家や中小企業が主体となって，地元産の農林水産物を原料として加工・販売が連続し，地域の農業と地域経済の総合的な発展を目的とするフードシステムが求められる。この意味で，"地域的"フードシステムという用語を使用する。なお，地域的ウッド

システムなどについても同じ意味で地域的という用語を使っている。

　これまで，農業と畜産は，その生産物を主に域外に直接販売することが多かった。そして，域外への販売によりいわゆる「外貨」を稼ぐ産業としての地位を築いてきた。しかし，海外から安価な農畜産物が輸入されるようになると，域外への販売だけでは経営が成り立たなくなった。そこで，地元の農畜産物が地元でより多く消費されることの必要性が認識され，地産地消運動が取り組まれるようになった。今日では，この地産地消をさらに一歩前進させ，地元の農畜産物を地元で加工し，地元で販売しつつ域外に販売することが重要となっている。こうした事情を背景に，地域的フードシステムの創造が注目されている。

　地域的フードシステムは，耕種農業，畜産，漁業の素材を生産する産業が1つの軸となる。これらの産業に，飼料・有機肥料を提供する産業，商業，化学肥料を提供する化学製品，燃料を提供する石油・石炭，金融・保険，運輸などの産業が財を提供している。他方で，耕種農業，畜産，漁業は，主にと畜・肉・酪農品，冷凍魚介類・缶詰などの水産食料品，精穀・製粉・飲料などの食品加工を，飲食店や宿泊業に販売するとともに，家庭での消費用として販売している（民間消費）。また，県外や海外への販売も行われている（域外移輸出）。

　こうした耕種農業・畜産・漁業の財の流れとともに，飲食料品を軸としたもう1つの財の流れがある。飲食料品は，耕種農業・畜産・漁業から財を購入し，生産した財を飲食店，宿泊業，その他の個人サービスに販売するとともに，民間消費にも販売している。さらに，県外や海外への販売も行っている（域外移輸出）。

　このように，地域的フードシステムは，耕種農業・畜産・漁業・飲食料品が中軸となって様々な産業と取引を行い，各種の産業が連続するシステムを形成している。

　こうした地元の農畜産物を地元で加工・販売し，域外へも販売する地域的フードシステムを形成することにより地域経済循環が創造される。

(2)　地域的ウッドシステムによる地域経済循環の創造

　農業や畜産に求められていることは，林業においても同様である。

42　第Ⅰ部　地域政策の理論

　例えば，島根県は，これまでの森林政策を総括して次のように述べている
［島根県農林水産部森林整備課・林業課 2008］。これまでは，森林造成とこのため
の林業経営に重点が置かれてきた結果，森林の蓄積は2006年度末現在9000万
㎥，年間の成長量は190万㎥となり，膨大な森林資源が本格的な利用期を迎え
ている。しかし，近年の素材生産量は年間わずか約30万㎥にとどまっており，
森林資源の活用が不十分な現状にある。

　一方，木材は原材料としての丸太の生産に始まり，製材，チップ，合板など
の製造工場において付加価値の高い製品に加工され県内外へ販売されている。
したがって，森林資源が成熟し，本格的な利用期を迎えようとする今日，「木
を伐って使う・消費する」という林業の本来的な経済効果を最大限に発揮させ
ることが，森林にとって，また地域経済にとっても重要な視点である。

　したがって，林業を第１次産業としてだけとらえる政策展開や経済的な評価
をするのではなく，地域経済に広く及ぼす効果を総合的に目指す政策，すなわ
ち木材加工業をはじめとする森林資源を必要とする産業に対する資源供給効果
と，これらの産業がもたらす経済効果や雇用を最大化する政策が必要であると
している。

　そして，島根県内の林業部門に着目した産業連関表をもとに，木材流通に関
連する経済構造を分析している。

　林業部門の県内生産額は約150億円である。これはすべての産業の生産額の
0.3％である。

　林業部門が原材料や燃料として販売した財・サービスの出荷先は林業，製材・
木製品，パルプ・紙・板紙・紙加工，建設，対個人サービスが主なものである。
これらの販売額の約６割を製材・木製品部門が占める。しかし，家具・装備品
部門への出荷額は極めて少ない。

　県内最終需要の内訳は，「消費」に約８億円，「投資」に約76億円であり，消
費よりも投資の割合が高くなっている。固定資本形成と在庫増を意味する「投
資」が「消費」に比べ多いのは，林業部門の経済サイクルは短期的に消費を繰
り返すものではなく，長期的な財産投資が行われていることを表している。

　次に，林業部門は石油・石炭製品部門，運輸部門，対事業所サービス部門か
ら多くの財・サービスを得て完成品を生産していることがわかる。

また，生産額の費用構成をみると中間投入部門（原料費）が2割，付加価値額（雇用者所得と営業余剰等）が8割であり，原材料費よりも人件費等のウエイトが高いことがわかる。これは，林業の地域雇用効果が大きいことを示している。

次に，経済機能を分析し，パルプ・紙・木製品などが林業に高い経済波及効果をもたらすこと，移輸出が増加しても粗付加価値は誘発されないため県域内で粗付加価値を高めることなどの結論を引き出している。

こうした分析をもとに，島根県浜田圏域の政策課題として，合板製造による県産材の需要拡大と販路拡大，加工をせず原木のまま移出するのではなく木材加工分野の体制強化による付加価値を付けた製品の移出，木材生産の確保と安定供給，建築業界との連携による販路拡大などを提言している。

こうした島根県の木材流通に関する分析を参考に地域的ウッドシステムの構造を整理すると次のようになる。地域的ウッドシステムでは，林業から製材・木製品への財の流れが中心となる。これらの産業は，地元の石油・石炭製品，化学製品，電力，商業，運輸などの産業から財・サービスを得て生産活動を行っており，他方では地元のパルプ・紙，環境フィールド・装備品，建設，民間消費に販売をしつつ，域外へ販売している。

こうした一連の産業連関のもとで，生産された木材がより多く地元で加工され，民間消費や域外へ販売することが可能となるような地域的ウッドシステムが形成されれば，付加価値と雇用が地元にもたらされることになる。

（6）公共・民間循環―役場による住民の生活・生産の支援と税源涵養―

次に，公共・民間循環についてみてみよう。

図2-3は，公共・民間循環の構造を示したものである。公共部門は，各種の政策の実施と財政支出を行い，民間部門における地域経済循環を創造し，住民福祉を向上させる。これを社会的使用価値効果と呼ぶ。[4] 一方，民間部門では地域経済循環の創造を通じて税源が涵養され，その結果，公共部門に税収をもたらす。これを価値効果と呼ぶ。

44　第Ⅰ部　地域政策の理論

図2-3　公共・民間循環の構造

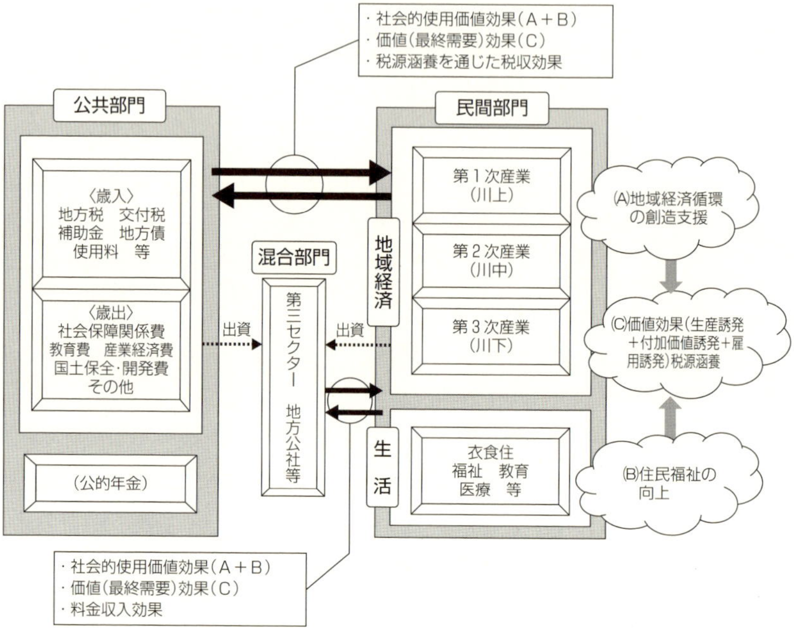

・社会的使用価値効果（A＋B）
・価値（最終需要）効果（C）
・税源涵養を通じた税収効果

公共部門

〈歳入〉
地方税　交付税
補助金　地方債
使用料　等

〈歳出〉
社会保障関係費
教育費　産業経済費
国土保全・開発費
その他

（公的年金）

混合部門

第三セクター
地方公社等

出資

地域経済

民間部門

第1次産業
（川上）

第2次産業
（川中）

第3次産業
（川下）

生活

衣食住
福祉　教育
医療　等

(A)地域経済循環
の創造支援

(C)価値効果（生産誘発
＋付加価値誘発＋雇
用誘発）税源涵養

(B)住民福祉の
向上

・社会的使用価値効果（A＋B）
・価値（最終需要）効果（C）
・料金収入効果

出所）筆者作成。

(1)　社会的使用価値効果と価値効果

　自治体は，財政運営を通して，民間部門への補助金支出，道路や圃場整備などの産業基盤の整備，産業施設や研究施設の建設などを行い地域経済循環の創造を支援している（**図2-3の(A)**）。同時に，各種公共サービスの提供，福祉施設，病院，廃棄物処理施設，学校や文化施設などの支出と投資を行い住民福祉の向上に努めている（**図2-3の(B)**）。

　すなわち，自治体は，これらの支出や投資を通して，地域経済循環の創造と住民福祉の向上という社会的使用価値を提供しているのである。

　これらの支出や投資は，同時に，地域経済に対しては最終需要として機能し，生産誘発効果，粗付加価値誘発，雇用誘発をもたらし，地域経済を活性化する価値効果をもっている。その結果，地域における税源が涵養され，自治体に税収をもたらす（**図2-3の(C)**）。

こうしたことは，第三セクターや地方公社等の混合部門にも基本的にあてはまる。

以上のような公共部門と民間部門の相互作用を「公共・民間循環」と呼ぶ。

(2) 公共・民間循環を起点とした地域経済循環の創造

さて，小規模な自治体では役場は大きな事業体であり，その支出や投資が地域経済にとっては重要な役割を果たしている。それゆえ，自治体財政のこうした価値効果の実態について，以下の事例を参考に具体的な研究を進めていく必要があろう。

ここでは，自治体財政の歳出のうち社会保障，公共事業，住宅リフォーム助成がもたらす価値効果についての分析事例を紹介しよう。

①社会保障，医療・保健，公共事業の経済効果の比較

第1の事例は，社会保障，医療・保健，公共事業の経済効果の比較である［自治体問題研究所編集部 1998a；同 1998b；有働 2004］。

その比較によると，生産波及効果は，医療・保健は社会保障よりも若干高く，公共事業の効果に近いことがわかる。これは，公共事業の生産誘発効果が優位であるとは必ずしもいえないことを意味している。

さらに，これら3つの支出について雇用効果と付加価値誘発効果を比較すると逆転が明瞭になる。雇用効果についてみると，社会保障が29万1581人，医療・保健が22万5144人，公共事業が20万6710人であり［自治体問題研究所編集部編 1998a：22］，圧倒的に社会保障と医療・保健での雇用効果が高いことがわかる。これは，公共事業の場合は社会保障に比べて原材料などが多くを占めるのに対して，社会保障の場合は相対的に人件費が多いためである。

さらに，付加価値誘発効果についてみると，社会保障は1兆6416億円，医療・保健は1兆4669億円，公共事業は1兆3721億円と，雇用効果と同様に社会保障と医療・保健の方が付加価値誘発効果が高いという結果がでている［同上：22］。

これらの分析結果から，公共事業は必ずしも地域経済や雇用に効果があるとは限らず，むしろ社会保障や医療・保健の方がその効果が大きいことが明らかである。

②緊急経済対策の経済波及効果

46　第Ⅰ部　地域政策の理論

　第2の事例は，兵庫県明石市が行った緊急経済対策の経済波及効果の調査である［明石市 2010］。

　明石市では，2009年度に緊急経済対策として，小・中学校の耐震化，学校園の各種機器の整備，緊急雇用創出，中小企業融資保証料補助，プレミアム付商品券発行助成，定額給付金など，69事業を実施した。これらの事業は，市内経済の安定化が主な目的であることから，市内で新たに呼び起された消費による生産誘発を算出し比較している。

　「定額給付金事業以外」については，市内の経済波及効果は事業費の約1.5倍となっている。一方，「定額給付金事業」は，経済活性化と生活支援の2つの目的があるため単純には比較できないが，経済活性化の面では市内の消費喚起額は他の事業より低く0.5倍である。ただし，生活支援の面では，およそ7割が生活費や貯蓄等に充てられており十分な成果が上げられたとのことである。

　両者の合計では，緊急経済対策全体による市内の経済波及効果額は，事業費とほぼ同程度の1.0倍となっており，市内経済の安定化に一定の成果を上げたとしている。

　さらに，緊急経済対策のうち投資効果の高い「プレミアム付商品券発行事業」と「住宅リフォーム助成事業」の経済効果についても比較している。

　プレミアム付商品券発行事業の経済波及効果は，事業費1億円に対して4億8000万円，4.8倍の経済効果があった。一方，住宅リフォーム助成事業の経済波及効果は，事業費1600万円に対して1億7500万円，10.9倍の経済効果となっている。

　住宅リフォーム助成事業の経済波及効果は，プレミアム付商品券発行事業の2倍以上であることが示されている。

③住宅リフォーム助成の効果

　第3の事例は，住宅リフォーム助成の効果である。住宅リフォーム助成は，明石市の例にみるように，住民の住宅リフォーム意欲を刺激し膨大なリフォーム工事を生み出すため，全国で商工業者や建設業界の働きかけにより導入する自治体が急速に増えている。

　住宅リフォーム助成の経済効果について，秋田県が実施した調査をもとに受注者の業種や工事内容についてみておこう［秋田県建築住宅課 2010：秋田県会議

2010]。

　受注件数は，建築業者が最も多く，全体件数の約72％となっている。次いで塗装業者，給排水設業者，屋根・板金業者の順に受注件数が多い。建築業者のうち，約42％は個人（大工）となっている。「その他」は，建材店，建具店等である。

　主な工事内容をみると，屋根・外壁の張り替えが23％と最も多い。次いで，台所，風呂等の水回りの改修，屋根・外壁の塗装などとなっている。トイレの水洗化工事は約11％となっている。地球環境対策として力を入れている太陽光発電や給湯機器の設置等は約6％となっている。その他の工事としては，内部改修が最も多いが，ほかにサッシ交換，断熱改修等のエコポイント関連も実施されている。

　このように，住宅リフォーム助成は，補助金を受けられる対象者の範囲が広く，また補助を受けた市民の先にいる関連事業者の裾野も広いため，広範囲にわたって地域経済を刺激しているところに公益性・公共性がある。

　さて，住宅リフォーム助成は，屋根・外壁の張り替え，台所，風呂等の水回りの改修，屋根・外壁の塗装，トイレの水洗化工事などの事業者に直接的な生産波及効果が生まれる。しかし，同時に商業者や娯楽サービス，飲食店，その他の個人サービスが集中する商店街にも波及効果が及ぶことも見逃してはならない。

　直接効果は，確かにリフォーム事業に携る事業者に生まれる。しかし，筆者が計算したデータでは，第1次生産誘発効果約45億円のうち約16億円は商業者や商店街に波及することが判明している［入谷 2012：35-42］。また，第2次波及効果の約39億円のうち約16億円は商業者や商店街に波及する。したがって，住宅リフォーム助成の経済波及効果は，直接受注する工務店などの事業者だけでなく商業者や商店街にも波及し，地域経済全体の活性化にも有効な政策である。

⑶　地域的ケアシステムによる地域経済循環の創造

　遠藤は，農村医療・医学のメッカである佐久総合病院がある臼田町生産額を調査し，興味深い結論を引き出している［遠藤 2010：94-95；同 1999：222]。

48 第Ⅰ部 地域政策の理論

　調査によれば，臼田町生産額のうち機械工業が23％，建設業が20％，医療・保健が19％を占め，これら３つの産業で６割強を占めていることから，臼田町経済において福祉・医療の存在が大きな「地域資源」となっていることが明らかになったとしている。

　これまでも，医療・保健・福祉ネットワークの存在が，佐久地域の雇用創出・増大に大きな役割を果たしており，過疎化を食い止めてきた力であることが明らかであった。このため，これまで医療経済学者や病院関係者が佐久総合病院の存在を地域資源と捉え「メディコ・ポリス構想」を提唱していたが，この調査によって構想のリアリティを客観的に示すことになったと述べている。この指摘は，医療や社会保障を中軸とした地域的ケアシステムの形成が，地域社会において有力な雇用の場になることを示唆している。

　そこで，この地域的ケアシステムを産業連関表の投入と販路の関係で示すと次のようになろう。ケアシステムの中軸は医療・保健，社会保障，介護である。これらの産業は，電力・ガス・熱供給，飲食料品，化学製品，対事業所サービスなどの産業から財・サービスを購入し，他方では民間消費支出として住民にケアを提供し，一般政府消費支出として公的ケアを提供している。このように，地域的ケアシステムは，地域社会において多様な産業とつながりをもって成り立っているため，地域の雇用や地域経済に大きな影響を及ぼすことになる。

　第Ⅱ部で取り上げた自治体においても，医療・保険，社会保障・介護は生産額の２～10％を占めており，かつ重要な地元市場産業となっている。これに加え，公務や教育・研究などもほぼ同様の地位を占めている。これらの産業が地元の他の産業に与える生産波及（後方連関）は，公務が９～15％，教育・研究が４～15％，医療・保健・社会保障・介護が８～20％程度であり，それぞれ域内で一定の生産波及をもたらし地元産業と強いつながりがあることを示している。

　こうした「生活の質」を支える公共的・半公共的サービスが地域経済の重要な要素となっている状況は，佐無田が指摘するように，ポスト工業化段階において地方都市や農山村でも“サービス経済化”が進展していることを意味している［佐無田 2008：139-142］。したがって，地域的ケアシステムをはじめ生活

文化支援産業連関システムの創造は，新しい文化価値を創造し生活の質を高めるとともに，地元産業の発展(後方連関)を促進し，地元生産の自給率を高め(移輸入を代替する)雇用の創出と地域経済の発展につながるといえる。

（7）環境・社会循環—地域の環境保全による新しい社会的な価値の創造—

最後に，環境・社会循環についてみてみよう。

まず，最初に"循環"という言葉の意味を明らかにしておこう。

宮本は，『環境経済学〔新版〕』のなかで，次のように述べている。新古典派経済学は，経済の持続的成長のもとで環境破壊や貧困問題は解決しうるので，経済・社会・環境の三位一体的な持続可能性は調整できると主張しているが，これは環境という客体の限界を自覚しない主観主義であり，環境の維持可能な範囲内で経済・社会の発展を考える必要があると指摘されている［宮本 2007：328-330］。そして，環境のうちで社会的環境は公共部門にはいるが，自然的環境は人間から自立したものであり，人間が自然的環境を利用し保全する場合に生ずる社会的使用価値を評価することが課題であるとされている［宮本 2007：340］。[5]

本書では，この主張に依拠して，人間が地域の自然的環境を利用し保全することによって，地域社会に社会的使用価値がもたらされるという意味で"循環"という言葉を使うことにする。具体的には，照葉樹林など環境の保全やバイオマスなど自然エネルギーの活用などの環境の保全が，地域経済づくりと住民福祉の向上に結び付いているありようを対象とする。

本書で取り上げた綾町は，環境やアメニティを保全し活用することによる産業観光を実践しており，梼原町は木質バイオマスなど自然エネルギーを活用することによりCO_2を削減し，森林整備と国土保全に結び付けている。また，諸塚村は，森林の炭素吸収機能と林業政策を統合して新しい村づくりを実践している。これらの取り組みは，新しい社会的使用価値を創造するものであり，環境の世紀において求められる重要な政策であるとともに地域経済の発展に寄与するものである（図2-4）。

こうした環境・社会循環の具体的な姿は，以下でみるように，地域的エコツーリズムシステムと地域的自然エネルギーシステムがある。

図2-4 環境・社会循環の構造

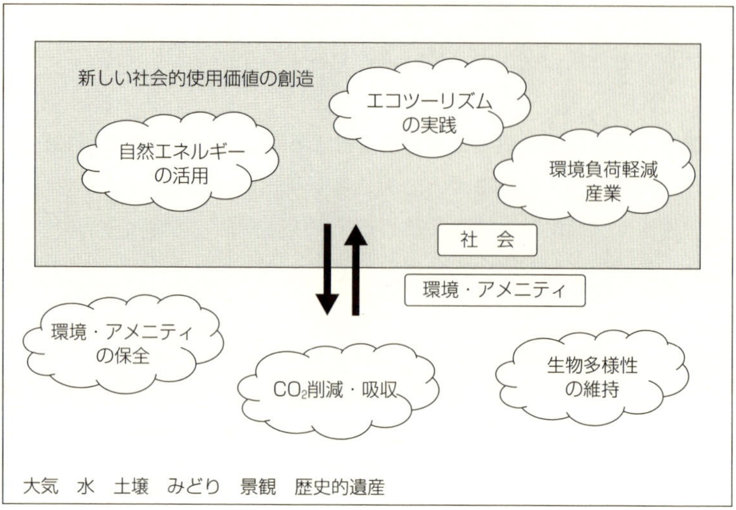

新しい社会的使用価値の創造

自然エネルギーの活用

エコツーリズムの実践

環境負荷軽減産業

社 会

環境・アメニティ

環境・アメニティの保全

CO_2削減・吸収

生物多様性の維持

大気 水 土壌 みどり 景観 歴史的遺産

出所) 筆者作成。

(1) 地域的エコツーリズムシステムによる地域経済循環の創造

今日,観光は地域経済づくりにとって欠かせない重要な産業となっている。ただし,ここで取り上げる観光は,多くの観光客が観光バスで訪れ短時間滞在するだけで次の観光地に移動するマスツーリズム(素通り観光)ではなく,環境やアメニティ,地域の文化などに触れ,訪れる人と受け入れる人がお互いに顔が見えるエコツーリズムである。本書で考察する綾町の産業観光や諸塚村のエコツーリズムなどがその典型例である。

では,こうしたエコツーリズムは地域経済づくりにどのようにつながっているのか。まず,エコツーリズムも観光の一種であるため,観光客が消費する財・サービスを提供する産業は飲食業と宿泊業が中心である。これらの産業は,農業,畜産,漁業および食品加工から多くの財・サービスを調達している。また,電力,水道,廃棄物処理,商業,運輸,通信,広告など多様な産業からも財・サービスを購入している。このように,観光は,多様な産業と財・サービスを取り引きする裾野の広い産業である。

一方,観光産業の主な販路は,「民間消費支出」と「域外移輸出」である。

前者は，地元の観光客への財・サービスの販売であり，後者は，域外から訪れる観光客への財・サービスの販売である。これは，観光においては域外から観光客が訪れた場合には，財・サービスを他地域へ販売したことになり移出として扱われるからである。

また，重要なことは，食事やお土産などをいかに地元で調達したり生産したりするかである。これは，たとえ多くの観光客が訪れても，食事の材料やお土産が地域外作られたものであれば，観光消費は地元に残らず地域外へ流れてしまうからである。

(2) 地域的自然エネルギーシステムによる地域経済循環の創造

自然エネルギーが活用されることによる効果は，CO_2削減効果，エネルギー自給率の向上効果とともに，経済波及効果と雇用効果がある。

例えば，大友は，木質ペレットの生産を行っている北海道足寄町の取り組みから，雇用効果をもたらす産業の可能性を明らかにしている［大友 2012：23］。それによると，ペレットの原料となる木材を生産する林業はもとより，農業，製材・木質燃料製造・木質燃料燃焼機製造など製造業，燃料を販売する小売業，熱供給施設の設置など建設業，施設管理などサービス業まで多様な産業に雇用が創出されることがわかる。

さらに，家庭や業務で木質ペレットをはじめ太陽光，風力，小水力など多様な自然エネルギーを活用することによって，どのような産業に需要が生まれるのかをみておこう［環境省 2009a：25］。木質バイオマス燃料は，燃料製造を製材・木製品が担い，機器製造をその他の金属製品が担い，燃料の小売・卸売マージンは商業が，運輸マージンは道路輸送が，機器設置サービスは建築が担う。以下，太陽光発電は，機器製造をその他の電気機器が担い，小売・卸売マージンは商業が，運輸マージンは道路輸送が，機器設置サービスは建築が担う。太陽熱利用，省エネ住宅，省エネ設備等についても製造，小売・卸売マージン，機器設置サービスを各産業が担うことが想定される。

以上のような各種の自然エネルギーの活用と対応する産業との関係をもとに，木質バイオマス燃料の生産と機器製造，木質バイオマス利用によるCO_2削減量をクレジット化するときに生まれる環境価値と，太陽光発電・太陽熱利

52 第Ⅰ部 地域政策の理論

用の機器製造を軸に地域的自然エネルギーシステムが形成される。

このステムの中心にある製材・木製品，環境価値，電気機器・金属製品は，林業や製材・木製品から林地残材や製材所の端材を購入する。また，商業，運輸，研究，物品賃貸サービス，建設補修，その他の土木建設などからも財・サービスを購入することになる。一方，システムの中心にある産業は，ペレットや機器，環境価値を域外に販売するとともに，建築，建設補修，民間消費部門へも販売することになる。

2 地域経済循環の数量的把握

次に，産業連関表を活用して地域経済循環を数量的に把握する。ここでは，本書で取り上げる4つの自治体の産業連関表の活用方法を述べる。

（1）産業連関分析の4つのポイント

本書では，次の表に示した分析項目と分析方法にしたがって地域経済の構造や循環を分析している（**表2-2**）。

（1）　産業構造と域際収支

域内の生産額，特化係数，域際収支（移輸出額と移輸入額を含む）のデータから，産業構造の特徴を明らかにする。

まず，生産額と特化係数からみて，第1次産業から第3次産業のなかで基幹となる主な産業を確定する。その上で，それらの産業の域際収支から，黒字（所得）を稼ぎ出している産業を確認する。

（2）　産業相互の依存関係

中間投入率と中間需要率，移輸出率と移輸入率，影響力係数と感応度係数，歩留まり率と域外流出の指標から，産業相互の依存関係を明らかにする。

中間投入率と中間需要率は，それぞれの産業がどの産業から原材料等を調達し，生産した製品をどの産業や最終需要（消費や投資）に販売しているかを表わしており，相互の直接的な依存関係を把握できる。ただし，移輸入率が高い

第2章　地域の「制度・循環・マネジメント」の理論　53

表2-2　本書の産業連関分析の方法一覧

本書の分析項目	分析方法	方法の類型
1．産業構造と域際収支	域内生産額と域際収支	静態的な把握方法
2．産業相互の依存関係	①中間投入率と中間需要率	静態的な把握方法
	②移輸出率と移輸入率	
	③影響力係数と感応度係数	動態的な把握方法
	④歩留まり率と域外流出	
3．地域経済循環	地域的産業連関システム	動態的な把握方法
4．移出産業と地元市場産業	①産業連関構造	
	②地域的産業連関システムの連関構造	
	③自治体財政による生産誘発	

（低い）とその分自給率が低い（高い）ことを意味し，産業相互の依存関係が弱く（強く）なる。

　影響力係数と感応度係数は，ある産業が他の産業の生産に与える度合いと，その産業が他の産業の生産から受ける影響の度合いを表わしており，間接的な依存関係を把握できる。歩留まり率と域外流出は，ある産業の生産波及効果が地元にどれだけ残るかを表わす指標であり，歩留まり率が高い（域外流出が低い）ほど，地元に生産波及効果が残る。

　これらの指標から，(1)でみた基幹産業が他の産業や最終需要とどのような依存関係にあり，基幹産業の生産波及効果がどの程度地元に留まるのかを把握する。

(3)　地域経済循環の姿

　産業連関表の投入と産出（販路）の関係から，それぞれの地域に特有の産業構造に根ざす地域的産業連関システム（地域的フードシステム，地域的ウッドシステム，地域的自然エネルギーシステム，地域的エコツーリズムシステム）の構造を把握し，各システムを図式化し各種産業のつながりを把握する。

54　第Ⅰ部　地域政策の理論

(4)　移出産業と地元市場産業

　最終需要（地元需要と移輸出）とそれらの生産誘発のデータから，それぞれの地域における移出産業，地元市場産業および生産誘発産業を把握する。

　移出産業が確立している地域では，域外から所得や利益を稼ぐことができるので，移出産業を発展させることは重要な地域政策になる。また，地元市場産業は，地元の住民生活を支える消費や生産活動を支える投資を充足する産業であり，住民の衣食住や自治体の福祉や公共事業を支え，地元の雇用も担う重要な産業である。生産誘発産業は，移出産業と地元市場産業の両者の生産活動によって生産誘発が生じる産業である。

　また，移出産業と地元市場産業を分析する方法をもとにして，さらに地域経済を支えている地域的産業連関システムの連関構造を明らかにする。

　最後に，自治体財政が地域の生産をどの程度誘発するのかを分析し，自治体財政が地域に及ぼす経済効果を把握する。

（2）地域経済循環の静態的把握と動態的把握

　さて，上で述べた産業連関分析の方法は，さらに次の2つに区別することができる（表2-2の右端）。

　1つは，産業の構成を知るための静態的把握方法である。「産業構造と域際収支」「中間投入率と中間需要率」および「移輸出率と移輸入率」がこの方法に入る。

　もう1つは，地域産業の構造・循環・発展を知るための動態的把握方法である。「影響力係数と感応度係数」「歩留まり率と域外流出」「地域的産業連関システム」「産業連関構造」「地域的産業連関システムの連関構造」および「自治体財政による生産誘発」がこの方法に入る。

(1)　静態的な把握方法

　静態的な把握方法は，産業連関の姿について，農業や製造業などの様々な産業の生産額やその構成比などを分析して，地域における産業構成の特徴を把握する方法である。これにより，地域の産業構造や外貨を稼ぐ基幹産業や他の産業との依存関係などの“構造”を把握することができる。

⑵ 動態的把握方法

動態的な把握方法は，「地域的産業連関システム」により，中軸となる産業とその他の産業との間で行われている財・サービスの取引関係（構造）を示すことができる。

また，「地域的産業連関システムの連関構造」は農業などのある産業の財・サービスの販売が他の産業の生産に波及する姿（前方連関という）や，ある産業の生産活動に他の産業が財・サービスを供給する姿（後方連関という）を把握する方法である。この方法により，地域経済の姿を "構造" にとどまらず，その "循環" の姿を明らかにし，さらにそれを基礎にして "発展" の姿を動態的に把握することができる。

具体的には，例えば，地域的フードシステムについて，中軸となる産業（耕種農業と畜産，飲食料品）が移出産業としてどれだけ域外に移出しつつ，どれだけ他の産業に販売し生産を誘発（前方連関）しているかを把握し，同時に，域外への移出がどれだけ他の産業から財・サービスを調達し生産波及（後方連関）を生み出しているかを把握する。一方，中軸となる産業（耕種農業と畜産，飲食料品）が地元市場産業としてどれだけ地元市場に販売しつつ，他の産業に販売し生産を誘発（前方連関）しているかを把握し，同時に，地元市場での販売がどれだけ他の産業から財・サービスを調達し生産波及（後方連関）を生み出しているかを把握する。

地域経済循環の姿を把握する際には，こうした静態的な把握方法と動態的な把握方法の両面から分析することでより実体に迫ることができる。

（3）経済波及効果と雇用の創出

経済波及効果の分析は，産業連関分析の代表的な活用法である。

この経済波及効果の分析対象は，2つある。1つは，住宅リフォーム助成や観光など "需要や投資" が増加することによる効果分析である。もう1つは，農業などの分野で "生産" が増加することによる効果分析である。後者は，それまで移輸入に頼っていた財・サービスを地元で生産することにより，生産の自給率が上昇する場合の効果分析である。

本書では，4つの自治体における観光消費，産業の売り上げ，地域づくり・

56　第Ⅰ部　地域政策の理論

まちづくり事業など“需要”の増加による経済波及効果と，6次産業化や小麦の地元製粉など産業の生産増加がもたらす経済波及効果について，生産誘発効果，粗付加価値誘発効果，雇用効果，税収効果を計算した。

(1)　各種の取り組みによる大きな経済波及効果

本書で行った経済波及効果分析の結果から，2つのことを強調しておきたい。

1つは，産業観光や産直住宅などそれぞれの自治体における特色ある取り組みによって，地域に生産誘発，雇用誘発および税収効果など経済波及効果が生まれていることである。

例えば，綾町では地域的フードシステムが形成されており，綾町の基幹となる産業を軸に他の産業も相互に結びつき自給率が高いため，特産物の直売所であるほんものセンターの売上げの波及効果は高い。したがって，雇用効果と税収効果も高くなる。

もう1つは，生産の自給率が上昇することによって，経済波及効果は一段と高くなることである。これは，移輸入に頼っていた財・サービスを地元で自給できるようになるため，直接効果が自給率上昇分だけ増えるからである。

例えば，帯広市では地域的フードシステムの創造をテーマとした取り組みを行っている。そのなかで，小麦を地元で製粉することにより付加価値の増加と雇用の拡大を目指す取り組みが生まれている。そこで，地元で小麦を製粉する率が5％上昇することにより，約71億円の小麦粉の生産増加が見込まれると想定して経済波及効果を分析した結果，1.48倍の約105億円の総合効果が生まれた。また，424人の雇用者増と約1億円の税収効果も見込まれる。

(2)　地域経済循環の創造による雇用の確保

宮崎県で2010年に発生した口蹄疫は，畜産だけでなく地域経済全体に甚大な経済的損失をもたらした。このため，何よりも畜産の再生・復興を達成するとともに，緊密で強固な地域経済循環を内容とする地域経済の再生・復興も重要な課題となっていた。

一方，宮崎県の耕種農業の販路をみると，食料品に359億円（18.5％），民間消費支出に204億円（10.5％），移輸出に929億円（47.9％）回っており，約半分

を移輸出し約2割を食品製造業に出荷し，約1割が民間消費されている。また，食料品の主な販路は，民間消費支出に1541億円（32.0%），移輸出に2541億円（52.7%）となっており，移輸出への依存度が高い。このように，農業においては加工部門が相対的に弱く，域内での販路も狭いことから，農産物を地元で加工し消費することにより，地域経済循環を強化することが求められていた。

　こうしたなかで，JA宮崎経済連は，子会社である株式会社ジェイエイフーズが，宮崎県西都市内に県産野菜の冷凍加工工場を建設することを発表した。主な内容は，2010年度に約20億円の設備投資を行い，130名の従業員を地元から雇用し，生産額は2012年度に10億9000万円を目標にするというものである。この施設は，畑作農業の振興，農業経営の多角化や耕種転換，6次産業化に向けた地域農業の発展を図り，新たな雇用の場としても期待されている。

　発表された投資額（家屋建設投資8億円，設備投資9億円，汚水処理2億円）や生産額10億9000万円をもとに，宮崎県産業連関表を使って経済効果を試算したところ，直接効果約24億円が1.74倍の約42億円の総合効果をもたらし，約19億円の付加価値，274人の雇用，約5000万円の税収を生み出すことが明らかになった。

　このように，野菜冷凍加工工場の建設は，川中産業である加工部門を創出することによって地域経済循環を強化し，生産誘発と雇用誘発をもたらすものである。

　地方都市における企業誘致の多くは雇用拡大を目標としている。しかし，今日，企業誘致に夢を託すことは困難な状況にあり，仮に誘致が実現しても，景気後退に伴う撤退や，地元企業とのつながりが弱いことなどの問題もある。したがって，この冷凍加工工場のように，地域経済循環を強化し，生産誘発と雇用誘発をもたらすような地域政策が望まれる。

（4）産業連関分析と政策提言

　以上のように，産業連関分析はどのような地域経済循環が形成されているのかを把握したり，どのような地域経済循環を創造し地域経済づくり・地域づくりを進めることが望ましいのかというテーマの分析に役立つ有力な"道具"で

58   第Ⅰ部　地域政策の理論

ある。

　したがって，産業連関表を活用して地域経済循環を分析し，次にそれを政策提言に結び付けることが可能となる。本書では，4つの自治体を対象にして，それぞれの地域経済循環を分析するとともに，地域の発展につながる地域経済づくり・地域づくりの可能性についても言及している。

　綾町については，地域的フードシステムと産業観光（地域的エコツーリズムシステム）が形成されていることを実証するとともに，綾町が現在目指している6次産業化や滞在型観光の推進の経済波及効果についても分析した。

　6次産業化によって飲食料品生産の自給率が5％上昇する場合の生産増加額1億8341万円は，1.30倍の2億3846万円の生産誘発効果，就業者17人，県税283万円，町税77万円の効果をもたらし，滞在型観光によって対個人サービスの自給率が5％上昇する場合の生産増加額1億2660万円は，1.29倍の1億6353万円の生産誘発効果，就業者23人，県税118万円，町税83万円の効果をもたらすことが明らかになった。

　梼原町については，地域的ウッドシステムと地域的自然エネルギーシステムが形成されていることを実証するとともに，6次産業化による地域経済循環の創造の可能性に言及した。

　6次産業化を推進し，食品加工で自給率が5％上昇した場合に生まれる生産増加額6566万円は，1.31倍の8626万円の生産誘発，3245万円の粗付加価値誘発，10人の就業者と4人の雇用者誘発などをもたらす。

　帯広市については，地域的フードシステムの創造が進んでいることを実証するとともに，産業振興ビジョンで目標とされているアグリ・フード・バイオ関連産業振興とふーどツーリズムによる，小麦の地元製粉，バイオマスエネルギー（ペレット）の生産，フードツーリズムの進展の可能性について言及した。

　小麦の地元製粉により70億9710万円の生産増加が見込まれ，1.48倍の104億7358万円の生産誘発効果，就業者483人，道税5459万円，市町村税5099万円の税収効果が得られる。ペレットの生産では，7億3515万円の生産増加が見込まれ，1.60倍の11億7547万円の生産誘発効果，就業者95人，道税537万円，市町村税673万円の税収効果が得られる。フードツーリズムの進展では，130億7950万円の生産増加が見込まれ，1.37倍の179億4880万円の生産誘発効果，就業者

2068人，道税 1 億1152万円，市町村税 1 億3310万円の税収効果が得られる。

　以上のように，産業連関分析によって，それぞれの地域でどのような地域経済循環が形成されているのかを明らかにするとともに，どのような地域経済循環を創造することが地域の発展につながるのかについて，生産・付加価値・雇用・税収効果の具体的な数値を示しつつ政策を提言できれば説得的となる。

3　地域づくりのマネジメント政策

　最後に，地域の政治経済制度と 3 層の地域循環構造について理論的・数量的な把握を踏まえて，地域経済づくりと地域づくりをマネジメントする自治体政策のポイントについて述べる。

（1）条例と長期計画

　地域経済づくりや地域づくりは，その目的，方法，主体について明確なビジョンが必要である。

　本書で取り上げる綾町では，「自然を守る条例」（1970年），「綾町憲章」（1983年）と「自然生態系農業の推進に関する条例」（1988年）といったまちづくりや自然保護，有機農業の推進に関する条例などがある。これらの条例等に盛り込まれた有機農業や産業観光は，第 1 次長期計画から第 5 次長期計画にかけて体系的に取り組まれ，地域的フードシステムや産業観光（地域的エコツーリズムシステム）が創造されてきた。

　諸塚村では，明治時代に確立した林業立村の「村是」があり今日でも脈々と受け継がれている。さらに，第 4 次長期計画では百彩の森づくりが打ち立てられ，4 大産業に加えて交流事業が推進されることになり，地域的ウッドシステムに加えて地域的エコツーリズムシステムや地域的フードシステムが創造されてきた。

　梼原町では，森林の経済的機能だけでなく多様な機能を重視する「森林づくり基本条例」や，環境の里づくりを基本方針とした総合新興計画がある。これらにより，地域的ウッドシステムや地域的自然エネルギーシステムが創造されてきた。

60　第Ⅰ部　地域政策の理論

　また帯広市では，「中小企業振興基本条例」を制定し，第6期総合計画では産業振興ビジョンに基づいて中小企業振興と産業振興を推進している。このなかで，地域的フードシステムがより強固にされ，新たに地域的自然エネルギーシステムやふーどツーリズム（地域的エコツーリズムシステム）の創造が目指されている。

　こうした条例や長期計画の意義は次の点にある。第1は，地域経済づくりや地域づくりに際してそれぞれの地域の政治経済制度の個性と特徴を踏まえていることである。第2は，それぞれの地域に相応しい地域循環構造を創造することによって，地域の内発的発展を目指していることである。第3は，その担い手・主体を明らかにしていることである。

　これら3つの意義を総合すれば，公共部門が長期的な視点と供給サイドの視点から地域経済づくりと地域づくりに関与し，ビジョンを描いていることにある。これは，長期的で大局的な枠組みに関する計画の論理（ガバメント）を基本としつつ，市場の論理を制御しつつ活かす地域マネジメントである。

　今日，グローバリゼーションという市場の論理を，国はもとより地域で制御できずそれに追随するだけならば地域は崩壊する。他方，地元の中小企業や農家，林家の活力や，住民の発意や参加を活かすことができなければ地域は衰退してしまう。

　EUの地域政策においても，市場の失敗を回避し，欧州全体としての相乗効果を発揮し，欧州としての付加価値を生み出していけるよう，地域の対応能力を強化するものだとされている。

（2）地域経済づくりと地域づくりの統合

　本書で考察した自治体は，地域で複雑な産業連関システムを創造し地域経済づくりを進めるとともに，その地域経済づくりを維持可能な地域づくりと一体化し統合していることに特徴がある。

　綾町では，照葉樹林を保全することが有機農業の推進と結びついており，産業観光のベースとなっている。これにより，地域的フードシステムと産業観光（地域的エコツーリズムシステム）が創造されている。

　諸塚村では，4大産業と交流事業の複合経営が，地球温暖化対策と森林保全

と結びついており，このなかで地域的ウッドシステム，地域的フードシステム，地域的エコツーリズムシステムが創造されている。

梼原町では，環境保全型の林業政策に転換し，さらに自然エネルギーの活用が地球温暖化対策と森林保全と結合しており，地域的ウッドシステムとそれを基礎とした地域的自然エネルギーシステムが創造されている。

帯広市では，循環型の農業と環境モデル都市づくりの枠組みのなかで，地域的フードシステム，地域的自然エネルギーシステム，ふーどシステム（地域的エコツーリズムシステム）の創造が目指されている。

こうした各種の政策を統合する取り組みは，海外でも生まれている。

アメリカ・カリフォルニア州では，自動車排ガス規制という環境政策が，交通政策と産業政策と統合され地球環境時代の地域政策モデルとされている。

また，EUでは，サスティナブルシティのプログラムで，①自然資源の管理，②都市経済（環境ビジネスや環境産業）と社会システム（規制や補助，法律）の政策，③交通政策，④空間計画，⑤住民参加の課題を提示し，地域経済づくりと維持可能な地域づくりを一体化している。イタリアのボローニャ市やフランスのストラスブール市などがこの典型であるといわれている。

このように，地域経済づくりを維持可能な地域づくりの枠組みと統合しつつ推進することが重要である。

（3）地元の自治体，企業，農家，林家，住民を主体に

最後に，地元の政治経済制度とそれに根ざす3層の地域循環構造の担い手についてである。

綾町では，有機農業を推進する主体は，有機農業推進会議と有機農業実践振興会であり，手づくりの里を担うのは，工芸の技術交流や研修を通じて工芸品の品質向上，新製品開発などを行う工芸コミュニティ協議会である。この協議会には，木竹工，陶芸，織物に加えて食品部門から46団体が入会している。また，産業活性化協会は，民間部門と役場をつないで地産地消を推進している。こうした組織の活動のベースには，自治公民館の活動による「結いの心」の定着がある。

諸塚村では，4大産業の推進，道路網の開設整備，木材の加工工場の建設や

健康づくり運動など，村づくりの根幹に関わることは諸塚方式自治公民館が提案し実践しており，住民や林家はすべて自治公民館の一員として活動している。4大産業の推進と加工工場の運営は，（財）ウッドピア諸塚や森林組合が担っており，特産品の開発と生産は加工グループが担当している。また，FSC認証の取得では，村内で横断的な研究会を組織して対応している。

梼原町では，林業のあり方を協議する森林組合，農協，製材業，素材生産者，林家等からなる林業振興協議会「シーダーゆすはら」，素材業者と製材業者が連携して素材生産を行う林産振興協議会「維森」，地元農林家が素材生産を請け負う林産企業組合「ゆうりん」が結成され，町と森林組合の連携に加えて農協，素材業者，建設業者，農林家など多様な林業関係者が加わるネットワーク化が進み，地域内連携による林業システムが構築された。これらのネットワークによって，地域的ウッドシステムが維持されてきた。また，第三セクターゆすはらペレット株式会社がペレットを生産し，地域的自然エネルギーシステムを担っている。

帯広市では，中小企業振興基本条例で中小企業を地域経済の重要な担い手であると規定していることが重要である。条例制定の過程で，地元の中小企業者や経済団体等が自らその中心的な役割を担い，条例制定後も中小企業振興協議会が中小企業振興の指針づくりを担ってきた。また，産業振興ビジョンに基づく地域経済づくりや地域づくりにおいて，中小企業の果たす役割は大きい。

このように，地元の政治経済制度とそれに根ざす3層の地域循環構造を創造し担うのは，地域経済づくりや地域づくりに関する協議会や各種研究会などを通じた地元の中小企業，農家，林家，住民である。また，地域経済づくりと地域づくりの政策を決定するは，住民の代表である議会である。こうしたボトムアップの取り組みを支援するのは，地元自治体である。

こうした地域的フードシステムや地域的エコツーリズムシステムなどを創造する地域経済づくりや地域づくりは，個々の企業や農家，産業の枠を超えた経済の"循環"，地元と他地域の人々との"交流"，関係する様々な主体の"連携"をマネジメントの不可欠な要素としている。

第Ⅱ部で考察する4つの自治体では，地元の様々な主体が，学習を通して循環・交流・連携に関する産業横断的で分野横断的な知識や知恵を獲得し，地域

経済づくりと地域づくりを担ってきたといえる。

1）　中間システム論については，宮本 [1989a] を参考にしている。
2）　中間的構造については，「人口構造，階層構造，資本蓄積構造，資本と人々の意識と
　　行動様式・移動性，土地の所有と利用の構造，産業構造，産業組織，企業構造，所得再
　　分配構造，生活様式，地域構造，国土構造，政府間構造など」[中村剛治郎 2008：7]
　　を参考に独自の視点で分析している。
3）　この図の作成にあたっては，植田 [1998:135] の「観光と結びついた農業生産」の図，
　　および岡田 [2005：148] の「基礎自治体と地域形成」の図が参考になった。
4）　社会的使用価値については，「公共部門と民間部門を規範的にわけてみると，民間部
　　門の決定機構は市場であり，その価値尺度は需給関係によって決定する交換価値です。
　　これに対して，公共部門の決定機構は協議体，現代社会では選挙で選ばれた代議制の議
　　会と行政機構です。この場合の価値尺度は社会的使用価値です。」[宮本 1998：91-93]
　　を参考にしている。
5）　なお，宮本の「社会的使用価値」に関する考え方については宮本 [1981a：306-309]
　　を参照。

64　第Ⅰ部　地域政策の理論

第3章
地域政策と市町村・都道府県・国の関係

　さて，前章で考察した市町村段階における内発的発展の地域政策は市町村段階だけでは限界がある。しかし，それが都道府県段階の地域政策に結合することにより有効性を増す。そして，最終的には国段階の地域政策に結実し，国は都道府県と市町村の地域政策を支援することにより実効性が高まる。

　本章では，こうした下から（地域から）地域政策を構築する補完的なプロセスのうち，都道府県段階の地域政策のあり方について，第Ⅱ部で考察している大分県と京都府の地域政策の比較検討を通して考えようと思う。

1　大分県と京都府の地域政策の比較

　高度経済成長期に都道府県段階で対照的な2つの地域政策が展開された。1つは，拠点開発方式により新産業都市建設を推進した大分県であり，もう1つは根幹的事業方式（後に地域開発事業方式に発展）により府内各地の開発を推進した京都府である。

　両者の地域政策の目的と成果を比較しつつ，都道府県段階において有効な地域政策のあり方を明らかにしようと思う。[1]

（1）地域政策の目的
⑴　大分県の新産業都市建設
　大分県は，1950年代から本格的に地域開発の検討を開始した。

　最初の計画は，1953年の「大分県総合開発計画」である。この計画では，阿蘇特定地区，豊後水道地区，別府湾沿岸地区，国東半島地区，山国川地区，筑後川地区の6つの地区開発計画が掲げられており，県内地下資源電力資源等未利用開発資源の開発を緯とし，工場誘致による別府湾沿岸における臨海工業地帯の整備と交通網の整備拡充を経とした開発計画であった。この計画では，別府湾沿岸地区の開発は，あくまでも大分県内の阿蘇特定地区，豊後水道地区，

国東半島地区，山国川地区，筑後川地区の地区開発計画と並ぶ工業開発計画であるとしてきた。

しかし，1955年の総合開発計画から，それまでの「別府湾沿岸地区」が「瀬戸内海調査地域」に名称変更され，その対策も「本県の代表的資源である石灰石との有機的な結びつきによる化学工業並びに瀬戸内海沿岸地域及び北九州工業地帯との関連工業の振興を図り低生産の原始産業県より工業県への転換を期する」と踏み込んだものに変わった。そして，1957年の「瀬戸内海調査地域大分鶴崎地区臨海工業立地条件調査報告書」は，大分県の課題について，「本県は，産業構造が低生産性の農業を主とし，従って県民所得も又全国平均をはるかに下回った低位にある。いわゆる未開発後進県である。このため立地条件に恵まれた臨海工業地帯と，豊富な地下資源及び森林資源との有機的な結合による工業の振興により，農業県から工業県への転換をはかることは県是でもある。」とした。

さらに，工業内容が後進的であり初期的な工業立地段階であるのは，有利な立地条件がありながら工業振興を疎略に扱ってきたことが原因であるとして，新産業都市建設に舵をきることになった。

このように別府湾沿岸地区は，新産業都市建設に転換するなかで"大分県内の一地域"から"瀬戸内海沿岸地域すなわち太平洋ベルト地帯の一地域"に変更された。これとともに，これまで掲げてきた県内の諸資源を活用した在来産業の発展を目指す内発的振興策は後景に押しやられ，日本経済の重化学工業化の活力を取り込む拠点開発へ転換することになったのである（図3-1）。

新産業都市建設計画の工業開発の構想では，生産基盤の公共投資を優先的に行い，鉄鋼，石油精製等の臨海性装置工業を誘致し，あわせて関連産業の育成および機械工業の誘致をはかるとして次の4項目の目標を掲げた。

①鉄鋼，石油，化学コンビナートの建設

②関連産業の育成

鉄鋼，石油，石油化学の三業種がこの地区の工業開発に先導的な役割を果たすことによって，石油化学，鉄鋼一貫工場を基礎として化学工業，窯業土石，鉄鋼二次加工メーカーなどの関連産業の多くの誘発を期待することができる。

③機械工業の誘致

機械工業が成長産業であること，雇用や下請企業を通じて地域経済と結びつきが強い。またこの地区が装置産業に特化することを防ぎ，工業構造の多様性を確保するため，輸送用機械，産業用機会，土木建設用機械などを主軸として開発を進める。
④既存企業との関連および地元中小企業の育成

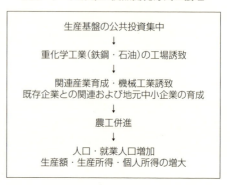

図3-1 大分県の拠点開発方式の論理

出所）大分県［1964］等をもとに作成。

さらに，こうした工業の発展は農業の近代化と併進し，人口と就業人口の増大，生産と所得の増大をもたらすとした。

(2) 京都府の地域政策

1964年の『京都府総合開発計画』は次のように現状を分析している。高度経済成長政策によって工業部門と「太平洋ベルト地帯」が発展しているのに対して，農林漁業部門と中小企業の立ち遅れ，東北，山陰，四国，南九州等の衰退，既成工業地帯での過密問題と都市問題が生じているとして，こうした全国的な状況を反映して，京都府の地域経済にも次のような問題が生じているとしている［京都府 1964：1-2］。

第1に，農林漁業部門では，京阪神の大消費地帯を背後にひかえて近郊農業的な経営方式をとる南部の一部農業者を除くと，経営規模の零細性，資本装備率の低位性，労働力の不足と質的低下等によって，他産業との所得格差が拡大している。

第2に，商工部門では，いわゆる成長業種の比重が小さく，また，一般的に技術と経営の近代化が困難な中小企業の比重が大きいので，全国に比較して成長が相対的に低く，また，近代化の立ち遅れ，労働力の雇用難等によって経営上支障をきたしつつある企業が多い。

第3に，日本海沿岸地帯に属する府中部および北部では，舞鶴市，福知山

市，綾部市等すぐれた工業発展の潜在力を有する地域を包含しつつも十分な産業の発展が地域内にみられず，しかも「太平洋ベルト地帯」の工業発展の波及的効果が及ばないため，停滞的な色彩が濃厚であり，住民の所得および便益の相対的な水準が低下しつつある。

第4に，府南部一帯，特に「太平洋ベルト地帯」に属する京都市，宇治市，乙訓郡，久世郡等では，近年の阪神工業地帯の外延的な拡大に伴って企業が相次いで進出しており，それらの新規立地企業と既存の中小企業および農業等が，労働力，土地，水等の諸資源の配分において相互に障害を及ぼしつつあるだけでなく，住民の生活環境がおびやかされつつある。

こう分析した上で，「工業の発展が産業構造の高度化の一つの指標ではあるとしても，地域性に即しない工業の導入は，工業の国際競争力を高めるゆえんでもなく，また，地域産業ないし地域住民に及ぼす効果も乏しいであろう」と拠点開発方式を批判し，「産業構造の高度化にあたっては，地域の諸条件に適合した方向において，地域住民の労働力，土地，水等の諸資源の最も効率的な産業間配分が実現するように，産業振興上の施策を実施することが必要である」として独自の内発的発展の必要性を説いた。

そして，自然的，社会的諸資源を総合的に利用して諸問題の解決を図りつつ，府の有する潜在的発展性を最高度に発揮させることにより，住民の所得と生活の普遍的な向上を期するとともに，あわせて近畿圏の秩序ある発展と国民経済の均衡ある成長に寄与するために，府全域にわたる総合開発計画を策定するとしている。

以上のような総合開発計画の理念を具体化したのが根幹的事業方式である（図3-2）。その論理は，「タテの開発」により農林漁業・伝統産業・機械工業および関連産業が発展し，日本海ベルト地帯と太平洋ベルト地帯の相互が発展することにより住民所得と生活の向上が生まれる。そしてこの成果が，税収の増大をもたらし，さらなる民力培養型公共投資を可能にするという好循環を生み出すというものである。

さらに，高度経済成長政策は，1965年以降，過疎・過密問題が激化し，公害問題がコンビナート反対運動を激化させるとともに，中枢管理機能の肥大化が都市開発に新たな投資戦略を顕在化させた。このなかで，1969年に「新全国総

合開発計画」が策定され巨大開発方式が登場した。こうした国の動きに対して，戦後20年にわたり蓄積されてきた民主的な開発計画の条件を踏まえて，第2次京都府総合開発計画が策定された。

この計画では地域開発事業方式が定式化された。これは，広域的な施設整備の方向を定め，地域開発の波及効果の最も大きいプロジェクトを地域開発事業として位置づける方式である。「新全国総合開発計画」が民間ディベロッパーを開発主体としたのに対して，地域開発事業は，財政投融資をはじめ民間資金の積極的な導入および効率的な運用をはかり，公的手段と民間の手段を総合して実施する民間資金統制型大規模プロジェクトである。

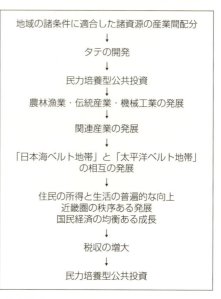

図3-2 京都府の根幹的事業方式の論理
（後に地域開発事業方式へ発展）

出所）『京都府総合計画』等をもとに作成。

（2）地域政策の成果―地域経済循環（地域構造含む）／公共・民間循環／環境・社会循環―

次に，こうした地域政策で掲げられた目的がどのような成果をもたらしたのかについて，産業連関分析と各種統計をもとにみてみよう。

(1) 大分県の地域政策

第1は，地域経済循環についてである。

1965年時点の大分県の域際収支を支える移輸出産業は次の6つの分野で構成されていた。①従来の基幹産業であった農林水産業（197億円，県内生産額に占める割合3.7％，以下同様），②地域資源に根ざした製材・飲料等（478億円，9.0％），③在来の機械工業とその他の製造業（142億円，2.7％），④新産業都市建設の初

期段階を代表する石油・鉄鋼（599億円，11.3％），⑤商業や運輸，金融・保険等（218億円，4.1％），⑥事業所・個人サービス等（294億円，5.1％）である。

しかし，第2期の新産業都市建設が終了した1980年の域際収支を支える移輸出産業は次の3つに集約されている。

第1は，石油・鉄鋼・その他が1兆2234億円（20.6％）へと65年から9.3ポイント増加し，他を大きく引き離し突出していることである。第2は，製材・飲料・その他が65年から3.7ポイント減少したものの3131億円（5.3％）となっている。第3は，機械工業・その他の製造業が1594億円（2.7％）と65年と同じ比率を維持している。

他方，農林水産業が985億円（1.7％）と65年から2.0ポイント減少，商業・運輸等が903億円（1.5％）と65年から2.6ポイントの減少，公共サービス等が765億円（1.3％）と65年から4.2ポイント減少し，これら3つの分野は大きく凋落している。

その結果，石油・鉄鋼・その他は，移出産業が1兆2234億円（20.6％），最終需要産業が57億円（0.1％），生産誘発産業が9891億円（16.7％）で合計2兆2182億円と，県内生産額の約4割を占めるに至っており，重化学工業コンビナートが“突出”する姿に変貌したことがわかる。

この“突出”した重化学工業コンビナートが大分県経済のなかでいかなる連関を生み出したのかについて，1980年の産業連関表の販路構成から「原料→中間財→最終製品」という生産物の流れに即してみると次のことが判明する。

重化学工業コンビナートは原料を輸入に頼り，製品の多くを移輸出しているため海外や県外との広域的な産業連関を形成している。しかし，大分県では，所期の目的であった地区が装置産業に特化しないよう雇用や下請企業を通じて地域経済との結びつきが強い機械工業の開発が進まなかったことにより，総じて大分県内での複雑な産業連関は形成されなかった。したがって，突出した重化学工業コンビナートは量的指標でみれば巨大化しているが，質的には大分県経済の全般的な浮揚にはつながらなかった。

一方，1960年から1980年の間に大分地区の人口の構成比は36.0％から49.3％へと13.3ポイント増加した。同期間に大分市人口は16.7％から29.3％へと12.6ポイント増加しているため，大分地区の人口増加はほぼ大分市の人口増加であ

り大分市の拠点性が高まっている。

　大分市への一極集中が進む一方で，大分県内各地において過疎化が進行するという地域構造の二極化が鮮明になった。また，大分市と大分地区は県内の他地域から人口を吸収し県外への人口流出をある程度緩和している面があるものの，人口減少を食い止めるだけの力はなかった。この原因は，基礎資源型装置産業においてはその後の技術革新，生産規模の拡大等によって雇用効果は期待したほどには伸びず，また関連産業や地場産業への波及効果がみられなかったことにある。

　この他，就業者，事業所・従業者，出荷額，歳出についても，1960年から1980・85年にかけて大分市への一極集中が進み，その他の地域では相対的に低下しており，この結果，地域経済の不均等発展が急速に進展し都市と農村の格差が拡大した。

　第2は，公共・民間循環についてである。

　新産業都市建設の行政投資実績は，第1次計画では生産関連が計画よりも10.6ポイント増の64.3％であったのに対して，生活関連が計画よりも10.6ポイント減の35.7％であったが，第2次計画では生産関連が計画よりも7.6ポイント減の39.9％，生活関連が計画よりも7.6ポイント増の60.1％となっており，生産基盤を優先的に整備している。

　投資の負担は，事業主体別では県事業が最も多く，次いで公社公団事業と併せて中核となっており，また市町村事業も重要な役割を担っている。これに対して，国直轄事業は10％以下である。経費負担別では，1次では県負担と市町村負担が40.6％と最も多く，次いで公社公団等負担が33.0％であり，国庫負担は26.5％にすぎない。2次では公社公団等負担が48.1％を占め，次いで県負担と市町村負担が27.2％，国庫負担は24.8％である。

　次に，1965年度から1980年度における大分県の歳出は，1位が教育費，2位が土木費，3位が農林水産費となっている。このうち，土木費の内訳は，道路橋梁費が42.0％，河川海岸費25.3％，港湾費12.4％と産業基盤関連が79.7％，約8割を占めており生産基盤の先行投資が基本となっている。

　これに対して歳入面では，地方税は順調に伸びているが，税収が増えて財政力指数は高まっても逆比例的に交付税が減少するため，歳入総額は地方税の増

加ほど伸びていない。これが歳入に関する第1の特徴である。

　重化学工業コンビナート建設のための行政投資は増えているが，法人事業税はそれに比例して増加しているわけではない。これが，歳入に関する第2の特徴である。

　また，法人事業税は，他県に本店のある法人の比率が高まっているが，これらの法人はコンビナートの中核を担う法人であり，経営状況も石油ショックなど世界経済の動向に直結しているため変動の幅が大きい。これに対して県内法人は，63年度29.1%から若干の変動はあるが，80年度に23.1%と13.55倍になっており安定的である。これが歳入に関する第3の特徴である。

　第3は，環境・社会循環についてである。

　1957年から1967年に県にもちこまれた公害事例は31件であった。その内訳は，大気汚染8，水質汚濁23，騒音・振動3，悪臭3である。このうち，1期計画でコンビナートと既存企業とにはさまれた家島・三佐地区の大気汚染被害は深刻であった。1973年に公表された医師会の調査結果では，大気汚染による健康被害（40歳以上の慢性気管支炎有症率）は，三佐地区平均で6.1%，4区で6.6%，5区（家島地区）で8.9%の高率であった。このため，1974年に家島地区住民317世帯1370人が生命と健康を守るため先祖伝来の土地を捨てて集団移転することになった。

　また，2期計画のうち8号地計画は深刻であった。1964年の基本計画では，佐賀関町は漁業と蜜柑を生かした生鮮食品基地として位置づけられていたが，1970年に臨海工業地帯を佐賀関町まで拡大し，同町神崎地先430ヘクタールを8号地として造成する2期計画を策定し，背後地における説明会を開始し，関係漁協とも漁業権放棄の交渉を開始した。この説明会のなかで，8号地の立地企業として昭和電工アルミが想定されていたことで激しい反対運動が起こった。

　これに対して，1973年5月，知事は8号地計画を2期計画から分離し，①環境問題の解決，②漁協の正常化，③地元の同意の実現という3つの条件が実現するまでこれを中断することを決定し公表した。しかし，1976年に，県は新産工特法の5年延長を機に8号地計画の復活とその法定計画化を図った。これに対して，1978年1月に佐賀関町神崎住民ら332名が，新産業都市建設促進法上の法定計画である大分地区新産業都市建設基本計画を訴訟物として，そのうち

72   第Ⅰ部　地域政策の理論

8号地計画部分の取消を求めて提訴した。住民をして提訴に踏み切らせたのは次のような事情がある。8号地計画を示された佐賀関町住民、とりわけ8号地直近背後地の神埼地区住民は、同地域が背後に山が接近し、海に面した300mの帯状の台地であり、園前の海が埋め立てられ工場が立地すれば、家島地区同様の公害に直面することが必至であったため、反対運動の中心になってきたのである。

　また、この埋立て計画に対しては対象地区の佐賀関町漁業協同組合からも強い反対があった。それは、佐賀関町福水漁港において、イカ、かわはぎのへい死、海底に生息するさざえのへい死が相次いで発生していたからである。

　新産業都市建設では、地区の住民が環境悪化により健康被害を受け、漁業者は生産基盤（漁場）を喪失した。したがって、新産業都市は、当該地域では住民と漁民の犠牲の上に成り立っており、環境と社会の好循環ではなくその断絶が生まれた。

(2)　京都府の地域政策

　第1は、地域経済循環についてである。

　1970年の産業連関構造について、移輸出産業に最終需要産業、生産誘発産業を加えて全体でみると、最大の位置を占めるのは一般機械・民生用電気8034億円（24.2％）であり、次いで金融・サービス6314億円（19.0％）、流通5758億円（17.3％）、絹・織物4133億円（12.5％）、建築・電力3864億円（11.7％）が続いている。さらに食料品・木製品・家具3621億円（11.0％）、農林水産業572億円（1.8％）となっている。

　このように、1970年の京都府経済は、歴史の町である指定都市・京都市を包含していることから、伝統的な地場産業である一般機械・民生用電気をはじめ観光関連の商業や対個人サービス、絹・織物が中核的な産業となりつつも、食料品・その他製造業や中・北部の農林水産業も一定の地位を占めており産業間にはバランスが形成されていた。

　1980年の産業連関構造は、第1次産業、第2次産業、第3次産業の間で若干の増減はあるものの全体としてバランスが維持されている。ただし、京都府産業における主役の交替がみられる。1970年時点で最も生産額が多かったのは一

般機械・民生用電気の8034億円（24.2％）であったが，1980年では金融・サービスの2兆6493億円（25.9％）となった。しかし，一般機械・軽電機器等も2兆2618億円（22.2％）であることを考慮すれば，これら2つの産業が主役であるといっても差支えない。また，絹・織物が1970年では4133億円（12.5％）を占めていたが，1980年には7279億円（7.1％）へと5.5ポイントも比重を下げている。しかし，他方では絹・織物の後方連関（域内波及率）は，1970年では移輸出産業で29.2％，最終需要産業で21.9％であったが1980年では前者が33.5％，後者が37.7％へと増加させていることから，地域内の業者間での分業が緊密に行われるようになっているといえる。加えて，農林水産業は移輸出が減少した分比重を下げているがほぼ維持している。

　このように，絹・織物の地位が低下し農林水産業も若干構成比を下げているものの，全体のバランスは維持されているといえる。

　人口は，1960年から1980年にかけて，南部地域と中部地域で増加し北部地域だけが減少している。しかし，中丹地区で1970年から1980年にかけて増加に転じている。また，北桑地区で減少に歯止めがかかっていないが南丹地区で増加し中部地域では増加している。

　就業者は，1960年から1980年にかけて，北桑地区に加えて奥丹地区で7ポイントと中丹地区で6ポイント減少している。北桑地区では，第2次産業で49ポイント増加しているが，第1次産業で79％減少している上に第3次産業も減少しているため，産業全体では減少している。奥丹地区と中丹地区では第3次で増加しているものの，第2次産業での就業者の伸びが低下しているため全体として減少している。一方，増大しているのは南丹地区と南部地域である。南丹地区では，第2次産業で2.19倍と南山城地区の3.20倍に次いで高い伸びとなっている。また，第3次産業も1.90倍とこれも南山城地区4.98倍に次いで高い伸びを記録している。

　事業所と従業者については南部地域の占める割合が高いこと，および1969年から1980年にかけて南山城地区における事業所と従業者の増加によって比率を若干高めていることが特徴である。

　北部地域は，奥丹地区では多数の小規模の事業所が存在しているのに対して，中丹地区では比較的大規模な事業所が多数の従業者を雇用しているという

74 第Ⅰ部 地域政策の理論

特徴が読み取れる。

中部地域は，事業所と従業者の割合は府下で最も小さいが，南丹地区では1969年から1981年にかけて事業所数と従業者数ともに増加しており，とりわけ従業者数は1960年2.5％から1981年3.1％へと増加し，伸び率も159.5％から220.0％へと急増している。

3つの地域に関する事業所と従業者の動向は，北部地域で人口の減少がみられるが，総合開発計画の根幹的事業方式と地域開発事業方式により府下全域の均等発展を追求した成果を現しているといえよう。

出荷額は，第1に，北部地域で1960年から1980年にかけて2.2ポイント減少しているが，奥丹地区で1969年にさらに中丹地区で1980年に構成比を増やしていること，第2に，中部地域で南丹地区と北桑地区ともに構成比を増やしていることは注目できる。

歳出は，1960年から1980年にかけて，構成比が増加しているのは南部地域の7.8ポイント，とりわけ南山城地区8.8ポイント，相楽地区1.8ポイントである。減少しているのは北部地区－5.8ポイント（内，中丹地区－4.7ポイント）と中部地区－2.1ポイントである。

第2は，公共・民間循環についてである。

京都府の開発行政を財政支出と運用の面からみると「民力培養型公共投資政策」である。さらに，この公共投資政策は，道路や港湾などの"見える建設"の面だけでなく，さらに道路や港湾が真に住民のもの，住民の社会的なつながりを促進する"見えざる建設"の面が重視されてきたことにも留意する必要がある。

この民力培養型公共投資政策は，同時に財政基盤をも強化してきたことが注目される。1955年以降，全国決算額では法人二税は好況期で60％，不況期は50％であったが，京都府の場合は65年の不況以降その割合を高めている。さらに，京都府は法人税収に占める単独中小法人の割合が他都道府県に比べて高く，京都府と類似する都道府県で60年代に工業誘致を推進し分割法人の比重を高めた都道府県と比べてもきわだっている。

このように，京都府の民力培養型公共投資政策は，地元産業の培養を通して，中小企業の法人税収を増加させ堅実な財政基盤をもたらしている。

第3章　地域政策と市町村・都道府県・国の関係　75

　第3は，環境・社会循環についてである。

　企業活動による公害問題は京都府でも例外ではなかった。府下の公害苦情件数は1968年の771件から70年の1376件へと1.8倍になっていた。こうしたなかで，1971年に全国で最もきびしいといわれる「京都府公害防止条例」を制定し，公害防止対策を強化した。こうした条例に加えて，環境保全に万全を期すために「長田野工業団地における建築物ならびに環境保全に関する協定」が結ばれている。これは十分な空き地を残しつつ，そこを緑化し，下水道の管理を容易にし，交通の流れも「制御」するものである。

（3）都道府県の地域政策と広域機能

　以上の大分県と京都府の地域政策の比較から，次のような対照的な産業構造と地域構造の特徴を導き出すことができる。

　大分県の拠点開発方式（ヨコの開発）は，第1に，重化学工業が突出した産業構造を形成し鉄鋼と石油を軸とした海外と県外との産業連関を創出したが，県内での産業連関を形成することはできなかった。その結果，第2に，人口，就業者，事業所と従業者，出荷額，財政が大分地区，とりわけ大分市へ一極集中し，大分地区以外の地域が過疎化するという地域構造に帰結し，県内の不均等発展をもたらした。

　これに対して，京都府の根幹的事業方式（タテの開発）は，第1に，府内での諸産業の産業連関を形成し，産業間のバランスを創造・維持した。第2に，人口，就業者，事業所と従業者，出荷額，財政が北部地域，中部地域，南部地域の間で若干の格差は生まれたが最小限にとどまる地域構造を創出し，府内の均等発展をもたらした。

　こうした大分県と京都府における対照的な産業構造と地域構造をもたらした最大の要因は，都道府県における広域機能の活用の仕方にある。大分県では，新産業都市建設のため広域機能を県外との間で活用したのに対して，京都府は拠点開発にくみせず府内で広域機能を活用した。

　このように，都道府県においては広域機能をどのように活用するかが決定的に重要である。この点は，次にみるように当時の都道府県合併特例法をめぐる国会論戦でも焦点となっている。

2　地域政策と都道府県の役割—都道府県合併特例法をめぐる論戦から—

　1962年から65年にかけて広域行政の立法化が急速に進んだ。

　新河川法は府県機能の縮小をもたらした。さらに，近畿圏整備法，地方行政連絡会議，地方開発事業団法，臨時行政調査会の地方庁構想（1963年3月中間報告）と首都圏庁の勧告，1966年の都道府県合併特例法が国会に提出された。また，財界からも富士製鉄社長が全国8ブロックにした地方広域行政案（1967年4月）を発表し第2の廃藩置県を断行せよとした。関西では，経団連の石坂泰三会長が万国博記念に阪奈和合併を発表した。

　このうち，1966年から3度国会に提出された都道府県合併特例法案は，都道府県の広域機能に関する政府の意図が鮮明にでている。

　岸内閣をうけついだ池田内閣は，道州制への一歩として府県合併を目指した。所得倍増計画に伴う国土総合開発計画・新産業都市建設を決めた直後の1964年4月に自治省は府県合併促進法案要綱を策定し，この直後に河野一郎建設大臣は瀬戸内海沿岸11府県の知事を集め瀬戸内海総合開発懇談会を開いた。瀬戸内海の「開発」構想と中・四国各県の合併促進構想とは，相互に関連しながら進められていた。

　池田内閣の後をついだ佐藤内閣は，1966年4月に都道府県合併特例法案を国会に提出した。これは成立しなかったが，67年，68年にも提出し続けた［篠崎1978：8］。

　1966年6月の衆議院で「都道府県合併特例法案」が審議されている。

　質問にたった坂上安太郎（日本社会党）は，本法案を次のように批判した。「言うまでもなく，都道府県の機能は，補完，広域，調整の三つであります。そうして，このうち最も本来的な任務は，基礎的公共団体であるところの市区町村を補完する役割であります。この市区町村のめんどうを見る補完行政こそは，何ものをもってしてもかえることのできない都道府県独自の機能でございます。そうしてこの機能は，区域が広くなればなるほど弱められ，市区町村に対するきめこまかい行政の展開を困難にし，ついには都道府県本来の存在理由を失うことになるのであります。（中略）都道府県が補完行政に徹するためには，

その区域におのずから限度がある。この点、今日の広域合併論者は大変なミスをおかしているのであります。」と発言している。そして、都道府県の機能である補完機能、広域機能、連絡調整機能のうち補完機能が本来的な機能であるとして、「広域行政に偏向して独占奉仕の道具となるか、補完行政に徹して市区町村住民の福祉を守り抜くかのせとぎわであります。」[大蔵省印刷局 1966：1409] と述べている。

　これに対して、佐藤栄作総理大臣は、「しかし、地方自治体の機能を拡充強化する、そのことがまず第一に自治の本旨からもうしましても政府に課せられた責任だ、かように私は思っておりますので、この広域行政の問題も、ただいまの地方自治体の能力の拡充強化、こういう意味において解決されるべきものだ、かように私は思っておる次第であります。」[大蔵省印刷局 1966：1409] と答弁し、府県合併は都道府県の広域機能の拡充強化であるとしている。

　また、三木武夫通産大臣も次のように答弁している。「私どもの関連する産業行政、これは、府県の単位では、もう府県の区域においては処理できない問題ばかりであります。産業立地、あるいは公害問題、資源の開発、あるいはまた工場の移転、こういう問題を考えたときに、行政区画はどうあろうとも、既存の行政区画にとらわれないで、広域行政といいますか、広域経済という観点から問題を処理しないと処理できなくなっておるわけでございます。そういう意味で、府県の単位が拡大されるということは実情に沿うものだと考えておる。」[大蔵省印刷局 1966：1401] と、産業行政にとって府県単位では狭すぎるので都道府県の合併は不可欠であるとしている。

　このように、政府は、開発行政を推進するためには府県単位は狭すぎるので府県単位を拡大して広域機能を強化する必要があると主張している。これに対して、野党側は府県の本来的機能は補完機能であり府県単位を拡大すると機能しえないと批判している。すなわち、政府が府県合併の目的は府県の広域機能の拡大にあるとしているのに対して、批判する側は広域機能の活用と強化の観点から拡大の弊害を指摘するのではなく、広域化は補完機能のマヒをもたらすとして広域機能拡大の意図を批判せず容認している。

　この問題について、島は、当時の京都府政をめぐる状況を踏まえて、都道府県の広域機能の強化こそが重要であるとして次のように述べている [島 1974:21]。

78 第Ⅰ部 地域政策の理論

「いったい住民参加の『地方政府』とは何か。『府政綱領』(社会党京都府本部,
1973年10月) によると, 『地方政府』とは, 市町村政の自治権の徹底強化を
意味するもので, 府政はその補完的な役割を果たすべきものだということ
になる。つまり市町村でこそ『住民参加』の革新自治体が実現できるので,
蜷川府政は『革新自治体』を僭称して, 真の住民自治をおさえているとい
うことだろう。たしかに行政レベルでみれば, 府県行政は市町村行政に対
して補完的役割をはたすことが多い。といってそのすべての行政が住民の
くらしに直結していないなどということは府県行政の実態をしらないもの
のいい草である。しかしこういう行政レベルの観点よりも, もっと重要な
のは, 主権在民の憲法の視角である。この憲法の下で, 戦前天皇制国家の
行政区域であった府県は住民自治の区域となり, したがって京都府民は民
主知事を公選し, 民主府政を築くために, 都市に, 農村に結集したのであ
る。こういう歴史的事実を無視して, なお府政は補完的役割を果たすべき
だなどというのは, まさに『府県中二階論』であり, 『府県たな上げ論』
であって, 自民党や財界のめざす『府県合併』や『道州制』に手をかすだ
けの効果しかないといえよう。」

ここで, 島は, 府県合併の焦点が府県の広域機能にあるにもかかわらず補完
的機能こそが本来の機能であるとすることは, 「府県中二階論」「府県たな上げ
論」であり府県合併や道州制に手を貸すだけの効果しかないとして, 広域機能
の重要性を説いている。

島は, この観点から, 次のように提言している [島・小沢 1969]。府県制度
の功罪という問題は, 府県制度の行政機能だけを取り出してその長所・短所を
論じる, そして結局は府県制度の単純な弁護論や不用論にならないように,

ⅰ) 政治的な議論 (投資戦略論) を前提にして, 自治体としての府県や市町村
の役割をいかに守るのか。

ⅱ) そのためには, 府県は狭すぎるとして "行政区域を拡大" を目指す府県合
併や道州制より, むしろ府県の機能強化により課題解決をする必要を明らか
にする。

ⅲ) 具体的には, イ)国の出先機関と公社公団を府県に統一すること, ロ)財政力

を強化すること，ハ)広域機能を強化することである。

として，都道府県の広域機能の強化こそが問題解決の道であるとしている。す
なわち，出先機関と公社公団を都道府県に統一することや都道府県の財政力を
強化することを通じて，都道府県内の格差や過疎過密を解決することによって
こそ都道府県間の格差是正は達成できるとしているのである。

　また，池上と儀我も都道府県の広域機能について次のように述べている。

　「府県は，市町村自治体以上に，都市と農村の双方にわたる地域の資源（と
くに海洋，水，土地など）の活用，農林漁業・中小企業を中心とした産業，食料，
さらに，高校など後期中等教育以上の教育問題をとりあげることができる。こ
のことは，府県段階の革新自治体が，市町村自治体と協力して住民のくらしを
まもってゆく上で決定的に重要な意味をもつ。資源，エネルギー，食糧，教育
の危機が問題となっている今日の日本の社会において，この点に留意しながら
まとめてみよう。」[池上・儀我 1974：312] として，府県は市町村以上に都市と
農村の資源活用などを取り上げることができるという広域機能に着目している。

　さらに，同書では次のような指摘もある [自治体問題研究所京都民主府政研究会
編／島恭彦監修 1974：278]。「第4に，府県自治体は，市町村自治体の単なる補
完的位置にあるのではなく，独自の広域的な行政を市町村と協力しつつ積極的
に展開する役割をもっている。これは，とくに，地域経済を広域的に管理し，
住民の財産である水や土地，山林，海洋などの資源を産業，労働，交通政策な
どを通じて住民のために活用していく課題，地域住民のエネルギーを結集した
民主的地域づくりとして，府県と市町村との行財政における民主主義的調整を
要請している。」として，広域機能は補完機能や連絡調整など府県の他の機能
との連携を必要とすることに着目している。

　また，宮本は，一般論として都市圏の拡大や都市と農村の社会経済的文化的
不均等発展とともに，都道府県の役割は重大となっているとして次のように述
べている [宮本 1977a：292-293]。都道府県が市町村とともに都市政策の主体と
なり，都市と農村あるいは地域間格差是正のための現実的役割を果たしてい
る。とくに，資源・環境問題に関係のある都市政策は都道府県の任務である。
都道府県の最低行政水準（ローカル・ミニマム）は，市町村の行政水準を調整し，
補完するとともに，広域にわたる住民生活の基礎条件の確保と地方的生産基盤

80　第Ⅰ部　地域政策の理論

の整備を内容とする。例えば，公害対策，産業対策，住宅団地，高等学校，研究機関，広域上水道，広域清掃施設，森林公園など自然環境の保護育成，スポーツ・文化施設，広域交通施設，河川林野などの国土保全，地方的産業基盤の整備，治安施設などの創設・管理である。

　これらの主張の眼目は，地域経済の不均等発展や水や土地利用問題，交通問題，資源・環境問題などの地域問題は都道府県合併では解決できず，むしろ都道府県の広域機能の強化による補完機能や連絡調整機能との一体的運用によってこそ解決できるとしていることである。

3　地域政策と補完性原理

　こうした広域機能をはじめとする補完機能や連絡調整機能を市町村・都道府県・国の間でどのように配分するかは，補完性原理の問題として取り扱われてきた。

（1）シャウプ勧告と神戸勧告

　日本では，日本の税制調査を行ったシャウプ（C.S.Shoup）が日本の税制について勧告するために，1949年に中央政府の政治と地方政府の政治の関係について検討し勧告をしている［杉原 2008：95］。その基本的な立場は，日本の民主化のためには地方自治の強化が必要であり，そのためには地方財源を強化しなければならないとするものである。

　市町村，都道府県，中央政府に対する事務配分は複雑であり，地方自治と地方の責任にとって有害であるため事務の再配分がなされるべきであるとして，次のような一般原則を掲げている［杉原ほか編著 2003：50-51］。

　第1は，可能な限り，また実行できる限り，3段階の政府の事務は明確に区分され，特定の事務がそれぞれ1つの段階の政府に排他的に割り当てられるべきである。こうして，その段階の政府は，事務を遂行し一般財源からそれをまかなうことについて，十全に責任を負うことになるであろう（行政責任明確化の原則）。

　第2は，それぞれの事務は，その効率的な遂行のために，規模，能力，およ

び財源の点で準備の整っている，いずれかの段階の政府に割り当てられるであろう（能率の原則）。

　第3は，地方自治のために，それぞれの事務は適切な最下級の段階の政府に与えられることになろう。市町村が適切に遂行できるいかなる事務も都道府県または国家政府には与えられないという意味において，市町村は第1の優先権をもつことになるであろう。都道府県は第2の優先権を与えられ，国家政府は，地方の指揮下では有効に管理できない職務だけを担うことになるであろう（市町村最優先・都道府県優先の原則）。

　このうち，第3の原則は，地方公共団体をたんなる行政団体ではなく，中央政府から区別された1つの統治団体として明確に地方政府と位置づけ，人民主権が要請する事務配分の原則として，地方政府優先の原則（市町村最優先・都道府県優先の原則）を提案するものであった［杉原ほか編著 2003：54-55］。

　さらに，この3原則をもとにして中央政府と地方政府の事務の再配分を検討する地方行政調査委員会議の設置を勧告した。そして，この勧告によって設置された会議は，1950年に次のような「行政事務再配分に関する勧告（神戸勧告）」を提出した[2]。

ⅰ）市町村の適当に遂行できる事務は，都道府県又は国に与えられないという意味で，市町村には第1の優先権が与えられるであろう。第2には，都道府県に優先権が与えられ，中央政府は，地方の指揮下では有効に処理できない事務だけを引き受けることになるであろう。第1の原則は行政責任の明確化の原則，第2の原則は能率の原則，第3の原則は地方公共団体優先および市町村優先の原則である。

ⅱ）国と地方公共団体との間における事務配分の調整は，その事務の性質上当然国の存立のために直接必要な事務を除き，地方公共団体の区域内の事務は，できる限り地方公共団体の事務とし，国は，地方公共団体においては有効に処理できない事務だけを行うこととすべきである。

ⅲ）国の責任とされた事務を地方公共団体の機関に委任して行うこと（機関委任事務）は極力避けるべきであるが，国会議員の選挙，国が行う指定統計調査，食糧管理のように地方公共団体に密接に関係するものについては認められてよい。しかし，その場合にも，その事務の処理のために地方公共団体に

82　第Ⅰ部　地域政策の理論

経費を負担させることは避けるべきである。

これらの勧告は中央省庁の抵抗にあってほとんど実現されなかった［杉原 2008：104］。しかし，世界的にみれば次にみるように補完性原理の実現は前進している。

（2）ヨーロッパ地方自治憲章と世界地方自治宣言

世界的には，20世紀の末に地方自治拡充の動きが生まれている。1985年に「ヨーロッパ地方自治憲章」と「世界地方自治宣言」が登場し，世界的な規模で中央集権体制の欠陥を認めその転換の試みがなされた［杉原ほか編著 2003：17］。

ヨーロッパ地方自治憲章は，次のように規定している[3]。

第4条3項は，「公的な責務は，一般に，市民に最も身近な当局が優先的に遂行するものとする。他の当局への責務の配分は，園任務の範囲と性質及び効率性と経済性の要請を考慮して行わなければならない。」と定め，公的責務の遂行の分権化を要請している。世界地方自治宣言は同様の規定を「補完性の原則と近接性の原則」としている[4]。

同4項は，「地方自治体に付与される権限は，通常，包括的かつ排他的でなければならない。この権限は，法律が定める場合を除き，中央政府であれ地域自治体であれ他の当局によって侵害されてはならない。」として，日本の旧機関委任事務を正当化してきた機能分担論は否定されている。

同6項は，「地方自治体は，直接関係するすべての事項について，できる限り，計画策定及び意思決定の過程において適切な時期に適当な方法で意見を求められるものとする。」として，上位の意思決定過程における聴聞・参加を認めている。

第9条は「地方自治体の財源」を規定しており，1項で固有財源とその自由な処分権，第3項で課税自主権，第4項で弾力的な財政制度，第5項で財政調整制度，第7項で包括補助金の原則などが規定されている。

このヨーロッパ地方自治憲章の延長線上には「世界地方自治憲章」の構想もあることにとどまらず，旧ソ連や東欧型社会主義国ではヨーロッパ地方自治憲章や世界地方自治宣言をガイドラインとして地方自治の保障を強化し，国によってはその保障を憲法段階にまで高めているとされている［杉原 2008：135-136］。

（3）地域政策における市町村と都道府県の課題

　本書で取り上げた市町村と都道府県の地域政策の分析から得た次の２つの知見を踏まえて，地域政策における市町村と都道府県の課題を整理すると次のようになる。

　第１は，市町村の地域政策においては，コミュニティレベルの自治活動が重要な役割を果たしていることである。

　本書で取り上げる綾町や諸塚村など市町村の事例では，コミュニティレベルの自治公民館活動が行政の進めるまちづくりや地域づくりと車の両輪となっており，市町村の地域政策において決定的な役割を果たしている。したがって，市町村の地域政策が充実したものになるための条件として，コミュニティレベルの活動にも留意することが求められる。

　第２は，大分県と京都府の地域政策の比較検討から，都道府県の役割が市町村の盛衰と都道府県の盛衰に決定的な影響を及ぼしていることが明らかとなった。

　京都府の地域政策では，まず市町村の地域政策を尊重し，「地域によって，自然的，経済的諸条件が著しい多様性を示しているので，府全域にわたる画一的な基準で普遍的な産業振興を目指す施策だけでは十分な効果が期待できない」として二段構えの政策を提示している。すなわち，第１に，一般的な産業振興対策を提示することである。その上で，第２に，地域開発の主軸を与えることによって，その行政効果の深化を図ることが必要であるとして，府内各市町村の社会的，経済的相互依存関係，地形的連続性，産業構造の均質性等のほか，発展の動向とその可能性等をも総合的に勘案して，府の地区を３地域，７地区に区分している[京都府 1964：9-10]。すなわち，京都府は市町村の地域政策を重視し，市町村の地域政策が最も効果的に機能しうるよう，(1)府内各市町村の社会的，経済的相互依存関係，(2)地形的連続性，(3)産業構造の均質性等のほか，(4)発展の動向とその可能性等をも総合的に勘案して京都府の地域政策を立案しているのである。

　こうした地域政策は，市町村で効果的に処理できる事務は市町村が最優先で担当し，市町村で効果的に処理できない事務はより包括的団体である都道府県が補完的に担当し，中央政府は都道府県でも効果的に処理できない全国的な事

務と中央政府の存立に関する事務のみを担当する，という事務配分に関する補完性原理と一致するものである。

　加えて，見逃してはならないことは都道府県機能の活用の仕方の問題である。大分県の地域政策では大分地区と太平洋ベルト地帯の間で広域機能を活用したことにより，大分地区への一極集中とそれ以外の地域で過疎化が進展した。これに対して，京都府の地域政策では京都府内全体で広域機能を活用した結果，府内各地の均等発展をもたらした。

　したがって，都道府県の地域政策においては，広域機能と補完機能や連絡調整機能の一体的運用によってこそ都道府県が役割を果たすことができるといえる。

　1）　大分県と京都府の地域政策の詳細については第Ⅱ部を参照。
　2）　宮本は，神戸勧告に対して「事務再配分の一般的原則は先述の神戸勧告の3原則であるが，今日では『市町村優先』という原則はこれまでの検討から明らかなように，狭域の行政や都道府県行政の重要性からいって，『自治の拡充』という原則におきかえられるべき」として，「日本の都市の多くは人為的な市町村合併の結果，住民の日常生活とくらべて広域にすぎる。行政の最低単位は子供と老人の日常生活圏として構成されるべきであろう。したがって，現行の市町村を単位に一律にシビル・ミニマムを論ずるのは現実の生活実態に反している。したがって，まず一中学区を単位にして，この区域で住民が徒歩または自転車で利用できる必要な公共施設とサービスを確立する。」と述べ，コミュニティ・ミニマム論を提起しコミュニティ・ミニマム（中学校区を単位とする狭域行政）→シビル・ミニマム（市町村レベルの狭域行政）→ローカル・ミニマム（都市や農村の行政水準の補整・補完，広域にわたる生活の基礎条件や地方的生産基盤整備を内容とする）→ナショナル・ミニマム（全国的最低必要行政）へと「コミュニティ」から出発することの重要性を指摘している［宮本 1977a：290-294］。この指摘について，遠藤は，「重層的な範囲と行政段階別事務配分からの具体的構想の必要性を提起し，したがってまた『シャウプ勧告』でいわれた『市町村優先』原則を，今日的には『自治拡充』原則へおきかえる必要性を強調していたが，これはいわゆる今日のEUの『地方自治憲章』の補完性の原則と重なる論点である。」としている［遠藤 2009：189-190］。
　3）　条文については杉原ほか編［2003］を参照した。
　4）　ヨーロッパ地方自治憲章では「補完性の原則」という言葉を使用していないが，ヨーロッパ評議会は第4条3項が「補完性の原則」を定めた規定であることを認めている［廣田 2004］。
　5）　詳しくは，第9章第2節を参照。

第Ⅱ部

地域政策の事例

第4章
照葉樹林と産業観光によるまちづくり—宮崎県綾町—

　綾町は宮崎市の西にある，人口約7500人の小さな町である。森林面積が約80％を占め，耕地面積は8％，その他13％の土地に住居や公共施設がコンパクトに集中している。こうした森林のほとんどが国有林・公（県）有林であったため，木を自由に伐採することができず，林業が基幹産業になることはなかった[1]。

　ところが，1953年に始まった「綾川総合開発事業[2]」の着工によって急速に人口が増え，多くの関係者が移住し，最盛期の1958年には1万2322人を数えるほどになっていた［綾町 1982：201］。しかし，1959年事業完成とともに工事関係者が町を離れ，仕事を失った町の人までもが町を後にするようになり，7300人を割るところまで落ち込んだ時期もあった。「綾川総合開発事業」の終了とともに人口が減少していたことから，綾町は "夜逃げの町"［郷田・郷田 2005：12］と揶揄されていた。

　したがって，戦後の綾町のまちづくりは，「夜逃げの町」をどう建て直すのかが起点となったのである。

　こうした状況のなかで，綾町は，営林署が綾町の自然林（照葉樹林）を伐採するという計画に直面することになった[3]。この出来事がその後の綾町の地域社会の方向性を決めることになった。郷田町長（1966～90年まで6期）は，次のように問うている［郷田・郷田 2005：16］。

　　「この計画は綾町にとってよいことか悪いことなのか。見解は二つに別れます。短期的に見ると，これは綾町にとってよいことでした。伐採が始まれば，いくら機械化が進んだといっても，多少の雇用は出てくる。商工業者も若干は潤うことになります。また，伐採が終わると，次に植林があります。植林になると機械でやるのは難しく，人手が必要になる。そうなるとかなりの雇用が創出されます。こういう観点からすれば，営林署長さんがもってきたのは『吉報』ということになります。しかし，視点を変える

と，この話は受け入れられないものになってくるのです。伐採事業が始まればたしかに働く場はできる。大きな工場が一つきたくらいの経済効果は出てくるだろう。しかし伐採が終ったら，そのあとに何が残るのか。山肌がむき出しになった裸山が残るだけではないか。」

このように問題を整理して，伐採を認めず「有機農業」と「照葉樹林文化」を柱としたまちづくりに方向性を定め，今日の綾町を創造してきた。

綾町のまちづくりの骨格は3つある。第1は，自然生態系との共生を目指した各種政策の統合，第2は，トレンドの先取りと目標設定による行財政運営，第3は，自治公民館運動による学習・参加・自治である。以下，この3点について考察する。[4]

1 自然生態系との共生を目指した各種政策の統合

第1は，自然生態系との共生を目指した各種政策の統合である。

綾町のまちづくりは，エコロジー論が土台にあり，それと密接に関連してその上部構造として有機農業と照葉樹林文化が構築されている。ここには，環境政策・産業政策・産業観光政策の3つの政策が統合されている姿をみることができる。

（1）環境政策

1つ目は，環境政策である。

綾町のまちづくりの原点は先にみたように，国有林である照葉樹林を伐採する計画から守り，自然を保護する運動を開始したことにある。そして，この運動の過程で，1970年に国定公園指定陳情運動が起こり，同年10月に照葉樹林を国定公園にする申請を行った。

国定公園実現を後押しするために，自然保護の施策を推進しその基本的政策を策定する「綾町自然環境の保護創出に関する協議会」を設置し，1975年には「綾町の自然を守る条例」を制定した。その第1条は，「この条例は，自然環境の保護と創出に関し基本となる事項を定めるとともに，町，事業者及び町民が

一体となって，自然環境の保護と創出を推進することにより，現在及び将来の町民の健康で文化的な生活の確保を図ることを目的とする。」としている。ここでは，照葉樹林という自然環境の価値を認めてそれに最も高い公共性を付与し，その時々の経済情勢に任せて森林を伐採するのではなく，森林を守りどのように活かしていくのかという視点が明確である。

この伐採計画を阻止するプロセスのなかで，郷田町長は生態系の研究を積み重ね有機農業が有する価値に着目し次のように述べている［郷田・郷田 2005：23-24］。

「このように自然は何もかもしつらえて，自然界がうまく運ぶようにしてくれている。いまの農業はそれをすべて忘れてしまって化学肥料，農薬，除草剤で，土を土たらしめている微生物を殺してしまう。そこで野菜や米の中に本来あるべきミネラルをはじめとした栄養素をなくし，入っては困る化学物質の毒入り野菜やお米を生産している。こんなものを食べているから人間も病気になりやすく，医療費も膨大に増えていくのだ。……野菜やお米がそうなら，それを食べている人間も同じだ。そうならばわが町は自然のままの健康な野菜を作ってみたらどうなんだ。健康の要は食である——ということは，いずれは健康によい本物の食を買う時代がくるに相違ない。そうなったとき，自然に恵まれた綾町が，農薬も化学肥料も使わないほんものの野菜を提供できるようになればどういうことになるか……こういうことを考えるようになったのです。この着想が後で述べる生ゴミ，屎尿を資源として農地に還元するシステムとなり，綾町が現在の『有機農業の町』になった第一歩だったのです。」

郷田町長は，さらに，もう１つ綾町のまちづくりにおける照葉樹林文化の重要性を認識するに至り，次のように述べている［郷田・郷田 2005：27-28］。

「漆の文化も照葉樹林地帯に共通する特徴ですが，なるほど山には漆がたくさんある。麹を使ったお酒，味噌，しょう油，それからねばねばした餅の文化もすべて照葉樹林から生まれている。しかも照葉樹林文化の歴史は古く，稲作文化に先行するという。要するに照葉樹林地帯は縄文時代，弥

生時代よりも早い日本文化のルーツではないか，というのです。これは大変なことだと，私は思いました。わが町の8割を占める山林は照葉樹林地帯であり，それは日本文化の原点であったのだ。だが，その貴重な自然林は，儲けたい，儲けたいという資本の論理によって，いまどんどん失われていっている。『夜逃げの町』と言われる綾は，たしかに貧しくて，訪れる人もいないけれど，実は日本文化のルーツを立派に保存してきたのだ。その山林を伐採してしまうことは，綾のためだけではなく，日本文化のためにもならないのではないか。それにこれだけの価値があるものなら，これから綾の発展に照葉樹林を最大限に利用したらいい。これはどうあっても今回の立ち木交換の話はつぶさなければならない。それまでは何となく郷愁のようなもので反対していたのが，はっきりと確信をもって反対することができるようになったのです。」

　このように，今日の綾町の有機農業や照葉樹林を活用したまちづくりの基礎・土台には確たるエコロジー生態系論があったということが重要である。

　そして，1982年には，綾町の大森岳を中心とする照葉樹林は九州中央山地国定公園の指定をうけ，1985年には「照葉樹林都市宣言」として結実した。この宣言では，「私達綾町の町民が各自で努力していることは，この日本文化の機軸をなしている照葉樹林文化の継承，ないし掘り起し，そして復活に通じていることを知りました，ここに誇りをもって綾町は照葉樹林文化を大切にし，尊ぶ町であると宣言することは，時宜に適したことだと悟りました。」として，次のことを宣言している。

　一，照葉樹林文化についての深い理解をもつようにつとめます。
　一，照葉樹林文化に関する生産や生活の伝統的様式を大切に保存します。
　一，照葉樹林文化がもつ内容を現代的に生かすよう努力します。
　一，照葉樹林文化の基底になる照葉樹林を大切に保護し，保存します。

（2）産業政策

　2つ目は，産業政策である。ここでは，有機農業と工芸をみてみよう。
　第1は，有機農業である。先述した照葉樹林を伐採から守るということは，

同時に伐採から生まれるであろう雇用の機会を地域の人たちから奪うことにもなる。当時，綾川総合開発事業によって，人口も一時的に膨張し，関連して各種の仕事の場も増え生活保護も14％前後と県下最下位であった。しかし，本事業の終了と山林事業等の減少によって，仕事の場がなくなり，また開発事業で転入した者のなかで問題をかかえている者が残住するなど，悪条件が重なって保護率も32％を超える状態となった［綾町 1982：880］。

　すなわち，伐採が始まればそこで雇われる人夫が出てくる。働く人々がその地域で消費をすれば商店街が潤うし旅館も潤う。照葉樹林の伐採計画がそのまま進めば，綾川総合開発の時のように綾町にはそれ相応の雇用も生まれ，所得の向上も見込めたのは事実である。しかし，その道を選択しなかった。

　そこで新たな生活の糧を確保する必要があった。その１つが農業であった。綾町は，日本文化の原点となった綾の自然を利用して生きる以外はないが，これを実践しつつも町民の暮らしを向上させていくためには，「買う農業」から「自給自足を確立しなければならない」として農業に焦点を定めた［綾町 1982：32-33］。

　最初に取り組んだのは「一坪菜園運動」である。これは，農家が野菜をつくるだけでなく，みんなが自分の家でつくり，"健康野菜"のノウハウを町全体が習得することを目的として，種子を無料配布して菜園づくりを奨励するものであった［綾町 1982：33］。加えて，野菜の価格変動をカバーし採算が取れるようにするために，あらかじめ補償価格を設定しそれを下回った場合にその差額を補償する「価格補償制度」を導入した。その後，有機農業推進のための施策は，一坪菜園で自宅用に作った野菜の余剰分を交換・提供する青空市場開設(1973年)，し尿を液肥化する自給堆肥供給施設（1978年），牛糞尿を堆肥化する家畜糞尿処理施設(1981年)，生活生ごみを有機肥料にするコンポスト施設(1987年)，ＪＡ堆肥センター等の建設や，窒素やリン酸の含有量の土壌調査（1983～85年），ＪＡ宮崎市直売所開設（1985年），有機農業開発センター設置（1989年）などハードとソフトの面から有機農業を推進してきた。

　こうした取り組みを経て，1988年に全国で初めて有機農業に関する条例「綾町自然生態系農業の推進に関する条例」を制定した。

　本条例は第１条（目的）で，この条例は，綾町憲章（1983年３月27日制定）に

掲げる「自然生態系を生かし育てる町にしよう」を基本理念とし，自然生態系農業の推進に関し基本となる事項を定めるとともに，綾町農業の安定的かつ長期的な振興と消費者の健康で文化的な生活を確保することを目的とするとしているように，自然生態系を生かし育てることを最大の眼目としている。

その前文では，今や綾町農林業者は，綾町憲章「自然生態系を生かし育てる町にしよう」の基本理念をさらに追求し，土と農の相関関係の原点を見つめ，従来すすめてきた自然生態系の理念を忘れ近代化，合理化の名のもとにすすめられた省力的な農業の拡大に反省を加え，「化学肥料，農薬などの合成化学物質の利用を排除すること。」「本来機能すべき土などの自然生態系をとりもどすこと。」「食の安全と，健康保持，遺伝毒性を除去する農法を推進すること。」また，遺伝子組み換え作物による自然生態系の汚染を防止するため「遺伝子組み換え作物の栽培を行わないこと。」を改めて確認し，消費者に信頼され愛される綾町農業を確立し，本町農業の安定的発展を期するため，本条例を制定するとしている。

さらに，条例では，基本技術や農地検査基準，管理用資材の使用基準，生産管理検査基準などを審議会で決定し，生産者は農地検査を経て生産者登録を行い，生産物は検査をされて合格証票を得られることになっている。農地や除草剤の使用状況などで3つにランク付けされ，ランク別の認証シールが貼られている。こうした仕組みは現在の改正JAS法の有機JAS規格のモデルともなっている［北海道開発協会 2003：29］。

2010年度の農産物（野菜類のみ）の総生産額は12億9846万円である。そのうち有機農産物は約3億円（23.5％），作付面積50ha（56.8％），農家戸数524戸のうち有機農業登録農家387戸（73.9％）である（表4-1）。そして，有機農産物の半分は直売所であるほんものセンターで販売され，他の半分は地元のスーパーや公共施設・学校給食，県外の生協や消費者団体に販売されている（図4-1）。

第2は，工芸である。綾にはもともと水屋，タンス，テーブルなど家具類をつくる木工職人が大勢いたことから，郷田は，「綾を木工の町にしよう」と考えていた［郷田・郷田 2005：14][7]。

そこで，木工産業を再生すべく，一戸一品運動，すなわちすべての家庭で自分の自慢できるものをつくろうという運動が展開された。これは生活文化祭と

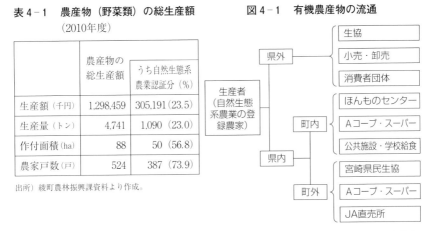

して自治公民館ごとの文化祭で展示，発表されている。

　ここで注目すべきことは，有機農業といえば農家あるいは農協が取り組む生産活動がイメージされるが，綾町ではすべての家で野菜づくりに取り組む町ぐるみの運動が基礎にあるということである。また，一戸一品運動も工芸家とか林業家だけの取り組みではなく，すべての家で自慢できる技術，モノづくりはないかという町ぐるみのモノづくりが基礎となっていることである。これが農村的な生活様式と生活文化の再建につながる綾町独自のまちづくりである。

　こうした町全体の物をつくる雰囲気（手づくりの里づくり）が外部に伝わり，ガラス細工，紬織，草木染，陶芸，木工工芸品，民具などプロの職人が結集することになった。また，綾町では地元ならではの食品を作る企業や商店も食品工芸という観点から工芸工房と捉えている。現在，約40の工房があるが，その半数以上は移住者である。

　1981年には「工芸コミュニティ協議会」が設立され，手づくり工芸のまちづくりが本格化し，1982年から毎年「工芸まつり」を開催している。ちなみに，2009年の工芸まつりでは，11月21日から23日までに延べ1万4000人の集客があり，36工房が参加し販売額は4000万円となり綾町の主要イベントとなっている［宮崎県綾町役場　2010：34-35］。

そして，1986年に陶芸体験ができる工房を併設した「綾国際クラフトの城」
が「手づくりの里」の拠点施設として開設された。

（3）産業観光政策

　3つ目は，観光政策である。綾は，"産業観光"という位置づけをしている。
これは，観光の対象（観光資源）は町民のモノづくりや生活文化そのものであ
り，綾の大吊り橋や綾城，馬事公苑，ほんものセンターなどの施設は観光の
"補完物"にすぎないという考え方である［郷田・郷田 2005：181］。

　綾町では1年を通してイベントが開催されている。ふるさと夏祭り（7月），
花火大会（9月），照葉樹林マラソン（10月），手づくり文化祭（11月），綾競馬（11
月），有機農業まつり（11月），綾・工芸まつり（11月），うねび焚き（1月），綾
ひな山まつり（2～3月），綾の桜まつり（3～4月）などのモノづくりや生活
に密着したイベント（産業観光）が通年にわたって行われている。

　こうした自然生態系との共生を目指した各種政策の統合により，日本の名水
百選：綾川湧水群（環境庁），水源の森百選（林野庁長官），朝日森林文化賞（朝
日新聞社），農林水産畜産部門天皇杯受賞（日本農林漁業振興会），豊かなむらづ
くり農林水産大臣賞（綾町有機農業実践振興会），潤いのある町づくり（自治大
臣），過疎地域活性化有料事例町村（国土庁長官）など，水，森林，農業，まち
づくりなどすべての分野において高い評価を受けている［綾町 2008：9］。

（4）ユネスコエコパークへの登録

　2000年に九州電力による高圧電送の鉄塔建設計画が進む中，これが「照葉樹
林都市」綾のイメージを崩してしまうとして町民の間で鉄塔建設反対運動が立
ち上がった。

　この運動をリードした「綾町の自然と文化を考える会」は，主催した照葉樹
林文化シンポジウムを通して，佐々木高明氏の「東の横綱の白神山のブナ林に
対し，綾川の照葉樹林は西の横綱である。綾町の照葉樹林ではなく，あくまで
も綾川の照葉樹林として考えてください。世界遺産の価値があります。」との
指摘を受けて世界遺産登録運動へと展開した［上野 2004：318］。2002年9月に
「綾の森を世界遺産にする会」を発足させ，署名運動を開始し2ヶ月間で13万

8771人の賛同署名を集め環境省に要望書を提出した。その結果，最終の7候補地の中に残ったが，面積が小さいこと，過去の伐採の跡があり人工林が進入していることなどで，「次回の有力候補として，掃部岳をも含めて森の復元に取り組んでほしい」という判断で，3地域の中に残らなかった［上野 2004：324-326］。

この世界遺産登録運動は，照葉樹林の復元を目指す「緑の回廊」構想へと発展した［上野 2010:144］。これを契機に，2005年林野庁（九州森林管理局），綾町，宮崎県，日本自然保護協会，てるはの森の会（照葉樹林ネットワークを改称）の5者が協定書を取り交わし，日本に残された最後の広大な照葉樹林の森を協力して保護・復元していくことを約束し，「綾の照葉樹林プロジェクト」を開始したのである［九州森林管理局 2009］。

その後，2010年8月に，綾町長が「ユネスコエコパーク」へ登録する考えを表明したことにより申請に向けた取り組みを開始し，2012年にユネスコ本部の会議で「綾ユネスコエコパーク」が認定された［河野 2012：2 ⁸⁾］。この認定については，①綾町という「地域」が国際的な取り組みである保護地域の登録を，自ら主体的に行った最初の例であること，②30年にわたり身近な自然を守ってきたことで，地域の持続可能は社会づくりに貢献できることを示したこと，③多様な主体（行政，NGO，市民団体，市民）が協働し合意形成を図り，地域の理解を得ながら進めた取り組みが成果となったことから，自然保護の新たな可能性を切り開いたとして，世界的にも大きな意味をもつと評価されている［朱宮 2012：4］。

このように，自然生態系との共生を目指す綾町のまちづくりは，世界的にも評価される新たな段階に到達している。

2　トレンドの先取りと目標設定による行財政運営

第2は，トレンドの先取りと目標設定による行財政運営である。

郷田前町長は，行政の役割は，住民の欲求に従うことではなく"トレンド"を先取りすることにあると述べている。行政は，10年後あるいは20年後という長期の視点からみて，住民がどのような生活を送るのか，あるいは住民がどう

いうことを望むかというトレンドを先取りし，それが10年後・20年後にニーズとなるような政策を展開すべきであるという。有機農業政策は，住民が安全な食を必ず望むときがくるというトレンドを先取りして実践した好例である。

（1）まちづくりの明確な目標設定

　綾町の行財政運営について，注目すべきことは明確な目標設定があるということである。綾町には自然を守る条例（1975年），綾町憲章（1983年）と自然生態系農業の推進に関する条例（1988年），綾町照葉樹林都市宣言（1985年）などまちづくりや自然保護，有機農業の推進に関する条例がある。

　これらの条例や憲章は，自然を守ることや自然生態系農業の推進などまちづくりの目標を明確に設定している。自然を守る条例では，住民がなすべきこと，事業者がなすべきこと，行政がなすべきことを区別してまちづくりの目標を決めている。綾町憲章は，まちづくりについて「豊かな自然と伝統を生かして，みんなの叡智と協力で未来に開く町を目指すため，ここに綾町憲章を定めます」とし，第1項に「自然生態系を生かして，育てる町にしよう」という目標を据えている。

（2）産業活性化事業の独立採算

　こうした明確な目標設定によるまちづくりは，地域経営という面で際立つ成果をもたらしている。

　綾町への入り込み客数は，1980年代に開始された大吊り橋，綾城，国際クラフトの城，ほんものセンター，酒泉の杜，花時計，ワイナリー，ビール工場などの観光関連施設の建設に伴って年々増加し，今日では年間110万人を超えるまでになっている[9]。

　こうした交流人口の増加を反映して，綾町財政は自主財源の確保という注目すべき特徴を備えるに至った。すなわち，毎年，一定水準の使用料をコンスタントに確保することにより，自主財源比率は全国市町村の平均レベルとなっている。

　例えば，2004年度の使用料は，歳入総額53億2100万円の5.7%，3億400万円である（図4-2）。使用料の内訳は，綾町を代表する観光・交流施設である自

図4-2 綾町の主な歳入

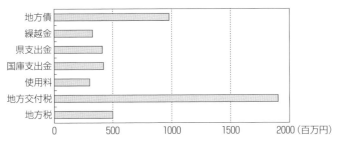

出所）綾町2004年度「決算カード」より作成。

然休養村施設（綾川荘），千尋自然公園（吊り橋等），サイクリングターミナル，国際クラフトの城，馬事公苑などの使用から得られるものであり，約1億3000万円である。なかでも，千尋自然公園（吊り橋等）の占める割合は高い。また，近年では，てるはドームなどスポーツ施設の割合も増えている。[10]

一方，綾町の産業活性化事業（上記の観光施設を経営する事業であり商工会に委託されている）は，2004年度の売上が約3億5759万円，諸経費が約2億6532万円，当期利益が21万円と独立採算を達成している。なお，町がこの産業活性化事業に支出する委託料約1億2000万円は，町の歳入となる使用料約1億3000万円によって回収されているため，綾町の実質的な持ち出しはない。[11]

また，「綾手づくりほんものセンター」の売り上げは，3億6000万円（1日当たり100万円の売り上げ）であり，基幹産業である農業の発展と町民の所得向上につながっている。綾町役場の説明によれば，宮崎市から消費者が押し寄せるという「逆流現象」が生まれているとされている。

（3）公共施設等の先行投資

こうした地域経営の独立採算と並んで，公共施設などの整備が先行投資としての意味をもっているということである。

綾町は，全面積の10％にすぎない中心部に7～8割の住民が住んでおり，20％の土地に8割の産業と用地が集積している。このように，中心部に人口や産業，用地がコンパクトに密集し，その周りに田園，あるいは照葉樹林が張り

98 第Ⅱ部 地域政策の事例

ついた地域構造となっているため，各種の社会資本が極めて効率的に整備され
てきた。

　綾町の各種の公共施設の整備状況を類似団体の整備率と比較してみると，そ
の整備状況が優良であることがわかる。道路の改良率や舗装率，上水道，し尿
処理，ゴミ処理は類似団体よりもかなり高い比率となっており，橋梁や小・中
学校の整備率も高い。[12]

　このように，公共施設の整備はまちづくりの先行投資として機能しており，
まちづくりの資産が十分生かされている。また，このことは，ハード事業から
ソフト事業へ重点を移す条件ともなっている。

3　自治公民館運動による学習・参加・自治

　第3は，自治公民館運動による学習・参加・自治である。

　綾町には，22の自治公民館が主体となってまちづくりに取り組んでいる。こ
の自治公民館は次の2つの特徴をもっている。

　第1の特徴は，1965年に区長が公民館長を兼ねる区長制を廃止し，公民館長
制に切り替え自主的な運営を目指したことである（図4-3）。区長は，行政の
末端機関であり，町行政の手足となって行政伝達や行政の手助けをしてきた
が，地方自治法によって行政の末端は市町村までとなった。そこで，綾町は，
各区公民館長は地域の自治に専念するために区長制を廃止し，これまで区長が
行ってきた行政伝達や諸調査は町の責任で実施することになった［綾町 1982：
801-802］。

　こうして，それまで行政の末端機関として行政の指示に従って動いてきた
が，住民自治の立場に立って，地域の振興と住民福祉の向上に専念することに
なり，公民館活動の組織づくりや事業計画・予算の編成・住民との話し合いと
実践活動などを行っている。そして，町は，自治公民館活動の推進を図るため
振興費を補助している。

　自治公民館の代表的な取り組みは3つある。1つは，「一戸一品運動」であ
る。これは，眠っているかつての生活文化を呼び戻すために，すべての町民が
自分の家庭でつくれるもの，つくりたいものをつくり出す，町民全員参加の運

図 4-3　自治公民館の組織

出所）綾町・綾町教育委員会『自治公民館活動と生涯学習 研修資料』，6ページより作成。

動である。22の自治公民館で，年に1回，各家庭でつくったものを持ち寄って自治公民館の文化祭を開いている［郷田・郷田 2005：48-50］。2つ目は，本章第1節の（1）で述べた「一坪菜園運動」である。3つ目は，花の種子や育苗センターで育てた苗を各家庭に配布する「花いっぱい運動」である。この運動は各地区に広がり，1991年に完成した「花時計」建設につながった。

　第2の特徴は，自治公民館が集落を基礎としていることである。22の自治公民館の一公民館当たりの戸数は，10戸から250戸と一定ではない。これは，住民が主体のまちづくりを実践するためには，戸数が少なくても「目の届く範囲」が重要であり，集落を基礎としなければならないという思想に基づいている[13]。

　こうした2つの特徴をもつ自治公民館活動により，「自治の心」と「結いの心」を取り戻し，学習に基づく参加・自治のシステムを構築してきたのである。その典型は，「山を残そう」という生涯学習の拠点となったことである［森山 2001：8］。そして，町制50周年を迎えた1983年の第2回自治公民館大会において，"自然生態系を生かし育てる町にしよう"をまちづくりの中核とする「綾町憲章」が制定された。

　以上のような自治公民館を町政の基礎とする運動は，宮本の「自治拡充原則」の農村版とみてよい［宮本 1977a：291-292］[14]。すなわち，綾町では，事務配分を自治公民館→町（→県）へと行うことによって豊かなまちづくりを実現していることがその証左である。

4 綾町の政治経済制度と3層の地域循環構造の形成

以上の綾町のまちづくりは，図4-4のような独自の政治経済制度を形成してきたといえる。

条例に基づいて有機農業や産業観光を中心とする地域経済を確立することにより住民生活の基盤を形成してきた。また，公共部門は，有機農業や産業観光を支える各種の施設を整備してきた。これら民間部門と公共部門の取り組みは，照葉樹林をベースにした豊かな環境・アメニティの保全という枠組みのなかで進められてきた。

さらに，こうした制度のなかで，「地域経済循環」「公共・民間循環」「環境・社会循環」という3層の循環構造を創り出してきたといえる。

第1は，地域経済循環である（図4-4の①）。

綾町の地域経済は，川上部門に位置する有機農業をはじめとする農業，畜産，林業が起点となっている。

これを基礎として，川中部門では有機農産物を使った手づくりの加工食品，団子，餃子，弁当，漬物，パン，ドーナツ等の加工が行われている。また，町内に自生するカヤ，ケヤキなどの銘木を使う工芸品づくりも盛んであり，使う人の身になって制作される絹織物・木工品・竹細工・陶器など多くの工芸品が工芸者の手によって作り継がれている。

さらに，川下部門においては，ほんものセンターでの地元産の農産物や加工食品の販売，有機農業まつり，工芸まつり，まゆ祭りや手づくり文化祭など各種イベントの開催，グリーンツーリズムやエコツアーの実践など観光と産業，自然環境を一体化した産業観光が取り組まれている。さらに，近年では滞在型のスポーツ合宿も盛んに行われるようになっている。

こうした川上・川中・川下の産業の間に「地域的フードシステム」と「産業観光（地域的エコツーリズムシステム）」が形成されているといえる（図4-5）。

こうした川上・川中・川下の地域経済循環は，産業活性化協会による「地産地消」の取り組みによって強固なものになっている。産業活性化協会の運営の大きな理念は，収支ではなく地産地消の核となることである。協会が運営する

図4-4 綾町の政治経済制度と3層の地域循環構造

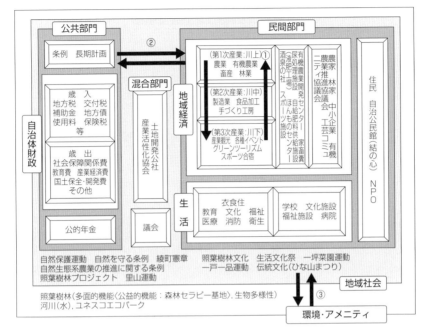

出所）綾町資料より作成。

宿泊施設では，原則的に町内雇用を基本とし，原材料の調達も町内を最優先している。現在50人ほどが雇用されており，飲食部門の食材は町内から調達され，展示・販売されている工芸品はすべて町内で作られたものである。これにより町内に数億円の資金が循環し，雇用や地元産業の安定化に寄与している。

また，酒泉の杜では，できる限りの地元雇用や地元調達も心がけており，営利を追求するだけの民間企業ではなくまちづくりに積極的にかかわっている。

第2は，公共部門と民間部門の循環である（図4-4の②）。

地域経済における循環の形成は，綾町による財政支出と投資に依るところが大きい。有機農業の基盤となっている有機農業開発センター，家畜糞尿処理施設，堆肥生産施設，自給肥料供給施設（液肥工場）などの各種施設の建設をはじめ，有機農産物や加工食品，工芸品を販売するほんものセンター，自然休養

102　第Ⅱ部　地域政策の事例

図 4-5　綾町の地域経済循環

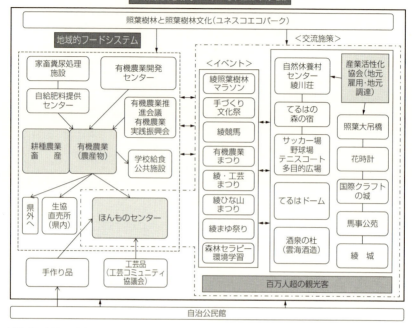

出所）綾町資料より作成。

村施設（綾川荘），千尋自然公園（吊り橋等），サイクリングターミナル，国際クラフトの城，馬事公苑などの各種観光施設の建設は産業観光の発展にとって不可欠であり，地域的な社会的使用価値効果をもたらしてきた。同時に，これらの財政支出は公的年金とともに地域経済循環形成の起点として価値効果も生み出している。

　これらの投資のうち各種観光施設の建設は，各種観光施設の使用料をもたらしており，綾町の有力な歳入になっていることも注目すべきである。

　第3は，環境・アメニティと社会の循環である（図4-4の③）。

　綾町は，照葉樹林の保護と保全を通して地域経済循環という社会的使用価値を生み出してきた。さらに，今日では森林セラピー基地の形成と生物多様性を軸とした里山運動を展開しており，地球環境保全の世紀に相応しい新しい社会

第4章　照葉樹林と産業観光によるまちづくり―宮崎県綾町―　103

的使用価値の創造に取り組んでいる。

5　綾町の地域循環構造の分析[15]

（1）産業構造と町際収支

　綾町の町内生産額は377億3232万円である（表4-2）。産業別にみると，飲食料品の104.2億円が最も多く，次いで建設42.7億円，その他の製造工業製品39.6億円，農業30.4億円，対個人サービス25.2億円，商業21.8億円，医療・保健・社会保障・介護19.8億円となっている。特化係数でみると，その他の製造工業製品4.56，飲食料品3.95，農業3.31，林業2.56である。

　町際収支の黒字額をみると，飲食料品の67.5億円が最も多く，次いでその他の製造工業製品31.5億円，農業11.8億円，畜産3.5億円，林業1.2億円となっており，建設，繊維製品，パルプ・紙・木製品も黒字産業である。また，対個人サービスは，町際収支は赤字であるが，移輸出額が12億円と町内で4番目に多い産業であることに注目する必要がある。

　このように，綾町の産業構造は農業，畜産，林業など第1次産業とそれらを基盤とした飲食料品などの製造業が中核となっており，これらの産業が地域的フードシステムの担い手となっている。また，商業，医療・保健・社会保障・介護，対個人サービスなど生活関連産業と公共サービスも重要な地位を占めており，とりわけ対個人サービスは綾町の産業観光（地域的エコツーリズムシステム）の担い手である。

　総じて，産業の川上・川中・川下のそれぞれの部門に，綾町経済を担う産業が存在していることが確認できる。

（2）綾町の地域経済循環の姿―地域的産業連関システム―

　こうした産業構造をベースにして，綾町の産業連関表の調達と販路の関係をみると，先にみた地域的フードシステム，産業観光（地域的エコツーリズムシステム）を担う産業連関システムを確認することができる。

　地域的フードシステムは，耕種農業と畜産，飲食料品を軸に形成される産業連関システムである（図4-6）。主な財・サービスの流れをみると，飲食料品

104   第Ⅱ部　地域政策の事例

表4-2　綾町の生産額と町際収支

単位：万円

部　門	町内生産額		特化係数	町際収支	移輸出額	移輸入額
	生産額	構成比				
農　業	303,979	8.1%	3.31	118,429	193,024	▲74,595
畜　産	183,540	4.9%	1.79	34,924	67,034	▲32,110
林　業	118,118	3.1%	2.56	11,831	15,064	▲3,234
漁　業	2,026	0.1%	0.08	▲4,828	1,621	▲6,449
飲食料品	1,041,816	27.6%	3.95	674,996	816,016	▲141,021
繊維製品	43,848	1.2%	1.37	3,944	39,854	▲35,909
パルプ・紙・木製品	60,582	1.6%	0.99	3,160	45,814	▲42,654
窯業・土石製品	38,310	1.0%	1.88	▲15,129	14,118	▲29,247
金属製品	1,562	0.0%	0.06	▲73,344	1,028	▲74,372
一般機械	30,528	0.8%	1.02	▲36,448	20,573	▲57,021
その他の製造工業製品	396,277	10.5%	4.56	314,943	384,777	▲69,834
建　設	426,639	11.3%	1.26	10,431	10,568	▲137
商　業	217,750	5.8%	0.67	▲274,976	21,133	▲296,109
金融・保険	18,951	0.5%	0.14	▲118,392	9	▲118,401
不動産	7,288	0.2%	0.03	▲243,236	0	▲243,236
運　輸	39,794	1.1%	0.18	▲186,639	12,376	▲199,015
情報通信	51,982	1.4%	0.45	▲56,693	5,557	▲62,249
公　務	172,231	4.6%	0.73	▲0	0	▲0
教育・研究	40,624	1.1%	0.27	▲81,553	0	▲81,553
医療・保健・社会保障・介護	197,796	5.2%	0.62	▲72,242	6	▲72,248
その他の公共サービス	28,903	0.8%	1.07	844	845	▲1
対事業所サービス	75,081	2.0%	0.37	▲125,991	7,436	▲133,427
対個人サービス	251,796	6.7%	1.01	▲1,412	121,790	▲123,202
事務用品	5,029	0.1%	0.70	▲20	0	▲20
分類不明	18,780	0.5%	1.00	▲3,880	4,246	▲8,127
合　計	3,773,232	100.0%		▲672,947	1,783,910	▲2,456,857

出所）2005年綾町産業連関表より作成。

図4-6 綾町の地域的フードシステム

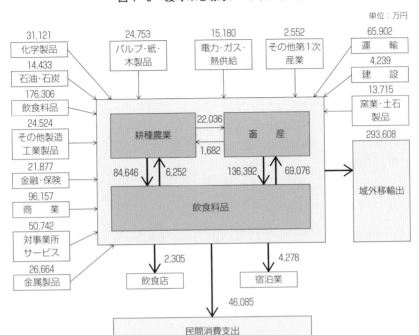

注) 矢印は財・サービスの流れを意味する。太い矢印は産業連関の中心的な流れを表す。
出所) 2005年綾町産業連関表より作成。

から17.6億円，商業から9.6億円，運輸から6.6億円，対事業所サービスから5.1億円の調達を行いつつ，民間消費支出に4.6億円，域外移輸出に29.4億円の財を販売している。

産業観光（地域的エコツーリズムシステム）は，飲食店や宿泊業を軸に形成される産業連関システムである（図4-7）。主な財・サービスの流れをみると，飲食料品から3.2億円，商業から1.9億円，運輸から1.2億円の調達を行いつつ，民間消費に8.8億円，域外移輸出として12.0億円（主に町外からの観光客の観光消費である）の財を販売している。

図4-7 綾町の産業観光（地域的エコツーリズムシステム）

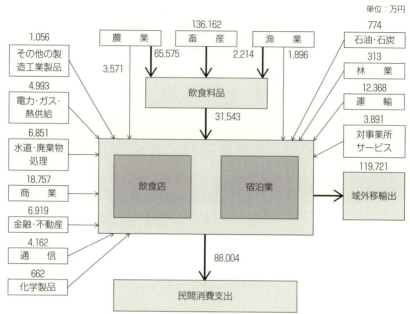

注）矢印は財・サービスの流れを意味する。太い矢印は産業連関の中心的な流れを表す。
出所）2005年綾町産業連関表より作成。

（3）産業相互の依存関係

(1) 中間投入と中間需要

　中間投入率と中間需要率を組み合わせると，次の4つの産業類型になる。

　中間財型産業（中間投入率と中間需要率がともに50％以上）は，畜産，漁業，パルプ・紙・木製品，窯業・土石製品，金属製品，対事業所サービスである。これらの産業が町内では相互の依存関係が高い産業であるが，漁業，金属製品，パルプ・紙・木製品，対事業所サービスは移輸入率が高いため町内の産業連関はその分だけ弱くなる。なぜなら，移輸入は，財・サービスを地元で自給できない場合に域外からの調達に頼ることを意味するので，移輸入率が高いと地元の産業との取引が少なくなり，その分だけ産業連関が弱くなるからである。

　最終需要財型産業（中間投入率50％以上，中間需要率50％未満）は，その他の製

造工業製品，飲食料品，建設，繊維製品である。このうち繊維製品は，移輸入率が高いため町内での産業連関は弱くなるが，その他の製造工業製品，飲食料品，建設は移輸入率が低いため町内での産業連関は強いといえる。

最終需要財型基礎産業（中間投入率・中間需要率ともに50％未満）は，対個人サービス，一般機械，農業，医療・保健・社会保障・介護，林業，情報通信，商業，不動産，教育・研究などである。このうち，一般機械や不動産では移輸入率が高いため産業連関が弱まるが，医療・保健・社会保障・介護，林業，公務では移輸入率が低いため産業連関が強くなる。

中間財型基礎産業（中間投入率50％未満，中間需要率50％以上）は，運輸と金融・保険である。これらはともに移輸入率が高いため，その分産業連関が弱くなる。

(2) 影響力と感応度

影響力係数と感応度係数がともに１以上の産業は，農業，畜産，林業，飲食料品，パルプ・紙・木製品，窯業・土石製品，建設である。これらの産業は，綾町経済で相互依存の関係の強い産業である。また，対個人サービス，その他の公共サービスなどは影響力係数が高く他の産業に影響を及ぼしており，商業，対事業所サービス，公務などは感応度係数が高く他の産業から強い影響を受ける。

(3) 歩留まり率と町外流出

歩留まり率が80％以上の産業は，林業，不動産，教育・研究である。70％以上は，農業，パルプ・紙・木製品，商業，金融・保険，情報通信，公務，医療・保健・社会保障・介護である。その他の産業でも60％以上である。したがって，多くの産業で歩留まり率が高く，町外流出が少ないといえる。

以上のことから，綾町の産業は，農業，畜産，林業など第１次産業とそれを基盤とする飲食料品，パルプ・紙・木製品などでそれぞれ相互に依存関係にある。さらに，林業，商業，対個人サービス，農業，パルプ・紙・木製品，畜産，飲食料品では経済波及効果が町内にとどまる比率が高い。

したがって，綾町には，地域経済を担う産業が比較的バランス良く存在し，

108　第Ⅱ部　地域政策の事例

かつそれらの産業間に強い依存関係が形成されていることがわかる。

（4）移出産業と地元市場産業

(1)　産業連関構造

　最終需要による生産誘発の関係から，移出産業と地元市場産業の構造をみて
みよう（表4-3）。

　移出産業とは，移輸出額(地元でなく域外の需要に応える販売額)を基準にして，
額が多くかつ移輸出全体に占める割合が高い産業である。地元市場産業とは，
消費や投資，在庫純増など域内（地元）の最終需要を基準にして，額が多くか
つ域内最終需要全体に占める割合が高い産業である。生産誘発産業（前方連関）
とは，移出産業と地元市場産業の生み出した財・サービスを使う割合が高い産
業である。生産波及(後方連関)とは，移出産業や地元市場産業の生産活動に財・
サービスを供給する姿をさし，この比率が高いと，地元産業が移出産業や地元
市場産業に活発に財・サービスを販売していることを意味する。これらの産業
分類によって，移出産業が，域外から所得を獲得し，地元市場産業や生産誘発
産業と密接な取引を行いながら地域経済全体の活力を生み出しているのかにつ
いて，動態的に把握することができる。

　綾町では，町内生産額の47.3％を移出産業が占めており，次いで地元市場産
業が35.0％，生産誘発産業が17.8％となっており，移出産業の占める割合が高
い。これは，有機農産物の町外への販売や県内外からの観光客の観光消費に
よって綾町経済が成り立っていることを示すものと考えられる。

　綾町の移出産業は，飲食料品（21.6％），その他の製造工業製品（10.2％），農
業(5.1％)，対個人サービス(3.2％)，畜産(1.8％)などである。地元市場産業は，
建設（10.6％），医療・保健・社会保障・介護（5.2％），公務（4.4％），対個人サー
ビス（3.4％），商業（3.0％），飲食料品（2.5％）などである。生産誘発産業は，
飲食料品（3.5％），畜産（3.0％），農業（2.6％），商業（2.2％），対事業所サービ
ス（1.4％）などである。

　飲食料品，農業，対個人サービスなど綾町の地域的フードシステムと産業観
光（地域的エコツーリズムシステム）を担う産業は，移出産業となっており綾町
経済の基盤となっていることがわかる。

単位：万円

表4-3 綾町の産業連関構造

部門	移輸出産業				地元市場産業						生産誘発産業（前方連関）			
	移輸出額	生産波及（後方連関）	構成比	町内波及率	地元最終需要	構成比	生産波及（後方連関）	町内波及率	生産誘発額	構成比	うち移輸出分	構成比	うち地元最終需要分	構成比
農業	193,024	28,046	5.1%	14.5%	11,776	0.3%	1,711	14.5%	99,180	2.6%	89,065	2.4%	10,114	0.3%
畜産業	67,034	32,204	1.8%	48.0%	2,295	0.1%	1,103	48.0%	114,211	3.0%	101,080	2.7%	13,131	0.3%
林業	15,064	2,731	0.4%	18.1%	73,989	2.0%	13,414	18.1%	29,064	0.8%	17,856	0.5%	11,209	0.3%
漁業	1,621	216	0.0%	13.3%	130	0.0%	17	13.3%	275	0.0%	182	0.0%	92	0.0%
飲食料品	816,016	302,447	21.6%	37.1%	95,142	2.5%	35,263	37.1%	130,658	3.5%	107,305	2.8%	23,353	0.6%
繊維製品	39,854	4,247	1.1%	10.7%	2,028	0.1%	216	10.7%	1,966	0.1%	1,486	0.0%	480	0.0%
パルプ・紙・木製品	45,814	18,527	1.2%	40.4%	1,162	0.0%	470	40.4%	13,606	0.4%	8,245	0.2%	5,361	0.1%
窯業・土石製品	14,118	2,137	0.4%	15.1%	1,052	0.0%	159	15.1%	23,140	0.6%	8,033	0.2%	15,107	0.4%
鉄鋼	1,021	0	0.0%	0.0%	82	0.0%	1	0.0%	▲1,103	0.0%	▲254	0.0%	▲849	0.0%
金属製品	1,028	62	0.0%	6.0%	24	0.0%	1	6.0%	510	0.0%	256	0.0%	254	0.0%
一般機械	20,573	1,653	0.5%	8.0%	8,034	0.2%	646	8.0%	1,921	0.1%	848	0.0%	1,073	0.0%
その他の製造工業製	384,777	57,936	10.2%	15.1%	2,363	0.1%	356	15.1%	9,137	0.2%	5,938	0.2%	3,199	0.1%
建設	10,568	1,440	0.3%	13.6%	401,216	10.6%	54,655	13.6%	14,855	0.4%	6,891	0.2%	7,964	0.2%
商業	21,133	1,354	0.6%	6.4%	113,314	3.0%	7,259	6.4%	83,304	2.2%	56,028	1.5%	27,276	0.7%
金融・保険	9	1	0.0%	10.6%	9,212	0.2%	975	10.6%	9,730	0.3%	5,814	0.1%	3,916	0.1%
不動産	0	0	0.0%	0.0%	7,029	0.2%	474	6.7%	259	0.0%	110	0.0%	148	0.0%
運輸	12,376	835	0.3%	6.7%	6,646	0.2%	448	6.7%	20,773	0.6%	11,384	0.3%	9,389	0.2%
情報通信	5,557	682	0.1%	12.3%	27,640	0.7%	3,392	12.3%	18,786	0.5%	6,797	0.2%	11,988	0.3%
公務	0	0	0.0%	0.0%	166,979	4.4%	14,512	8.7%	5,252	0.1%	3,524	0.1%	1,728	0.0%
教育・研究	0	0	0.0%	0.0%	32,659	0.9%	1,345	4.1%	7,965	0.2%	6,963	0.2%	1,001	0.0%
医療・保健・社会保障	6	1	0.0%	10.3%	195,643	5.2%	20,135	10.3%	2,147	0.1%	21	0.0%	2,126	0.1%
その他の公共サービス	845	132	0.0%	15.7%	17,857	0.5%	2,798	15.7%	10,201	0.3%	6,661	0.2%	3,540	0.1%
対事業所サービス	7,436	673	0.2%	9.0%	15,842	0.4%	1,433	9.0%	51,804	1.4%	27,335	0.7%	24,469	0.6%
対個人サービス	121,790	25,729	3.2%	21.1%	126,645	3.4%	26,755	21.1%	3,361	0.1%	999	0.0%	2,361	0.1%
事務用品	0	0	0.0%	0.0%	0	0.0%	0	0.0%	5,029	0.1%	2,041	0.1%	2,988	0.1%
分類不明	4,246	1,914	0.1%	45.1%	41	0.0%	19	45.1%	14,492	0.4%	8,355	0.2%	6,137	0.2%
合計	1,783,910	482,967	47.3%	27.1%	1,318,800	35.0%	187,556	14.2%	670,523	17.8%	482,967	12.8%	187,556	5.0%

注）構成比は、町内生産額37億3232万円に対する比率。町内波及率は、移輸出額と地元最終需要に占める生産波及（後方連関）の割合である。

出所）2005年綾町産業連関表より作成。

110　第Ⅱ部　地域政策の事例

⑵　産業連関システムの連関構造

　ここで，綾町の地域的フードシステムと産業観光（地域的エコツーリズムシステム）の連関構造について，その前方連関効果と後方連関効果を確認しておこう（図4-8）。

　地域的フードシステムの生産額は，153億円でうち移出産業は108億円（70.4％），地元市場産業は11億円（7.1％）と移出産業が圧倒的な地位をしめており，移出産業による生産誘発産業も30億円（19.4％）であるため，移出関連で9割を占めている。移出産業による生産波及（後方連関）は33億円（33.7％），地元市場産業による生産波及（後方連関）は4億円（34.9％）であり比較的高い。このように，綾町の地域的フードシステムは，前方連関も後方連関も移出産業を軸に形成されていることがわかる。

　産業観光（地域的エコツーリズムシステム）の生産額は25億円で，うち移出産業は12億円（48.4％），地元市場産業は13億円（50.3％）と地域的フードシステムとは異なり，移出産業と地元市場産業が半々である。また，産業観光の主役は，住民や域外の旅行者の消費活動を対象とする飲食店と宿泊業であるため，生産誘発産業（前方連関）は移出産業999万円（0.4％）と地元市場産業2361万円（0.9％）と少ないが，町内での財・サービスの調達を表す生産波及（後方連関）は，移出産業3億円（21.1％）と地元市場産業3億円（21.1％）と高い。

⑶　自治体財政による生産誘発

　次に，自治体財政による生産誘発についてみてみよう。

　一般政府消費支出は公務（94.1％），教育・研究（55.6％），医療・保健・社会保障・介護（73.2％）が高い。町内総固定資本形成（公的）は，建設（63.0％），窯業・土石製品（23.6％），対事業所サービス（10.2％）が高い。これら一般政府消費支出（9.5％）と町内総固定資本形成（公的）（8.1％）で，町内生産の17.6％を占めている。

（5）　綾町の地域循環構造分析のまとめ

　ここで，綾町の地域循環構造分析の結果をまとめる。

図 4-8 綾町の地域的産業連関システムの連関構造

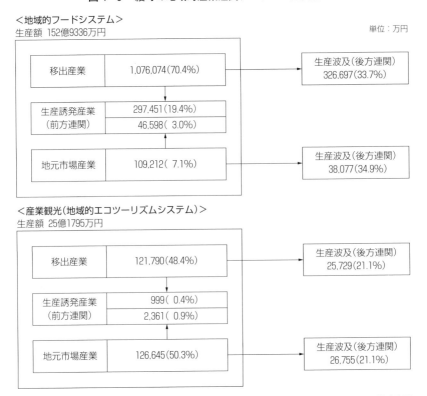

(1) 産業構造と域際収支

綾町の産業構造は，農業，畜産，林業など第1次産業とそれらを基盤とした飲食料品などの製造業が中核となっており，これらの産業が地域的フードシステムの担い手となっている。また，商業，医療・保健・社会保障・介護，対個人サービスなど生活関連産業や公共サービスも重要な地位を占めており，とりわけ対個人サービスは綾町の産業観光（地域的エコツーリズムシステム）の担い手である。

112　第Ⅱ部　地域政策の事例

総じて，産業の川上・川中・川下部門に綾町経済を担う産業が存在しているといえる。

(2)　地域的産業連関システム

こうした産業構造をベースにして，綾町を代表する地域的フードシステムと産業観光（地域的エコツーリズムシステム）の2つの地域的産業連関システムを確認することができる。

(3)　産業相互の依存関係

農業，畜産，林業など第1次産業とそれを基盤とする飲食料品，パルプ・紙・木製品などにおいて産業相互の依存関係がある。さらに，林業，商業，対個人サービス，農業，パルプ・紙・木製品，畜産，飲食料品では経済波及効果が町内に留まる比率が高い。

したがって，綾町には，地域経済を担う産業がバランス良く存在し，かつそれらの産業間に強い連関が形成されていることがわかる。

(4)　移出産業と地元市場産業

綾町では，町内生産のおよそ半分が移出産業によって担われており，飲食料品，農業，対個人サービスなど綾町の地域的フードシステムと地域的エコツーリズムシステムを担う産業は，移出産業として綾町経済の基盤となっている。

農業，畜産，飲食料品から構成される地域的フードシステムは，前方連関も後方連関も移出産業を軸に形成されている。

自治体財政は綾町経済において約18％の生産を誘発している。この値は，本書で考察した4つの自治体では，梼原町とともに低い方に入るが，それでも自治体財政が，町内生産額の約18％を占めている事実は重い意味があるといえる。

6　各種事業の経済波及効果—生産・粗付加価値・雇用・税収—

次に，綾町の各種事業による経済波及効果をみてみよう（表4-4）。

第4章　照葉樹林と産業観光によるまちづくり―宮崎県綾町―　　113

表4-4　各種事業の経済波及効果

事　業	最終需要額（万円）	直接効果（万円）	総合効果（万円）	倍率	付加価値（万円）	就業者（人）	雇用者（人）	税収（万円） 県税	税収（万円） 市町村税
a. ほんものセンター売上	34,744	34,744	45,856	1.32	22,440	67	23	438	184
b. 産業観光の消費	917,868	774,048	1,007,897	1.10	549,459	1,360	1,002	8,298	5,394
c. 6次産業化の進展	18,341	18,341	23,846	1.30	10,131	17	11	283	77
d. 滞在型観光の進展	12,660	12,660	16,353	1.29	8,667	23	17	118	83
合　計	983,613	839,793	1,093,952	1.11	590,697	1,467	1,052	9,137	5,738

注）波及効果倍率＝生産誘発額（総合効果）／最終需要額
出所）2005年綾町産業連関表より作成。

　綾町のシンボルであるほんものセンターの2007年度の売り上げ3.5億円は，1.32倍の4.6億円の経済効果を生み出している。売り上げのすべてが町内で生産された野菜，惣菜，果物などであるため経済波及効果は極めて高い。

　また，2009年の綾町の観光客115万人の観光消費92億円は，1.10倍の100億円の経済効果をもたらしている。これは，綾町生産額377億円の約26.5％と大きな規模であり，照葉樹林を保全しつつ活用することによって地域経済循環をもたらし，新しい社会的使用価値を創造することになる。

　さらに，綾町が新たに推進している6次産業化と滞在型観光の経済波及効果についてみてみよう。なお，これらの経済波及効果の計算では，ほんものセンターの売り上げや観光の消費のように需要の増加を対象とするのではなく，供給（生産）サイドでの生産額の増加を対象とするので，生産が増加する特定の産業を"外生化"する必要がある。外生化とは，その産業が他の産業から受ける直接的な影響を排除することであり，その産業の逆行列係数をタテ列とヨコ行の交点の逆行列係数で割り戻して，もう1つ別の逆行列係数を使用して計算する。

　6次産業化は，地元の農畜産物の加工や販売を連続化することであるので，ここでは飲食料品生産の自給率が5％上昇すると仮定して計算した。自給率の

上昇による生産増加額の計算方法は，まず，町内需要額(a)と移輸入額(b)から自給率(c)を計算し，その自給率に５％を上乗せして新しい自給率(d)を確定する。次に，５％上昇後の移輸入額(e)を計算する。この場合の移輸入額は，自給率上昇前の移輸入額より減少することになる。最後に，自給率上昇前の移輸入額(b)から上昇後の移輸入額(e)を差し引いて生産増額(f)をだす。

　したがって，自給率が上昇するということは，それまでの移輸入分を地元の生産に替えることを意味することから移輸入代替といわれている。なお，諸塚村，梼原町，帯広・十勝の場合も同じ計算方法で生産増加額を計算した。

　さて，綾町では，飲食料品生産の自給率が５％上昇することにより生産増加額は１億8341万円となる。この生産増加額をもとに計算した結果，1.30倍の２億3846万円の生産誘発効果が認められる。就業者17人，県税283万円，町税77万円の効果も得られる。

　滞在型観光については，対個人サービスで生産の自給率が５％上昇すると仮定して計算した。前提によれば，対個人サービスでの生産増加額は１億2660万円となり，1.29倍の１億6353万円の生産誘発効果が認められ，就業者23人，県税118万円，町税83万円の効果も得られる。

　さて，以上のような各種事業による生産誘発効果は，対個人サービス，飲食料品，商業などの部門でとりわけ多く，農業や畜産，運輸，対事業所サービスにも及ぶことがわかる。

1） 綾町工芸コミュニティ協議会資料より。
2） 本事業は，宮崎県が連年の台風で河川の氾濫による莫大な被害を受け，県民経済の向上を阻害されている事実にかんがみ，綾南，綾北川上流に貯水池を造り，本庄川の流域はもとより，大淀川河口の洪水の調節を行いその被害を軽減するとともに，綾町，国富町，西都市一帯にわたる高台地を開田し，下流流域の古田を改良して食糧の増産を図り，さらに本流域より発生する電力を県内産業用に当て工業の発展を企て，県経済の振興をはかるため電力および貯水池の有効な活用を企画し計画された［綾町 1982：269］。
3） 伐採計画は，綾北川沿いに旧川崎財閥の山林があり，その山林の立ち木を製紙会社が伐採しつくしたので，それと自然林の立ち木とを交換するというものである［郷田・郷田 2005：15-16］。
4） 綾町のまちづくりに関する先駆的な研究として，保母［1996］がある。
5） 上野は，飛地として3000ヘクタール（ha）が編入されたことに対し，「申請は9,000ヘクタールであったといいますから，若し申請どおり編入されていたら，後の世界遺産の

第4章　照葉樹林と産業観光によるまちづくり―宮崎県綾町―　　115

選考の時の悩みはなかったと悔やまれます。」［上野　2004：255-256］と述べている。

6）　「綾町照葉樹林都市宣言」より。

7）　また，『綾郷土誌』は「綾の榧碁盤，木工芸品も本町の豊かな山資源を利用した地場産業の代表的製品である。」［綾町　1982：445］と記している。

8）　なお，日本が推薦していた宮崎県「綾地域」は，2012年7月に開催された第24回人間と生物圏（MAB）国際調整理事会において審議が行われ，ユネスコエコパークに登録することが決定された。「綾地域」は，日本では5ヶ所目のユネスコエコパークへの登録である。英名：Biosphere Reserves（BR）。

9）　綾町『決算説明書』各年度版より。

10）　綾町『2004年度決算説明書』より。

11）　同上決算説明書より。

12）　宮崎県『2007年度みやざきの市町村』より。

13）　自治公民館は，地域計画学的には半径500m前後で30～50戸の基礎生活圏であり，村落共同体の基本単位であり，互助の気風と全体の利益を考えることができる［藤原　2010：4-5］。

14）　なお，この点については，第Ⅰ部第3章で詳論している。この点について，諸富は「ダスグプタの議論を援用すれば，自治公民館という場で，綾町の人々は他の地域住民と繰り返し会うことを通じて，短期的利益ではなく長期的利益のために人間関係を構築し，他の住民からの信頼を獲得し，そして協力関係を構築しようとする。」として，社会関係資本の視点から分析している［諸富　2014：126］。

15）　綾町，諸塚村，梼原町の産業連関表の作成手順と産業連関表の数式は次のとおりである。なお，帯広市については北海道開発局作成の産業連関表を利用したが，産業連関分析の数式は綾町，諸塚村，梼原町と同様である（佐無田［2007：141-142］を参考にした）。

①　耕種農業と畜産は生産農業所得統計の農業産出額，林業と漁業は国勢調査の就業者数，商業は商業統計の販売額，それ以外については事業所・企業統計の従業者数の対県比を用いて，各町村産業連関表の各産業部門の生産額を推計する。

②　各産業部門の生産額に，県の投入係数と粗付加価値係数を乗じて内生部門と粗付加価値部門を計算する。

③　最終需要については次のように計算する。

　　家計外消費支出は，市町村産業連関の粗付加価値のなかの家計外消費支出のヨコ行の合計に，都道府県の産業連関表の家計外消費支出の構成比（総額に対する産業別割合）を乗じて産業別の額を算出する。民間消費支出は，都道府県の産業連関表の民間消費支出総額に，市町村人口／都道府県人口の比率を乗じて市町村の総額を算出する。この総額をもとに，上記と同様の方法で算出する。一般政府消費支出と総固定資本形成（民間）は，都道府県の産業連関表の一般政府消費支出に，市町村公務員数／都道府県公務員数の比率（決算額は年度によって大きく変動することに留意する必要があるため）を乗じて市町村の総額を算出する。この総額をもとに，上記と同様の方法で算出する。総固定資本形成（民間）は，市町村従業者／都道府県従業者数の比率を乗じて市町村の総額を算出する。この総額をもとに，①と同様の方法で算出する。在庫純増は，都道府県の産業連関表の産業別の在庫純増額に，市町村の産業別生産額を算出する際に使った按分比を乗じて算出する。

116　第Ⅱ部　地域政策の事例

④　移輸出額は，市町村の移輸出額／市町村の生産額＝都道府県の移出額／都道府県の
　生産額と仮定し，産業別の市町村の移輸出額を算出する。移輸入額は，移輸入額＝中
　間需要額＋最終需要額（移輸出を含む）−生産額というバランス式から，産業別に算
　出する。
　　また，産業連関分析を数式で示すと次の通りである。
　$X = E + \{ [I - (I - M) A]^{-1} E + [I - (I - M) A)]^{-1} (I - M) Fd\} + (I - M) Fd$
　　X：域内生産額ベクトル　　E：移輸出額ベクトル　　Fd：域内最終需要ベクトル
　　M：移輸入係数行列　　I：単位行列　　$[I - (I - M) A]^{-1}$：開放型逆行列係数表
　　E：Ee（県外向移輸出額）＋En（県内圏域外向移出額）
　$Le = (I - A)^{-1} E - [I - (I - M) A]^{-1} E$
　$Lf = (I - A)^{-1} Fd - [I - (I - M) A]^{-1} (I - M) Fd$
　　Le：移輸出の域外リーケージベクトル　　Lf：域内最終需要の域外リーケージベクトル
　　$(I - A)^{-1}$：閉鎖型逆行列係数表

第5章

産業の川上・川中・川下が循環する林業立村
―宮崎県諸塚村―

　諸塚村は，宮崎県の北部，九州山地の中央部にある山村である。1907年に掲げられた「林業立村」の村是（村づくりの理念）のもと，世帯の約8割が山林（平均20～30ヘクタール（ha）の中規模林家）を所有し，木材，椎茸，畜産，茶の4大産業と交流事業の複合経営を行っている。

　また，FSC認証の取得や，地球温暖化対策の1つである森林の二酸化炭素吸収機能を村づくりに活かす取り組みも行われている。

　本章では，諸塚村における林業立村の村づくりの歴史を振り返りつつ，村づくりの基本となった4大産業の確立とそれをベースとした交流事業との複合化，環境の世紀に相応しいFSC認証と森林の炭素吸収機能活用の取り組みを考察し，進化しつつある林業立村の構造を考察しようと思う。[1]

1　村是にみる「林業立村」の確立

　諸塚村は，山林が95％を占める典型的な山村である。このため，歴史的に森を守りつつ生活を維持する村づくりが実践されてきた。

　諸塚村の村づくり起源は，「林業立村」を掲げた1907年の村是にさかのぼる。村是とは，住民に共有された振興方針の意味であり，地域の資源や住民の意欲を活かした明治時代の地域づくり運動である。1907年の調査によれば，村の経済は次のような状況にあった（表5-1）。

　米，麦，材木など自家消費を中心とした村民の総生産額は18万6056円であるのに対して，総消費額は17万8284円であった。この他，支出では国県村税が9182円，借入金利子4177円であり，差引4587円の赤字であった。これは負債の上乗せになり，村民の経済は年々負債の増加に悩んでいた［黒木 1980：30-31］。

　こうした経済状況について，「町村は最下級の自治組織で，自らの行政事務を処理するだけでなく，併せて国県郡の行政事務を執行しなければならない。

118　第Ⅱ部　地域政策の事例

表5-1　諸塚村総収入支出比較表（1907年）

単位：円

区分（種類）		金額
収入	他町村より入る土地収益	456.62
	村外より入る貸付金利子	734.34
	総生産額	186056.295
	収入計	187247.855
支出	他町村に出す土地収益	191.24
	村外に出す借入金利子	4177.002
	租税負担額	9182.39
	総消費額	178283.84
	支出計	191834.472
差引不足額		4586.617
他町村からの借入元金		39473.36
他町村への貸付や頼母子金		19310.6
差引借入金		−20162.76

出所）黒木［1980：31］。

しかし，自治制度施行後20年になるが，自治の独立の機能を有しながら自営自動の経綸を立て，その実を挙げるものは，国内でも暁天の星である。本村の現況又然りで，百般事業振るわず，勧業教育に，殖産興業に，又勤倹貯蓄に，人情風俗の改善を見るは前途遼遠である。我々は深く猛省すべきだ。」として，町村制施行後の自治体の自営自動の困難性を指摘しつつも，百般事業が振るわないことを猛省すべきであると総括している［諸塚村 1962：393］。

その上で，「一村経営の要は経済を豊富ならしむるにあり，その為には須く産業を振起拡張して民力を充実せざるべからず。産業の振起拡張を図らんと欲せば，事物の盛衰消長に鑑み，時勢の方向を察し，実利実益を収べき設備を定め，これが実行を期せざるべからず。本村は茲に村是を決定して将来の経営を企画せんとす。」として，産業の振興を最重点施策とした［諸塚村 1962：393］。さらに，「町村の負担を住民に賦課する等は，自治体の本旨とは思われない。自治独立の機能を付与された町村は，よろしく適切なる方法で基本財政を造成し，将来は村の経済は財政より生ずる収入にて，支弁できる程度を目標として，現金の蓄積と造林をやってゆく。」として，負担を住民に課すことは自治体の本旨ではなく，基本財政を造成することの重要性を指摘している［諸塚村 1962：417］。なお，この場合の財政は，財産（造林）のことである。

こうして，「農業を本位とするに足らず，林業を本位とすることが適当であり，本村財政の隆昌は一に森林の興廃，土地利用如何によっている。」として，それまで主流であった焼畑農業は生産性が低く限界があるとして「林業立村」を掲げたのである［諸塚村 1962：487］。

この林業立村の理念は，様々な環境変化のなかで進化を遂げてきた。次に，この進化の過程をたどってみよう。

2　4大産業の確立と百彩の森づくり

（1）4大産業の確立と木材加工

（1）　4大産業（造林，椎茸，畜産，茶）の確立

1957年に，諸塚村はこれまでの産業振興は，食糧増産を中心とした農林業の多角的百姓百品生産奨励色が強かったとして，産業振興五カ年計画の実践を踏まえて新しい情勢に対応し重点をしぼるべきだとした［黒木 1980：58-59］。

そこで，造林（用材林業），椎茸，畜産，茶を選びそれらを産業の4つの柱と称して重点指導を行うことになった。これが，今日の諸塚村の村づくりの基本となっている4大産業を軸とした多品目少量生産の家族労働型林産複合経営である。

この理念を実現するために，戦後の拡大造林の時期に，針葉樹の造林だけでなく適地適木の政策のもと，山林の3割にクヌギやナラなど広葉樹を造林し，椎茸の原木の自給体制を整えた。これにより，短期収入を確保できる椎茸生産が可能となった。諸塚村の山は，生態系を生かしたいわゆるモザイク林相と呼ばれており，環境と共生する村づくりのシンボルとなっている。

この造林と椎茸に，険しい山間地でも収益が期待できる牛と茶を加えた4大産業によって，年間を通じてバランス良く労働配分が可能となり，同時に市況変動のリスクにも対応することが可能となった［プレック研究所 2011：54］。

もともと諸塚村は，平地が村土のわずか1％しかなく，山間の小さな土地に集落が点在している。そのため，集落同士の行き来や物資の輸送には大きな困難があった。

そこで，国道327号線の整備の後，村内の道路網の整備が始まり，「村づくりの基本は道づくり」として，全村挙げた取り組みを推進した。とりわけ集落間の連絡道路は，その集落の人々の手で道路開設をするなどの努力をしてきた。その結果，今日では村の面積あたりの車道密度（公道，村道，作業道）は，60m／ha を超え日本一となっており，日常生活だけでなく産業面や観光面でも利

120　第Ⅱ部　地域政策の事例

便性のある高密度道路網が出来上がっている［財団法人農村開発企画委員会 2007：41］。

こうした４大産業の確立にむけた取り組みによって，木材生産は３億円，椎茸４億円，畜産１億4000万円，お茶7000万円の産出高となっており，それぞれの産業が村民の生活を支えている。

(2)　諸塚木材加工センターの設置

村民の間には，大量に生産される間伐材の付加価値を高め，雇用の場を確保するため，加工施設を建設したいという強い要望があった。この要望を受けた自治公民館産業部の働きかけによって，森林組合は，1984年に小径木加工工場を設置することになった。さらに，1987年には幅はぎ板加工工場を増設した。この工場では，村内で生産される間伐材１万6000㎥（年間）を加工し，売上高は４億円に達している。

諸塚木材加工センターの２つの工場は，素材取扱量2.4万㎥であり，およそ600棟分の住宅用木材の加工をしている。２つの工場は，それぞれ役割分担をしており，第１工場は，小径木の付加価値を高め山村の雇用創出を目的とし，第２工場は，諸塚村産材の主流になりつつある中目材（径級18cm以上）を対象にした大型の工場である。

(3)　（財）ウッドピア諸塚の設立

諸塚村では過疎化が進行し，特に若者が減少する新たな過疎化のなかで，林業の担い手を確保することが必須の課題となっていた。

地域が活力を維持するためには，年齢構成のバランスのとれた地域社会を実現することが重要であり，若者の定住を促進するために魅力ある就業の場を確保することが必要である。一方，森林組合の作業班が高齢化し，就労環境が未整備のため若者の新規参入が困難であった。また，社会的な要請として，国土保全や水源涵養など森林のもつ公益的機能を守るため，森林を適正に管理することも求められていた。

これらの要請を受けて，1990年に国土保全森林作業隊が発足し，1995年に（財）ウッドピア諸塚に改組された。[2] 設立当時には５名だった隊員も現在は22

名となり，林業作業から林道の管理整備，住環境の管理整備，牛の飼育運営，特産品の販売促進や釜茶製造工場の運営など多岐にわたる仕事をしている。また，公務員に準ずる勤務条件（月給制，休日，有給休暇，社会保障，退職金）を備えており，若者の雇用の場としての役割も果たしている。

(4) 産直住宅の取り組み

諸塚村は，4大産業を基本としてきたが，1990年代には木材価格が下げ止まらないなかで，さらなる生産コスト引き下げで市場経済に対応することには限界があるとの危機感が高まった。そこで，6次産業や総合産業の確立についての検討を経るなかで，品質向上と付加価値生産を行うことが必要であることが認識され，産直住宅を推進することになった。

産直住宅は，適正な森林経営を行い，素材を村内で製品にすることで付加価値を付け，都市の施主との顔の見える交流によって販売を拡大している。顔の見える交流を重視しているため，販路は九州地区に限定しており2011年3月までに256棟を建設している。

また，産直住宅の木材は，市場では評価されなかった"伝統的な素材生産の方法"（葉付自然乾燥木材の取り組み）が生かされており，諸塚加工センターで製材し，1年間倉庫で乾燥させて直送されている。

村内では，素材生産3万7000㎡のうち加工センターに2万4000㎡，市場に1万3000㎡供給し，加工センターでは製品として1万4000㎡を生産し，そのうち1200㎡が産直住宅用となっている。

(5) 加工グループと特産品の販売

村内女性による「加工グループ」は，地元の森林資源や食材を使った特産品づくりを行っていることも特質すべきことである。

「やかた婦人」は，諸塚でなくては食べられないものを作りだしたいという思いから，1987年に農協婦人部の役員が中心となって発足したグループである。当初から，特産の椎茸に注目して，よりおいしく付加価値の高い商品づくりを一貫したテーマとしてきた。このグループが生み出した「椎茸ドレッシング」は，1996年全国商工連合会長賞を受賞するなど成果を出している［社団法

人中小企業診断協会宮崎県支部 2009：18-20]。

　婦人加工グループの草分けである「七ツ山婦人加工グループ」は，「七ツ山風味づけ」など，山菜を活かした加工品や手作りみそを中心に，約30名の会員が商品の開発と加工に取り組んでいる。このグループは，大根や竹の子などの素材を地区の会員から買い上げるシステムを採用しており，まさに地域ぐるみで取り組んでいる。

　南川公民館婦人部を中心に1985年に設立された「南川生活改善グループ」は，あまり活用されていなかったこんにゃく芋に注目し，栽培，加工，販売を一貫して行うことで付加価値の高いものができるという思いから，こんにゃくをはじめ新商品開発に取り組んでいる。

　立岩地区の「どんぐりハウス」は，1996年に「しいたけ寿司」を開発している。また，しいたけ寿司を作る時にでる足を使った「しいたけハンバーグ」も好評である。

　諸塚村は，特産品を販売する「もろっこはうす」や「海幸・山幸」（宮崎市）をオープンしている。「もろっこはうす」は，（財）ウッドピア諸塚が運営し，村内の特産物である干しシイタケや生シイタケ，しいたけドレッシング，しいたけ寿司，こんにゃくなどを扱っている。

　加工グループの特産品生産と（財）ウッドピア諸塚のお茶の製造・特産品の販売促進は，後述する地域的フードシステムの担い手となっている。

（2）百彩の森づくりと交流事業の推進

　1990年代の後半になると，安価な外材や椎茸の輸入により基幹産業である木材や椎茸の需要が低下し価格が低迷するなど一層厳しい状況が生まれ，村民の経済は圧迫されるようになった。諸塚村は林業を基軸とした産業の振興が不可欠であったが，国際化や価値観の多様化など山村をめぐる環境が変化するなかでは，経済的側面のみでの林業の振興では限界が見えてきた。

　そこで，こうした困難を打破していくためには，生産だけを目指してきた森林や道路網等の資源を，都市住民の憩いの場や作業体験の場など多様性のある資源として捉え直し，未だ利用されていない「豊かな森の恵み」を新たな資源として活かすことが求められていた。また，国際的にも認知されてきた「森林

の公益性」を，どのような形で森づくりに活かしていくかも重要なテーマとなっていた。

このため，2001年度に策定した第4次諸塚村総合長期計画［諸塚村 2001：15］において，これまで蓄積してきた資源を積極的に利用し，清潔な水・きれいな空気・豊かな林産物など森の恵みを活かし，森の暮らしの歴史・文化・知恵を見直して，多種・多様な「百彩の森づくり」を推進するため，公民館主導による「全村森林公園諸塚」という新しい構想を打ち出した［三林 2004：8］。

こうして，4大産業に加えて交流事業を複合的に経営する新しい村づくりが始まった。

(1) 木材産地ツアーの実施

産直住宅事業は，当初は，村産材の利用拡大による農林家の経済向上を図ることを主眼においていたが，ただ単に木材を売るだけでは，山村の真の発展と森林の管理にはつながらないと認識されるようになり，山村の実状や国産材利用の必要性を理解してもらうための木材産地ツアーを実施するようになった。

木材産地ツアーは，木材の主な用途である住宅の建設主や設計・施工に携わる人々を諸塚村に招いて，森林の伐採現場や木材加工場等の視察・木材セミナーを開催するなどして，諸塚産材の品質や生産過程について理解してもらいながら，地域の祭りや行事などに参加してもらい，地域住民や木材生産者との交流も行うものである。

こうした地道な取り組みが実を結び，木材産地ツアーは2010年度末までに通算63回実施され，延べ1700人以上の都市部の市民が参加している。

(2) 諸塚型エコツーリズムへの進化

さらに，注目すべきことは，この木材産地ツアーが，エコツアーや会員制の大豆応縁倶楽部など「諸塚型エコツーリズム」という交流事業に進化していることである。これは，そもそも産直住宅事業は，家をつくって終わりではなく，家づくりから始まる都市と農村のネットワークづくりを目指していることによる。諸塚の森林文化を知るための都市民向けの木材産地ツアーを企画することで，通算39回，延べ1000人以上の人が山村を訪れている。さらに，それが

124　第Ⅱ部　地域政策の事例

発展してそば打ちや山菜料理，神楽鑑賞，大豆の契約栽培や味噌仕込など森林
資源や文化を理解し楽しむエコツーリズム事業に進化している。諸塚型エコ
ツーリズムは，高い質を目指し，顔の見える"小さな流通や交流"を重視して
いる［矢房 2006：24-25］。

　また，観光資源や観光施設に頼るのでなく，自然や村民の素朴な人柄，山村
の文化など諸塚村にあるものを活かすことを重視している。代表的な交流事業
には，エコツアー「諸塚でやま学校しよう！」，会員制の大豆応縁倶楽部，「環
境を学ぶ旅」がある。

　これらの交流事業は，都市住民にとっては心身のリフレッシュと山村を理解
してもらう機会となり，地域住民にとっては住民自身が地域の自然や文化を見
つめ直す契機となり，またそれに誇りを感じ，山村の生活や歴史に自信をもつ
ことにつながっている。

　さらに，それまでは行政が中心となって行ってきた交流事業が，地域や公民
館における主体的な取り組みとして行われるようになったことを受け，1998年
に民間主体の「もろつかエコツーリズム研究会」（通称：まちむら応縁倶楽部）が
発足し，ここが主体となって地域や公民館と連携して展開している。

　このような交流事業は，村民にとっては，4大産業＋第5の副業として主力
である林業の下支えになっており，同時に村民が外部から評価されることで仕
事や生活に自信と誇りをもつことができるようになった。また，展示施設やレ
ストランを有するエコミュージアム諸塚「しいたけの館21」の設立により約20
名の雇用が生まれ，エコツーリズムの受け皿となる農家民宿は11軒となってい
る［ブレック研究所 2011：54］。

（3）諸塚方式自治公民館の役割

　さて，以上のような4大産業の確立や交流事業の推進は，諸塚村独自の自治
公民館活動によって支えられていることも大きな特徴である。

　諸塚村の自治公民館活動は，全国でも類を見ない「諸塚方式」といわれる独
自のスタイルをとっている。行政と地域の自治公民館が車の両輪にたとえら
れ，村民同士の相互扶助だけでなく，産業振興や地域づくりも含めた社会的な
課題まで包括し，その活動内容は多彩である。

諸塚村の16地区に自治公民館があり，各公民館は自治公民館連絡協議会のもとにある。自治公民館連絡協議会は，各公民館と村，農協，森林組合等各機関との調整を行い，一体となってむらづくりを進めている。各公民館には，青年部会や婦人部会等の世代ごとの部会と産業部，社会部，家庭部等の部が設けられている。さらに，各公民館はいくつかの班（実行組合）があり，そこにすべての家庭が所属している。すべての村民は，各公民館の部会に所属してそれぞれの役割を分担し，徹底した話し合いの下で調整，決定，運営されている。また，決定されたことは，下部組織である実行組合により直ちに実行される。

こうした自治公民館活動によって，村に適合した基幹産業を木材，椎茸，茶，牛の4大産業にしぼり複合経営方式を奨めたこと，村民の願望であった道路網の開設整備に積極的に取り組み路網密度は1ha当たり60mと全国一になったこと，適地適木により椎茸の原木の自給体勢を整えたこと，自治公民館の要望により村内生産木材の加工工場が完成し，年間4億円以上の売上があり林家の後継者22名の若者が就職していること，婦人部が中心となり健康づくり運動を進め，家庭菜園の普及や検診受信率を引き上げたことなど，村づくりの根幹に関わる多様な成果を生み出してきた［尾形 1988］。

このように，自治公民館は，村民の生活と生産の全般にわたる住民自治の拠点として機能してきた。

3　FSC認証と森林炭素吸収量活用

（1）FSC認証の取得

諸塚村は，2004年に国際認証であるFSC森林認証を取得した。村と森林組合，（財）ウッドピア諸塚，そして林家も含めたグループ認証において村ぐるみで認証を取得したのは日本で最初である。

これは，それまでの林業立村の地道な取り組みが，世界的に評価されたものであり，諸塚の森から生まれた森林資源が地球環境に優しいことが認められたことになる。また，森を守る林業の社会的責任を果たしている保証であり，先人達が築いてきた森づくりが評価されることで，林家の誇りを取り戻すことにもなる。木材価格が低迷し自信を失いつつある林家が，林業を子どもたちに語

り，世代をつないで森林管理や林業経営を続ける意欲をもつことを可能にする［矢房 2005：43］。

　森林認証制度には生産，流通，管理の過程での CoC 認証（Chain of Custody）がある。諸塚木材加工センターは，CoC 認証を取得し FSC の製品を流通させている。また，諸塚村の椎茸も認証を取得し，世界初の FSC 認証シイタケが流通している。

　こうした FSC 認証は，諸塚村のブランド力の向上に寄与している。

（2）森林炭素吸収量活用プロジェクト

　わが国では，2008年に「オフセット・クレジット（J-VER）」の運用が始まった。カーボン・オフセットは，日常生活や経済活動において避けることができない CO_2 等の温室効果ガスの排出について，排出量に見合った温室効果ガスの削減活動に投資することにより，排出される温室効果ガスを埋め合わせるというものである。

　諸塚村は，J-VER 制度を活用して「森林経営活動による CO_2 吸収量の増大（間伐促進型）」プロジェクトを開始し，クレジットの認証を受けている［気候変動対策認証センター 2009］。

　この取り組みは，森林管理の推進により CO_2 吸収を促進し，低炭素社会を実現することとあわせて，適正な間伐を推進することにより，地域に根ざした森林管理者の雇用創出につなげることを目的としている。また，国土の保全，水源涵養など森林本来の機能を維持できるような森づくりを実現し，豊かな森とその資源を活用した都市との交流による地域の活性化など多面的な効果を発揮させることを目的としている。

　諸塚村では，J-VER は，森林施業の担い手が社会的に評価される仕組みであると捉えている。クレジット収入は，森林管理にかかる経費の財源として活用する予定で，（財）ウッドピア諸塚や森林組合などの人材育成や集落の後継者づくりに充てることにしている。

4　3層の地域循環構造の形成による林業立村の進化

「林業立村」を理念とした諸塚村は，4大産業の確立の時代，4大産業に加えて交流事業を推進する時代，そしてさらに環境の世紀に相応しいFSC認証とJ-VERへの取り組みを付加する時代を経て進化を続けている。

その過程で，独自の政治経済制度を確立してきた。それは，村の95％を占める森林を基礎にした4大産業からなる地域経済と森林文化を育む住民生活，これらの経済と生活を支える木材加工センターや椎茸団地を整備する公共部門，森林との共生とCO_2吸収機能の活用など環境の保全と活用を内容としている。

この政治経済制度に立脚して次のような3層の地域循環構造が創造されてきた（図5-1）。

第1は，産業の川上・川中・川下の間で循環（地域経済循環）が創造されてきたことである。

まず，4大産業が絞り込まれた。1957年に木材，椎茸，牛，茶という4大産業が確立し多品目少量生産の家族労働型林産複合経営がスタートした。この時代には，木材，椎茸，牛，茶の4品目の複合的な生産に力が注がれた。

次に，木材の加工が手掛けられた。次第に大量に生産されるようになった間伐材の付加価値を高め，雇用の場を確保する必要が生じ，加工施設を建設し村内で素材の加工を手掛けるようになった。この段階では，木材の生産を踏まえて，それをいかに加工し付加価値を高めるかが焦点になっている。また，この時期には，加工グループによる森林資源や食材を使った特産品の開発も行われるようになった。

さらに，加工された製品の販路の拡大が目指された。1990年代にさらに木材価格が低下するなかで，品質向上とさらなる付加価値生産の必要性が認識され，産直住宅を推進することにより，加工された製品の販路拡大が追求されるようになった。

また，4大産業に加えて交流事業も含めた複合経営が開始された。1990年代の後半から安価な外材や椎茸の輸入により村民の経済が圧迫されるなかで，4大産業に加えて交流事業，諸塚型エコツーリズムに着手することになった。こ

128　第Ⅱ部　地域政策の事例

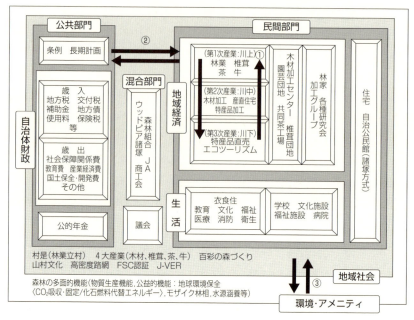

図5-1　諸塚村の政治経済制度と3層の地域循環構造

出所）諸塚村資料より作成。

の段階では，諸塚村における交流人口の増加による観光や民宿の活性化が目指されているが，経済的な利益だけを追求し交流人口の多さを競うのではなく，あくまでも顔の見える小さな交流を重視している。

　こうした4つの段階を経て，素材の生産，加工，販売，交流が連続的につながり，諸塚村において産業の川上・川中・川下の間で地域経済循環が創造されてきたのである。また，これを地域の産業連関の構造で表現すれば，地域的ウッドシステムを基盤として，地域的フードシステムと地域的エコツーリズムシステムが重層的に重なりあう地域経済循環が創造されているといえる（図5-2）。

　第2は，公共部門と民間部門の間で循環（公共・民間循環）が創造されてきたことである。

　諸塚村は4大産業が主要産業であるため，村内道路網の整備，木材加工施

図5-2 諸塚村の地域経済循環

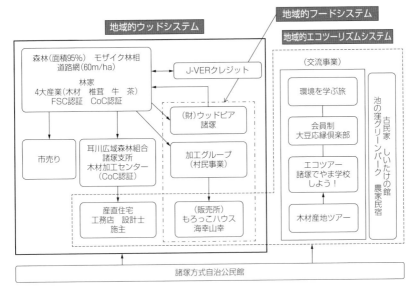

出所) 諸塚村資料より作成。

設，椎茸生産施設，畜産センター，特産品販売施設などの整備に取り組んできた。また，交流事業の推進のために，しいたけの館21，古民家の整備など各種の交流施設を整備してきた。

これらの投資や財政支出は，それが起点となって，産業の川上・川中・川下の地域経済循環の創造と住民生活の向上を支えている。そして，その結果として地域経済が活性化することにより，村の税源が涵養されてきた。このことは，1951年以来，村納税100％完納が継続されていることに表れている。

第3は，自然環境と社会の間で循環（環境・社会循環）が創造されてきたことである。

森林と共生するモザイク林相の形成や間伐の推進など，これまでの森林資源の保全が林業立村を支えてきた。今日では，さらに，環境の世紀に相応しいFSC認証の取得やJ-VERの取り組みも加わり，森林環境の保全と温暖化対策に貢献することが，4大産業と交流事業（諸塚型エコツーリズム）を活性化し，

130 第Ⅱ部 地域政策の事例

地域的ウッドシステム・フードシステムと地域的エコツーリズムシステムの創造に連動するとともに，村づくりの新たな財源確保になっている。

5 諸塚村の地域循環構造の分析

以上，諸塚村の村づくりについて，その構造と特徴を理論的に考察してきた。次に，この村づくりを計量的に分析にしてみよう。

（1）産業構造と村際収支—4大産業の姿—

最初に，村内生産額と村際収支によって4大産業の姿を確認しよう（表5-2）。

村内生産額は170億5293万円である。最も生産額が多いのは林業の45.5億であり，次いで飲食料品32.4億，建設26.3億円，電力・ガス・熱供給13.3億円，公務13.0億円となっている。これら5つの産業で130億円，村内生産額の77％を占めている。

さらに，特化係数でみると，林業が21.86と圧倒的な地位を占めており，次いで電力・ガス・熱供給6.07，窯業・土石製品5.40，飲食料品2.72，その他の公共サービス1.79，建設1.71，公務1.22，パルプ・紙・木製品1.10であり，これらの産業が県平均を上回っている。

村際収支の黒字額をみると，飲食料品が23.6億円，林業が10.2億円，窯業・土石製品が1.5億円，パルプ・紙・木製品が1.3億円であり，これらの産業が諸塚村において外貨を稼ぐ産業であるといえる。対個人サービスは，村際収支は赤字であるが，移輸出額が2.4億円とパルプ・紙・木製品や窯業・土石製品に次いで多いことに留意する必要がある。

以上の村内産業構造と村際収支から次のような特徴が浮かび上がる。第1の特徴は，木材や椎茸を生産する「林業」が圧倒的な地位を占めており，林業から生み出された木材を加工する「パルプ・紙・木製品」も重要な地位を占めていることである。これは，諸塚村が「林業立村」といわれる所以であり，これらの産業が地域的ウッドシステムの担い手となっている。

第2の特徴は，椎茸，野菜，茶の製造や調味料の製造に関わる「飲食料品」

第5章　産業の川上・川中・川下が循環する林業立村—宮崎県諸塚村—　131

表5-2　諸塚村の生産額と村際収支

単位：万円

部　　門	村内生産額		特化係数	村際収支	移輸出額	移輸入額
	生産額	構成比				
農　業	11,691	0.7%	0.28	▲18,540	7,593	▲26,133
畜　産	15,704	0.9%	0.34	▲18,518	5,736	▲24,254
林　業	455,102	26.7%	21.86	101,843	101,843	0
飲食料品	324,307	19.0%	2.72	236,490	280,280	▲43,790
パルプ・紙・木製品	30,304	1.8%	1.10	13,136	25,735	▲12,599
窯業・土石製品	49,816	2.9%	5.40	14,802	23,944	▲9,142
建　設	262,980	15.4%	1.71	▲41,821	0	▲41,821
電力・ガス・熱供給	132,897	7.8%	6.07	▲1,681	2	▲1,684
水道・廃棄物処理	17,695	1.0%	0.97	▲6,238	3	▲6,241
商　業	22,247	1.3%	0.15	▲122,554	2,159	▲124,713
運　輸	9,001	0.5%	0.09	▲90,906	2,799	▲93,705
情報通信	42,356	2.5%	0.81	▲13,259	4,705	▲17,964
公　務	129,561	7.6%	1.22	0	0	0
教育・研究	38,313	2.2%	0.57	▲29,506	0	▲29,506
医療・保健・社会保障・介護	28,242	1.7%	0.19	▲131,896	0	▲131,896
その他の公共サービス	21,843	1.3%	1.79	23	25	▲2
対事業所サービス	53,839	3.2%	0.59	▲41,127	1,129	▲42,256
対個人サービス	48,810	2.9%	0.43	▲30,206	23,589	▲53,795
事務用品	2,267	0.1%	0.70	▲72	0	▲72
分類不明	8,320	0.5%	0.98	▲9,961	1,881	▲11,842
合　計	1,705,293	100.0%		▲526,240	481,423	▲1,007,663

出所）2005年諸塚村産業連関表より作成。

も重要な地位を占めていることである。これは，第三セクターウッドピア諸塚による茶の製造や村内加工グループによる特産品の生産活動を反映しており，地域的フードシステムの担い手である。

　第3は，飲食店と宿泊業を含む「対個人サービス」は，生産額が5億円であり特化係数も0.43と低いが，移輸出額も5番目に多く"顔の見える小さな交流"を目的とする諸塚型エコツーリズムを支える産業であることに注目する必要がある。「農業」は生産額が1.2億円であり特化係数0.28，「畜産」は生産額1.6億円であり特化係数0.34と村内の基幹的とはいえないが，複合経営の一環として

図5-3 諸塚村の地域的ウッドシステム

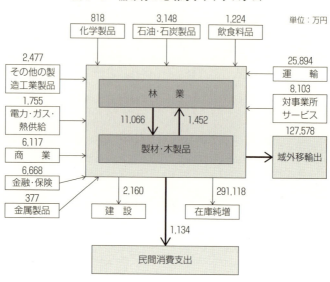

注）矢印は財・サービスの流れを意味する。太い矢印は産業連関の中心的な流れを表す。
出所）2005年諸塚村産業連関表より作成。

4大産業に位置づけられる重要な産業であり見逃してはならない。

（2）諸塚村の地域経済循環の姿―地域的産業連関システム―

次に，諸塚村産業連関表の調達と販路の関係から，地域的ウッドシステム，地域的フードシステム，地域的エコツーリズムシステムの姿をみてみよう。

地域的ウッドシステムは，林業と製材・木製品を軸に形成される諸塚村の中核的な産業連関システムである（図5-3）。主な財・サービスの流れをみると，林業から1.1億円，運輸から2.6億円，対事業所サービスから0.8億円，金融・保険から0.7億円の調達を行いつつ，在庫純増に29.1億円，域外移輸出に12.8億円の財を販売している。林業で在庫純増とは，立木の成長分を在庫増とし素材への産出分を在庫減とし，その差額のことである。在庫純増が多いのは，林業では短期的に消費を繰り返すのではなく，長期的な財産投資が行われていることを示している。

図5-4 諸塚村の地域的フードシステム

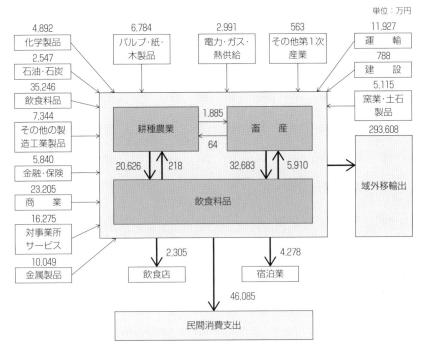

注) 矢印は財・サービスの流れを意味する。太い矢印は産業連関の中心的な流れを表す。
出所) 2005年諸塚村産業連関表より作成。

　地域的フードシステムは，綾町と同様に耕種農業と畜産，飲食料品を軸に形成される産業連関システムである（図5-4）。主な財・サービスの流れをみると，飲食料品から3.5億円，商業から2.3億円，対事業所サービスから1.6億円，運輸から1.2億円の調達を行いつつ，民間消費支出に4.6億円，域外移輸出に29.4億円の財を販売している。

　地域的エコツーリズムシステムは，飲食店と宿泊業を軸に形成される産業連関システムである（図5-5）。主な財・サービスの流れをみると，飲食料品から0.6億円，商業から0.4億円，運輸から0.3億円，金融・不動産と水道・廃棄物処理からそれぞれ0.1億円の調達を行いつつ，民間消費支出に2.5億円，域外移輸出に2.3億円の財を販売している。

図5-5　諸塚村の地域的エコツーリズムシステム

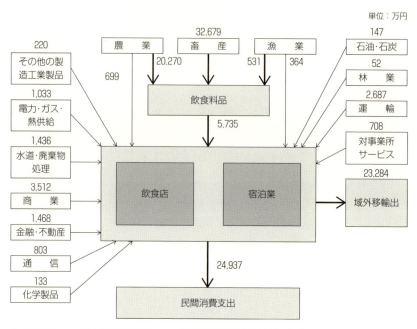

注）矢印は財・サービスの流れを意味する。太い矢印は産業連関の中心的な流れを表す。
出所）2005年諸塚村産業連関表より作成。

（3）産業相互の依存関係

(1) 中間投入と中間需要

中間投入率と中間需要率を組み合わせると次の4つの産業類型になる。

中間財型産業（中間投入率50%以上，中間需要率50%以上）は，畜産と窯業・土石製品である。畜産は移輸入率が高い（自給率が低い）ため産業連関は弱くなるが，窯業・土石製品は移輸入率が低い（自給率が高い）ため産業連関は強くなる。

最終需要財型産業（中間投入率50%以上，中間需要率50%未満）は，飲食料品，パルプ・紙・木製品，建設，その他の公共サービスである。飲食料品は，移輸入率が低い（自給率が高い）ため産業連関は強くなるが，パルプ・紙・木製品は移輸入率が高い（自給率が低い）ため産業連関は弱くなる。

第5章　産業の川上・川中・川下が循環する林業立村―宮崎県諸塚村―　　135

最終需要財型基礎産業（中間投入率・中間需要率ともに50％未満）は，林業，商業，対個人サービスなどである。林業は，移輸入率がゼロであり産業連関は強くなるが，対個人サービスは移輸入率が高い（自給率が低い）ため産業連関は弱くなる。

中間財型基礎産業（中間投入率50％未満，中間需要率50％以上）は，農業，運輸，対事業所サービスである。

以上のことから，諸塚村においては窯業・土石製品，飲食料品，林業，その他の公共サービス部門で連関効果が大きいといえる。

(2)　影響力と感応度

影響力係数と感応度係数ともに1以上の産業は，林業，飲食料品，パルプ・紙・木製品，窯業・土石製品などであり，林業，飲食料品，木製品が諸塚村内で他の産業と密接に結びついていることがわかる。また，対個人サービスも比較的高い値を示しており他の産業との連関が強いといえる。

(3)　歩留まり率と村外流出

歩留まり率が80％を超える産業は，林業，電力・ガス・熱供給，商業，情報通信，公務，教育・研究などである。農業，飲食料品，パルプ・紙・木製品，対個人サービスも60％以上であり，諸塚村の多くの産業で歩留まり率が高い。諸塚村の主力産業は，その経済波及効果が村内にとどまる傾向を示している。

（4）移出産業と地元市場産業

(1)　産業連関構造

最終需要による生産誘発の姿から，移出産業と地元市場産業の構造をみてみよう（表5-3）。

村内生産額のうち地元市場産業は56.7％を占め，移出産業28.2％の2倍である。これは，林業において在庫純増が多いためである。

移出産業は，飲食料品（16.4％），林業（6.0％），パルプ・紙・木製品（1.5％），窯業・土石製品（1.4％），対個人サービス（1.4％）である。

地元市場産業は，林業（17.1％），建設（14.5％），公務（7.5％），電力・ガス・

熱供給（6.8%），教育・研究（2.0%），医療・保健・社会保障・介護（1.7%），
対個人サービス（1.4%）などである。なお，林業は「在庫純増」が多く，対個
人サービスは移輸出と地元市場がほぼ同額である。

　生産誘発産業では，移輸出によって生産が誘発される産業は林業（1.4%），
飲食料品（1.0%），対事業所サービス（0.7%）であり，地元市場によって生産
が誘発される産業は林業（2.2%），対事業所サービス（1.8%），窯業・土石製品
（1.1%），建設（0.8%），情報通信（0.7%），電力・ガス・熱供給（0.7%）である。

(2)　産業連関システムの連関構造

　ここで，諸塚村の地域的産業連関システムの産業連関構造について確認して
おこう（図5-6）。

　まず，地域的ウッドシステムの産業連関構造である。49億円の生産額のうち
移出産業は13億円（26.3%），地元市場産業は29億円（60.1%）と，地元市場産
業が圧倒的な地位を占めている。これは，先にみたように林業特有の在庫純増
が多いためである。移出産業による生産波及（後方連関）は3億円（23.8%），
地元市場産業による生産波及（後方連関）は5億円（17.1%）であり，移出産業
による生産波及率の方が高い。

　次に，地域的フードシステムの産業連関構造である。35億円の生産額のうち
移出産業は29億円（83.5%），地元市場産業は2億円（6.6%）と移出産業が圧倒
的であり，これによる生産誘発産業も3億円（8.5%）となっており，移出関連
で92%を占めている。また，移出産業による生産波及（後方連関）は6億円
（19.2%），地元市場産業による生産波及（後方連関）は0.4億円（19.1%）である。

　最後に，地域的エコツーリズムシステムの産業連関構造である。5億円の生
産額のうち移出産業は2億円（48.3%），地元市場産業は2億円（50.6%）と，
移出産業と地元市場産業が半々である。前方連関は少ないが，後方連関は移出
産業0.5億円，地元市場産業0.5億円である。

単位：万円

表5-3 諸塚村の産業連関構造

部門	移輸出産業				地元市場産業				生産誘発産業					
	移輸出額	構成比	生産波及(後方連関)	村内波及率	地元最終需要	構成比	生産波及(後方連関)	村内波及率	生産誘発額	構成比	うち移輸出分	構成比(前方連関)	うち地元最終需要分	構成比
農業	7,593	0.4%	627	8.3%	626	0.0%	52	8.3%	3,472	0.2%	2,981	0.2%	491	0.0%
畜産業	5,736	0.3%	1,728	30.1%	184	0.0%	55	30.1%	9,785	0.6%	8,950	0.5%	835	0.0%
林業	101,843	6.0%	17,358	17.0%	291,334	17.1%	49,654	17.0%	61,925	3.6%	24,375	1.4%	37,550	2.2%
飲食料品	280,280	16.4%	54,020	19.3%	22,260	1.3%	4,290	19.3%	21,767	1.3%	17,870	1.0%	3,897	0.2%
パルプ・紙・木製品	25,735	1.5%	12,943	50.3%	330	0.0%	166	50.3%	4,239	0.2%	2,398	0.1%	1,841	0.1%
窯業・土石製品	23,944	1.4%	4,911	20.5%	669	0.0%	137	20.5%	25,203	1.5%	6,842	0.4%	18,361	1.1%
建設	0	0.0%	0	0.0%	247,735	14.5%	42,309	17.1%	15,245	0.9%	1,652	0.1%	13,593	0.8%
電力・ガス・熱供給	2	0.0%	0	19.7%	116,768	6.8%	22,965	19.7%	16,126	0.9%	4,872	0.3%	11,254	0.7%
水道・廃棄物処理	3	0.0%	0	13.4%	10,670	0.6%	1,429	13.4%	7,022	0.4%	1,331	0.1%	5,690	0.3%
商業	2,159	0.1%	155	7.2%	11,753	0.7%	841	7.2%	8,335	0.5%	3,977	0.2%	4,358	0.3%
運輸	2,799	0.2%	231	8.3%	987	0.1%	82	8.3%	5,215	0.3%	1,665	0.1%	3,550	0.2%
情報通信	4,705	0.3%	831	17.7%	22,737	1.3%	4,018	17.7%	14,914	0.9%	2,295	0.1%	12,618	0.7%
公務	0	0.0%	0	0.0%	127,234	7.5%	18,484	14.5%	2,327	0.1%	1,037	0.1%	1,289	0.1%
教育・研究	0	0.0%	0	0.0%	33,653	2.0%	2,138	6.4%	4,660	0.3%	1,497	0.1%	3,162	0.2%
医療・保健・社会保障・介護	0	0.0%	0	10.5%	28,222	1.7%	2,954	10.5%	20	0.0%	0	0.0%	19	0.0%
その他の公共サービス	25	0.0%	4	17.9%	17,971	1.1%	3,222	17.9%	3,847	0.2%	1,768	0.1%	2,079	0.1%
対事業所サービス	1,129	0.1%	104	9.2%	9,262	0.5%	853	9.2%	43,449	2.5%	12,279	0.7%	31,170	1.8%
対個人サービス	23,589	1.4%	4,602	19.5%	24,675	1.4%	4,814	19.5%	545	0.0%	144	0.0%	401	0.0%
事務用品	0	0.0%	0	0.0%	0	0.0%	0	0.0%	2,267	0.1%	566	0.0%	1,701	0.1%
分類不明	1,881	0.1%	813	43.2%	6	0.0%	3	43.2%	6,432	0.4%	1,828	0.1%	4,604	0.3%
合計	481,423	28.2%	98,328	20.4%	967,078	56.7%	158,465	16.4%	256,793	15.1%	98,328	5.8%	158,465	9.3%

注) 構成比は、村内生産額170億5293万円に対する比率。村内波及率は、移輸出額と地元最終需要に占める生産波及（後方連関）の割合である。

出所) 2005年諸塚村産業連関表より作成。

138　第Ⅱ部　地域政策の事例

図5-6　諸塚村の地域的産業連関システムの連関構造

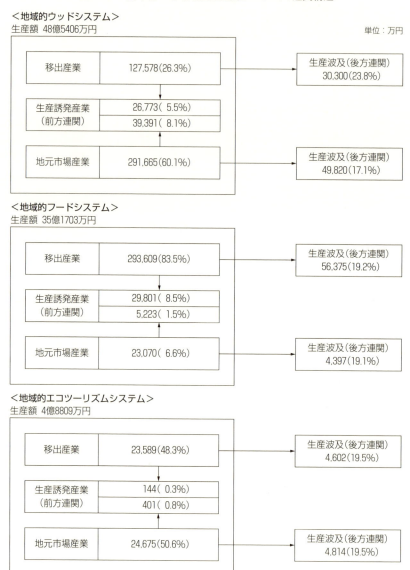

注）移出産業，生産誘発産業，地元市場産業の（　）は，生産額48億5406万円に対する割合。生産波及（後方連関）の（　）は，それぞれ移出産業，地元市場産業の生産額に対する割合。
出所）2005年諸塚村産業連関表より作成。

(3) 自治体財政による生産誘発

次に，自治体の財政支出がどの程度生産を誘発しているのかをみてみよう。一般政府消費支出は公務97.1％，医療・保健・社会保障・介護85.1％，教育・研究75.4％など合計12.3％の生産を誘発している。また，村内総固定資本形成（公的）は，建設82.1％，窯業・土石製品29.1％，対事業所サービス21.4％など合計14.9％の生産を誘発している。財政支出全体では，村内生産の27.2％の生産を誘発している。

（5）諸塚村の地域循環構造分析のまとめ

ここで，諸塚村の地域循環構造分析の結果をまとめる。

(1) 産業構造と域際収支

諸塚村の産業構造は，木材や椎茸を生産する「林業」が圧倒的な地位を占め，林業から生み出された木材を加工する「パルプ・紙・木製品」も重要な地位を占めている。これは，諸塚村が「林業立村」である根拠である。また，椎茸，野菜，茶の製造や調味料の製造に関わる「飲食料品」も重要な地位を占めている。さらに，飲食店と宿泊業を含む「対個人サービス」は，"顔の見える小さな交流"を支える産業となっている。「農業」と「畜産」は，複合経営の一環として４大産業に位置づけられる産業であり見逃してはならない。

(2) 地域的産業連関システム

こうした産業構造をベースにして，地域的ウッドシステム，地域的フードシステム，地域的エコツーリズムシステムが確立している。

(3) 産業相互の依存関係

林業，飲食料品，パルプ・紙・木製品，窯業・土石製品などが諸塚村内で他の産業と密接に結びついており，その経済波及効果が村内にとどまる傾向を示している。

140　第Ⅱ部　地域政策の事例

(4)　移出産業と地元市場産業

　飲食料品，林業，パルプ・紙・木製品，窯業・土石製品，対個人サービスが
移出産業であり，同時に地域的ウッドシステム，地域的フードシステム，地域
的エコツーリズムシステムを担う産業となっている。

　地域的ウッドシステムは，在庫純増が多いため地元市場産業を軸に形成さ
れ，地域的フードシステムは，移出産業とその生産誘発を軸に形成されてい
る。

　自治体財政は，村内生産の3割近くを誘発しており大きな役割を果たしてい
る。

6　各種事業の経済波及効果—生産・粗付加価値・雇用・税収—

　諸塚村は4大産業と交流事業によって地域づくりを行っている。そこで，木
材加工，産直住宅，椎茸，畜産，お茶，もろっこはうす，交流事業の売上げが
村内にどのぐらいの経済波及効果をもたらしているのかについてみてみよう。

　木材加工3億円，産直住宅1億円，椎茸生産4億円，畜産1億円，お茶製造
7000万円，もろっこはうす売上げ8000万円，交流事業1億円について，生産誘
発（総合効果）とその倍率，付加価値誘発，雇用誘発，税収効果について試算
した（表5-4）。

　7事業の合計は，生産誘発額15億6429万円（倍率1.36），付加価値誘発額は8
億9607万円，雇用誘発は72人，税収効果は県税で918万円，村税で587万円と
なった。

　4大産業と交流事業による地域経済づくりと地域づくりは，個々の事業でも
村内に経済波及効果をもたらしていることが確認できる。

　生産波及効果を産業別にみると，林業の6億円，パルプ・紙・木製品の4億
円，畜産と商業の1億円，対個人サービスの8000万円が多い。いずれも，諸塚
村の地域的産業連関システムを担う産業に生産波及効果が生じていることがわ
かる。

　1)　本章は，入谷貴夫「諸塚村における『森林炭素吸収量』活用と維持可能な社会」(宮

第5章　産業の川上・川中・川下が循環する林業立村—宮崎県諸塚村—　　141

表5-4　各種事業の経済波及効果

事　業	最終需要額（万円）	直接効果（万円）	総合効果（万円）	倍率	付加価値（万円）	就業者（人）	雇用者（人）	税収（万円）	
								県税	市町村税
a. 木材の生産	30,000	30,000	48,908	1.63	23,804	26	21	248	175
b. 産直住宅の売上	10,000	10,000	16,303	1.63	7,935	9	7	83	58
c. 椎茸の生産	40,000	40,000	47,921	1.20	34,641	15	10	245	200
d. 畜産の売上	10,000	10,000	13,383	1.34	4,534	17	4	75	26
e. お茶の生産	7,000	7,000	7,833	1.12	4,584	19	4	54	23
f. もろっこはうすの売上	8,000	8,000	10,306	1.29	7,572	17	15	112	62
g. 交流事業の推進	10,000	9,062	11,775	1.18	6,537	15	11	101	43
合　計	115,000	114,062	156,429	1.36	89,607	118	72	918	587

注）波及効果倍率＝生産誘発額（総合効果）／最終需要額
出所）2005年諸塚村産業連関表より作成。

　　崎大学教育文化学部「みやざき学」共同研究チーム『宮崎県における地域社会の研究』
　　2010年3月に加筆した。
　2）『財団法人ウッドピア諸塚の概要』より。

142　第Ⅱ部　地域政策の事例

第6章
自然エネルギーによるまちづくり—高知県梼原町—

　梼原町は，家族労働型の林業経営が多い新興林業地として有名であるが，今日では，自然エネルギーによるまちづくりを進める先進的な町としても知られている。梼原町の自然エネルギー活用の特徴は，木質バイオマス，風力，太陽光，水力，地熱など地域にある各種の資源をすべて活用している点で，岩手県葛巻町とともに特徴がある。

　本章では，梼原町のまちづくりの歴史を振り返りつつ，どのようにして自然エネルギーによるまちづくりを推進するに至ったのか，また自然エネルギーによるまちづくりの構造や意義について考察しようと思う。

1　「木の里づくり」と林業の担い手の組織化

　梼原町は，高知県北西部・愛媛県との県境に位置しており，日本最後の清流四万十川と日本3大カルストのひとつ四国カルストがある。総面積は2万3651ヘクタール（ha）と広大で，森林が91％（うち84％が民有林）を占める山村である。森林の73％がスギ，ヒノキの人工林であり，所有形態は5ha未満の小規模経営（家族労働型）が多い。

　梼原町の主要産業は林業である。町と森林組合は，これまで村有林の分収造林や作業道の開設，1981年からの間伐出荷奨励事業など林業を基幹産業として位置づけ各種の施策を推進してきた。

　しかし，1985年のプラザ合意以降，円高と木材製品の関税率の引き下げにより，国内の木材価格は下落した。これに対応すべく，1985年には第3次総合振興計画でまちづくりの柱として「木の里づくり」を掲げ，強い林業づくりを目指した。

　「木の里づくり」の大きな成果は，林業の担い手が組織化されたことである。それまでは，町や森林組合による連携が中心であったが，この時期には町と森林組合の連携に加えて，農協，素材業者，建設業者，農林家など多様な林業関

係者が加わるネットワーク化が進み，地域内連携による林業システムが構築された。

　この林業システムは次のような組織で構成されている。林業のあり方を協議する森林組合，農協，製材業，素材生産者，林家等からなる林業振興協議会「シーダーゆすはら」（1992年），素材業者と製材業者が連携して素材生産を行う林産振興協議会「維森」（1994年），地元農林家が素材生産を請け負う林産企業組合「ゆうりん」（1995年）である。また，森林組合も1992年に月給制の作業班組織「ユースフォレスター」を設立し，1996年には１万㎡規模の製材施設「森林価値創造工場」を導入した［栗栖 1999：11-13］。

　この地域内連携による林業システムの意義は，①市場システムのもとでは対立関係になりがちな育林生産から加工分野まで含めた「地域林業構造」がつくられたこと，②相互の共同化・協力関係，合意形成が図られやすくなったこと，③連携によるスケールメリットという「地域規模の経済」が働き，地域の生産力が高まったことにあるとされている［栗栖・依光 1998：62］。

　また，町の森林政策や森林組合事業を下から支えたのは住民自治組織である。自治組織は，「区会」と「部落会」という２段階で構成されており，それぞれ機能分担して活動している。区長会は，町政策立案において諮問機関として機能し，部落会は町施策や森林組合事業の内容を住民に理解してもらい参加を促進する役割を担っている［古川 2004：49］。

　こうした林業システムによって，木材価格が低下するなかでも林業を維持することが可能となった。しかし，1990年代後半から木材価格が一層低下し，梼原町は生き残りをかけた取り組みをスタートした。それが次にみる FSC 認証の取り組みをきっかけとする環境保全型まちづくりへの転換である。

2　環境保全型まちづくりへの転換

（1）FSC 認証の取り組み

　森林組合は，1980年から製材加工を始めていた。当初は市売りが主体であったが，1998年から消費者直結販売システムへ転換した。このため，建築関係者や工務店との相対による受注生産体制となり，製品の差別化が求められてい

た。そこで，2000年に団体として国内で初の FSC 認証を取得することになった。

FSC 認証取得の動機について，森林組合の中越利茂組合長は，「梼原材の差別化と，新たな木材流通ルートの構築があった。もともと近場の原木市場といえば隣県の愛媛県にあるし，梼原町の林業は比較的歴史が浅く，材の流通ルートもあまり整備されていなかった。一方で成長量の大きい九州材や高知県以外の他の四国材が県内に大量に流通していたので，森林認証を取得すれば，ラベリングされた木材を『工務店』や『消費者』という，木材流通の川下に直接紹介できるのではと思った」と述べている[1]。

森林認証は，森林管理や林業経営が，設定された水準に達して良好な状態にあるかを，第三者機関が認証するものである。FSC は，世界で最も早く認証制度を創設し，環境問題と森づくりを融合させながら「持続可能な林業経営」を目指しており，厳しい審査で知られ他の模範となるような林業経営を認証している。FSC 認証を取得することにより，認証を受けた森林から生産された木材・木材製品にラベルを貼り付け，消費者の選択的な購買を通じて，持続可能な森林経営を促進することができるとされている。

梼原町では，森林組合と町が連携して勉強会や議論を重ね，2000年10月に森林組合が管理者となり小規模な林地をまとめて認証を受ける「グループ認証」を取得した。

こうした FSC 認証はどのような効果をもたらしたのか。森林組合は，次のようにまとめている。①FSC に関心のある消費者・設計士・工務店との連携による直接販売量が増加し流通コストを削減できたこと，②乾燥，高次加工など完成品の生産による付加価値の増大が雇用増（10名→15名）につながったこと，③森林所有者の経営意欲が向上し間伐が増加したこと，④町の循環型社会づくり，環境モデル都市指定との相乗効果で FSC が地域ブランドになったこと，⑤町民の環境意識が向上したこと，⑥交流人口の拡大，グリーンツーリズムへの波及がうまれたことなどである［プレック研究所 2011：156］。

こうした効果は，FSC 認証を取得する前の1999年と2009年を比較した次のデータに表れている（図6-1）。

まず，製品単価では，1㎥当たりの単価で総平均が4万1080円から5万2050

図6-1 製品の流通と単価の推移

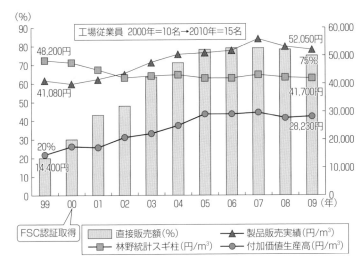

出所）梼原町森林組合資料。

円になっており，1万1000円ほど平均単価が上がっている。また，消費者に近い工務店や設計士などへの直接販売額は，総販売額の20％程度から75％に増えている。さらに，工務店や設計士が要求する程度まで加工度を上げて製品を届けるようになったことで，地域での加工高が上がり，製品1m³当たりの付加価値生産高は約2倍になっている。この結果，工場の従業員が認証取得時の10名から15名に増員している［プレック研究所 2011：135］。

(2) 森林づくり基本条例と水源地域森林整備交付金事業

このFSC認証の取り組みのなかで，上でみたような経済的な効果が生まれただけではなく，人々の意識に大きな変化が生まれた。すなわち，行政，森林組合，住民のなかに環境を大切にした循環型社会への対応が必要であるという意識が芽生え，環境保全型のまちづくりへ大きく舵を切ることになったのである。

そこで，まず梼原町は，これまでの林業生産第一主義を改め，森林の有する多様な機能を重視した森づくりへ転換することになった。

146　第Ⅱ部　地域政策の事例

　2000年9月には，森林の多様な機能を保全することを森づくりの第一目標とした「森林づくり基本条例」を制定し，これまでの経済的利益第一主義を改め，森林と共生し，森林の多様な機能を重視した森づくりを目指すとした。また，同条例には，事業者や町民の意見を取り入れる場として「森林づくり会議」の開催など住民参加の仕組みも盛り込まれた。

　また，森林組合も山中八策（森林組合行動指針21）を確立して再出発をした。山中八策は，次のように述べている。[2]

　　「一世紀前，坂本龍馬は，船中八策を掲げ，維新の夜明けをめざして，この梼原から旅立ちました。環境の世紀，21世紀の幕開けを迎える今，私たちは，この龍馬の気概に学び，FSCの理念を大切にし，真に森林と共生し，四万十川の流れを，黒潮の海を，そして青い星『地球』を守るグローバルな森林組合への自己改革をめざし，梼原町森林組合行動指針21『山中八策』（2000年）を定め，再出発します。」

　そして，梼原町は，2001年に国の政策に先駆けて町単独による林地に対する直接支払制度である「水源地域森林整備交付金事業」を開始した。これは，四万十川の源流域として，また町民自らの飲料水確保のための水源林整備を進めることを目的に，FSC森林認証への加入を条件に間伐作業に対して1ha当たり10万円を支給するものである［栗栖 2002：43］。

　なお，この水源地域森林整備交付金事業は，町の一般財源だけでなく風力発電の売電収入を充てている。梼原町は，2000年に環境基金条例を制定し，売電収入を組み込んだ環境基金をつくり，森林の間伐に対する交付金として活用した。なお，環境基金の交付対象は，間伐の他に住宅用の太陽光発電システムの導入への補助金，浄化処理施設の費用への補助など多様な環境施策にも拡充している。これらの交付金や補助は，「環境から得た利益は環境に返す」という考え方をもとに実施されている。

（3）第4次総合振興計画と森と水の文化構想

　このように，梼原町は，FSC認証の取り組みを経て，循環保全型まちづくりへの転換を進めた。2001年3月に策定した第4次総合振興計画では，基本理

念は「森林と水の文化構想」とし，進むべき基本方針を「環境の里づくり」「健康の里づくり」「教育の里づくり」の三本柱を軸にまちづくりを進めることになった。

　このうち「環境の里づくり」は，基幹産業である農林業の振興を目的として，森林やそこから得られる山の恵みを交流の場，生産の場，生活の場に活かしていこうというものである。この理念のもと，自然エネルギーの活用が推進されることになった。

3　自然エネルギーによる「環境の里づくり」

　「環境の里づくり」は，今日では「環境モデル都市」（2009年指定）づくりとして実践されている。

　そのアクションプランでは，中核的な事業として，①木質バイオマス地域循環モデル事業プロジェクト，②CO_2森林吸収プロジェクト，③CO_2削減プロジェクト，④人・仕組みづくりプロジェクトの4つを掲げ，2030年には二酸化炭素の排出量を1990年比で50％削減，2050年には70％削減し，吸収量を2030年に3.5倍，2050年に4.3倍にするという高い目標を設定している［環境省 2009b］。このうち，自然エネルギー活用に関する事業は，「木質ペレットの生産と普及」と「各種自然エネルギーによるCO_2の削減」である。

（1）木質ペレットの生産・普及と J-VER の活用

　木質ペレットの生産と普及は，「木質バイオマス地域循環利用プロジェクト」によって推進されている。これは，梼原町，森林組合，高知県，矢崎総業（株）の4者が木質ペレットの生産等による地域資源の循環を実現するために2005年に立ち上げたものである。

　具体的な目的は，①未利用バイオマスの利用促進による中山間地域の雇用創出，②端材を木質ペレットに変換し国産エネルギーとして生産，③木質ペレットの公共施設や工場での熱利用，④荒廃した森林の再生・水源の維持である［梼原町 2009］。

　梼原町は，面積の91％が森林であり木質バイオマスの資源量が豊富である。

町内の製材所から出る廃材は，チップ，オガクズ，樹皮，その他の合計で年間約4892トン(t)/年発生している。これらは，堆肥づくりや畜産敷料，ボイラーの燃料などに利活用されている。

また，未利用バイオマスとして，林道や山土場に放置されているものが720t/年，林地残材が年間約1800t，切捨間伐材が年間約1万7779t発生している。切捨間伐材が豊富な理由は，先に述べたように風力発電の売電益を活用して積極的に間伐を行ってきたためである［岩本 2010a：139-140］。

そこで，間伐材を含む木質バイオマス資源を活用し，冷暖房機器やボイラー等に利用する木質ペレット生産，燃焼灰の回収・林地還元，森林整備を一体的に行う事業を開始した。この事業の考え方は，放置されている林地残材や間伐材を活用して，森林の適正な整備・育成，林業・林産業の振興，新規雇用の創出と，CO_2吸収源となる森林の適正な育成をはかり，豊かな自然環境を残すことにある［岩本 2010a：140］。

2008年には，第三セクター ゆすはらペレット株式会社が運営する木質ペレット工場が完成した。この工場は，工場棟と製品棟からなり，破砕機2種類と乾燥機，成形機2機を備えており，年間1800tの生産能力をもっている。材料となる原木等は，森林組合から4000円/tで買い取るとともに，自伐林家からも6800円/tで買い取っており，自伐林家の経済的な支援にもなっている。生産実績は，1年目は300t，2年目は800t，3年目は1108tと着実に伸びている。これにより，ペレット生産工場で勤務するスタッフの直接的な雇用につながっている。

生産された木質ペレットは，町内の中学校，老人ホーム，ホテルに導入されたペレット焚き冷暖房機器やペレット焚き給湯設備で使われており，町内消費は全体の3分の1であり残りの3分の2は町外で消費されている。

こうした積極的なペレットの活用によって，2008年度には化石燃料から木質ペレットにシフトすることにより削減されたCO_2は348tにのぼっている。この量は，スギ人工林の年間吸収面積に換算すると40.8haであり，それは東京ドーム8.7倍分の面積に相当する量である［梼原町 2009］。

梼原町は，以上のような木質ペレットの生産と普及の取り組みを踏まえて，国内クレジット取引（J-VER）を開始した。この主目的は，林地に放置されて

いる未利用林地残材等をペレット化し，冷暖房機器や給湯用ボイラーの燃料として使用されている灯油や重油の代替として利用することにより，CO_2排出を削減することである。

さらに，クレジット売却代金を使うことによって，木質ペレットはより安価になるため普及が進むとともに，林家の残材を搬出する費用がカバーされる。こうして，森林所有者へ資金が還元されることにより，林家の森林整備意欲が増しさらに間伐が実施され，森林の再生を図る目的も持ち合わせている［梼原町 2010：3］。

（2）森林整備による CO_2 吸収と町産材の地産地消

このプロジェクトは，①確実な森林施業と作業の効率化，②持続的な森林経営の実現を通して，森林の CO_2 吸収を促進するものである［梼原町 2009］。

①の確実な森林施業では，先に述べた風力発電による売電収入を活用し，伐採を行った森林所有者に1 ha 当たり10万円の交付金を支給することにより，CO_2 吸収源の整備を図るという特色ある取り組みが行われている。

②の持続的な森林経営の実現では，適切な森林管理による FSC 森林認証の取得により経済的価値が付加され，地域材の販路拡大に貢献している。

また，積極的な森林整備の実施により，林業分野の雇用を確保するとともに，建設業者がもっている労働力や技術力を活用することで，建設分野における雇用が維持されている。梼原町の主要な産業である建設業が，公共事業の減少により経営が厳しさを増すなかで，その機械，労働力，技術力を活用し，森林をフィールドとして「林建協働」の新たな事業展開が目指されている。木質ペレットの原材料となる林内の未利用材の搬出・運搬は，間接的な雇用の創出にもつながっている。

また，環境モデル都市行動計画では，「森林資源を整備することは，『CO_2 吸収量』を増大させるだけにとどまらず，地域産業や地域活力をより高める取組みであることを認識し，産業，地域の活性化を統合した取組みとして推進する」として，「地産地消を含めた『木づかい運動』などによる木造住宅の推進や森林バイオマス利活用（ペレット，バークなど），さらには，森林セラピーといった森林資源の総合的な活用を図る」［梼原町 2014：12］としている。

150　第Ⅱ部　地域政策の事例

　このうち，地産地消を含めた「木づかい運動」による木造住宅の推進について
てみてみよう。

　梼原町では「環境の里づくり」の構想に基づいて，資源循環型社会の実現に
向け公共施設を可能な限り木造で建築する，地産地消の取り組みを推進してき
た。町内の公共施設の建て替えや新築については，可能な限り木造で建築して
おり，ホテルや温泉，温水プール，総合庁舎，各小学校の体育館，各地区の交
流センター，集会所，町営住宅，その他橋梁など30ヶ所以上が木造の施設に
なっている［岩本 2008：34］。雲の上のレストラン，雲の上の温泉，雲の上の
プール，地域活力センター「ゆすはら・夢・未来館」，神幸橋，梼原橋，梼原
町総合庁舎などである。

　また，公共施設だけではなく，個人住宅へも積極的に町産材を活用すること
で木材の利用拡大につなげるため梼原町町産材利用促進事業を行っている。こ
の事業は，町産材を利用して家を建てた人に住宅1棟分の木材代金相当（200
万円上限）を助成する制度であり，2002年度から現在まで約50人がこの制度を
利用している［岩本 2008：36］。

（3）各種自然エネルギーとCO₂の削減

　このプロジェクトは，①風力発電，小水力発電，太陽光発電の積極的な施設
整備により，産業，業務，家庭部門における電力の自給率100％を実現するこ
と，②廃食油を回収しBDF（バイオディーゼル燃料）を生産すること，③木質ペ
レット消費機器の普及により木質ペレット消費量を拡大することからなってい
る［梼原町 2009］。

　梼原町の自然エネルギーのなかで最も象徴的なものが風力発電である。年間
平均風速7.2m／sの風を活かして，四国カルスト高原に発電能力600kWの風
車が2基建設され，1999年から稼動している。風力発電による電気は四国電力
に単価11.5円／kWで売電されており，年間の売電総額は約4000万円であり，
経費を差し引くと3500万円前後となる。風力発電で得たお金は環境基金に組み
込まれ，すでにみたように各種の環境施策の資金として使われている。なお，
梼原町では2050年までに40基建設する計画がある［岩本 2010b：2］。

　町内の梼原川の8mの落差を生かした小水力発電は2009年に完成している。

第 6 章　自然エネルギーによるまちづくり―高知県梼原町―　151

53kW の発電出力があり，昼間は中学校の電気に，夜間は町中の街路灯の電気
に利用している。

　住宅の太陽光発電に関しては，1kW 当たり20万円（4kW を上限）の町独自
の補助制度があり，住宅の太陽光発電のこれまでの設置実績は104件（設置率約
6 ％）である。国の補助を合わせると 1 戸当たり総額108万円の補助となる。
2050年までに住宅で500戸の導入が目標とされており，これを現在の世帯（約
1800世帯）で割ると約28％の設置率となる［岩本 2010b：2 ］。

　さらに，2009年度から環境基金の使途が拡大され，新たにエコ給湯器，太陽
熱温水器，複層ガラスを，2010年度からは家庭用ペレットストーブを助成対象
としたことにより，低炭素なライフスタイルの推進が想定以上に進んでいると
のことである。

　この他に地熱エネルギーを利用したものでは，230kW 相当のエネルギーを
供給できる温水プールの事例がある。

4　自然エネルギーによる地域循環構造の創造

　梼原町は，「木の里づくり」による強い林業づくりを目指してきたが，FSC
認証の取得をきっかけに環境保全型林業に転換し，林業生産第一主義を改め，
森林のもつ多様な機能を重視した「環境の里づくり」に取り組んできた。

　この過程で次のような政治経済制度を形成してきた（図 6 - 2 ）。広大な森林
をベースにした林業，木材加工，産直住宅を柱とする地域経済，さらにこれと
一体化した木質ペレットをはじめとする風力，太陽光，小水力など自然エネル
ギーの活用によるまちづくりの制度を創り上げてきた。また，環境保全型林業
と自然エネルギーの活用は，森林の多面的機能を維持するとともに地球温暖化
対策にも貢献し，環境の保全につながっている。

　こうした政治経済制度に立脚して，次にみるような地域循環構造が創造され
てきたのである。

（1）地域経済循環の創造と地域経済づくり

　梼原町の地域経済循環は，地域的ウッドシステムを基礎にして地域的自然エ

152　第Ⅱ部　地域政策の事例

図6-2　梼原町の政治経済制度と3層の地域循環構造

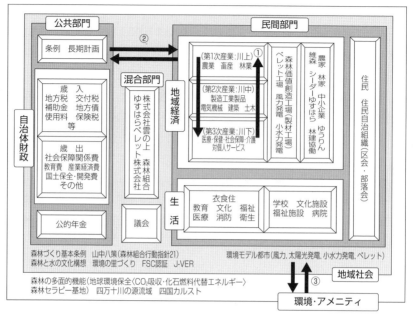

出所）筆者作成。

ネルギーシステムが確立し，また地域的自然エネルギーシステムが地域的ウッドシステムをより強固なものにしている（図6-3）。そして，両者が相互に密接に関連することにより，自然エネルギーの活用が，森林整備と低炭素社会づくりに貢献し，さらに国土保全と地球温暖化防止に貢献している。

梼原町における地域的ウッドシステムは，次のようなものである。

林家が生産する素材は，原木の市場機能から工務店に提供する問屋機能までをもつ森林価値創造工場に持ち込まれ，そこで森林組合の製材工場に回すものと町外の製材工場に直接販売するもの，ペレット工場に搬出するものに選別される。

このうち，森林組合の製材工場に回される材は，工務店や設計士からの注文によって製造し販売している。ここでは，工務店，設計士と住宅需要者を対象として産地見学会や伐採祈願祭など，顔の見える家づくりにも取り組んでい

図6-3　梼原町の地域経済循環

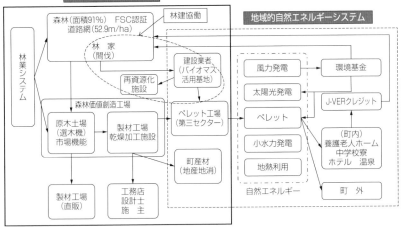

出所）梼原町および梼原町森林組合資料等より作成．

る。

　このように，梼原町では，林家，森林組合，工務店・設計士・施主によって，原木生産→加工→販売まで一貫した流れができ，地域的ウッドシステムが創造されている。

　この地域的ウッドシステムを基礎に，次のような地域的自然エネルギーシステムが重層的に創造されている。梼原町の自然エネルギーは，木質ペレット，太陽光発電，風力発電，小水力発電，地熱利用であるが，環境保全型林業，低炭素社会づくりおよび地域経済や雇用にもたらす効果を総合すると木質ペレットの役割が大きい。

　木質ペレットは，大量に発生する林地残材や製材所の端材を原料として，第三セクターのペレット工場で製造されている点で，環境保全型林業の促進にとって不可欠なものである。そして，生産された木質ペレットは，主に町の公共施設やホテル，温泉などの冷暖房施設や温水器の燃料として使われCO_2削減による低炭素社会づくりに寄与している。また，こうして削減されたCO_2をJ-VERによってクレジット化し，売却して得た収入をペレットの販売価格

を安価にしてペレットを普及するために使っている。これにより、林家が林地残材を搬出する費用をカバーできる水準の価格が保障され、森林整備意欲が増進し間伐が実施される。このように、木質ペレットの生産と活用は、低炭素型社会づくりと環境保全型林業の促進につながっている。

　また、風力発電も、その売電収入による間伐の促進や、太陽光発電や木質ペレットなどの自然エネルギーの普及に果たしている役割は大きい。

（2）木質ペレットの生産と雇用の創出

　梼原町は、「ゆすはら森の3R事業」という特色のある事業を行っている［梼原町 2009］。

　これは、林業が、公共事業の減少により経営が厳しくなっている建設業と、3つの柱（3R）を軸に協働し、建設業の機械やノウハウ等を活用して環境（森林）資源と経済が循環する仕組みづくりを目指すものである。

　第1は、Reuse事業（再使用）である。道路整備においてノウハウをもつ建設業が、その設備と技術を活かして効率的な作業道の"修繕"を行うものであり、閑散期の雇用を確保することを目的としている。

　第2は、Reduce事業（減らす）である。木質バイオマス活用基地を整備し、森林整備で発生する林地残材等（端材や枝材）を"集積"、"選別"して捨てる林地残材を減らすものであり、施設への運搬の効率化を目的としている。

　第3は、Recycle事業（再資源化）である。木質バイオマス活用基地で集積・選別した林地残材を、ペレット工場や再資源化施設に"搬出"するものであり、新たな収益の創出を目的としている。

　これらの3つの事業によって、地域での雇用が創出されている。

（3）環境・社会循環の創造

　梼原町では、風力発電による売電収入（年間約3500万円）を環境基金として積み立て、森林整備や町民による太陽光パネルやペレットストーブなどの導入補助に充てている。

　この理由について、矢野富夫町長は「自然から得た利益を自然に返すことによって、風・光・森・水・土（地熱）という地域資源を豊かにするしくみをつ

くりました。間伐を推進すれば木材と木質バイオマスの利用が進み，森林の保水力が増せば小水力の発電量が増加するというように」と述べている。そして，「現在，町の消費電力に占める再生可能エネルギーの割合は28.5％ですが，2050年までに100％に高め，住民の電気代を無料にすることをめざしています。」としている［佐藤 2011：49-50］。

風力から得た収益を森林の保全に充て，水を作り四万十川を守るプロセスは，風力発電という自然エネルギーの活用を，さらに森林保全と国土保全に連動させる考え方がみて取れる。

同様の戦略は，J-VER の売却収入についてもみることができる。J-VER では，自然エネルギーの活用による CO_2 削減分をクレジットとして売却して得た収益を，ペレットの販売価格を下げるために使っている。これにより，木質ペレットが普及し，CO_2 を削減するだけでなく，森林整備を促進し国土保全につながっている。

矢野町長は，「エネルギー価格だけを見れば，再生可能エネルギーは高いかもしれません。しかし，吸収式冷温水器を導入すれば木質ペレットが使われて地球温暖化が防止され，森林が整備され，国土が保全されるなどさまざまな波及効果が生まれる。そうすると，その投資はけっして高いとはいえないのです」と述べている［佐藤 2011：51］。

これらの指摘は，自然エネルギーの活用は，経済的な効果だけでなく，さらに温暖化防止，森林保全，国土保全という人類的な価値を創造する効果をもっており，そのことの意義を理解することが重要であることを教えている。

5　梼原町の地域循環構造の分析

以上，梼原町のまちづくりについてその構造と特徴を理論的に考察してきた。次に，これを計量的に分析してみよう。

（1）産業構造と町際収支
町内生産額は，228億8126万円である（表6-1）。最も生産額が多い産業は，林業の39.3億円であり，次いで耕種農業33.1億円，土木28.6億円，公務15.3億

156　　第Ⅱ部　地域政策の事例

表6-1　梼原町の生産額と町際収支

単位：万円

部門	町内生産額		特化係数	町際収支	移輸出額	移輸入額
	生産額	構成比				
耕種農業	331,437	14.5%	6.18	300,193	300,193	0
畜産・その他の農業	72,172	3.2%	9.08	37,961	59,269	▲21,308
林業	393,304	17.2%	38.03	203,128	203,128	0
漁業	1,889	0.1%	0.07	▲5,577	863	▲6,441
飲食料品	16,376	0.7%	0.24	▲114,949	7,723	▲122,672
繊維製品	8,248	0.4%	0.66	▲14,292	7,885	▲22,178
製材・木製品・家具	38,161	1.7%	2.54	12,880	27,749	▲14,869
パルプ・紙・紙製品	2,432	0.1%	0.08	▲18,655	2,153	▲20,808
窯業・土石製品	68,200	3.0%	1.83	25,100	49,962	▲24,862
金属製品	16,126	0.7%	1.86	▲21,173	7,013	▲28,186
電気機械	45,144	2.0%	8.54	21,368	35,122	▲13,754
その他の製造工業製品	94,897	4.1%	6.28	44,804	81,203	▲36,398
建築	103,948	4.5%	0.95	▲13,440	0	▲13,440
土木	285,752	12.5%	2.45	▲6,248	0	▲6,248
電力・ガス・熱供給	57,498	2.5%	1.26	▲427	1,885	▲2,311
水道・廃棄物処理	4,029	0.2%	0.18	▲14,578	0	▲14,578
商業	52,749	2.3%	0.22	▲239,113	4,187	▲243,300
金融・保険	21,945	1.0%	0.20	▲80,333	0	▲80,333
不動産	58,330	2.5%	0.31	▲148,373	20	▲148,392
運輸	62,301	2.7%	0.71	▲39,570	27,046	▲66,616
情報通信	48,061	2.1%	0.54	▲32,560	257	▲32,817
公務	153,217	6.7%	0.81	▲1,680	0	▲1,680
教育・研究	83,754	3.7%	0.83	▲1,332	12,322	▲13,654
医療・保健・社会保障・介護	103,963	4.5%	0.46	▲133,431	0	▲133,431
その他の公共サービス	28,027	1.2%	1.82	509	545	▲37
対事業所サービス	35,595	1.6%	0.36	▲93,907	1,402	▲95,309
対個人サービス	89,439	3.9%	0.61	▲42,459	34,679	▲77,138
事務用品	2,205	0.1%	0.62	▲90	0	▲90
分類不明	8,928	0.4%	0.96	▲22,679	0	▲22,679
合計	2,288,126	100.0%		▲711,224	864,845	▲1,576,069

注）梼原町産業連関表（40部門）から町内生産額がない産業を省いている。
出所）2005年梼原町産業連関より作成。

円，医療・保健・社会保障・介護10.4億円，建築10.4億円となっている。これ
らの６つの産業で137億円，町内生産額の60％を占めている。

　特化係数でみると，林業が38.03と圧倒的な地位を占めており，次いで畜産・
その他の農業9.08，電気機械8.54，その他の製造工業製品6.28，耕種農業
6.18，製材・木製品・家具2.54，土木2.45が続いている。さらに，窯業・土石
製品，金属製品，電力・ガス・熱供給，その他の公共サービスなども高知県の
平均を上回っており，多様な産業が存在していることがわかる。

　町際収支の黒字額をみると，耕種農業が30.0億円，林業が20.3億円，その他
の製造工業製品が4.5億円，畜産・その他の農業が3.8億円，窯業・土石製品が2.5
億円，製材・木製品・家具が1.3億円であり，これらの産業が梼原町において「外
貨」を稼ぐ産業である。

　以上の町内産業構造と町際収支から，梼原町経済の特徴がみえてくる。第１
の特徴は，「林業」が圧倒的な地位を占めており，ここから生み出される木材
を加工する「製材・木製品・家具」も重要な地位を占めていることである。こ
れは，梼原町が代表的な新興林業地と評される所以であり，これらの産業が梼
原町の地域的ウッドシステムの担い手となっているのである。第２の特徴は，
この地域的ウッドシステムが，ペレット生産による自然エネルギーシステムの
担い手にもなっている。第３の特徴は，農業，畜産・その他の農業も林業に匹
敵する生産額であり，特化係数も高い。また，町際収支では農業が最大の黒字
を出している。他方では，飲食料品は生産額と特化係数では低く農産物の地元
加工の度合いは低いため，地域的フードシステムの創造による地域経済の発展
の可能性がある。第４の特徴は，電気機械とその他の製造工業品など製造業も
重要な地位を占めている。

（2）梼原町の地域経済循環の姿―地域的産業連関システム―

　こうした産業構造を踏まえて地域的産業連関システムをみると，地域的ウッ
ドシステムとそれに密接に関連する地域的自然エネルギーシステムが形成され
ていることがわかる。

　地域的ウッドシステムは，林業と製材・木製品を軸に形成される産業連関シ
ステムである（図6-4）。主な財・サービスの流れをみると，運輸から2.5億円，

158　第Ⅱ部　地域政策の事例

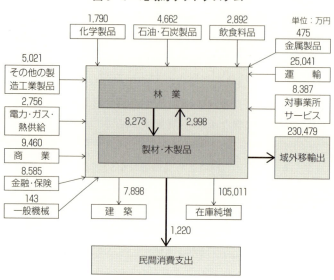

図6-4　地域的ウッドシステム

注）矢印は財・サービスの流れを意味する。太い矢印は産業連関の中心的な流れを表す。
出所）2005年梼原町産業連関表より作成。

商業から0.9億円，金融・保険から0.9億円，対事業所サービスから0.8億円の調達を行いつつ，域外移輸出に23億円，在庫純増に10.5億円，建築に0.8億円の財を販売している。

地域的自然エネルギーシステムは，木質ペレット，太陽光発電，太陽熱利用，省エネ住宅・設備，小水力発電を柱として製材・木製品，環境価値（J-VERなど），電気機器（機器製造），金属製品（機器製造）を軸に形成される産業連関システムである（図6-5）。梼原町では，木質ペレット，風力，太陽光，太陽熱，小水力を活用した自然エネルギーシステムが形成されている。主な財・サービスの流れをみると，鉄鋼・非鉄金属から0.9億円，林業から0.8億円，商業から0.6億円，電気機械0.6億円，対事業所サービスから0.3億円の調達を行いつつ，域外移輸出に2.8億円，建築に2.2億円，土木に2億円，民間消費支出に1億円の財を販売している。

図6-5 地域的自然エネルギーシステム

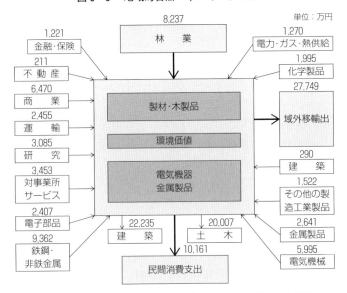

注）矢印は財・サービスの流れを意味する。太い矢印は産業連関の中心的な流れを表す。
出所）2005年梼原町産業連関表より作成。

（3）産業相互の依存関係
（1）中間投入と中間需要
　中間投入率と中間需要率を組み合わせると次の4つの産業類型になる。
　中間財型産業（中間投入率50％以上，中間需要率50％以上）は，パルプ・紙・紙製品，金属製品である。これらの産業はともに移輸入率が高い（自給率が低い）ため産業連関は弱くなる。
　最終需要型産業（中間投入率50％以上，中間需要率50％未満）は，畜産・その他の農業，飲食料品，繊維製品，製材・木製品・家具，窯業・土石製品，電気機械，その他の製造工業製品，建築，土木である。これらのうち，製材・木製品・家具，窯業・土石製品，電気機械，建築，土木は移輸入率が比較的低い（自給率が高い）ため産業連関が強くなる。
　最終需要型基礎産業（中間投入率と中間需要率ともに50％未満）は，耕種農業，林業，電力・ガス・熱供給，商業，不動産，運輸，情報通信，公務，教育・研

160 第Ⅱ部 地域政策の事例

究，医療・保健・社会保障・介護，その他の公共サービス，対個人サービスである。このうち耕種農業，林業，電力・ガス・熱供給，公務，教育・研究，その他の公共サービスは，移輸入率がゼロまたは低いため産業連関は強くなる。

中間財型基礎産業（中間投入率50％未満，中間需要率50％以上）は，漁業，水道・廃棄物処理，金融・保険，対事業所サービスである。これらはいずれも移輸入率が高い（自給率が低い）ため産業連関は弱くなる。

以上のことから，梼原町においては製材・木製品・家具，窯業・土石製品，電気機械，建築，土木，耕種農業，林業，電力・ガス・熱供給，公務，教育・研究，その他の公共サービスで連関効果が大きいといえる。

(2) 影響力と感応度

影響力係数と感応度係数がともに1以上の産業は，耕種農業，畜産・その他の農業，林業，製材・木製品・家具，窯業・土石製品，その他の製造工業製品，建築，電力・ガス・熱供給，商業，金融・保険，情報通信など多様である。

地域的ウッドシステムを担う産業である林業と製材・木製品・家具が，町内において他の産業と密接に結びついていることがわかる。

(3) 歩留まり率と町外流出

不動産は歩留まり率が80％を超えており，林業と製材・木製品・家具は70％以上であり，町内に経済波及効果がとどまる傾向がわかる。

以上のことから，梼原町の地域的ウッドシステムと地域的自然エネルギーシステムを担う産業の間に強い連関があることがわかる。

（4）移出産業と地元市場産業
(1) 産業連関構造

梼原町の移出産業と地元市場産業についてみてみよう（表6-2）。梼原町の生産額は，229億円うち移出産業は86億円（37.8％），地元市場産業は109億円（47.5％），生産誘発産業は34億円（14.7％）であり，地元市場産業が約半分を占め次いで移出産業が約4割を占める構造になっている。

移出産業は，耕種農業（13.1％），林業（8.9％），その他の製造工業製品

(3.5％)，畜産・その他の農業(2.6％)，窯業・土石製品(2.2％)，電気機械(1.5％)，対個人サービス (1.5％)，製材・木製品・家具 (1.2％)，運輸 (1.2％) などである。

　地元市場産業は，土木 (12.5％)，公務 (6.6％)，林業 (4.6％)，医療・保険・社会保障・介護 (4.5％)，建築 (4.0％)，教育・研究 (2.7％)，不動産 (2.4％)，対個人サービス (2.3％) などである。

　生産誘発産業では，林業 (3.7％)，対事業所サービス (1.3％)，耕種農業 (1.0％)，電力・ガス・熱供給 (1.0％) などである。

　このように，梼原町では，林業や製材・木製品・家具などの地域的ウッドシステムや地域的自然エネルギーシステムを担う産業だけでなく，農業や製造業も移出産業となっている。

(2)　産業連関システムの連関構造

　次に，地域的な産業連関システムの連関構造をみてみよう (図6-6)。

　地域的ウッドシステムの生産額は43.1億円であり，うち移出産業は23.1億円 (53.5％)，地元市場産業は10.7億円 (24.8％) と移出産業の比率が高く，移出産業による生産誘発産業も6.1億円 (14.1％) であるため，移出産業が67.6％を占めている。さらに，移出産業による生産波及 (後方連関) は 6 億円 (25.9％)，地元市場産業による生産波及 (後方連関) は3.4億円 (31.6％) である。

　このように，梼原町の地域的ウッドシステムは，移出産業における比較的強い前方・後方連関が認められる。

　地域的自然エネルギーシステムの生産額は49.3億円であり，うち移出産業は27.3億円 (55.4％)，地元市場産業は11.3億円 (23.0％) と移出産業の比率が高い。また，移出産業による生産誘発は6.4億円 (13.0％) であり，移出産業が68.4％を占めている。移出産業による生産波及 (後方連関) は6.4億円 (23.5％)，地元市場産業による生産波及 (後方連関) は3.5億円 (31.0％) である。

(3)　自治体財政による生産誘発

　最後に，自治体財政の生産誘発をみてみよう。一般政府消費支出は，公務で94.0％，医療・保険・社会保障・介護で76.9％，教育・研究で57.8％，水道・廃棄物処理で37.4％の生産を誘発しており，町内総固定資本形成 (公的) は建

表6-2　楮原町の産業連関構造

単位：万円

部門	移出産業				地元市場産業						生産誘発産業（前方連関）			
	移輸出額	構成比	生産波及（後方連関）	町内波及率	地元最終需要	構成比	生産波及（後方連関）	町内波及率	生産誘発額	構成比	うち移輸出誘発分	構成比	うち地元市場産分	構成比
耕種農業	300,193	13.1%	35,713	11.9%	7,470	0.3%	889	11.9%	23,774	1.0%	19,797	0.9%	3,977	0.2%
畜産・その他の農業	59,269	2.6%	14,789	25.0%	474	0.0%	118	25.0%	12,429	0.5%	11,809	0.5%	620	0.0%
林業	203,128	8.9%	64,067	31.5%	106,100	4.6%	33,464	31.5%	84,076	3.7%	56,881	2.5%	27,195	1.2%
漁業	863	0.0%	57	6.6%	429	0.0%	28	6.6%	597	0.0%	334	0.1%	263	0.0%
飲食料品	7,723	0.3%	2,072	26.8%	5,612	0.2%	1,506	26.8%	3,041	0.1%	2,303	0.1%	738	0.0%
繊維製品	7,885	0.3%	808	10.3%	193	0.0%	20	10.3%	170	0.0%	109	0.0%	60	0.0%
製材・木製品・家具	27,749	1.2%	12,006	43.3%	933	0.0%	403	43.3%	9,480	0.4%	3,749	0.2%	5,731	0.3%
パルプ・紙・紙製品	2,153	0.1%	265	12.3%	9	0.0%	1	12.3%	269	0.0%	215	0.0%	55	0.0%
窯業・土石製品	49,962	2.2%	10,997	22.0%	538	0.0%	118	22.0%	17,699	0.8%	2,575	0.1%	15,124	0.7%
鉄鋼・非鉄金属	238	0.0%	10	4.0%	▲4	0.0%	0	4.0%	▲234	0.0%	▲90	0.0%	▲144	0.0%
金属製品	7,013	0.3%	678	9.7%	335	0.0%	32	9.7%	8,778	0.4%	1,125	0.0%	7,654	0.3%
電気機械	35,122	1.5%	7,328	20.9%	5,886	0.3%	1,228	20.9%	4,136	0.2%	2,290	0.1%	1,847	0.1%
その他の製造工業製品	81,203	3.5%	13,218	16.3%	3,618	0.2%	589	16.3%	10,077	0.4%	5,950	0.3%	4,126	0.2%
建築	0	0.0%	0	0.0%	92,047	4.0%	17,337	18.8%	11,901	0.5%	3,500	0.2%	8,401	0.4%
土木	1,885	0.1%	354	18.8%	285,752	12.5%	53,742	18.8%	0	0.0%	0	0.0%	0	0.0%
電力・ガス・熱供給	0	0.0%	0	0.0%	33,427	1.5%	4,465	13.4%	22,186	1.0%	10,474	0.5%	11,712	0.5%
水道・廃棄物処理	4,187	0.2%	494	11.8%	1,282	0.1%	151	11.8%	2,747	0.1%	540	0.0%	2,207	0.1%
商業	20	0.0%	3	15.8%	32,686	1.4%	5,170	15.8%	15,876	0.7%	7,707	0.3%	8,169	0.4%
金融・保険	27,046	1.2%	3,408	12.6%	10,626	0.5%	1,337	12.6%	11,319	0.5%	5,017	0.2%	6,302	0.3%
不動産	257	0.0%	23	8.8%	55,874	2.4%	4,922	8.8%	2,436	0.1%	646	0.0%	1,790	0.1%
運輸	0	0.0%	0	0.0%	15,094	0.7%	1,186	7.9%	20,162	0.9%	9,521	0.4%	10,641	0.5%
情報通信	12,322	0.5%	1,996	16.2%	26,974	1.2%	4,367	16.2%	20,830	0.9%	4,326	0.2%	16,504	0.7%
公務	0	0.0%	0	0.0%	151,745	6.6%	14,754	9.7%	1,472	0.1%	894	0.0%	578	0.0%
教育・研究	545	0.0%	27	4.9%	61,353	2.7%	2,987	4.9%	10,078	0.4%	6,508	0.3%	3,571	0.2%
医療・保健・社会保障・介護	1,402	0.1%	108	7.7%	103,895	4.5%	7,950	7.7%	66	0.0%	1	0.0%	65	0.0%
その他の公共サービス	0	0.0%	0	0.0%	26,003	1.1%	3,431	13.2%	1,478	0.1%	479	0.0%	1,000	0.0%
対事業所サービス	0	0.0%	0	0.0%	4,749	0.2%	378	8.0%	29,444	1.3%	6,951	0.3%	22,493	1.0%
対個人サービス	34,679	1.5%	4,043	11.7%	53,441	2.3%	6,231	11.7%	1,319	0.1%	265	0.0%	1,054	0.0%
事務用品	0	0.0%	0	0.0%	0	0.0%	0	0.0%	2,205	0.1%	615	0.0%	1,590	0.1%
分類不明	0	0.0%	0	0.0%	21	0.0%	7	32.5%	8,907	0.4%	5,421	0.2%	3,486	0.2%
合計	864,845	37.8%	169,908	19.6%	1,086,561	47.5%	166,810	15.4%	336,719	14.7%	169,908	7.4%	166,810	7.3%

注）構成比は、町内生産額（228億8126万円）に対する比率。町内波及率は、移輸出額及び地元最終需要に占める生産波及（後方連関）の割合である。

出所）2005年楮原町産業連関表より作成。

図6-6 梼原町の地域的産業連関システムの連関構造

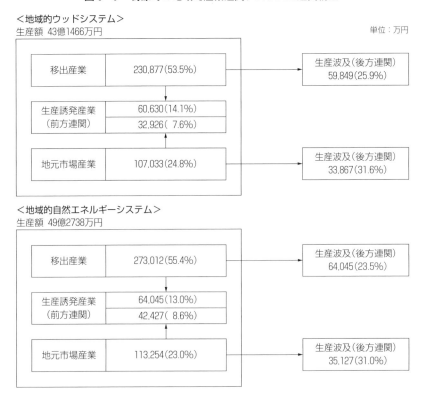

注）移出産業，生産誘発産業，地元市場産業の（ ）は，生産額43億1466万円に対する割合。生産波及（後方連関）の（ ）は，それぞれ移出産業，地元市場産業の生産額に対する割合。
出所）2005年梼原町産業連関表より作成。

築で81.5％，金属製品で15.9％の生産を誘発している。自治体財政全体では村内生産の18.0％の生産を誘発している。

(5) 梼原町の地域循環構造分析のまとめ

ここで，梼原町の地域循環構造分析に結果をまとめる。

(1) 産業構造と域際収支

梼原町では「林業」が圧倒的な地位を占めており，木材を加工する「製材・

164　第Ⅱ部　地域政策の事例

木製品・家具」も重要な地位を占めている。これは，椿原町が代表的な新興林業地と評される所以である。農業，畜産・その他の農業も林業に匹敵する生産額であり，特化係数も高く，町際収支の黒字も大きいが，飲食料品は生産額と特化係数では低く農産物の地元加工の度合いは低い。また，電気機械とその他の製造工業品など製造業も重要な地位を占めている。

(2)　地域的産業連関システム

　こうした産業構造をベースにして地域的ウッドシステムが形成されており，さらにこれを基礎にペレット生産による地域的自然エネルギーシステムが確立している。また，地元の農産物の加工する地域的フードシステムの創造が，地域経済の一層の発展をもたらす可能性がある。

(3)　産業相互の依存関係

　製材・木製品・家具，窯業・土石製品，電気機械，建築，土木，耕種農業，林業，電力・ガス・熱供給，公務，教育・研究，その他の公共サービスで連関効果が大きい。また，地域的ウッドシステムを担う産業である林業と製材・木製品・家具が，町内において他の産業と密接に結びついており，同時に町内に経済波及効果がとどまる傾向がある。

(4)　移出産業と地元市場産業

　林業や製材・木製品・家具などの地域的ウッドシステムや地域的自然エネルギーシステムを担う産業だけでなく，農業や製造業も移出産業となっている。また，地域的ウッドシステムと自然エネルギーシステムは，移出産業とそれによる生産誘発産業が7割近くを占めている。さらに，自治体財政は，町内生産額のうち2割近くを誘発している。

6　各種事業の経済波及効果—生産・粗付加価値・雇用・税収—

　椿原町で実施されている事業のうち，木材の売上実績，ペレットの生産実績，想定される地球温暖化対策事業の経済波及効果を分析した。また，合わせ

第6章　自然エネルギーによるまちづくり—高知県梼原町—　　165

て飲食料品生産の自給率を高める6次産業化が推進された場合の経済波及効果についても分析した（表6-3）。

　なお，地球温暖化対策事業の経済波及効果分析の前提条件については，環境省の「地球温暖化対策と地域経済循環に関する検討会」で活用されている高知県のデータを参考にした［環境省 2009a］。高知県のデータは，CO_2削減のために木質ペレットなど森林バイオマス利用，太陽光・熱利用，省エネ住宅の新築・改修，省エネ設備導入，公共交通利用者増，排出権（環境価値）創造を対象とし，民生家庭系，民生業務系，エネルギー供給事業者，運輸部門を想定している。しかし，ここでは民生家庭系と民生業務系に絞り，そこで導入される機器の製造，流通，設置に要する最終需要量を採用した。この最終需要量をもとに，民生家庭系については高知県と梼原町の人口比（2010年国勢調査）で，民生業務系については高知県と梼原町の事業所数比（事業所・企業統計）でそれぞれ按分し，梼原町における民生家庭系と民生業務系の最終需要量，1億6440万円を確定した。その上で，この最終需要額を製材・木製品，金属製品，商業，運輸，建築，電気機械に割り振って計算した。

　木材生産の10億円の売り上げは，1.53倍の15億2541万円の生産誘発，6億8326万円の粗付加価値，111人の就業者，84人の雇用者，県税913万円，町税620万円の税収効果をもたらす。同様に，ペレットの生産は1.53倍の8237万円の生産誘発，3690万円の粗付加価値誘発，6人の就業者と5人の雇用者誘発，49万円の県税と33万円の町税効果をもたらす。地球温暖化対策事業は1.06倍の1億7442万円の生産誘発等をもたらす。また，6次産業化を推進することにより，食品加工で自給率が5％上昇した場合に生まれる6566万円の生産増加は，1.31倍の8626万円の生産誘発，3245万円の粗付加価値誘発，10人の就業者と4人の雇用者誘発などをもたらす。

　これら4つの事業で，18億6846万円（1.46倍）の生産誘発，8億3676万円の粗付加価値誘発，143人の就業者と106人の雇用者誘発，県税1126万円，町税759万円の税収効果をもたらすことになる。

　これら4つの事業による経済波及効果を産業別にみると，製材・木製品・家具で11億円（60.6％），林業で3億円（16.3％），商業で0.8億円（4.1％），飲食料品で0.7億円（3.6％），建築で0.7億円（3.6％）などが生まれる。

166 第Ⅱ部 地域政策の事例

表6-3 各種事業の経済波及効果

事 業	最終需要額（万円）	直接効果（万円）	総合効果（万円）	倍率	付加価値（万円）	就業者（人）	雇用者（人）	税収（万円）	
								県税	市町村税
a. 木材の売上	100,000	100,000	152,541	1.53	68,326	111	84	913	620
b. ペレットの生産	5,400	5,400	8,237	1.53	3,690	6	5	49	33
c. 地球温暖化対策事業	16,441	13,533	17,442	1.06	8,415	16	13	128	79
d. 6次産業化の推進	6,566	6,566	8,626	1.31	3,245	10	4	36	27
合 計	128,407	125,499	186,846	1.46	83,676	143	106	1,126	759

注）波及効果倍率＝生産誘発額（総合効果）／最終需要額
出所）2005年梼原町産業連関より作成。

1） 特定非営利活動法人日本森林管理協議会「連載企画連載第2回 梼原町森林組合 SW-FM／COC-125 雲の上の町の FSC 認証林」3ページ。

2） 梼原町森林組合資料より。

第7章

中小企業振興基本条例と帯広・十勝の地域経済
―北海道帯広市―

　近年，中小企業振興基本条例を制定し，中小企業振興と産業振興を一体的に進めることによって地域を活性化する取り組みが活発化している。

　帯広・十勝は，大規模農業を基幹産業として，食料品製造業が工業出荷額の70％を占めるなど，地域経済循環の高い地域を形成してきた。しかし，農業の国際化と公共事業の減少が進むなかで，地域経済が衰退し人口が減少するのではないかという危機感が生まれ，中小企業振興基本条例（以下，条例と略）を制定し新たな取り組みを開始した。

　本章では，北海道で最初に条例が施行された帯広・十勝の事例を取り上げ，条例の目的や産業振興ビジョンの目標，目指されている地域経済循環の姿について考察しようと思う。

1　帯広市中小企業振興基本条例の制定

（1）中小企業振興基本条例制定の経緯

　帯広市には，これまで中小企業振興条例（1967年制定）があった。しかし，それは中小企業に対する共同施設資金の貸付けと融資のあっせんに関するものであった。一方，中小企業基本法の改正や地方分権一括法の施行など中小企業政策に関する自治体の責任が明確化され，帯広市でもまちづくり基本条例が制定されるなど，中小企業を取り巻く環境が変化するなかで，条例改定の必要性が高まっていた。

　こうしたなか，2003年に中小企業家同友会帯広支部（以下，同友会）が中小企業憲章の地方版となる「中小企業振興基本条例」の制定に向けた取り組みを開始し，2005年の総会では「中小企業振興基本条例プロジェクト」の設置が採択され本格的に動き出した。さらに，同年に帯広市で開催された北海道中小企業家同友会第24回全道経営者"共育"研究集会には，帯広市商工観光部の職員

も参加し，条例の必要性について問題意識の共有が図られてきた。

こうしたプロセスを経て，同友会，商工会議所と行政が参画した三位一体の
プロジェクト体制がつくられた［渡辺 2013：149］。次に，条例の主な特徴をみ
ておこう。

（2）中小企業振興基本条例の特徴[1]

⑴　十勝圏のなかで帯広市と中小企業を位置づける

条例は，前文で，帯広市の歴史や現状を踏まえて条例の理念・目的を次のよ
うに記している。

帯広・十勝は，民間開拓団の入植以来，農業および関連する幅広い産業が発
展を遂げてきた。今日でも，農業を基盤として，食品加工や農業機械など関連
産業が発達し，消費・サービス，運輸・流通など幅広い産業が展開しており，
帯広市は，十勝の産業や生活を支える中心都市として発展してきたとして，帯
広市に限定せず広く十勝圏における位置と役割を定義している。

その上で，中小企業は地域資源がもつ価値を発揮させ，雇用を確保・拡大
し，市民所得の向上をもたらすなど，帯広・十勝の地域経済の振興・活性化を
図る極めて重要な担い手であると規定している。

⑵　中小企業振興に起業・創業を盛り込む

第3条で，中小企業振興の基本的方向として，起業・創業および新技術・新
事業開発の支援，人材の育成および担い手づくりの促進など5つを掲げている
が，起業・創業という項目は他にはみられない帯広市の条例の目玉となってい
る。これは，帯広市の人口減少をどうくい止めるのかという問題を検討するな
かで，農業が国際化し競争力を失えば食品産業も生き残れなくなるため，積極
的に創業を推進する必要があったからである。[2]

⑶　市長の責務と中小企業者等の役割等

条例は，市長の責務として，中小企業振興のための指針づくりと，融資の
あっせんや助成金の交付など財政金融の支援策を講じることを上げている（第
4条）。この中小企業振興のための指針として，次にみる「産業振興ビジョン」

が策定されている。

また，中小企業者の役割は，経営基盤の改善・強化，従業員の福利向上に努め地域環境との調和および消費生活の安定・安全確保に十分に配慮し，地域経済の振興発展に貢献することにある（第5条）。さらに，市民は，地域中小企業の育成・発展に協力するよう努めるとしている（第6条）。

2 帯広・十勝の地域経済と産業振興ビジョン

帯広市では，中小企業経営者と行政の担当者の共同作業によって，産業振興ビジョンが策定された。

帯広市中小企業振興協議会は，18名の中小企業経営者，金融機関，行政担当者で構成され，中小企業経営者を中心に22名の部会員も含め総勢40名による協議を進め，産業振興ビジョンづくりの基礎となった提言書をまとめた。条例の制定からビジョンづくりまでの一連の活動では，産業界と行政が一体となって進めてきたことで信頼関係が生まれるなど，貴重な財産がつくられたことは重要である。

（1）産業振興の考え方
⑴ 帯広・十勝の地域経済の課題

少子高齢化・人口減少の進展に伴う後継者や担い手不足の深刻化，WTO，日豪 EPA などによるグローバルな競争の激化，公共投資の縮減など，産業活動全体が構造的な変革を迫られているという基本認識から，次のような地域経済の課題を掲げている［帯広市 2009：5］。

人口については，今後減少することが予想されるため，交流人口を拡大することが必要であるとしている。

産業構造では，廃業事業所数が開業事業所数を上回る傾向にあるため創業・起業を促進する必要がある。市内総生産額は，第2次産業が減少傾向にあり，農畜産物等を活かした第2次産業を振興する必要がある。また，所得も減少しているので移出産業を育成することも求められる。

就業・雇用面では，中小企業の占める割合は事業所総数の99%，従業者総数

の81％を占めており，総合的な中小企業支援が求められる。

工業では，食料品製造業の付加価値率は全道平均を上回っているが，1従業者当たりの付加価値額は減少傾向にあり，域内経済循環の観点から農業関連製造業を振興する必要がある。

(2) 地域経済循環の形成

以上のような地域経済の課題に対して，産業振興の考え方は，地域経済循環をどのように生み出していくのかを軸に構成されている。

まず，地域産業を，地域内を市場とする「域内市場産業」と地域外を市場とする「域外市場産業」に分け，域外市場産業が生み出す所得を，域内市場産業によって域内循環に結び付け，全体として地域経済の好循環につなげることが必要であるとしている［帯広市 2009：31-32］。

この考え方をもとに，一方では，地域資源を活用した創業・起業の促進，新商品・新技術の開発の促進，中小企業等の経営革新等による経営基盤の強化，人材育成などによる「内発的な振興」を図り，他方では，域外からの企業立地や集客を促進し，域内企業との連携を図りながら地域の競争力を高めていく「外発的な振興」に取り組み，産業振興を目指すとしている。

（2）地域経済づくりと地域づくりの一体化

こうした産業振興の考え方を踏まえ，目指す地域産業の姿を「地域力をいかした活力ある地域産業の形成」とし，以下の3つの視点に基づき，中小企業者，経済団体，行政などの適切な役割分担と協働のもと，地域産業の振興に関する施策を展開するとしている［帯広市 2009：32-33］。

第1の視点は，地域資源を活用した産業の振興である。

わが国を代表する大規模畑作・酪農地帯「十勝」で生産される豊富な農畜産物，バイオマス資源，安全・良質な地域ブランド，美しい田園景観，良質な水資源，国内有数の日照量などの地域資源と地域特性を資源として有効に活用し，新たな付加価値の創出や地域ブランドの形成を図る。

第2の視点は，産業間・産学官連携による産業の振興である。

帯広・十勝には，「農」や「食」に関する食品，農業機械，農産物流通など

の農業関連産業をはじめ，商業・サービス産業など多様な企業が存在している。また，農業関連を中心に大学，国立・道立試験研究機関，産業振興財団などが集積している。こうした条件を活用し，新たな事業や地域イノベーションを創出するため，農商工連携と産学官連携により地域産業の振興に取り組む。

第3の視点は，中小企業の活性化による産業の振興である。

中小企業は，地域経済の振興・活性化を図る重要な担い手であり，中小企業の活性化のために経営基盤の強化，担い手の育成など，中小企業の主体的，創造的な活動を幅広く支援し，地域産業の振興に取り組む。

これらの3つの視点は，次のような帯広・十勝の固有の政治経済制度に根ざしていると考えられる（図7-1）。

食料自給率1100%をもたらす帯広・十勝の大規模な畑作・酪農を基盤として，

図7-1　帯広・十勝の政治経済制度と3層の地域循環構造

出所）筆者作成。

172　第Ⅱ部　地域政策の事例

食品，農業機械など関連産業が発達してきた。また，十勝の中心都市として商業・サービス業が展開し，大学や各種研究機関も集積している。他方，ばんえい競馬などの固有の地域文化，全国有数の日照時間や多くの河川など自然環境に恵まれている。

（3）地域的産業連関システムの創造

　こうした政治経済制度を基礎として，新しい地域循環構造を創造することが目指されている。

　産業振興ビジョンは，取り組むべき分野を「5つの施策の基本方向」と「20の基本施策」を基本とし，重点的に推進する「6つの重点プロジェクト」と「50の展開事業」を掲げている［帯広市 2009：33-35］[3]。このうち，地域経済循環の創造という観点からみると3つの展開事業が重要であると考えられる。

　第1は，展開事業20番の「アグリ・フード・バイオ関連産業振興」である。これは，ものづくり産業の振興のために，「基幹産業である農業に関連する産業が集積している帯広・十勝において，食品加工，農業機械等の関連産業のさらなる集積は，地域経済の発展に重要であり，特に製造業は，新たな付加価値の創出を通して域外所得を稼ぐ産業であり，域内経済循環の観点からもその果たす役割は重要である」という観点から設けられている［帯広市 2009：42］。

　その展開事業として，農業関連産業や食関連産業，バイオマス関連産業の現状と方向性について検討を進めること，地域資源である農産物の付加価値向上を一層推進すること，地域特性を活かした産業クラスター化を進める仕組みづくりを検討すること，「十勝」という地域名の優位性を大切にしながら，生産物の付加価値を高める取り組みを検討することを掲げている［帯広市 2009：42-43］。

　第2は，展開事業33番の「企業立地支援・誘致推進」である。これは，「地域の経済が持続的に成長するためには，地域資源を活かした企業立地の促進や地場企業の高度化等を通して，競争力のある産業集積を進め，厚みのある産業構造に転換していく必要がある。そのため，地域の中小企業の生産力の強化を促進するとともに，地域外からの企業立地を促進し，地場企業と誘致企業との連携の強化などを進める」という観点から設けられている［帯広市 2009：45］。

その重点は，企業立地促進法に基づく支援策を有効に活用するため，帯広十勝地域産業活性化協議会（帯広市ほか十勝管内6町で構成）が2008年度に策定予定の「基本計画」と連携して，誘致企業はもとより，地場企業のビジネス拡大に対するインセンティブを高める施策を実施する。また，企業立地促進については「環境モデル都市[4]」に選定された地域の優位性をいかし，環境・リサイクル関連産業に焦点を当てた集積も視野に入れながら進めていくものである。

第3は，展開事業37番の「食観光・産業観光推進」（ふーどツーリズム）である。これは，集客・交流産業の振興のために，「集客・交流産業は，地域外からの購買力を呼び込み，それによって得られた地域所得が域内の新たな需要を創出することから，ものづくり産業や雇用創出，宿泊・飲食等のサービス産業などの振興に幅広く寄与することが期待されている。帯広・十勝の産業や食文化，美しい自然や田園景観などを効果的に活用して，国内外からの集客を促進するとともに，関連産業の振興を図る」という観点から設けられている［帯広市2009：47］。

具体的には，旬の地場食材で料理を提供する飲食店のネットワーク化による地産地消の取り組み，四季折々の特徴的な農作業や食品加工現場の視察，体験，試食を通じた産業と観光を結びつけたモデルルートづくり，食のメッセにつながる食と物産の新たなイベントの実施，花，菓子のほか，飲食，温泉，体験などの要素も取り入れた街めぐりチケット（観光クーポン）の発行，十勝で採れる旬の農畜水産物や加工品などを宅配便で注文できる仕組みの創設やアンテナショップの利活用，話題性のある飲食ガイドの取り組みとして，民間を主体とした（仮称）「帯広版ミシュランガイド」の発行を掲げている。

この「アグリ・フード・バイオ関連産業振興」「企業立地支援・誘致推進」「食観光・産業観光推進」（ふーどツーリズム）は，帯広・十勝における地域的産業連関システムの創造につながるものとして興味深い。図7-2は，以上の具体的内容と帯広市調査から得た3つの地域的産業連関システムを図式化したものである。

第1は，地域的フードシステムである。農業や畜産の豊富な農畜産物（小麦，雑穀，豆類，いも類，甜菜など）を加工し，販売している産業連関である。

第2は，ふーどツーリズム（地域的エコツーリズムシステム）である。加工販

図7-2 帯広・十勝の地域経済循環

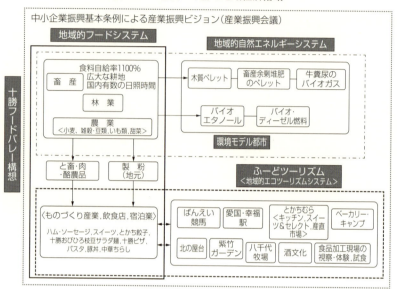

出所）帯広市資料より作成。

売される「食」とばんえい競馬やとかちむらなど「観光」が連続する産業連関である。

第3は，地域的自然エネルギーシステムである。地元の木材を原料とする木質ペレット，畜産の余剰堆肥のペレット化，牛の糞尿のバイオガス化，農産物を原料とするバイオエタノールの生産など，帯広・十勝の第1次産業と自然エネルギーの生産が連続する産業連関である。

3 地域的フードシステムの創造

さて，これら3つの地域的産業連関システムのうち，中軸となっているのは地域的フードシステムである。そこで，このシステムに関する提言や各種の実践についてみてみよう。

（1）帯広畜産大学・帯広信用金庫による「地域密着型フードシステム」の提言

帯広畜産大学（代表：金山紀久副学長）は，十勝における農業と食の産業連関について分析し，「地域密着型フードシステム」を確立するための課題を提示している［帯広畜産大学・帯広信用金庫 2010：20］。

まず，課題を提示する前提として十勝圏の産業連関表から，第1に「農業」部門（耕種農業と畜産業）がどのような産業から投入を受け，かつどのような産業に販路を求めているか，第2に「食品加工」部門が「農業」部門からの投入を受けてどのような産業と最終需要に販路を見出しているのかを抽出し，それらの関連を「十勝圏フードシステム」としてまとめている。

十勝の「農業」部門の産出額のおよそ5割が十勝圏内に向けられている。このうち十勝圏内の内生需要1465億円のおよそ3分の2が「食品加工」部門向けである。そしてこの「食品加工」部門の総生産額2373億円の8割以上は圏外に移輸出されていることになる。このことから，多くの農産物が一旦十勝圏内企業で加工され，その後，多くの割合が圏外に移出されている実態が明らかである。この点からみる限り，十勝圏におけるフードシステムは，単に原料供給というよりは何らかの加工品が移輸出され，「外貨」を稼いでいるようにみえる。しかし，問題は，どれほどの付加価値が生み出されているかであるとして，2つの課題を提示している。

粗付加価値率についてみると，「商業」部門がおよそ70%，「農業」部門と「飲食店」部門がおよそ50%と比較的高い。これに対して「食品加工」部門は粗付加価値率が18%と極端に低い。「食品加工」部門全体からすると，低い加工度で管外に移輸出されているものと思われる。したがって，今後，十勝圏におけるフードシステムの高度化，また，地域内における雇用の場の確保という点からは，ここに示した粗付加価値率をいかにして向上させるかということが第1の課題である。

第2の課題は，「商業」部門，「飲食店」部門の拡大を挙げている。十勝は，観光客入り込み数が増加傾向にあり，これを粗付加価値率が高い「飲食店」部門の産出額拡大にうまく結びつけ，その中間に位置する「商業」部門，「食品加工」部門の拡大を引き出すような戦略が必要であるとしている。その際，「十勝ならではの生活様式」を経験できる十勝圏内の消費者が日常的に飲食してい

るものを中心とした料理などが不可欠である。

この意味で，地域内消費に裏付けられた，食品加工等を含む「十勝型地産地消」という視点，もしくは，十勝管内で生産，加工，販売，消費がある程度完結している「地域密着型フードシステム」という視点が有効であるとしている。

（2）地域的フードシステム創造の取り組み

そこで，帯広市ではどのようなフードシステム創造の取り組みが実践されているのかについてみてみよう。

⑴ 帯広市のフードバレー構想

「フードバレーとかち」は，帯広市の「食と農業」を柱とした地域産業政策の考え方を総称したものである[5]。

帯広・十勝は，わが国有数の食料基地として大規模な農業が営まれており，農業に関連する大学，試験研究機関，企業が多く集積し，農畜産物や加工品は，安全で良質な十勝ブランドとして消費者に広く受け入れられている。これからの活力ある地域づくりのため，地域の優位性を最大限に発揮しながら，フードバレーとかちを進めていくとしている。

これまで，定住自立圏構想などの制度を活用しながら，十勝管内の市町村，経済団体と連携し，「フードバレーとかち」の取り組み内容を検討してきたが，2011年12月に「北海道フード・コンプレックス国際戦略総合特区」として，国の国際戦略総合特別区域に指定され，国の制度を活用しながらフードバレーとかちをさらに進めていくとしている。

具体的には，①十勝の良好な環境のなかで，安全と品質を重視した生産振興や生産基盤の整備をはじめ，農林漁業の担い手の育成，試験研究機関との連携など，安全・安心できる農林水産物の生産に取り組み，十勝の基幹産業として，地域経済の発展を牽引する農林漁業を成長産業にすること，②十勝のブランド力や良質な食資源などを十分に活用し，製品・研究開発や創業・企業立地の促進をはじめ，ブランド化の推進や産業人の育成のほか，農商工等連携，6次産業化などの各種事業を推進し，食の価値を創出する取り組みを進めること，③十勝の魅力，食や農林漁業に関する情報を国内外に広く発信し，十勝の

食文化，美しい自然や田園景観などを活用しながら観光振興をはかるとともに，国内やアジア等への移輸出などによる販路拡大や物産振興のほか，豊かな食材を活かした食育や地産地消の推進などを通じて，十勝の魅力を国内外に売り込むことである［帯広畜産大学・帯広信用金庫 2010：16］。

(2) 製粉工場の建設

十勝は，国産小麦の25％，およそ24万トン（t）を生産する一大産地である。しかし，十勝産の小麦は95％が十勝港から船積みされて本州府県へ移出されている。これは，十勝地域にとっては付加価値が域外へ流出していることを意味している。

したがって，地域経済循環を高める上で，製粉工場の建設の必要性を訴える声は大きかった。それは，大貝が指摘するように，小麦が域外へ流れる経路とは別に，地元で製粉・加工・消費される経路を創出することにより地域内で付加価値が創造されるからである［大貝 2011：47-48］。

帯広市は，2007年，産業振興ビジョンを策定する作業と同時に，小麦の付加価値向上に向けた取り組みに着手し，その3年後に隣町の音更町に製粉所が建設されることになった。製粉工場は，雑穀卸の山本忠信商店が主にパンや中華めん用の小麦粉供給を目的に建設し，2011年7月に完成した[6]。ここには，小麦の新たな用途として国産のパン，中華めん，菓子用小麦の需要に応えるには，自社で製粉工場の建設が不可欠であるという判断がある。総工費9億6000万円で，年間生産能力は4000tと管内最大規模となり，工場で5～6人販売で7～8人の新規雇用が見込まれる。同社山本英明社長は，「十勝☆夢mill」（工場の名称）は，食料自給率の向上と北海道十勝の6次産業化の要として「公の器」である続けることを志さなければならないと述べている。

この事例は，小麦生産者グループと共同して小麦の産地で小麦粉の加工まで行い，地元に雇用と付加価値を生み出すことを意味しており，地域経済循環を創造する取り組みである。

(3) 十勝産小麦を使った商品開発

帯広市食産業振興協議会は，2009年度に北海道の「道産小麦転換推進事業に

係る地域振興モデル構築事業委託業務」を受け，域外産の小麦から十勝産小麦への「麦チェン！」に取り組んだ。

この麦チェンのなかで，十勝産小麦を使った商品が地域にもたらす経済波及効果を試算した結果，地場産小麦を地元で製粉・加工し，商品化することで小麦原価に約110倍の付加価値がつくという結果が明らかになっている。[7]

この取り組みのなかで生まれた十勝産小麦商品として「とかち餃子」がある。これは，皮に使う小麦粉は十勝産100％で，具材にも十勝産SPF豚やキャベツ・ニラを使うなど素材にこだわった餃子である。開発を手掛けたのは，株式会社ホクコーである。同社の岩橋浩社長は，地産地消と食の安全・安心の時代にやるべきことを考えた結果，十勝の資源に着目して開発したと述べている。

この他，十勝ピザ，十勝おびひろ枝豆サラダ麺などが開発され好評を得ている。

⑷　とかち酒文化再現プロジェクト

帯広信用金庫は，協同組織金融機関としてユニークな取り組みを行っている。農業産出額に比べると食品加工業には付加価値を引き上げる余地があるとして，雇用を増やすためにも食品加工業の規模を今の倍以上にする必要があるとみている。

そのためには，ものづくりや販路の開拓だけでなく，中長期的な地域経済・産業の振興を志向するシンクタンク機能が必要であるとして，6人のメンバーからなる地域経済振興部を発足させている。

また，新たな産業の創出と関連産業の振興を目的として，自らとかち酒文化再現プロジェクトを立ち上げている［帯広信用金庫地域経済振興部 2010］。このプロジェクトは，十勝において寛政初年頃より醸造されたと伝えられている「地酒」をとおして，十勝の酒文化を再現し，新たな産業の創出と関連産業の振興を図り，そして地域経済に元気を取り戻そうと，農商工・産学官金融の連携により実現したものである。2012年1月には，十勝の米と水にこだわった"十勝晴れ"が完成している。

第7章　中小企業振興基本条例と帯広・十勝の地域経済―北海道帯広市―　179

4　十勝の地域循環構造の分析

　以上，帯広・十勝の地域経済の構造と特徴を理論的に考察してきた。次に，これを計量的に分析してみよう。

（1）産業構造と域際収支

　産業構造と域際収支をみてみよう（表7−1）。

　生産額が多い産業は，商業3013億円，サービス業2621億円，建築・土木2434億円，公共サービス2307億円などであり第3次産業が上位を占めている。次いで，公務1727億円，金融・保険・不動産1680億円，畜産1662億円，耕種農業1635億円，その他の食料品1509億円，運輸1244億円，と畜・肉・酪農品662億円となっており，第1次産業とそれに関連する産業と第3次産業が続いている。また，機械231億円，製材・家具148億円など製造業の生産額も比較的多い。

　特化係数では，畜産3.62，耕種農業3.40，林業2.79，と畜・肉・酪農品2.11，その他の食料品1.89など，第1次産業とそれに関連する産業が十勝の特徴となっている。次いで，鉱業1.27，建築・土木1.17，運輸1.04が続いている。

　域際収支をみると，耕種農業，畜産，林業，漁業，と畜・肉・酪農品，その他の食料品，商業，運輸，公共サービス，サービス業，製材・家具が黒字産業である。ここでも，第1次産業とそれに関連する産業の役割が大きいことが確認できる。また，同時に流通や観光など第3次産業も黒字産業となっている。

　以上のことから，十勝の産業構造は，第1次産業とそれに関連する製造業が基幹産業となっていることがわかる。また，機械や製材・家具などの製造業も一定の地位を占めている。さらに，商業や運輸などの流通関係，建築・土木，公務，公共サービスも重要な地位を占めていることも特徴である。

（2）十勝の地域経済循環の姿―地域的産業連関システム―

　十勝の産業構造は，第1次産業とそこから生み出される産物を原材料とした加工関連の産業との間に強い産業連関があることがわかる。そこで，調達と販路から地域的産業連関システムを確認すると，耕種農業，畜産，飲食料品を中

180　第Ⅱ部　地域政策の事例

表7-1　十勝の生産額と域際収支

単位：百万円

部　門	域内生産額		特化係数	域際収支	移輸出額	移輸入額
	生産額	構成比				
耕種農業	163,525	7.1%	3.40	85,372	121,231	▲35,859
畜　産	166,203	7.3%	3.62	77,933	81,078	▲3,145
林　業	14,959	0.7%	2.79	5,308	6,852	▲1,544
漁　業	6,630	0.3%	0.34	1,061	2,401	▲1,340
鉱　業	8,501	0.4%	1.27	▲662	3,644	▲4,306
と畜・肉・酪農品	66,186	2.9%	2.11	43,558	52,784	▲9,226
水産食料品	7,474	0.3%	0.21	▲4,697	6,284	▲10,981
その他の食料品	150,883	6.6%	1.89	8,941	93,066	▲84,125
繊　維	1,255	0.1%	0.60	▲15,534	844	▲16,378
製材・家具	14,781	0.6%	0.96	78	8,667	▲8,589
パルプ・紙	8,582	0.4%	0.26	▲7,185	6,560	▲13,745
印刷・製版・製本	5,464	0.2%	0.47	▲6,570	1,059	▲7,629
化学製品	10,817	0.5%	0.87	▲42,407	7,771	▲50,178
石油・石炭製品	1,887	0.1%	0.03	▲55,872	1,020	▲56,892
皮革・ゴム	0	0.0%	0.00	▲7,308	0	▲7,308
窯業・土石製品	12,988	0.6%	0.97	▲4,545	3,280	▲7,825
銑鉄・粗鋼	0	0.0%	0.00	▲444	0	▲444
鉄鋼一次製品	893	0.0%	0.04	▲8,932	587	▲9,519
非鉄金属一次製品	417	0.0%	0.33	▲3,648	319	▲3,967
金属製品	7,971	0.3%	0.47	▲17,671	2,970	▲20,641
機　械	23,080	1.0%	0.54	▲98,412	18,505	▲116,917
その他の製造品	3,682	0.2%	0.36	▲23,443	3,568	▲27,011
建築・土木	243,355	10.6%	1.17	0	0	0
電力・ガス・水道	39,938	1.7%	0.59	▲23,077	231	▲23,308
商　業	301,343	13.2%	0.99	8,097	103,432	▲95,335
金融・保険・不動産	167,977	7.3%	0.66	▲60,213	1,127	▲61,340
運　輸	124,442	5.4%	1.04	16,580	89,029	▲72,449
情報通信	57,126	2.5%	0.73	▲19,159	49,090	▲68,249
公　務	172,738	7.5%	0.98	0	0	0
公共サービス	230,734	10.1%	0.88	2,610	7,286	▲4,676
サービス業	262,126	11.4%	0.94	536	94,134	▲93,598
事務用品	3,190	0.1%	0.95	0	0	0
分類不明	12,258	0.5%	1.10	▲106	8,962	▲9,068
合　計	2,291,405	100.0%		▲149,811	775,781	▲925,592

出所）2005年十勝産業連関表（北海道開発局）より作成。

図7-3 地域的フードシステムの産業連関

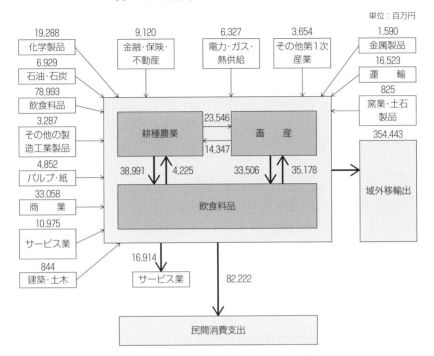

注）矢印は財・サービスの流れを意味する。太い矢印は産業連関の中心的な流れを表す。
出所）2005年十勝産業連関表より作成。

軸とした地域的フードシステムが確認できる（図7-3）。

　主な財・サービスの流れをみると，これらの産業に対して飲食料品から790億円，商業から331億円，化学製品から193億円，運輸から165億円，サービス業から110億円の調達を行いつつ，域外移輸出として3544億円，民間消費支出に822億円，サービス業に169億円の財・サービスの販売を行っている。

　また，耕種農業から飲食料品へ390億円，畜産から飲食料品へ335億円，飲食料品から畜産へ352億円，耕種農業から畜産へ235億円，畜産から耕種農業へ143億円の財・サービスの販売も行われている。

182　第Ⅱ部　地域政策の事例

（3）産業相互の依存関係

(1)　中間投入と中間需要

　中間投入率と中間需要率がともに50％以上の産業は，鉱業，製材・家具，パルプ・紙，化学製品，石油・石炭製品，窯業・土石製品，鉄鋼一次製品，非鉄金属一次製品，金属製品，その他の製造業などであり，製造業部門が多い。

　これらの産業は，十勝地域において相互に依存関係にあり十勝の製造業の大きな特徴である。一方，製造業部門で移輸入率が高いため域内での産業連関がその分だけ弱くなる。

(2)　影響力と感応度

　影響力係数と感応度係数がともに１以上の産業は，畜産，林業，鉱業，その他の食料品である。耕種農業もこの領域に近い。と畜・肉・酪農品は，影響力係数が1.53と最も高い。また，商業と金融・保険・不動産は感応度係数が高い。

(3)　歩留まり率と域外流出

　歩留まり率が80％以上の産業は，金融・保険・不動産であり，70％以上の産業は林業，商業，情報通信，公務，公共サービスであり，これらの産業以外も多くは60％以上である。

　以上のことから，十勝の地域的フードシステムを担う耕種農業，畜産，その他の食料品，と畜・肉・酪農品などの産業は，相互の連関が強いといえる。なお，製造業の産業連関は強いが，移輸入率が高い分，生産波及効果は小さくなる。

（4）移出産業と地元市場産業

(1)　産業連関構造

　2005年の十勝の産業連関構造について，移出産業と地元市場産業，生産誘発産業の構成をみてみよう（表7-2）。十勝の生産額は２兆2914億円であり，そのうち移出産業は7758億円（33.9％），地元市場産業は9927億円（43.3％），生産誘発産業は5229億円（22.8％）となっており，地元市場産業が中心である。

　移出産業のうち主なものは，第１次産業（9.2％），流通（8.4％），飲食料品

（6.6％），観光業（3.6％），生活・ビジネスサービス（3.4％），製造業（2.6％）である。第１次産業とそれに立脚した飲食料品が中心であり，次いで商業や運輸などの流通が際立っている。また，観光業と生活・ビジネスサービスも一定の地位を占めている。

地元市場産業は，公務・教育・医療（16.7％）と建設・不動産（13.5％）が中心となっており，流通・生活サービス（7.7％）とビジネスサービス（2.3％）も一定の地位を占めている。

生産誘発産業では，ビジネスサービス（7.3％），第１次産業・その他（6.7％），流通・生活サービス（6.6％）が大きい。

次に，1998年と2005年の産業連関構造を比較してみよう（表7－3）。

域内生産額は，1998年の２兆5308億円から2005年の２兆2914億円へ，約2400億円減少（－9.5％）した。内訳をみると，移出産業は769億円増加し，構成比も27.6％から33.9％に6.3ポイント増加している。一方，地元市場産業は2363億円減少し，構成比も48.6％から43.3％に5.3ポイント減少している。生産誘発産業も800億円減少し，構成比も23.8％から22.8％に1.0ポイント減少している。

この７年の間に，地元市場産業と生産誘発産業が生産額を減らし移出が伸び，内需型から外需型の地域経済にシフトしたが十分カバーできない結果となっている。

移出産業では，飲食料品が2294億円から1521億円に減少（－2.5ポイント）した一方で，第１次産業が2.0ポイント，流通が2.7ポイント，観光業が1.6ポイント，生活・ビジネスサービスが2.2ポイント，製造業が0.2ポイント増加したため，全体として生産額を増やしている。

移出産業を牽引した産業をみると，畜産，非食用耕種農業，商業，運輸，飲食店，その他の対個人サービス，教育・研究が増えている。

地元市場産業では，流通・生活サービス，第１次産業・その他も減少しているが，建設・不動産の減少程ではない。建設・不動産は，土木が2511億円から1593億円へと大幅に減少したため，全体として18.7％から13.5％へ5.2ポイント減少している。一方，公務とその他公共サービスが増加したため公務・教育・医療は16.1％から16.7％へ0.6ポイント増加し，ビジネスサービスも対事業所サービスと金融・保険が増加したため0.3ポイント増加している。

184　第Ⅱ部　地域政策の事例

表7-2　2005年十勝の産業連関構造

単位：百万円

移出産業（生産波及・後方連関）

移出産業	移輸出額	構成比	生産波及（後方連関）
第1次産業			
食用耕種農業	211,562	9.2%	
非食用耕種農業	94,745	4.1%	
畜産業	26,486	1.2%	
林産業	81,078	3.5%	
漁業	6,852	0.3%	
	2,401	0.1%	76,612 (36.2%)
飲食料品			
と畜・肉・酪農品	152,134	6.6%	
水産食料品	52,784	2.3%	
精穀・製粉	6,284	0.3%	
その他の食料品	13,153	0.6%	
飲料	66,510	2.9%	
飼料・有機質肥料	3,211	0.1%	
	10,192	0.4%	107,269 (70.5%)
製造業			
製材・木製品	58,794	2.6%	
パルプ・紙	7,831	0.3%	
金属製品	6,191	0.1%	
一般機械	2,970	0.1%	
電気機械	5,949	0.3%	
化学工業製品	11,625	0.5%	
化学最終製品	2,710	0.1%	
窯業・土石製品	3,436	0.1%	
非金属鉱物	3,280	0.1%	
	3,644	0.2%	17,791 (30.3%)
流通			
商業	192,461	8.4%	
運輸	103,432	4.5%	
	89,029	3.9%	40,484 (21.0%)
観光業			
娯楽サービス	82,456	3.6%	
飲食店	6,340	0.3%	
その他の対個人サービス	46,513	2.0%	
	29,603	1.3%	27,401 (33.2%)
生活・ビジネスサービス			
調査・情報サービス・放送	78,374	3.4%	
対事業所サービス	34,685	1.5%	
	14,405	0.6%	
	11,678	0.5%	19,508 (24.9%)
合計	775,781	33.9%	289,066

生産誘発産業（前方連関）

生産誘発産業（前方連関）	誘発額	構成比
ビジネスサービス	166,895	7.3%
金融・保険	52,593	2.3%
通信・放送	3,702	0.2%
調査・情報サービス	727	0.0%
対事業所サービス	105,551	4.6%
印刷・製版・製本	4,322	0.2%
流通・生活サービス	151,815	6.6%
商業	67,245	2.9%
運輸	22,717	1.0%
公務	1,099	0.0%
教育・研究	7,200	0.3%
医療・保健・社会保障	2,439	0.1%
介護	0	0.0%
その他の公共サービス	3,468	0.2%
娯楽サービス	277	0.0%
その他の対個人サービス	0	0.0%
飲食料品	2,410	0.1%
第1次産業製品・その他	44,958	2.0%
第1次産品	152,709	6.7%
窯業・土石製品	9,248	0.4%
機械・金属	115,472	5.0%
その他の製造業	6,260	0.3%
その他	10,724	0.5%
インフラサービス	51,488	2.2%
電力	9,121	0.4%
ガス・熱供給	2,648	0.1%
水道・廃棄物処理	14,236	0.6%
建設補修	12,143	0.5%
不動産	13,341	0.6%
合計	522,906	22.8%

地元市場産業（域内波及・後方連関）

地元市場産業	地元最終需要額	構成比	域内波及（後方連関）
公務	381,980	16.7%	
教育・研究	171,639	7.5%	
医療・保健・社会保障	64,771	2.8%	
介護	112,885	4.9%	
その他の公共サービス	18,916	0.6%	
	13,769	0.6%	59,278 (15.5%)
建設・不動産	309,208	13.5%	
建設	71,875	3.1%	
土木	159,337	7.0%	
不動産	77,996	3.4%	
	175,970	7.7%	91,116 (29.5%)
流通・生活サービス			
商業	130,666	5.7%	
娯楽サービス	13,616	0.6%	
飲食店	3,870	0.2%	
その他の対個人サービス	27,819	1.2%	
	53,671	2.3%	38,299 (21.3%)
ビジネスサービス	12,696	0.6%	
運輸	3,273	0.1%	
通信・放送	334	0.0%	
調査・情報サービス	14,449	0.6%	
対事業所サービス	22,920	1.0%	
金融・保険	71,888	3.1%	12,506 (23.3%)
第1次産業・その他	24,283	1.1%	
農林水産品	27,451	1.2%	
その他製造品	5,794	0.3%	
電力・ガス・水道等	13,702	0.6%	
非金属鉱物	641	0.0%	
分類不明	18	0.0%	32,643 (45.4%)
合計	992,718	43.3%	233,840

注）中村［2004］, 佐無田［2008］の金沢に関する地域内産業連関的発展の分析を参考にした。
出所）2005年十勝産業連関表（北海道開発局）より作成。

単位：百万円

表7−3　1998年十勝の産業連関構造

移出産業

移出産業	移輸出額	構成比	生産波及（後方連関）
第1次産業	181,088	7.2%	69,554（38.4%）
食用耕種農業	98,835	3.9%	
非食用耕種農業	148	0.0%	
畜産業	72,179	2.9%	
林業	7,729	0.3%	
漁業	2,197	0.1%	
飲食料品	229,360	9.1%	149,934（65.4%）
と畜・食肉・酪農品	113,741	4.5%	
水産食料品	8,967	0.4%	
精穀・製粉	10,489	0.4%	
その他の食料品	91,309	3.6%	
飲料	2,663	0.1%	
飼料・有機質肥料	2,191	0.1%	
製造業	61,524	2.4%	21,577（35.1%）
製材・木製品	16,533	0.7%	
パルプ・紙	6,704	0.3%	
一般機械	6,393	0.3%	
電気機械	10,996	0.4%	
化学工業製品	544	0.0%	
化学最終製品	2,173	0.1%	
石油製品	713	0.0%	
窯業・土石製品	372	0.0%	
非金属鉱物	4,802	0.2%	
流通	145,015	5.7%	27,866（19.2%）
商業	77,005	3.0%	
運輸	68,010	2.7%	
観光業	51,248	2.0%	16,163（31.5%）
娯楽サービス	7,966	0.3%	
飲食店	24,225	1.0%	
その他の対個人サービス	19,057	0.8%	
生活・ビジネスサービス	30,597	1.2%	6,400（20.9%）
金融・保険	1,421	0.1%	
通信・放送	4,802	0.2%	
対事業所サービス	19,259	0.8%	
合　計	698,832	27.6%	291,495

生産誘発産業（前方連関）

生産誘発産業（前方連関）	誘発額	構成比
ビジネスサービス	159,506	6.3%
金融・保険	25,046	1.0%
通信・放送	21,723	0.9%
調査・情報サービス	0	0.0%
対事業所サービス	107,313	4.2%
印刷・製版・製本	5,425	0.2%
流通・生活サービス	174,397	6.9%
商業	74,350	2.9%
運輸	20,327	0.8%
公務	2,776	0.1%
教育・研究	10,451	0.4%
医療・保健・社会保障	3,371	0.1%
介護	0	0.0%
その他の公共サービス	3,522	0.1%
娯楽サービス	1,128	0.0%
飲食店	4,071	0.2%
その他の対個人サービス	54,402	2.1%
第1次産業・その他	209,265	8.3%
窯業・土石製品	19,694	0.8%
機械・金属	132,451	5.2%
その他の製造業	11,166	0.4%
インフラサービス	17,045	0.7%
電力	28,909	1.1%
ガス・熱供給	59,770	2.4%
水道・廃棄物処理	9,376	0.4%
建設補修	2,091	0.1%
不動産	12,495	0.5%
	16,592	0.7%
	19,216	0.8%
合　計	602,938	23.8%

地元市場産業

地元市場産業	地元最終需要額	構成比	生産波及（後方連関）
公務・教育・医療	406,663	16.1%	76,510（18.8%）
公務	158,919	6.3%	
教育・研究	82,504	3.3%	
医療・保健・社会保障	156,108	6.2%	
介護	0	0.0%	
その他の公共サービス	9,132	0.4%	
建設・不動産	473,626	18.7%	135,926（28.7%）
建設	119,511	4.7%	
土木	251,080	9.9%	
不動産	103,035	4.1%	
流通・生活サービス	209,868	8.3%	50,584（24.1%）
商業	120,784	4.8%	
娯楽サービス	16,635	0.7%	
飲食店	35,266	1.4%	
その他の対個人サービス	37,183	1.5%	
ビジネスサービス	51,162	2.0%	11,280（22.0%）
運輸	13,443	0.5%	
通信・放送	19,562	0.8%	
調査・情報サービス	0	0.0%	
対事業所サービス	11,338	0.4%	
金融・保険	6,818	0.3%	
第1次産業・その他	87,742	3.5%	37,143（42.3%）
農林水産業	24,858	1.0%	
飲食料品	33,672	1.3%	
その他の製造業	10,914	0.4%	
電力・ガス・水道等	18,277	0.7%	
非金属鉱物	−40	0.0%	
分類不明	61	0.0%	
合　計	1,229,062	48.6%	311,443

注）中村［2004］，佐無田［2008］の金沢に関する地域内産業連関的発展の分析を参考にした。
出所）1998年十勝産業連関表（北海道開発局）より作成。

186　第Ⅱ部　地域政策の事例

　生産誘発産業では，第1次産業・その他が1.6％減少しているが，ビジネス
サービスが1.0ポイント増加している。

(2)　産業連関システムの連関構造

　帯広・十勝における地域的フードシステムの連関構造をみてみよう（図7-4）。

　2005年の地域的フードシステムの生産額は4575億円であり，うち移出産業は
3083億円（67.4％），地元市場産業は432億円（9.4％），生産誘発産業は移出関連
が900億円（19.9％）となっており，移出関連で87.3％を占めている。

　生産波及（後方連関）は，移出産業が1641億円（53.2％），地元市場産業が246
億円（57.0％）である。

(3)　自治体財政による生産誘発

　最終需要による生産誘発をみると，移輸出への依存度が90％以上の産業は耕
種農業，パルプ・紙，その他の製造業である。80％以上の産業は畜産，と畜・
肉・酪農品，水産食料品，化学製品，非鉄金属一次製品，機械，運輸，情報通
信である。70％以上の産業は林業，漁業，その他の食料品，繊維，製材・家

図7-4　地域的フードシステムの連関構造

＜地域的フードシステム＞
生産額 4574億6300万円

単位：百万円

移出産業	308,270（67.4％）	生産波及（後方連関）164,115（53.2％）
生産誘発産業（前方連関）	90,037（19.9％） 15,947（3.5％）	
地元市場産業	43,209（9.4％）	生産波及（後方連関）24,633（57.0％）

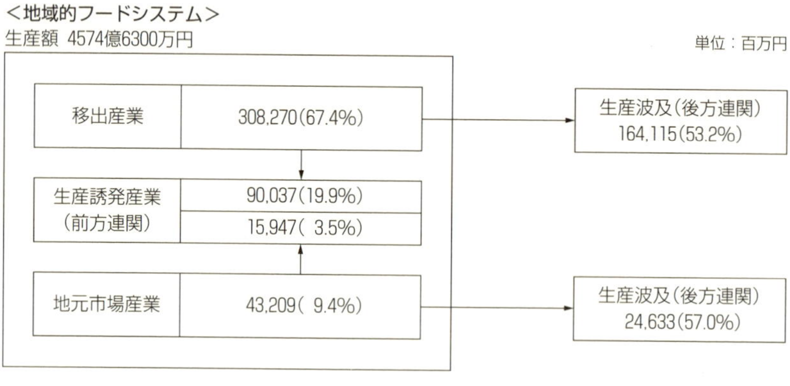

注）移出産業，生産誘発産業，地元市場産業の（　）は，生産額4574億6300万円に対する割合。生産波及（後方連関）
　　の（　）は，それぞれ移出産業，地元市場産業の生産額に対する割合。
出所）2005年十勝産業連関表（北海道開発局）より作成。

具，鉄鋼一次製品である。第1次産業から第3次産業にわたって移輸出への依存度が高い。

自治体財政についてみると，一般政府消費支出は15.8％，域内総固定資本形成（公的）は8.7％，合計24.5％であり，十勝の生産額の4分の1が自治体財政によって生産誘発が生じている。

（5）十勝の地域循環構造分析のまとめ

(1) 産業構造と域際収支

十勝の産業構造は，第1次産業とそれに関連する製造業や流通が基幹となっている。また，機械や製材・家具などの製造業も一定の地位を占めている。さらに，商業や運輸などの流通関係も重要な地位を占めていることも特徴である。

(2) 地域的産業連関システム

第1次産業とそこから生み出される農畜産物を原材料とした加工関連の産業との間に強い産業連関があり，地域的フードシステムが確立していることが確認できる。

(3) 産業相互の依存関係

十勝の地域的フードシステムを担う耕種農業，畜産，その他の食料品などの産業は，相互の依存関係が強い。なお，製造業は産業連関は強いが移輸入率が高い分，生産波及効果は小さくなる。

(4) 移出産業と地元市場産業

2005年の移輸出産業は，第1次産業(9.2％)，流通(8.4％)，飲食料品(6.6％)，観光業（3.6％)，生活・ビジネスサービス（3.4％)，製造業（2.6％）であり，第1次産業とそれに立脚した飲食料品が中核であり，次いで商業や運輸などの流通も際立っている。

地元市場向け産業は，公務・教育・医療と建設・不動産が中心となっており，流通・生活サービスとビジネスサービスも一定の地位を占めている。

188　第Ⅱ部　地域政策の事例

　地域的フードシステムは，移出産業とそれによる生産誘発産業で9割近くを占めており，移出産業による生産波及（後方連関）比較的高い。

　1998年から2005年にかけて，域内生産額は2兆5308億円から2兆2914億円に約2400億円減少（−9.5％）した。移輸出産業が769億円増加する一方で，地元市場向け産業が2363億円減少し，生産誘発産業も800億円減少している。内需型から外需型の地域経済にシフトしている。

　自治体財政は，域内生産額の4分の1の生産を誘発している。

5　各種事業の経済波及効果—生産・粗付加価値・雇用・税収—

　次に，帯広・十勝における各種事業による経済波及効果をみてみよう。

　ここでは，小麦の地元製粉の増加，ペレットの生産増加，フードツーリズムの進展について取り上げた（表7-4）。その際，小麦の地元製粉の増加では「その他の食料品」で，ペレットの生産増加では「製材」で，フードツーリズムの進展では「サービス業」でそれぞれ5％の自給率の上昇を想定して試算した。その結果は次のとおりである。

　小麦の地元製粉の増加では，自給率が5％上昇することにより70億9710万円の生産増加が見込まれ，1.48倍の104億7358万円の生産誘発効果がある。就業者483人の雇用効果と，道税5459万円，市町村税5099万円の税収効果も得られる。

　ペレットの生産増加では，自給率5％上昇により7億3515万円の生産増加が見込まれ，1.60倍の11億7547万円の生産誘発効果がある。就業者95人の雇用効果と，道税537万円，市町村税673万円の税収効果も得られる。

　フードツーリズムの進展では，自給率5％上昇により130億7950万円の生産増加が見込まれ，1.37倍の179億4880万円の生産誘発効果がある。また，就業者2068人の雇用効果と，道税1億1152万円，市町村税1億3310万円の税収効果も得られる。

　これら3つの事業によって生まれる生産誘発額は，295億9785万円になる。これを産業別にみると，サービス業に138億9363万円（46.9％），その他の食料品に75億3333万円（25.5％），商業に19億8961万円（6.7％），金融・保険・不動

第7章　中小企業振興基本条例と帯広・十勝の地域経済―北海道帯広市―　189

表7-4　各種事業の経済波及効果

事　業	最終需要額（万円）	直接効果（万円）	総合効果（万円）	倍率	付加価値（万円）	就業者（人）	雇用者（人）	税収（万円）	
								道税	市町村税
a. 小麦の地元製粉の増加	709,710	709,710	1,047,358	1.48	401,379	483	424	5,459	5,099
b. ペレットの生産増加	73,515	73,515	117,547	1.60	50,221	95	87	537	673
c. フードツーリズムの進展	1,307,950	1,307,950	1,794,880	1.37	1,069,925	2,068	1,712	11,152	13,310
合　計	2,091,175	2,091,175	2,959,785	1.42	1,521,525	2,646	2,223	17,148	19,082

注）波及効果倍率＝生産誘発額（総合効果）／最終需要額
出所）2005年十勝産業連関表（北海道開発局）より作成。

産に14億1330万円(4.8%)，耕種農業に11億7622万円(4.0%)などとなっており，帯広・十勝の基幹産業に生産誘発効果が及ぶことがわかる。

1 ）　帯広市中小企業振興基本条例（2007年3月27日条例第6号）。
2 ）　北海道中小企業家同友会十勝支部へのヒアリングより（2011年5月実施）。
3 ）　なお，2015年3月に人材確保プロジェクトが追加され7つの重点プロジェクトとなっている。その展開事業は，U・Iターン者の確保促進と地元企業の情報・魅力発信である（『帯広市産業振興ビジョン』2015年3月改訂）。
4 ）　環境モデル都市は，低炭素社会の実現に向けて温室効果ガスの大幅削減などへの取り組みを行うモデル都市として日本政府により選定された自治体である。
5 ）　フードバレーとかち推進協議会『フードバレーとかち推進プラン』。同プランは，この推進プランに基づき，定住自立圏構想などの制度を活用しながら，十勝管内の市町村等の行政機関や農林漁業団体，商工業団体，金融機関，大学・試験研究機関などが連携して「フードバレーとかち」を推進している。
6 ）　『十勝毎日新聞』2010年9月28日。
7 ）　帯広市食産業振興協議会『麦チェンマニュアル』33ページ。

第8章
大分県における拠点開発方式と外来型開発

はじめに

　大分県は，1963年7月に新産業都市に指定された。1963年版の『県政のあゆみ』はその意義について次のように記している［大分県 1963：1］。

　　「本県が従来，後進県の名に甘んじなければならなかった理由は，端的にいえば本県の政治的経済的地位がわが国の主流から程遠いところに位置していたからに外ならない。（中略）しかし知事就任いらい，県是としてかかげ強く推進してきた農工併進政策が，ようやく実りの秋をむかえようとしているいま，このことに根本的な変革を期待することができるようになった。大分・鶴崎臨海工業都市の建設がそれである。すなわち昭和35年秋，国は国民所得倍増計画を策定し，工業開発の方途として太平洋ベルト地帯建設の構想を明らかにした。さらに相前後して九州石油と富士製鉄の工場立地が決定した大分・鶴崎地区は，その重要な拠点として大きく浮かび上がったが，これはとりもなおさず，本県工業開発の方向が国の工業開発政策の主流に乗ったことを意味している。」

　本章は，「新産都の優等生」［大分県 1971：11］と呼ばれた大分県の新産業都市を対象として，最初にその地域開発構想の変遷をたどり，次いで新産業都市建設の計画と実績からみた大分県経済の構造と機能を解明し，さらに行財政や環境との関係について考察しようと思う。

　なお，新産業都市を対象とする理由は以下のとおりである。

　大分県は，『大分県の開発基本計画』のなかで，本県の経済規模拡大の主なる要素は農林業，工業および観光の3つにあるとして次のように述べている。

　すでに本県では将来における産業経済の発展の方向を農工併進に指向し，積極的な工業開発と農業の近代化に求めている。すなわち富士製鉄，九州石油等

工業の基幹となる鉄と石油の立地が決定し，すでに九州石油は1964年4月操業の見込みとなっている。大分地区臨海工業地帯の造成と併行して，駅館川総合開発事業（農業利水を中心とした事業）の推進，久住飯田の高原地帯の開発（酪農を中心とした土地利用開発），原野造林の推進による緑化計画などの諸事業を実施しつつある。工業化の促進および農業の近代化が，他産業の発展を促し，教育文化，交通運輸，厚生治安など各般の機能と有効に結びついて総合的に計画され，統一的に展開されて，はじめて本県県勢の振興は実現できる。

　こうしたことから，1970年を目標とした本県ののぞましい姿をえがき，これに到達するための基本的方向とその対策を内容とした大分県基本計画を1962年に策定した。この計画は，大分地区に九州石油と富士製鉄の二大基幹工場の立地が決定し，特に九州石油は1964年4月に操業見込みとなっているという既定事実と大分地区新産業都市建設計画に立脚しているところに特色を有している[大分県 1962：12-13]。

　このように，大分県の基本計画は，開発の基調を農工併進としつつも新産業都市建設計画に立脚したものである。したがって，以下ではこの新産業都市建設計画を中心に検討する。[1]

1　大分・鶴崎臨海工業地帯開発の始動

　大分県における地域政策は，当初は，地域的には大分県内の別府湾沿岸地区内を対象として，振興する産業は県内の諸資源を活用する在来産業であった。しかし，日本経済の重化学工業化の進展とともに変貌をとげることになった。すなわち，地域的には瀬戸内海沿岸地域へと拡張されるとともに重化学工業化を推進する地域政策に転換することになった。本章では，この転換過程を確認しておこう。

（1）「別府湾沿岸地区」から「瀬戸内海沿岸地域」への改称
　1953年の大分県総合開発計画では工業について次のように記されている[大分県 1953：8]。

192　第Ⅱ部　地域政策の事例

「本県の工業は農業を主体とした第一次産業の基盤の上に豊富な労働力に
刺激されて代表的近代工業としての紡績工業が海岸部都市に発達し又埋蔵
量7億トンと称される石灰石を主原料とするセメント工業が港湾等地理的
条件に恵まれて津久見，佐伯地区に隆盛を極めており，更に近時良港，用
地，用水，原材料（石灰石）等の好立地条件によって佐伯市に興国人絹パ
ルプ株式会社及び坂ノ市町に旭化成工業株式会社がその分工場をそれぞれ
建設する等，近代工業が相次いで立地している現状である。尚，今後の工
業振興の基本的方針としては県内地下資源電力資源等未利用開発資源の開
発を緯とし，臨海工業地帯の整備と交通網の整備拡充を経とし，更に加う
るに農村労働力をもって工場誘致を図ることによって県民所得の増加並び
に農村過剰人口の就労に努め都市，農村の規模及び配置の適正を期せんと
するものである。」

　ここでは，県内地下資源電力資源等未利用開発資源の開発と臨海工業地帯の
整備と交通網の整備拡充とが掲げられている。

　また，別府湾沿岸地区の対策として，「大分市を中心とする広域都市計画の
建設を図ること，即ち大野川，大分川の中間地域を臨海工業地帯として港湾，
鉄道，道路等の輸送網の整備と埋立，整地，区画整理等による用地の造成並び
に大野川，大分川の治水，利水計画による工業用水の確保とを図り，工場誘致
の積極的対策を講ずる。」［大分県 1953：11］としているように，臨海工業地帯
に工場誘致を進めることが目指されている。しかし，ここではあくまでも“別
府湾沿岸地区”と呼称されその開発が主眼である。

　以上のように1953年段階では，県内地下資源電力資源等未利用開発資源の開
発を緯とし，工場誘致による別府湾沿岸における臨海工業地帯の整備と交通網
の整備拡充を経とした開発計画であった。

　しかし，1955年の総合開発計画では変化の兆しがうかがえる。工業について
は1953年と同様の分析がなされているが，総合開発地区の区分が変更されると
ともにその対策も大きく変化している。

　地区区分では，1953年に“別府湾岸地区”と称していた地域は1955年には“瀬
戸内海調査地域（指定要望中）”と名称が変更されている［大分県 1955：9］[2]。そ

して，根幹事業として「港湾の整備拡充工業用地の造成（埋立）輸送網整備拡充，山国川電源開発，工業用水確保，漁港の整備拡充，漁礁の設置」が掲げられている。また，対策として，「本県の代表的資源である石灰石との有機的な結びつきによる化学工業並びに瀬戸内海沿岸地域及び北九州工業地帯との関連工業の振興を図り低生産の原始産業県より工業県への転換を期すると共に又これ等工業振興と密接不可分の関係にある沿岸漁業の振興調整並びに内海のもつ国際的観光価値とこの地域の別府を起点とする阿蘇，雲仙を結ぶ観光資源の総合開発を図ることを主導目標とする」とし，瀬戸内海沿岸地域および北九州工業地帯との関連工業の振興を掲げている［大分県 1955：13］。なお，1957年の総合開発計画でも同様の対策が掲げられている［大分県 1957a：12］。

1957年に発表された「瀬戸内海調査地域　大分鶴崎地区臨海工業立地条件調査報告書」は，当時の大分県の課題について次のように述べている［大分県 1957b]。[3)]

「本県は，産業構造が低生産性の農業を主とし，従って県民所得も又全国平均をはるかに下回った低位にある。いわゆる未開発後進県である。このため立地条件に恵まれた臨海工業地帯と，豊富な地下資源及び森林資源との有機的な結合による工業の振興により，農業県から工業県への転換をはかることは県是でもある。」

大分県の県民1人当たりの所得水準が低い原因は，第1次産業にウェイトがあり，とりわけ第2次産業の比率が低いことにある。

大分県産業の後進的性格は製造工業の不振にあり，県総合開発事業の1つと考えられている別府，飯田，久住高原の観光開発，飯田，久住高原の「らく農」振興，あるいは祖母，傾山地方の鉱産，林産開発事業も施策も重要であろうが，増加する人口に雇用の機会を与え，さらには県民所得水準の向上を図る根本的な施策は，やはり製造工業の発展にあるものといえよう［大分県 1957b：6]。

さらに，このように課題を提起した上で，大分県工業の不振の現状について福岡県を除く瀬戸内海沿岸各県と比較して4点にわたって述べている［大分県 1957b：7-9]。

194　第Ⅱ部　地域政策の事例

　第1は，1926年から1954年までの工業生産額の推移を比較すると，大分県の
工業生産活動の低迷さが判明する。工業生産額は，面積的に大分県の3分の1
にも満たない香川県と同額で，しかも1926年を100とした1954年の工業生産額
の増加指数は，山口県715，広島県445，岡山県264，愛媛県283，香川県498で
あるが大分県は296と低い。
　第2は，単位面積当たりの工業生産額を1954年度についてみると，大分県の
指数は最低である。
　第3は，1000人以上の従業者を要する工場は，富士紡大分工場，日本鉱業佐
賀関精錬所の2工場しかなく，従業員200人以上の工場はわずか19工場のみで
ある。
　第4は，工業生産額構成を重化学工業，紡績工業，その他軽工業の3つに分
類して工業構造をみると，大分県は全国平均以上に重化学工業化された構造を
示しているが，その生産額は山口県や広島県の3分の1程度にとどまってお
り，その工業内容は後進性が強く，端的にいえば県内の原木，石灰石，地下資
源を対象とした初期的な工業立地段階であるとみることができる。
　これらのことから，大分県が瀬戸内海沿岸各県と同様な工業立地条件を具備
していながら工業の発達が遅れていること，そしてこの原因は過去における大
分県政の施策が県内の工業振興を疎略にあつかったことにあるとしている。
　このように県政を総括して，本報告書は，農業県から工業県への転換に向け
た臨海工業地帯としての妥当性の判定と立地の適地産業の想定を次のように述
べている［大分県 1957b：27-38］。
　①瀬戸内海の西縁にあたり，北九州工業地帯に近く阪神などの瀬戸内海の
　　工業地帯との貨物の輸送が極めて便利であること。
　②工業用地は，埋立造成費では他の地区と差がない上に，既存の土地が安
　　価であること。
　③河岸線から沖合2kmまでは遠浅で埋立てに好都合であり，約660万㎡
　　の埋立てが可能であること。
　④2kmより先は急に水深を増しているので，航路浚渫をしなくても超
　　大型船用の港湾施設の建設が可能であること。
　⑤豊富な森林資源や金，銀，鉛，亜鉛，硫化鉱などの鉱物資源があるこ

と。

⑥工業用水が極めて豊富であること。

⑦このような特長から，紙パルプ工業，化学繊維工業，苛性ソーダ工業，
製鉄業，石油精製業，フェロアロイ，都市ガス工業，火力発電の誘致が
望ましいこと。

こうした大分県内の臨海地域を瀬戸内海沿岸の一地域とする位置づけは，
1960年代になって新たに「新産業都市」と位置づけられるまで踏襲されること
になった［石井 2001：55］[4]。

（2）在来型産業振興から重化学工業誘致への転換

以上の調査を踏まえて，1960年に瀬戸内海沿岸における総合開発の一環とし
て，『瀬戸内海沿岸総合開発調査 工業を中心とする開発計画』が策定された。

計画の基本構想では，「本地域（大分鶴崎地域）は豊富な用水，広大な工場適
地及び消費市場への交通利便，別府を中心とした観光，保養等自然的にすぐれ
た工業立地条件を備えているので，この特性を高度に活用し，沿岸一帯に大工
業地帯を造成して県内の産業経済の発展に寄与せしめんとするものである。工
業開発の基本構想は，工業用地の造成，工業用水の確保及びこれらをより有効
適切に活用するための産業基盤施設の整備を行い工業地帯としての環境を整
え，産業経済機能の充実に重点が置かれている。」とし，工業用地の造成，工
業用水の確保およびこれらをより有効適切に活用するための産業基盤施設の整
備を目指すとしている［大分県 1960］[5]。

工業用地に関しては，海面埋立による造成適地と既成地が1913万6000㎡ある
ため，1959年から大規模工業団地造成に着手しており，新たに1357万8000㎡を
造成し重化学工業群の立地を推進し，工業用水については，1958年から県営工
業用水事業に着手し12万5000㎡／dの用水を確保し既存工場に給水している
が，埋立用地造成に平行して1975年までに75万㎡／dの工業用水道を建設す
る。さらに，産業基盤施設については，港湾は現状では工業港としての目的を
果たしえないので各団地間に工業港を築造する。道路は，工場立地による輸送
需要量の増大に対処するため，幹線道路を新設し工業地帯２級国道等を結ぶ路
線の整備を図る。鉄道は，日豊線鶴崎駅，高地駅および大分臨海線大分港駅か

ら各団地へ引込み線を付設する。

　土地造成計画と工場立地計画では，豊富な用水・用地・港湾などの特性を活用して，1号地から4号地の工場用地には石油と鉄の大規模コンビナートの建設が計画されている。ここでは，1950年代前半に工業開発計画で考えられていた石灰石など県内地下資源の活用による工業振興は，5号地の一般化学にとどめられているにすぎない。

　開発計画は，総事業費2265億円であり，工場建設が1910億円と全体の84.3％を占め，用地造成，用水開発，道路整備，鉄道整備，港湾整備，住宅建設の合計355億円，15.7％となっている。道路整備と港湾整備は公共事業として大分県が担う。

　さらに，地域の将来規模を次のように想定している。工業生産額では，133億8800万円から2251億1100万円へ16.8倍の成長をとげ，鉄鋼は4000万円から880億9000万円へ2202.3倍，石炭・石油製品が5100万円から485億9000万円へ952.8倍に，輸送需要では港湾が31.4万トン（t）から2592万tへ82.7倍に増加するとしている。人口も，17万4000人から40万8000人に増加し，特に中心部の大分市，鶴崎市は工場立地による直接従業者は3万70人を必要とするとともに，その家族や関連産業を含めて15万5544人の増加により総人口は37万6000人となり，東九州沿岸における最大の都市となることが想定されている。

　以上の計画が完成すると，「重化学工業を中心とした基幹工業及び背後地に立地する関連工業が有機的に結合された一大工業地帯が出現することになり，本県工業の要衝となるばかりでなく，瀬戸内海工業地帯においても重要な地位を占めることになる。」とし，瀬戸内海工業地帯において重要な地位を占めることを強調している。

（3）内発的振興策から外来型開発への転換

　こうして，大分県は，当該地区の開発はこれまでは大分県内での阿蘇特定地区，豊後水道地区，別府湾沿岸地区，国東半島地区，山国川地区，筑後川地区の6つの地区開発計画の1つである別府湾沿岸地区の工業開発計画としてきたが，同地区を瀬戸内海沿岸地域すなわち太平洋ベルト地帯の一地域として位置づけることにより，日本経済の重化学工業化の活力を取り込むとともに，これ

まで掲げてきた県内の諸資源を活用した在来産業の発展を目指す開発計画を後景に押しやることになった。

このことは，大分県が日本経済の成長に沿った石油精製・石油化学・鉄鋼など重化学工業群の立地による重化学工業コンビナートの動向に左右される地域経済に変貌したことを意味する。[6]　したがって，この開発計画によって大分県は地域経済を自ら発展させる力を制約され，自ら地域経済を形成する権能を失ったが，同時に内発的振興への強い志向をもたらすことになった。

2　大分地区新産業都市建設計画の概要

（1）新産業都市建設の目的

大分県の『新産業都市"大分地区"建設計画の概要（1964年3月）』は，新産業都市建設の意義について次のように述べている［大分県 1964：51-52］。

大分県の産業は，これまで豊富な資源に恵まれながらも，もっぱら農林漁業など第一次産業に依存し，開発は進まず，近代的な産業の伸長はみられなかった。しかし，ここ数年前から農工併進を基調とした県政の総合開発計画により，本県の産業構造は大きくぬりかえられようとしている。

すなわち，大分地区に大企業を誘致して，九州での重化学工業開発の大規模な中核拠点とすることによって，工業はもちろん，他の産業の生産性をたかめ，県民所得の向上をはかる計画が実施されてきた。

1960年における第2次産業の従業者は，わずかに9万人余で，全就業人口の16％にすぎず，県民1人当たりの生産所得は，全国水準を20％以上も下回っていた。就業人口の約半数は，第1次産業に占められているが，農家1戸当たりの平均耕地面積は，わずかに0.66ヘクタール（ha）であり，その生産所得は全体の4分の1にすぎない。このような事情が，優秀な労働力を県外に排出する素因となり，ここ数年来年々1万人近い人口の社会減となっている。

このような状態から脱皮するため，およそ100kmにおよぶ海岸線の工業化，つまりすでに立地の決定した石油（九州石油KK，最終目標13万バーレル）と，鉄（富士製鉄KK，最終目標銑鉄360万t，粗鋼390万t）を基幹とする「大分臨海工業地帯」の造成を主軸として，産業構造を高度化し，ひいては，県民経済を豊

かにし，雇用の安定をはかることを県政の重要施策として推進してきた。

　国家的には4大工業地帯の行きづまりをカバーして，所得倍増計画，あるいは全国総合開発計画の意図する線に沿い国が期待する生産をあげるための一端を担っている。

（2）新産業都市建設の目標

　このような目的のもと，次のような目標が掲げられている（表8-1）。

　人口については，基準年次では127万4000人であるが，積極的な工業開発により労働力需要を拡大することにより目標年次には1.18倍の150万8000人を目指している。

　これを裏付ける就業人口については，一方で，第1次産業において32万7000人から22万9000人へと70％に減少することを想定しつつ，他方で，第2次産業で7万8000人から18万5000人へと2.38倍に増加することを軸として，第3次産業でも17万6000人から32万2000人へと1.83倍に増えることを想定している。これらの伸び率は，第1次産業を除いて全国の目標値を上回るものであり，非常に積極的な数値となっている。

　生産所得については，基準年次の938億円から目標年次の3547億円へと3.78倍になることが想定されている。第2次産業が全国の2倍以上となる6.23倍の1314億円，第3次産業で3.69倍，第1次産業で1.81倍といずれも全国を上回る積極的な目標が掲げられている。その結果，個人所得3.58倍，個人消費支出3.48倍，個人貯蓄3.48倍といずれも全国平均を上回る数値となっている。

　以上の全国平均を上回る経済活動の指標は，以下のような製造業の積極的な拡大を前提としたものである。

　工業規模に関する目標は，事業所数では目標年次で1.1倍の4483事業所に，従業者では2.96倍の12万1000人に，工業出荷額では8.13倍の5073億円となっている。これを区域でみると事業所数は1.2倍，従業者は4.39倍，工業出荷額は実に12.22倍が目標とされている（表8-2）。

　生産額を業種別でみると，大企業の進出が決定していた石油石炭製品製造業が323.03倍，鉄鋼業が44.63倍と高い目標となっている。そのほか，ゴム製品製造業52.54倍，窯業土石製品製造業47.7倍，化学工業29.49倍，機械製造業

第8章　大分県における拠点開発方式と外来型開発　　199

表8-1　基本計画の主要経済指標

大分県					全　国				
区　分	単位	基準年次 1956〜 58年	目標年次 1970年	倍率 %	区　分	単位	基準年次 1956〜 58年	目標年次 1970年	倍率 %
総人口	千人	1,274	1,508	118	総人口	万人	9,111	10,222	112
就業人口	〃	581	736	127	就業人口	〃	4,154	4,869	117
1次産業	〃	327	229	70	1次産業	〃	1,645	1,154	70
2次産業	〃	78	185	238	2次産業	〃	1,006	1,568	156
3次産業	〃	176	322	183	3次産業	〃	1,503	2,147	143
生産額	百万円	103,550	672,893	651	農林水産業 生産水準	%	100	144	144
1次産業	〃	33,968	61,381	181					
2次産業	〃	69,582	611,512	879	鉱工業生産 水準	〃	100	432	432
生産所得	〃	93,804	354,740	378	国民所得	億円	79,936	213,232	267
1次産業	〃	23,919	43,340	181	1次産業	〃	14,995	21,614	144
2次産業	〃	21,081	131,400	623	2次産業	〃	26,648	82,411	309
3次産業	〃	48,804	180,000	369	3次産業	〃	38,293	109,207	285
個人所得	〃	94,745	338,983	358	個人所得	〃	73,019	189,835	260
個人消費支 出	〃	74,875	260,428	348	個人消費支 出	〃	57,979	151,166	261
個人貯蓄	〃	16,738	58,216	348	個人貯蓄	〃	10,659	27,469	258

出所)＜資料2＞大分県地区新産業都市建設計画の概要［大分県 1964：51］より。

表8-2　工業規模の目標

区　分	全　県			区　域		
	1959年	目標年次 1970年	倍　率	1959年	目標年次 1970年	倍　率
事業所数（所）	4,091	4,483	110	1,439	1,730	120
従業者（人）	40,881	121,000	296	18,177	79,740	439
工業出荷額（百万）	62,370	507,280	813	32,710	399,571	1,222

出所)＜資料2＞大分県地区新産業都市建設計画の概要［大分県 1964：52］より。

表8-3　業種別生産額の目標

区分	全県					区域				
	1959年		目標年次		倍率	1959年		目標年次		倍率
	金額	構成比	金額	構成比		金額	構成比	金額	構成比	
	百万円		百万円		%	百万円		百万円		%
鉄鋼業	3,200	5	142,830	28	4,463	77		107,520	27	139,636
非鉄金属製造業	17,210	28	35,800	7	208	17,185	53	35,517	9	206
機械製造業	3,250	5	79,850	16	2,457	560	2	65,520	16	12,847
化学工業	3,800	6	112,080	22	2,949	3,216	10	108,768	27	3,382
石油石炭製品製造業	99		31,980	6	32,303	40	1	31,887	8	79,717
窯業土石製品製造業	5,430	9	25,900	5	4,770	233	1	9,462	2	4,060
ゴム製品製造業	130		6,830	1	5,254	132		6,828	2	5,172
パルプ紙製品製造業	4,630	8	13,570	3	293	1,726	5	7,520	2	435
繊維工業	3,270	5	5,870	1	180	2,454	8	3,724	1	120
その他	21,351	34	52,570	11	246	7,087	22	22,825	6	351
合　計	62,370	100	507,280	100	813	32,710	100	399,571	100	1,222

出所)　<資料2>大分県地区新産業都市建設計画の概要［大分県 1964：52］より。

24.57倍となっている（表8-3）。

　以上のような高い目標を達成する条件として，積極的な企業誘致が目指されている（表8-4）。

　新規に誘致される事業所は全体で392件であり，そのうち機械製造業が266件と最も多く67.9％を占めている。一方，従業者数は2万4500人と34.9％であることから，一事業所あたりの従業者数は92人である。従業者数については鉄鋼業もほぼ同数の2万4060人が想定されているが，一事業所あたり300人と大規模である。生産額の構成比では，鉄鋼業，機械製造業，化学工業，石油石炭製品製造業，ゴム製品製造業で平均を上回り高率である。

　他方，非鉄金属製造業，窯業土石製品製造業，パルプ紙製品製造業など在来産業も視野に入れた計画であることがわかる。

　以上のことから，工業生産の目標については鉄鋼業や化学工業，石油石炭製品製造業などのコンビナート建設に関わる主力産業だけでなく，非鉄金属製造業，機械製造業，窯業土石製品製造業，ゴム製品製造業，パルプ紙製品製造業などの在来産業についても一定の役割が付与されていることがわかる。これは，大分地区新産業都市建設基本計画において掲げられた「開発すべき工業の業種およびその規模等に関する工業開発の目標」と関連している[7]。すなわち，

表8-4　新規工業の業種別構成

区　分	事業所数	従業者数	生産額	構成比 (生産額)
		人	百万円	％
鉄鋼業	80	24,060	130,330	91.2
非鉄金属製造業	1	1,500	5,650	15.8
機械製造業	266	24,500	68,500	85.8
化学工業	20	7,550	99,920	89.2
石油石炭製品製造業	1	780	31,730	99.2
窯業土石製品製造業	11	7,800	10,700	41.3
ゴム製品製造業	1	400	6,500	95.2
パルプ紙製品製造業	3	370	600	4.4
繊維工業				
その他	9	3,250	16,500	31.4
合　計	392	70,210	370,430	73.0

出所)　<資料1>大分県の開発基本計画［大分県　1964：32］より。

同計画では，「この地区の工業開発の構想は，建設基本方針の示すところに
よって，鉄鋼，石油精製等の臨海性装置工業の発展を中心とし，あわせて関連
産業の育成および機械工業の誘導，をはかることとする」とし，次の4項目の
目標を掲げている（図8-1）。

①鉄鋼，石油，化学コンビナートの建設

②関連産業の育成

　鉄鋼，石油，石油化学の三業種がこの地区の工業開発に先導的な役割を果た
すことによって，石油化学，鉄鋼一貫工場を基礎として化学工業，窯業土石，
鉄鋼二次加工メーカーなどの関連産業の多くの誘発を期待することができる。

③機械工業の誘致

　機械工業が成長産業であること，雇用や下請企業を通じて地域経済と結びつ
きが強い。またこの地区が装置産業に特化することを防ぎ，工業構造の多様性
を確保するため，輸送用機械，産業用機械，土木建設用機械などを主軸として
開発を進める。

④既存企業との関連および地元中小企業の育成

　非鉄金属，窯業土石，化学，パルプなどの産業部門にすでに有力企業が存在

図8-1　大分県の採点開発方式の論理

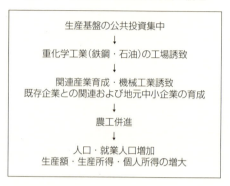

出所) 大分 [1964] 等をもとに作成。

しているが，工業開発に伴って設備の拡張，多角生産，体質改善など既存工場をテコとして積極策が期待される。また，本県の中小企業は製造業において総事業所の約99％，従業員では約76.2％を占め，そのうち3人以下の零細企業が約60％を占めており経済的な地位は見逃しがたいため，経営の改善，技術の向上，設備の近代化，労働力の確保など中小企業の育成進行が急務である。

次に，こうした計画がどのように具体化してきたのかについてみてみよう。

3　新産業都市の産業連関構造—産業連関の希薄化—

新産業都市建設によって大分県経済がどのように変化したのかについて，1965年と1980年の産業連関表を活用して産業連関分析の方法を用いて明らかにする[8]。なお，この2つの時点を選定したのは次の理由からである。1965年は新産業都市指定直後であり，従前の大分県経済の特徴を把握することが可能であり，1980年は第2期の新産業都市建設終了時点であり新産業都市の全体像を把握することが可能となる時点であると判断した。

(1) 1965年の産業連関分析—6つの産業分野の並立—

図8-2は，1965年時点の大分県の産業連関構造を示したものである。図は3列に分けてあり，上から1列目は移輸出産業，3列目は最終需要産業，2列目は移輸出産業と最終需要産業によって生産誘発を受けて発生する生産誘発産業である。

1965年時点の大分県の域際収支を支える移輸出産業は1927億円，県内生産額に占める割合は36.2％であり次の6つの分野で構成されていた。すなわち，①

それまでの基幹産業であった農林水産業（197億円，県内生産額に占める割合3.7％，以下同様），②地域資源に根ざした製材・飲料等（478億円，9.0％），③在来の機械工業とその他の製造業（142億円，2.7％），④新産業都市建設の初期段階を代表する石油・鉄鋼（599億円，11.3％），⑤商業や運輸，金融・保険等（218億円，4.1％），⑥事業所・個人サービス等（294億円，5.5％）である。

このように，1965年の段階では，すでに石油・鉄鋼の生産額が最も多くなっているものの新産業都市の初期段階であることから，6つの産業分野がほぼ並立する構成であったといえる。

農林水産業は，移輸出額197億円で県内生産額に占める割合は3.7％と，機械工業・その他の製造業とともに6つの分野では低いグループに入るが，域内波及率は23.2％と製材・飲料・その他の57.1％や公共サービス等の24.7％に次いで3番目に高い比率であり，この時点では県内経済において一定の役割を果たしていることがわかる。

製材・木製品，パルプ・紙，飲料等は，農林水産業で生産される木材や農産物などの地域資源に根ざした在来産業であり，移輸出額も478億円（9.0％）と石油・鉄鋼に次いで多く，かつ域内波及率は57.1％と最も高く，県内経済おいて産業連関の高い産業として存在感を示している。在来産業に属する機械工業・その他の製造業は，県内生産額に占める割合6分野のなかでは最も低く2.7％であり域内波及率も14.8％と最も低い。

石油・鉄鋼は，新産業都市を代表する産業であり移輸出額は599億円，構成比も11.3％と初期段階とはいえ最も高い。しかし，域内波及率は17.0％であり農林水産業の23.2％や製材・飲料などの在来産業の57.1％に比べて低く，生産誘発額も63億円（1.2％）と少なく地域内での産業連関は低調である。

以上のように，1965年時点の大分県の移出産業は6つの産業分野がほぼ並立する構成となっていた。移輸出産業の県内生産額に占める割合は36.2％であり，生産誘発の564億円（10.6％）を加えると，46.8％が移輸出関連生産となる。

これに対して，最終需要産業とその関連産業が53.2％を占めている。最終需要産業は，商業・建設等（952億円，17.9％）と公共サービス等（648億円，12.2％）が中軸となり，次いで製材・飲料・その他（362億円，6.8％），農林水産業（115億円，2.2％）である。これに対して，機械工業・その他の製造業は44億円（0.8％）

204　第Ⅱ部　地域政策の事例

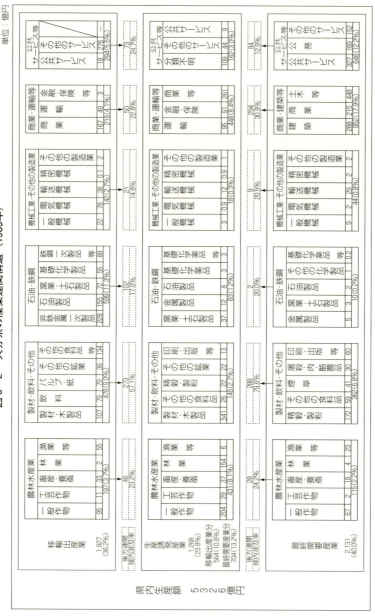

図8-2　大分県の産業連関構造（1965年）

注：（　）内の％は県内生産額に占める割合。
出所：大分県『大分県産業連関表（1965年）』1970年3月より作成。

であり，石油・鉄鋼は10億円（0.2％）と極めて少ない。

　商業・建築等の域内波及は294億円と最も多いが，域内波及率は30.9％にとどまっている。次いで製材・飲料・その他が288億円であるが，域内波及率は79.6％と非常に高い。農林水産業の域内波及率は24.2％と比較的高い。

　このように，1965年時点の最終需要産業（地元市場産業）は，商業・建築等を筆頭に，公共サービス等，製材・飲料・その他，農林水産業の4分野で構成されていることがわかる。

　以上のことから，1965年の大分県経済は6つの分野の産業が並立していたことがわかる。したがって，これらの在来産業の近代化を推進することが1つの地域政策のあり方であったといえる。

（2）1980年の産業連関分析─重化学工業コンビナートの突出─

⑴　進出企業の立地状況と工業出荷額の変化

　重化学工業の振興に舵をきってから臨海工業地帯に進出した基礎素材型産業は，1964年に九州石油（1号地，石油精製），1969年に昭和電工グループと新日鉄化学（2号地，石油化学），九州電力火力発電所，1971年に新日本製鉄（3号地，鉄鋼）が操業を開始し大野川以西の鉄と石油・石油化学のコンビナートが形成された（表8-5）。

　内陸部においても住友化学，鶴崎パルプ（現，本州製紙），旭化成，日本鉱業佐賀関精錬所などの既存企業に加えて，金属・加工組立型を中心とする企業が進出している。主なものは，64年九州乳業，69年コカ・コーラ，70年東芝，71年東陶機器，日本テキサス・インスツルメント，75年旭メディカル，76年大野川以東に三井造船が操業を開始した［大分県 1992：8-9］。

　こうした企業立地の状況をまとめると表8-6のようになる。1964〜75年では立地件数55件，面積1031ha，1976〜80年では件数25件，面積170haであり，件数と面積ともに64〜75年までに集中している。その結果，基礎素材型は，件数は14件と多くはないが面積では92.8％と圧倒的な地位を占めている。他方，金属加工組立型9件，地方資源型31件など件数は72.8％を占めるが，面積では前者は19ha，後者は53haであり合計7％にすぎない。

　工業出荷額については，1975年の6483億円から80年の1兆6011億円と2.5倍

206 第Ⅱ部 地域政策の事例

表 8-5 主要立地企業の概要 (大分市)

業　種	企業名 (事業所名)	主要製品名	操業開始 年月
化　学	昭和電工 (株) 大分工場	エチレン, 高密度ポリエチレン, 低密度ポリエチレン, ポリプロピレン	1969.4
	住友化学工業 (株)	農薬, 化成品	1939.12
	旭化成 (株)	無煙火薬, ロケット推進薬	1953.6
石油製品 石炭製品	九州石油 (株) 大分製油所	自動車ガソリン, ナフサ, 灯油・ジェット燃料, 軽油, 重油, 液化石油ガス	1964.4
鉄　鋼	新日本製鉄 (株) 大分製鉄所	銑鉄, 粗鋼, 鋼材	1971.11
電気機械	(株) 東芝大分工場	集積回路	1970.7
精密機械	旭メディカル (株) 大分工場	人工腎臓, 輸血用フィルター	1975.7
一般機械	三井造船 (株) 大分事業所	橋梁鉄鋼, コンクリート2次製品	1981.10
金属製品	東陶機器 (株) 大分工場	給排水金具	1971.4
紙加工品	本州製紙 (株) 大分工場	外装ライナー	1957.11
電　力	九州電力 (株) 大分発電所	発電	1969.7

出所) 大分県 [1992：52] より作成。

に増加している (表8-7)。

　その内訳は, 鉄鋼業4783億円 (29.9％), 石油・石炭製品製造業3231億円 (20.2％), 化学工業2729億円 (17.0％) など基礎素材型産業が1兆3075億円 (81.7％) を占めるに至っている。他方, 機械製造業711億円 (4.4％), 電気機械製造業496億円 (3.1％) などの金属・加工組立型産業は1122億円 (7.0％) であり, 食料品製造業743億円 (4.6％), 窯業・土石製品製造業268億円 (1.7％) など地方資源型産業は1486億円 (9.3％) にとどまっている。

　以上のように, 1980年時点では基礎素材型産業が圧倒的な地位を占めるようになったことがわかる。

(2) 企業進出の変化を反映した1980年の産業連関分析

　上記で見たような基礎素材型産業に特化した重化学工業コンビナートが形成されることによって, 大分県の産業連関構造は大きく変化することになった。

第8章　大分県における拠点開発方式と外来型開発　　207

表8-6　企業立地の状況

単位：上段は件・ha，下段は%

区　　分	64～75年度		76～80年度	
	件数	面積	件数	面積
基礎素材型	14	957.0	5	6.2
	25.4	92.8	20.0	3.6
金属加工組立型	9	19.2	9	157.4
	16.4	1.9	36.0	92.4
地方資源型	31	52.7	9	6.4
	56.4	5.1	36.0	3.8
雑貨型	1	2.6	2	0.3
	1.8	0.2	8.0	0.2
計	55	1,031.50	25	170.3
	100.0	100.0	100.0	100.0

注）上段は数値，下段は構成比である。
出所）大分県［1992：51］より作成。

　1980年の産業連関構造は，1965年から1980年にかけて県内生産額が5326億円から5兆9363億円へと11.1倍に増加している（図8-3）。

　1980年の域際収支を支える移輸出産業は次の3つに集約されている。

　第1は，石油・鉄鋼・その他が1兆2234億円（20.6％）へと65年から9.3ポイント増加し，他を大きく引き離し突出していることである。

　第2は，製材・飲料・その他が65年から3.7ポイント減少したものの3131億円（5.3％）となっている。

　第3は，機械工業・その他の製造業が1594億円（2.7％）と65年と同じ比率を維持している。

　他方，農林水産業が985億円（1.7％）と65年から2.0ポイント減少，商業・運輸等が903億円（1.5％）と65年から2.6ポイントの減少，公共サービス等が765億円（1.3％）と65年から4.2ポイント減少し，これら3つの分野は大きく凋落している。

　その結果，石油・鉄鋼・その他は，移出産業が1兆2234億円（20.6％），最終

208　第Ⅱ部　地域政策の事例

表8-7　工業出荷額の計画目標達成状況

単位：億円，％

	出荷額		構成比		計画目標達成率	
	1975年	1980年	1975年	1980年	1975年	1980年
基礎素材型産業						
化学工業	1,049	2,729	16.2	17.0	83.9	56.6
石油・石炭製品製造業	1,627	3,231	25.1	20.2	74.4	0.8
鉄鋼業	1,393	4,783	21.5	29.9	81.8	77.5
非鉄金属製造業	767	2,332	11.8	14.6	44.7	138.0
小　計	4,836	13,075	74.6	81.7	75.0	63.2
金属・加工組立型産業						
機械製造業	218	711	3.4	4.4	24.0	426.1
一般機械製造業	68	94	1.0	0.6	—	57.1
電気機械製造業	131	496	2.0	3.1	—	458.2
輸送用機械製造業	15	22	0.2	0.1	—	—
精密機械製造業	4	99	0.1	0.6	—	—
金属製品製造業	221	411	3.4	2.6	80.7	210.9
小　計	439	1,122	6.8	7.0	34.2	354.8
地方資源型産業						
窯業・土石製品製造業	162	268	2.5	1.7	51.1	45.3
食料品製造業	557	743	8.6	4.6	68.9	17.3
繊維工業	58	109	0.9	0.7	25.0	51.6
木材・木製品製造業	81	108	1.2	0.7	19.0	15.2
パルプ・紙・紙加工品製造業	156	258	2.4	1.6	43.4	52.0
小　計	1,014	1,486	15.6	9.3	52.7	26.2
雑貨型産業	194	328	3.0	2.0	75.8	—
合　計	6,483	16,011	100.0	100.0	64.8	67.9

注）計画目標達成率は，1975年は '75実績— '60実績／'75目標— '60実績，1980年は '80実績— '75実績／'80目標— '75実績。
出所）大分県［1986：18-19］より。

需要産業が57億円（0.1%），生産誘発産業が9891億円（16.7%）で合計2兆2182億円と県内生産額の37.4%と約4割を占めるに至っており，重化学工業コンビナートが"突出"する姿に変貌していることがわかる。

　このうち，とりわけ石油・鉄鋼・その他の生産誘発産業が9891億円（16.7%）へと，1965年の63億円（1.2%）から大幅に増加していることが注目される。こ

第8章　大分県における拠点開発方式と外来型開発　209

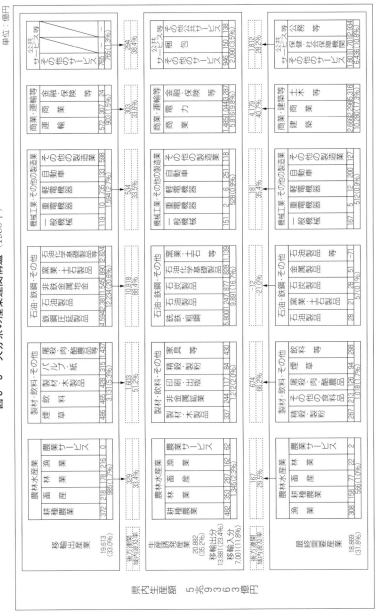

図8-3　大分県の産業連関構造（1980年）

注：（　）内の％は県内生産額に占める割合。
出所：大分県『大分県産業連関表（1980年）』1985年1月より作成。

210 第Ⅱ部 地域政策の事例

の点について次にみてみよう。

（3）重化学工業コンビナートにおける3系列の産業連関構造

　上で確認した"突出"した重化学工業コンビナートは，大分県経済のなかで
いかなる連関を生み出したのかについて，1980年の産業連関表の販路構成から
「原料→中間財→最終製品」という生産物の流れに即してみてみよう。[9]

　ここでは，伊藤によって整理された重化学工業化によって生まれる代表的な
次の3つの産業連関系列［伊藤 1985：233-237］[10]を参考にして，この3系列の産
業連関が大分県経済においてどのように配置されているのかを明らかにするこ
とによってこの課題にアプローチする。

　第1の系列は，銑鉄・粗鋼―鉄鋼一次製品――一般機械・電気機械・輸送機械
の連関である。この系列は「高度成長」期重化学工業化の基本線をなし，同一
部門内需要の比率が高く，最終需要における民間固定資本形成・輸出の牽引力
となっている。重化学工業内部循環の確立，とりわけ機械工業部門の急拡大の
意味が極めて大きい。

　第2の系列は，「高度成長」の日本的特質の一面を示す鉄鋼・金属・窯業土
石―建築・土木―不動産の連関である。「高度成長」は産業関連施設整備を軸
とする激烈な開発政策の展開――旧全総，太平洋ベルト地帯，新全総，列島改
造論――を不可欠の要素とするものであった。産業道路・産業港湾の建設，工
業用水整備，臨海埋立工業用地の造成等が公共投資をベースに推進され，巨大
独占企業の新たな技術水準と生産能力の実現＝新工場建設に一体化された。

　第3の系列は，石油―化学・電力の連関である。これは，国際石油独占資本
の原油完全支配を起動力とするエネルギー基盤の全面転換，原料基盤の転換
（化学・繊維）のインパクトを直接的に受けることによって戦後新たに形成され，
「高度成長」期の革新投資の一方の牽引力となったものである。

　図8-4は，1980年の産業連関表をもとに上記の3系列の販路構成を示した
ものである。これをもとに3系列の特徴をそれぞれみてみよう。

　第1の系列は，銑鉄・粗鋼―鉄鋼一次製品――一般機械・電気機械・輸送機械
の連関である。鉄鋼の原料となる鉄鉱石は，県内の金属工業が1億円を供給し
ているにすぎず1785億円すべて輸入に頼っている。鉄鋼・粗鋼の県内生産額

図8-4 大分新産業都市における主な業種の販路構成図（1980年）

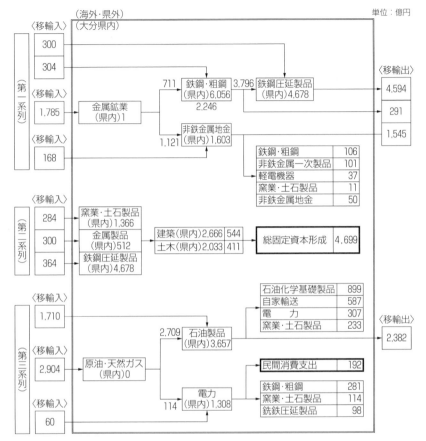

注）図中の（県内）はその業種の県内生産額を表している。総固定資本形成と民間消費支出は最終需要，それ以外は中間需要である。
出所）1980年大分県産業連関表より作成。

6056億円の62.7％，3796億円が鉄鋼圧延製品の原料となり，残りの37.1％，2246億円が自部門に販売されている。そして，鉄鋼圧延製品の県内生産額4678億円のほぼすべて4594億円が移輸出されており，県内での一般機械・電気機械・輸送機械への販路は成立していない。

すなわち，重化学工業コンビナートは，大分県経済のなかで前方連関効果を

もたず "孤島" のような存在となっており，新産業都市建設計画に掲げられた「他の産業の振興を誘発せしめる」という所期の目的は実現していないことになる。

第2の系列は，「高度成長」の日本的特質の一面を示す鉄鋼，金属，窯業土石─建築・土木─不動産の連関である。鉄鋼，金属，窯業土石の生産額6556億円の14.6％が建築へ544億円，土木へ411億円が販売されているが，不動産への販売はない。また，建築と土木は公共事業や工場建設などの固定資本形成に4699億円を販売するなど，新産業都市建設に伴う公共事業や民間投資との連関が生まれている。

第3の系列は，石油─化学・電力の連関である。石油製品の原料である原油2904億円はすべて輸入である。また，石油製品の県内生産額3657億円のうち65.1％，2382億円は移輸出され，残りの部分と移輸入1710億円は県内の石油化学基礎製品に899億円，自家輸送に587億円，電力に307億円が販売されている。電力は，県内生産額1308億円のうち鉄鋼へ281億円，窯業・土石製品へ114億円，銑鉄圧延製品へ98億円，民間消費支出に192億円を販売している。

こうした3系列の産業連関分析から次のような結論を導き出すことができる。

第1は，鉄鋼・粗鋼の原料となる鉄鉱石と石油製品や電力の原料となる原油のすべてが輸入に依存していることである。さらに，鉄鋼・粗鋼の一部は移輸出されるとともに約63％は鉄鋼圧延製品に販売されている。一方，鉄鋼圧延製品のほぼすべてが移輸出されていることである。

第2は，石油製品の約65％は移輸出されるとともに石油化学基礎製品に販売されているが，石油化学基礎製品の52％は移出されていることである。

第3は，新産業都市建設に伴う公共事業や民間投資の増加に伴い，建築と土木への需要が生まれ，これが鉄鋼，金属，窯業土石に対する需要を生み出していることである。

第4は，したがって，計画で述べられていた「機械工業が成長産業であること，雇用や下請企業を通じて地域経済と結びつきが強い。またこの地区が装置産業に特化することを防ぎ，工業構造の多様性を確保するため，輸送用機械，産業用機会，土木建設用機械などを主軸として開発を進める。」という所期の

目的は達成されていないことである。

　以上のことから，重化学工業コンビナートは原料を輸入に頼り，製品の多く
を移輸出しているため海外や県外との広域的な産業連関を形成しているが，地
区が装置産業に特化しないよう，雇用や下請企業を通じて地域経済との結びつ
きが強い機械工業を開発するとした所期の目的が達成されず，総じて大分県内
での複雑な産業連関は形成されていない。したがって，突出した重化学工業コ
ンビナートは量的指標でみれば巨大化しているが，質的には大分県経済の全般
的な浮揚にはつながっていない。

　この点について，松尾は，「遅れてきた重化学工業化」が大分経済の成長に
対してプラスの効果をもたらしたことは否定できないとして，次のように述べ
ている［松尾 1995：13］。

　　「それは，重化学工業の立地を軸に，卸売業が流通業として直接的な産業
　　連関を形成し，建設業，金融・不動産業がインフラストラクチャーの整備
　　面で連関を形成し，『新産都』の形成にともなう消費需要の拡大という間
　　接的連関を通してサービス業，小売業が成長するという，産業成長の内的
　　連関の構造が形成されたことを意味するからである。」

　こうした製造業，サービス業，卸売・小売業に建設業，金融・不動産業中心
とした上位5産業の関連について，1980年産業連関表の販路構成によって確認
してみよう（表8-8）。商業では，その他サービス業，建築，自家輸送が上位
にきており，銑鉄・粗鋼が4位に登場している。金融・保険では，2位に電力，
3位に銑鉄・粗鋼，5位に石油製品が位置しているが，1位の商業の比率が圧
倒的に高く，その他サービス業も4位にきている。不動産業では，商業が圧倒
的に高く42.8％を占めており次いでその他サービス13.5％，3位に研究の5.9％
である。銑鉄・粗鋼は第4位で5.7％である。

　したがって，産業連関表の販路構成をみるかぎり，重化学工業が必ずしも商
業，金融・保険，不動産業のあいだに強い連関があるとみることはできない。

　なお，この論点について中村は興味深い指摘をしている［中村剛治郎 2004：
266-269］。すなわち，大分市の工業出荷額は金沢市の3.1倍，同付加価値額は
1.7倍をこえるが，工業従業者数では0.7倍，卸売業販売額では0.4倍，銀行貸出

214　第Ⅱ部　地域政策の事例

表8-8　商業と金融・保険の販路構成

区分	商　業		金融・保険		不動産業	
	内生部門1846億円		内生部門1181億円		内生部門479億円	
順位	販　路	構成比	販　路	構成比	販　路	構成比
1	その他サービス	10.3	商　業	16.5	商　業	42.8
2	建　築	9.8	電　力	8.5	その他サービス	13.5
3	自家輸送	9.7	銑鉄・粗鋼	8.3	研　究	5.9
4	銑鉄・粗鋼	7.8	その他サービス	6.4	銑鉄・粗鋼	5.7
5	土　木	5.4	石油製品	5.8	その他の公共サービス	4.2

出所）大分県『産業連関表(1980年)』1985年1月より作成。

残高では0.5倍にとどまっている。したがって，大分市においては工業化が卸売機能や金融機能の発達に結びついていない。これは，工業化が外来型大企業の生産現場化にすぎないことを意味している。経済の地域内循環が制約されているため，市民1人当たりの所得も72万円と全国平均を下回っている。大分市と金沢市の違いは，工業都市と商業都市の違いではなく工場都市と工業都市の，本社型地域経済と現場型地域経済，内発的発展と外来型開発の違いにあるといえる。人口37万人の大分市の卸売・金融機能は，人口24万人，4分の1の工業出荷額の福井市の水準にすぎない。[11]

　森元も「新規に立地する企業のうち巨額の設備投資を必要とする鉄鋼，石油等の企業の多くは県外資本であり，東京，大阪の本社機構を通じて資金の調達，原料の購入，製品の販売等が行われるため，企業の管理企画部門に対する雇用機会が創設されなかったこと，立地企業に関連する資金が地元の金融市場を潤すまでには至らなかったこと，流通市場が形成されなかったことなどが上げられる。」と述べている［森元 1973：301］。さらに，竹村・舟橋は，大分市の発展は新産業都市よりも中核都市との関連が強いと述べている。[12]

第8章　大分県における拠点開発方式と外来型開発　215

4　大分市と大分地区への一極集中と過疎化の進展

（1）大分市への人口集中と過疎化の進展

（1）　県人口の減少

　大分県の人口は，1960年以降減少し70年までの間に124万人から116万人に減少した。その後75年に増加に転じ119万人へ，80年に123万人になったが，60年当時より1万742人減少している（表8-9）。新産業都市建設の基本計画では，70年には150万8000人に増加することを想定していたが達成率は76.6％であり，全国の新産業都市の達成率89.9％と比較しても低いことになる［森元 1973：293］。

（2）　大分市の高い拠点性

　1960年の大分県の人口123万9655人のうち，大分地区は44万6426人で36.0％，大分市は20万7151人で16.7％を占めていた。しかし，その後は大分地区と大分市の人口が増加し，1970年では大分地区49万6945人で43.0％，大分市26万584人で22.6％となり，1980年には大分地区は60万5927人と49.3％に，大分市は36万478人と29.3％を占めており，大分地区とりわけ大分市への人口集中が進んでいることがわかる。ちなみに，1970年の新産業都市平均は36.5％であったのに対して，大分地区では6.5ポイント高く集中度は極めて高いことがわかる［森元 1973：294］。

　1960年から1980年にかけて，大分地区は15万9501人，35.7％増加し，構成比

表8-9　大分地区の人口

単位：人，％

	1960年			1970年			1980年			増減 (1960/1980)	
	人口	伸び率	構成比	人口	伸び率	構成比	人口	伸び率	構成比	人	増減率
大分県	1,239,655	100.0	100.0	1,155,566	93.2	100.0	1,228,913	99.1	100.0	-10,742	-0.9%
大分地区	446,426	100.0	36.0	496,945	111.3	43.0	605,927	135.7	49.3	159,501	35.7%
うち大分市	207,151	100.0	16.7	260,584	125.8	22.6	360,478	174.0	29.3	153,327	74.0%
大分地区以外	793,229	100.0	64.0	658,621	83.0	57.0	622,986	78.5	50.7	-170,243	-21.5%

出所）大分県［1992：7］より作成。

216   第Ⅱ部　地域政策の事例

は36.0％から49.3％へと13.3ポイント増えた。このうち，大分市で15万3327人，74.0％増加していることから，大分地区の人口増加はほぼ大分市の人口増加によっているといえる。一方，大分地区以外では17万243人(21.5％)減少し，構成比は64.0％から50.7％へと13.3ポイント減少した。

　その結果，大分県全体では1万742人（0.9％）減少し，大分市の拠点性が高まったことがわかる。

(3)　過疎化の進展

　こうした大分市と大分地区への人口集中が進むなかで，過疎化が急速に進み過疎地域が増えてきた［大分県 1971：48］。竹田市，豊後高田市，宇佐市の3市と真玉町ほか24町，大田村ほか6村，計35市町村が過疎市町村となっており，大分県下58市町村の60.3％を占めている。過疎率では高知県60％，島根県57％を抜いて全国1位となった。過疎市町村の人口は全県の32％に当たり，面積で54％を占めている。大分県の過疎化現象は，1955年以降は5年間で10％以上減少したのは3町にすぎなかったが，1960年代では37市町村となり減少率が20％を超える町もでている。また，転出状況も県外に転出したものが60％を占めているが，大分地区では転出者の約半数が県内にとどまっているのに対して，周防灘，佐伯の両地区では県外転出者が県内転出者の2倍となっている［大分県 1971：48］。このように，大分市への一極集中が進む一方で，大分県内各地において過疎化が進行するという地域構造の二極化が鮮明になっている。

　以上のことから，大分市と大分地区は県内の他地域から人口を吸収し県外への人口流出をある程度緩和している面があるものの，人口減少を食い止めるだけの力を有していたとはいえない。この原因は，基礎資源型装置産業においてはその後の技術革新，生産規模の拡大等によって雇用効果は期待したほどには伸びず［森元 1973：295］[13]，また第3節でみたように関連産業や地場産業への波及効果がみられなかったことにある。

（2）大分市への就業者の集中

　1960年から1980年にかけての就業者の動向を産業別にみてみよう（表8-10）。
　第1次産業は，大分県全体では28万3779人から11万5510人へと16万8269人

第8章　大分県における拠点開発方式と外来型開発　217

(59%) 減少している。大分地区では 6 万8925人から 2 万4256人へと 4 万4669
人（65%）減少し，大分地区以外で12万3600人（57.5%）減少した。なお，大分
市も 2 万7203人から7115人へと 2 万88人（73.8%）減少していることは注目に
値する。

　これに対して，第 2 次産業は1.6倍，5 万7947人増加している。このうち大
分地区で 3 万992人増加（うち大分市で 2 万5671人増加）しているのに対して，大
分地区以外では 2 万6955人の増加にとどまっている。第 3 次産業も1.6倍，12
万2692人増加している。しかし，このうち大分地区で 8 万9835人増加（うち大
分市で 6 万3349人増加）しているのに対して大分地区以外では 3 万2857人の増加
にとどまっている。

　就業人口に関する基本計画（表 8 - 1 ）では，目標年次である1970年には第 1
次産業が22万9000人（基準年次の70%），第 2 次産業が18万5000人（同238%），第
3 次産業が32万2000人（同183%）であった。これに対して，実績は第 1 次産業
が20万979人で計画より 2 万8021人（目標年次の数値の12.2%）少ない。第 2 次産
業の実績は11万4905人で計画より 7 万95人（同37.9%），第 3 次産業の実績は26
万75人で計画より 6 万1925人（同19.2%）少ない。

　したがって，基本計画の目標年次である1970年段階では第 1 次産業では計画
より減少率が高く，第 2 次産業と第 3 次産業では計画より増加率が低くなって
おり，すべての産業で計画通りに進捗していないことになる（なお，第 2 次・第
3 次産業が計画通りに進展していない理由については，第 3 節で述べた）。

　一方，大分市では1960年に 2 万7203人いた第 1 次産業就業者が，1980年には
7115人へと 2 万88人減少し 4 分の 1 になっている（表 8 -10）。構成比も30.3%
から4.5%に激減している。これに対して，第 2 次産業では1960年に 1 万9956
人であったが1980年には 4 万5627人へ 2 万5671人増え2.3倍に増加している。
また，第 3 次産業でも 4 万2669人から10万6018人へ 6 万3349人増え2.5倍に増
加している。この結果，大分市の第 2 次産業の増加数は大分地区の増加数の
82.8%を占め，第 3 次産業の増加数は大分地区の増加数の70.5%を占めてお
り，大分地区のなかでも大分市の拠点性が高まっている。

　以上のことから，第 1 次産業では大分地区以外の地域で就業者が大幅に減少
し（ただし，大分市でも第 1 次産業の減少率は高いことは次に述べる），第 2 次産業

218　第Ⅱ部　地域政策の事例

表8-10　大分地区の就業者

単位：人，%

区　分		1960年			1970年			1980年		
		就業者数	伸び率	構成比	就業者数	伸び率	構成比	就業者数	伸び率	構成比
大分県	第1次産業	283,779	100.0	49.9	200,979	70.8	34.9	115,510	40.7	19.9
	第2次産業	90,681	100.0	16.0	114,905	126.7	20.0	148,628	163.9	25.6
	第3次産業	194,066	100.0	34.1	260,075	134.0	45.2	316,758	163.2	54.5
	合　計	568,526	100.0	100.0	575,959	101.3	100.0	580,896	102.2	100.0
大分地区	第1次産業	68,925	100.0	34.8	46,810	67.9	19.5	24,256	35.2	8.9
	第2次産業	36,898	100.0	18.7	53,164	144.1	22.1	67,890	184.0	24.8
	第3次産業	91,958	100.0	46.5	140,445	152.7	58.4	181,793	197.7	66.4
	合　計	197,781	100.0	100	240,419	121.6	100.0	273,939	138.5	100.0
うち大分市	第1次産業	27,203	100.0	30.3	16,998	62.5	13.8	7,115	26.2	4.5
	第2次産業	19,956	100.0	22.2	33,064	165.7	26.8	45,627	228.6	28.7
	第3次産業	42,669	100.0	47.5	73,248	171.7	59.4	106,018	248.5	66.8
	合　計	89,828	100.0	100.0	123,310	137.3	100.0	158,760	176.7	100.0
大分地区外	第1次産業	214,854	100.0	58.0	154,169	71.8	45.9	91,254	42.5	29.7
	第2次産業	53,783	100.0	14.5	61,741	114.8	18.4	80,738	150.1	26.3
	第3次産業	102,108	100.0	27.5	119,630	117.2	35.7	134,965	132.2	44.0
	合　計	370,745	100.0	100.0	335,540	90.5	100.0	306,957	82.8	100.0

資料）総理府統計局『国勢調査』。
出所）『大分県統計年鑑』各年版より作成。

と第3次産業では大分地区とりわけ大分市で就業者が増加しており，なかでも第2次産業で増加していることがわかる。

　なお，大分市では第1次産業が急速に衰退していることは特徴的である。第1次産業では，県全体で16万8269人（59.3％），大分地区では4万4669人（64.8％），大分市では2万88人（73.8％）減少しており，減少率では大分市が最も高い。[14]

（3）大分市への事業所と従業者の集中

　事業所については，大分県では1960年4万7097から1981年の6万7206へと1.4倍に増加し，大分地区では2.1倍，大分市では3.4倍に増加している（表8-11）。また，大分県に占める大分地区の割合は，1960年に33.2％であったが1981年には47.8％へと14.6ポイント増加している。同様に，大分県に占める大分市の割合も10.9％から26.2％へと15.3ポイント増加している。

　従業者については，大分県では1960年23万7075人から1981年48万4854人へと

第 8 章　大分県における拠点開発方式と外来型開発　　219

表 8 -11　大分地区の事業所数と従業者数

＜事業所数＞

単位：件数・人，％

	1960年			1969年			1981年		
	件	伸び率	構成比	件	伸び率	構成比	件	伸び率	構成比
大分県	47,097	100.0	100.0	55,184	117.2	100.0	67,206	142.7	100.0
大分地区	15,636	100.0	33.2	22,690	145.1	41.1	32,146	205.6	47.8
うち大分市	5,132	100.0	10.9	10,298	200.7	18.7	17,604	343.0	26.2
大分地区以外	31,461	100.0	66.8	32,494	103.3	58.9	35,060	111.4	52.2

＜従業者数＞

	1960年			1969年			1981年		
	人	伸び率	構成比	人	伸び率	構成比	人	伸び率	構成比
大分県	237,075	100.0	100.0	340,257	143.5	100.0	484,854	204.5	100.0
大分地区	100,711	100.0	42.5	171,002	169.8	50.3	264,789	262.9	54.6
うち大分市	50,855	100.0	21.5	98,696	194.1	29.0	175,257	344.6	36.1
大分地区以外	136,364	100.0	57.5	169,255	124.1	49.7	220,065	161.4	45.4

資料）総理府統計局「事業所統計調査」各年版。
出所）『大分県統計年鑑』各年版より作成。

2.0倍に増加し，大分地区では2.6倍，大分市では3.4倍に増加している。大分県に占める大分地区の割合は，1960年42.5％であったが1981年には54.6％へと12.1ポイント増加している。同様に，大分県に占める大分市の割合も21.5％から36.1％へと14.6ポイント増加している。

　以上のことから，1960年から1981年にかけて大分県における事業所と従業者の大分市への集中が進行しており，事業所と従業者の面でも大分市の拠点性が高まっていることがわかる。

　ちなみに，大分市の事業所数は1960年の5132から66年9009へ1.8倍に，72年1万2364へ2.4倍に，1978年1万5953へ3.1倍に増加している。業種別では，製造業が1960年に516件で10.1％であったが，1978年には948件で5.9％へと構成比を下げている。他方，建設業は1960年に207件で4.0％であったが1978年には1286件で8.1％に増加している。また，事業所数で多いのは，卸売・小売業であり1960年の2710件で52.8％から78年には8451件で53.0％に，次いで構成比を下げているがサービス業が1978年で3784件23.7％を占めている。これらの3分野で84.8％を占めている。[15]

（4）大分市への出荷額の集中

出荷額については，大分県では1966年1748億6600万円から1980年2兆1054億100万円への12.0倍に急増している。大分地区では14.8倍に，大分市では19.7倍に増加している（表8-12）。

この背景には，1970年には既存の旭化成工業（株）大分工場と住友化学工業（株）大分製造所に加え，昭和電工（株）大分事務所，八幡製鉄化学工業（株）戸畑製造所大分工場，九州石油（株）大分製油所，1975年には新日本製鉄大分製鐵所が操業を開始したことがある。これにより，1975年の出荷額では石油石炭製品が17.4％とトップになり次いで鉄鋼15.7％，第4位に化学11.2％と上位を占めるに至った。

その結果，大分県にしめる大分地区の割合は，1966年62.0％から1980年76.0％へと14ポイント増加し，さらに，大分県に占める大分市の割合は1966年38.2％から1980年62.5％へと24.3ポイント増加し圧倒的な地位を占めるに至っている。

表8-12　大分地区の出荷額

単位：百万円，％

	1966年			1970年		
	出荷額	伸び率	構成比	出荷額	伸び率	構成比
大分県	174,866	100.0	100.0	369,477	211.3	100.0
大分地区	108,471	100.0	62.0	237,480	218.9	64.3
うち大分市	66,735	100.0	38.2	147,549	221.1	39.9
大分地区以外	66,395	100.0	38.0	131,997	198.8	35.7

	1975年			1980年		
	出荷額	伸び率	構成比	出荷額	伸び率	構成比
大分県	938,476	536.7	100.0	2,105,401	1,204.0	100.0
大分地区	648,305	597.7	69.1	1,601,143	1,476.1	76.0
うち大分市	546,875	819.5	58.3	1,315,331	1,971.0	62.5
大分地区以外	290,171	437.0	30.9	504,258	759.5	24.0

資料）大分県「大分県の工業」。
出所）『大分県統計年鑑』各年版より作成。

（5）大分市の財政（歳出）規模の拡大

財政（歳出）については，全市町村（大分県）では1960年の92億8567万円から1980年の2607億3759万への28.1倍に増加している。[16]大分地区の割合は，1960年29.5％から1980年41.1％へと11.6ポイント増加し，大分市の割合も10.6％から22.0％へと11.4ポイント増加している。歳出の面でも大分市の拠点性が高くなっていることがわかる。

（6）大分市への一極集中の進行

以上，人口，就業者，事業所・従業者，出荷額，歳出について1960年から1980年（統計によっては78年・81年）にかけての地域別の動向をみてきたが，これらの動向から以下のことが明らかになった。

すなわち，経済力が大分市へ一極集中しその他の地域で相対的に低下しており，この結果地域経済の不均等発展が急速に進展し，都市と農村の格差が拡大した。

5　公共投資と地域経済

（1）行政投資の計画と実績

こうした目標を実現するための行政投資の計画と実績は次のようなものであった（表8-13）。

まず，計画についてである。

第1次計画では総額2408億円であり，そのうち輸送施設29.0％，通信施設9.8％，工場用地7.8％など生産関係が合計53.7％となっている。これに対して，生活関連では住宅および住宅用地が20.2％，水道および下水道が12.0％など合計46.3％となっている。第2次計画では，輸送施設18.4％，工場用地13.5％など生産関係は合計47.5％，生活関連では住宅および住宅用地が26.6％，水道および下水道が8.7％など合計52.5％である。第1次計画で生産関連に先行投資する計画である。

こうした計画に対して実績は以下のようになっている。

第1次計画では，生産関連が計画よりも10.6ポイント増の64.3％であるのに

222　第Ⅱ部　地域政策の事例

表 8-13　新産業都市建設の投資額（計画と実績）

単位：百万円，%

区　分	第 1 次計画（1964～75年度）					第 2 次計画（1976～80年度）				
	計　画	構成比	実　績	構成比	進捗率	計　画	構成比	実　績	構成比	進捗率
工場用地	18,750	7.8	42,834	12.9	228.4	80,320	13.5	23,165	4.4	28.8
工業用水道	5,300	2.2	9,551	2.9	180.2	15,827	2.7	2,076	0.4	13.1
輸送施設	69,865	29.0	93,191	28.0	133.4	109,204	18.4	115,486	22.0	105.8
通信施設	23,628	9.8	47,607	14.3	201.5	54,000	9.1	43,325	8.3	80.2
国土保全施設	11,680	4.9	20,304	6.1	173.8	22,786	3.8	24,941	4.8	109.5
その他	—		—		—	—		—		—
生産関連小計	129,213	53.7	213,487	64.3	165.2	282,137	47.5	208,993	39.9	74.1
住宅および住宅用地	48,648	20.2	54,094	16.3	111.2	157,758	26.6	210,181	40.1	133.2
水道および下水道	28,919	12.0	23,181	7.0	80.2	51,635	8.7	34,618	6.6	67.0
教育および厚生施設	11,228	4.7	23,663	7.1	210.7	28,289	4.8	38,038	7.3	134.5
職業訓練施設	491	0.2	265	0.1	54.0	72	0.0	1,153	0.2	1,601.4
公園・緑地	2,300	1.0	5,990	1.8	260.4	21,761	3.7	17,755	3.4	81.6
その他	20,000	8.3	11,566	3.5	57.8	52,179	8.8	13,206	2.5	25.3
生活関連小計	111,586	46.3	118,759	35.7	106.4	311,694	52.5	314,951	60.1	101.0
合　計	240,799	100.0	332,246	100.0	138.0	593,831	100.0	523,944	100.0	88.2

出所）大分県［1992：16］より作成。

対して，生活関連が計画よりも10.6ポイント減の35.7％であった。第 2 次計画
では，生産関連が計画よりも7.6ポイント減の39.9％，生活関連が計画よりも
7.6ポイント増の60.1％となっており，生産基盤を優先的に整備している。

　こうした投資額を事業主体別と経費負担別にみると次のようになっている
［大分県 1992：17］。

　第 1 次では県事業が39.0％と最大であり，次いで公社公団等事業が31.8％と
両者で70.8％を占めている。国直轄事業は7.4％にすぎない。第 2 次では公社
公団等事業が47.8％と約半分を占めており次いで県事業が23.1％である。事業
主体別では公社公団等の役割が高くなっている。合わせて，市町村事業も第 1
次では21.7％，第 2 次では19.8％となっており重要な役割をもたされている。
事業主体別では，県事業が最も多く次いで公社公団事業と併せて中核となって
おり，また市町村事業も重要な役割を担っている。これに対して，国直轄事業
は10％以下である。

　経費負担別では，第 1 次では国庫負担26.5％と公社公団等負担33.0％の合計

59.5％，県負担26.4％と市町村負担14.2％の合計40.6％となっている。第2次では国庫負担24.8％と公社公団等負担48.1％の合計72.9％，県負担15.1％と市町村負担12.1％の合計27.2％である。経費負担別では，1次では県負担と市町村負担が40.6％と最も多く，次いで公社公団等負担が33.0％であり，国庫負担は26.5％にすぎない。2次では公社公団等負担が48.1％を占め，次いで県負担と市町村負担が27.2％，国庫負担は24.8％である。

（2）大分県の歳出の動向

　大分県財政について1965年から1980年の動向をみてみよう（表8-14）。

　1965年度の歳出は，教育費が最も多く35.6％を占めており，第2位は土木費の20.4％，第3位は農林水産事業費の14.0％である。この順位は70年度，75年度，80年度も同様である。

　このうち，土木費の内訳をみると次のようになっている。[17]

　1965年度の土木費は，道路橋梁費が42.0％，次いで河川海岸費25.3％，港湾費12.4％と産業基盤関連が79.7％，約8割を占めている。この傾向は70年度，75年度，80年度も同様である。一方，1965年度の都市計画は10.2％，住宅費は4.2％であり生活関連は14.4％にすぎず，1975年度から若干伸びているがこの傾向はその後も同様である。

　このように，1965年度から1980年度における土木費は，生産基盤の先行投資が基本となっている。

（3）大分県財政における歳入の動向

　歳入については，地方税は順調に伸びているが，交付税は1980年では60年の18.4倍と歳入全体の伸び率を下回っており，構成比も1960年の32.6％から1980年の27.6％へ5ポイント低下している（表8-15）。これは，交付税の基準財政収入額に税収の75％が算入され，税収が増えると交付税が減少するという関係にあるからである。[18]すなわち，税収が増えて財政力指数は高まっても逆比例的に交付税が減少するため，歳入総額は地方税の増加ほど伸びていない。これが歳入に関する第1の特徴である。

　次に，大分県における税収の動向をみてみよう（表8-16）。

224 第Ⅱ部 地域政策の事例

表 8-14 大分県の一般会計歳出の動向

単位：百万円，%

区 分	1965年度			1970年度			1975年度			1980年度		
	支出額	伸び率	構成比	支出額	伸び率	構成比	支出額	伸び率	構成比	支出額	伸び率	構成比
議会費	148	100.0	0.4	252	170.4	0.3	496	334.5	0.3	829	559.7	0.2
総務費	1,495	100.0	4.0	3,642	243.6	4.8	10,990	735.1	5.6	18,889	1,263.4	5.5
民生費	1,543	100.0	4.2	3,235	209.6	4.3	10,642	689.6	5.5	17,542	1,136.8	5.1
衛生費	1,691	100.0	4.6	3,331	197.0	4.4	8,988	531.7	4.6	11,712	692.8	3.4
労働費	729	100.0	2.0	1,176	161.3	1.6	2,004	274.8	1.0	3,479	477.1	1.0
農林水産業費	5,192	100.0	14.0	12,795	246.4	17.0	31,180	600.5	16.0	61,140	1,177.5	17.8
商工費	864	100.0	2.3	2,028	234.7	2.7	4,950	572.9	2.5	9,265	1,072.4	2.7
土木費	7,551	100.0	20.4	17,718	234.6	23.5	39,521	523.4	20.3	71,488	946.7	20.9
警察費	1,759	100.0	4.8	3,650	207.5	4.8	9,959	566.2	5.1	15,624	888.3	4.6
教育費	13,176	100.0	35.6	23,324	177.0	30.9	63,723	483.6	32.7	93,652	710.8	27.3
災害復旧費	1,231	100.0	3.3	1,221	99.1	1.6	5,206	422.8	2.7	11,409	926.4	3.3
公債費	1,343	100.0	3.6	2,342	174.4	3.1	5,246	390.6	2.7	20,392	1,518.3	6.0
諸支出金	283	100.0	0.8	671	236.9	0.9	1,830	645.9	0.9	7,105	2,506.9	2.1
計	37,006	100.0	100.0	75,385	203.7	100.0	194,736	526.2	100.0	342,525	925.6	100.0

出所）『大分県統計年報』各年版より作成。

表 8-15 大分県における歳入の動向

単位：百万円，%

	1960年度			1970年度			1980年度		
	決算額	伸び率	構成比	決算額	伸び率	構成比	決算額	伸び率	構成比
地 方 税	2,013	100.0	12.6	12,877	639.7	16.6	55,760	2,770.0	16.0
地方譲与税	707	100.0	4.4	1,885	266.6	2.4	3,183	450.2	0.9
地方交付税	5,230	100.0	32.6	24,550	469.4	31.7	96,372	1,842.7	27.6
国庫支出金	5,290	100.0	33.0	26,841	507.4	34.7	120,094	2,270.2	34.4
地 方 債	654	100.0	4.1	1,855	283.6	2.4	32,049	4,900.5	9.2
合 計	16,032	100.0	100.0	77,444	483.1	100.0	349,555	2,180.4	100.0

出所）大分県『県政のあゆみ』38，42，46，50，54，58年版より作成。

　構成比でみると，事業税が最も高い税目である。1960年に40.9％と最も高い
が，1970年32.5％，1980年30.7％と低下している。
　伸び率では，県民税が1970年度8.95倍，1980年度57.81倍と高い。なかでも
個人県民税の伸び率が，1970年度13.01倍，1980年度91.22倍と急増している。
これに対して，事業税の伸び率は1970年度5.09倍，1980年度20.8倍と県民税と
比べて低い。

第 8 章　大分県における拠点開発方式と外来型開発　　225

表 8-16　大分県における税収の動向

単位：百万円，%

区　分	1960年度			1970年度			1980年度		
	決算額	伸び率	構成比	決算額	伸び率	構成比	決算額	伸び率	構成比
県民税	235	100.0	11.7	2,103	894.9	16.3	13,585	5,780.9	24.4
個人	113	100.0	5.6	1,471	1,301.8	11.4	10,308	9,122.1	18.5
法人	122	100.0	6.1	632	518.0	4.9	3,277	2,686.1	5.9
事業税	823	100.0	40.9	4,190	509.1	32.5	17,122	2,080.4	30.7
個人	122	100.0	6.1	399	327.0	3.1	494	404.9	0.9
法人	701	100.0	34.8	3,791	540.8	29.4	16,628	2,372.0	29.8
不動産取得税	101	100.0	5.0	687	680.2	5.3	2,597	2,571.3	4.7
県たばこ消費税	245	100.0	12.2	866	353.5	6.7	2,210	902.0	4.0
娯楽施設利用税	28	100.0	1.4	204	728.6	1.6	614	2,192.9	1.1
遊興飲食税	297	100.0	14.8	1,391	468.4	10.8	4,866	1,638.4	8.7
自動車税	115	100.0	5.7	1,491	1,296.5	11.6	8,107	7,049.6	14.5
鉱区税	6	100.0	0.3	11	183.3	0.1	14	233.3	0.1
狩猟者税	9	100.0	0.4	11	122.2	0.1	69	766.7	0.1
自動車取得税	—	—	—	713	100.0	5.5	2,458	344.7	4.4
軽油取引税	—	—	—	1,201	100.0	9.3	4,062	338.2	7.3
入猟税	—	—	—	9	100.0	0.1	55	611.1	0.1
合　計	2,013	100.0	100.0	12,877	639.7	100.0	55,760	2,770.0	100.0

注）伸び率は，自動車取得税，軽油取引税，入猟税については1970年を，それ以外の税目については1960年を基準と
している。
出所）『大分県統計年報』各年版より作成。

　以上のことから，重化学工業コンビナート建設のための投資が増えている
が，法人関係の税収が比例して増加しているわけではないことがわかる。これ
が，歳入に関する第2の特徴である。
　この点について，奥田は，県負担の建設投資額（1964〜74年）は724億8700万
円に対して，新産業都市建設による県税の増収額（1964〜73年）は87億8700万
円にすぎず，建設投資のうち資金回収額497億4500万円を差し引いても227億
4200万円の“実質”投資額となるとしている［奥田 1978：18］。同様のことは，
日本銀行岡山支店[19]や岡山県[20]も指摘している。
　さらに，コンビナートと税収の関係をみるために法人事業税の動向をみてみ
よう（表8-17）。
　法人事業税は，1965年度では12.4億円であったが1980年度には166.3億円と
13.4倍に増えている。このうち，県内に本店を有する法人は65年度19.2％から
80年度9.3％へと一貫して構成比を下げている。また，県内法人も65年度

226　第Ⅱ部　地域政策の事例

表 8 -17　法人事業税の動向

単位：百万円，％

	1965年度			1970年度			1975年度			1980年度		
	税額	伸び率	構成比	税額	伸び率	構成比	税額	伸び率	構成比	税額	伸び率	構成比
本県本店分	239	1.0	19.2	589	2.5	15.5	1,081	4.5	13.8	1,554	6.5	9.3
他県本店分	482	1.0	38.8	1,829	3.8	48.2	3,075	6.4	39.2	8,519	17.7	51.2
県内法人	364	1.0	29.3	878	2.4	23.1	2,293	6.3	29.2	3,849	10.6	23.1
合　計	1,243	1.0	100.0	3,796	3.1	100.0	7,845	6.3	100.0	16,632	13.4	100.0

出所)『大分県統計年鑑』各年版より作成。

29.3％から80年度23.1％に低下している。これに対して，他県に本店を有する法人は65年度では38.8％と最も高く，80年度では51.2％を占め伸び率も17.7倍になっている。

　こうした他県に本店がある法人は，コンビナートの中核を担う法人であり，経営状況も石油ショックなど世界経済の動向に直結しているため変動の幅が大きい。具体的には，1973年の石油ショックにより原油価格が4倍以上になり，重化学工業を基幹とする日本経済を直撃した。大分県においては，1975年度に工業生産額が低下し，鉄鋼と非鉄金属の減産で前年比4％減の9384億円となった。その後，1976年度後半から景気が回復するなかで，新日本製鉄大分製鉄所の第2高炉の稼動等もあり工業生産額は伸びている［大分県 1991：142-146］。このように，大分県経済は，鉄鋼や化学などの基礎資源型の工業が原材料を海外や国内他地域から移輸入し製品を移輸出することで成り立っているため，地域経済よりもこうした世界経済や日本経済の影響を直接受けることになった。これが歳入に関する第3の特徴である。

6　拠点開発と環境

（1）大分県における公害の実態

　大分県において発生した公害の傾向を，1957～67年に県にもちこまれた31件の公害事例をみると次のような状況にある［羽倉 1968：188-191］。大気汚染8，水質汚濁23，騒音・振動3，悪臭3である（ただし，1事例のなかに2つ以上の公害態様を示したものが5例ある）。したがって，この時点での大分県の公害は，水

質汚濁62％，大気汚染22％弱，騒音・振動・悪臭が16％となる。

水質汚濁23例は，大部分が工場・鉱山等の廃液による魚類や海苔養殖への被害であり，大気汚染8例は，粉じんによる農作物・果樹・住民への被害等である。その他の6例は，騒音・振動・悪臭等による安眠妨害，生活環境の悪化等である。

（2）家島・三佐地区の集団移転（生活の破壊）

厚生省が1965年10月と1966年6月に行った「事前調査」では，家島，三佐地区は将来悪条件の地区となるので大気汚染の影響を考慮した土地利用計画が必要であること，鶴崎市街地は九電大分火力の影響をうけるおそれがあるので汚染監視の主要測定点とし，企業立地の基礎資料をとることが必要であること，大分川の汚染が進んでいるほか乙津川，小中島川，大野川下流にも汚染の兆があることを忠告していた［羽倉 1968：193］。

この指摘は的中し，1期計画のうちコンビナートと既存企業とにはさまれた家島・三佐地区の被害が深刻となった。1973年に公表された医師会の調査結果では，大気汚染による健康被害（40歳以上の慢性気管支炎有症率）は，三佐地区平均で6.1％，4区で6.6％，5区（家島地区）で8.9％の高率であった。

そして，1974年には家島地区住民317世帯1370人が生命と健康を守るため先祖伝来の土地を捨てて集団移転することになった［岡村 1979：50］。

（3）2期計画（8号地計画）と地域社会

最初の基本計画（1964年）では，佐賀関町は漁業と蜜柑を生かした生鮮食品基地として位置づけられていた。しかし，県は，1970年に臨海工業地帯を佐賀関町まで拡大し，同町神崎地先430haを8号地として造成する2期計画を策定し，背後地における説明会を開始し，関係漁協とも漁業権放棄の交渉を開始した。この説明会のなかで，8号地の立地企業として昭和電工アルミが想定されていたことで激しい反対運動が起こった。

これに対して，1973年5月，知事は8号地計画を2期計画から分離し，①環境問題の解決，②漁協の正常化，③地元の同意の実現という3つの条件が実現するまでこれを中断することを決定し公表した［岡村 1979：51］。

228　第Ⅱ部　地域政策の事例

　しかし，1976年に，県は新産工特法の5年延長を機に8号地計画の復活とその法定計画化を図った。これに対して，1978年1月に佐賀関町神崎住民ら332名が，新産業都市建設促進法上の法定計画である大分地区新産業都市建設基本計画を訴訟物として，そのうち8号地計画部分の取消を求めて提訴したのである［岡村 1979：49］。

　住民をして提訴に踏み切らせたのは次のような事情がある。8号地計画を示された佐賀関町住民，とりわけ8号地直近背後地の神埼地区住民は，同地域が背後に山が接近し海に面した300mの帯状の台地であり，その前の海が埋め立てられ工場が立地すれば家島地区同様の公害に直面することが必至であったため，反対運動の中心になってきたのである［岡村 1979：50-51］。

　8号地は，その埋立て企画計画に対して，対象地区の佐賀関町漁業協同組合から強い反対があった。それは，佐賀関町福水漁港において，イカ，かわはぎのへい死，海底に生息するさざえのへい死が相次いで発生していたからである［大分県 1991：140］。

　新産業都市建設では，地区の住民が環境悪化により健康被害を受け，漁業者は生産基盤（漁場）を喪失した。したがって，新産業都市は，当該地域では住民と漁民の犠牲の上に成り立っており，環境と社会が好循環するのではなくその断絶が生まれたのである。

おわりに

　大分県の地域開発は，当初から外来型開発を志向していたわけではない。1953年までは別府湾岸地域を対象とした在来産業の振興であった。しかし，55年から徐々に変化し60年には瀬戸内海沿岸の一地域として重化学工業化を推進するものに転換し，64年の新産業都市指定によって外来型開発を開始したのである。

　大分新産業都市は，鉄鋼と石油化学のコンビナートが計画通り実現したことから新産業都市の"優等生"と呼ばれたが，これはあくまでも国の機関委任事務からみた評価にすぎない。[21]大分県の地域経済は，こうした評価とは裏腹に，第1に重化学工業化が進展するなかで大分市への経済力の集中と大分市以外の

第 8 章　大分県における拠点開発方式と外来型開発　　229

地域の過疎化が進み，第 2 に新たに構築された鉄と石油の重化学工業は機械工業や中小企業との産業連関が希薄な産業構造をもたらし，第 3 に住民の生活環境の悪化と地場産業の生産基盤の喪失をもたらしたのである。

　したがって，大分県が広域自治体としての役割を維持する限り次の 3 つの課題に取り組まざるをえない。すなわち，第 1 に都市と農村の共生と地域内の均等発展，第 2 に緊密な産業連関の創出，第 3 に住民の生活環境の保全と地域産業の生産基盤の維持・確保である。

　大分県の地域経済は，これら 3 つの課題によって，その基底において県内の内発的発展を志向せざるを得ない"宿命"を負うことになったのである。

1 ）　なお，開発基本計画では工業のもつ高度の成長性，その広い波及効果から，これを開発の戦略としてとりあげているが，開発の基調はあくまで農工併進であるとして，工業開発の推進と農業近代化，観光資源の開発と施設の整備，産業生活基盤の整備拡充，県土の保全，教育の振興と文化の向上，民生の安定と健康の増進，治安の確保，財政金融の確保を取り上げている［大分県 1967：4-5］。
2 ）　なお，瀬戸内海地域の関係県は兵庫・岡山・広島・山口・徳島・香川・愛媛の 7 県である。
3 ）　なお，瀬戸内海沿岸の関係 9 県は，兵庫・岡山・広島・山口・福岡・愛媛・香川・徳島・大分である。
4 ）　なお，石井は，この呼称を使用する理由について，中央政府の国土開発計画との連関を想定し，大分県が自らの計画をその中に組み込ませることで権威づけ，実現可能性の高いものにしようとした動きと考えられるとしている［石井 2001：55］。
5 ）　なお，同書にはページ数が振られていないので記載ページを表記できない。
6 ）　この点について石井は次のように述べている。「莫大な投資によって埋立地造成，用水開発などを行い，それによって良質な港湾を備えた工場用地を建設するというこの計画は，以前に想定されていた大分県の特色を生かして県内既存産業との有機的発展を図るという発想からすれば，かなり飛躍したものであった。また，漁業資源を破壊して工場を誘致するという点に着目するならば，従来の県経済の姿とは劇的な断絶があった。」［石井 2001：59］。
7 ）　大分県『大分地区新産業都市建設基本計画』，3-5 ページ。
8 ）　産業連関構造の分析方法については，中村剛治郎［2004］，佐無田［2007］を参照した。
9 ）　産業連関表の販路構成の視点から地域経済分析を最初に行ったのは遠藤［1999］である。遠藤は，野原［1979］における分析方法をもとに愛知県の産業連関表を分析し，名古屋臨海工業地区における立地業種の産業連関を推測している［遠藤 1999：103-106］。本稿での分析は，遠藤の方法を参考にしている。
10）　なお，伊藤が提示する 3 つの産業連関系列は玉垣［1977］をもとに整理されている。なお，注 9 ）で示した野原の研究も玉垣［1975］や二瓶［1976］をベースとしてほぼ同

230　第Ⅱ部　地域政策の事例

様の結論を導き出している。

11)　遠藤も同様の比較分析を行い次のように述べている。「大分の生産活動は，臨海部に誘致された素材供給型コンビナートの大工場が中心で，原材料投入の比重が高い装置型産業なので，大量の海外原料の輸入のもとで素材生産を行うから生産規模は大きく表れるが，付加価値は相対的に低く，雇用効果も低い。さらにそこで生産した『中間財製品』は，地元産業に販売されるのではなく，ただちに海外や他の国内地域の移輸出に向けられるという，いわば『宿借り型』工場が中心であった。そのため社会的経済余剰（広義の利潤＋租税等）の多くが域外に漏出し，域内分配所得として，地場の産業や家計に循環していないのである。」［遠藤 2009：128］。

12)　竹村脩一・舟橋泰彦は，大分市の発展を新産業都市→コンビナートによる工業生産の拡大→都市の発展，という図式からではなく，働きかつ生活する１市民の立場からながめると，地方中核都市としての形成・成長という側面が浮かびあがってくると述べている（「大分新産都市の都市経済構造」［竹村・舟橋 1986：172-175］。

13)　なお，森元は新産業都市のうち人口増加率の高い地区はいずれも地区内に県庁所在地を含んでおり，県庁所在都市の人口増加率がこれら新産業都市の人口増加に大きく寄与しているとして，「新産業都市の実績をみるかぎり，いわゆる中枢管理機能の人口吸収力，都市形成力が工業のそれよりも優れているように思われる。」［森元 1973：295］としている。

14)　当時の大分市での就業者減少について，「新産都域内では，この10年間，農家数，ならびに農業人口，農業就業人口と減少するなかにあって，農業の中心となって働く基幹的従業者の減少率は，一きわきわだったものがあり，とくに大分市に顕著なものがみられ今後の農業経営に大きな問題を提起している。」との指摘がある［九州農政局大分統計調査事務所編 1972：14］。

15)　『大分県統計年鑑』各年版より。なお，森元は，「新産業都市の区域にあっても，中核的な都市においては労働力の吸収や第三次産業の振興等を通じて波及効果が及んでいるが，周辺地域は取り残される傾向にあり，地区全体として均衡のとれた発展の方向にあるとは言いがたい状況である。」としている［森元 1973：302］。

16)　『大分県統計年鑑』各年版より。

17)　『大分県統計年鑑』各年版より。

18)　この点について，「わが国経済の成長とともに，1966年頃から各県の財政力指数に変動が生じ始め，68年度に至りグループの構成員に変動をみるに至った。その著しいものをあげると，Ｂグループの群馬県および岐阜県はＣグループからの昇格，Ｃグループの岡山県は67年までは６位であったが，一挙にトップにおどり出てＢグループに近づいており，Ｃグループの茨城県および香川県はＤグループから，Ｄグループの熊本県，大分県および宮崎県もそれぞれＥグループから昇格している。これらはみな工業化が促進されている県であることを考えるとき，本県も農工併進の施策が実を結び財政力が増加してくると，ＣグループまたはＢグループへの仲間入りも夢ではなくなると思われる。」［大分 1971：451-452］と述べている。

19)　日本銀行岡山支店は「水島地区における公共投資と税収入とのバランス」の問題として，水島開発によって国および県，市はどれだけの経費負担をし，またはそれぞれどれだけの税収をあげてきたかといった，投資効果のバランスは国と地方公共団体とではど

うなっているかについて次のような調査結果を公表している。1960年度から1967年度までの8年間についてみると、「結論的にいえば、国よりも地方の負担がきわめて重かったということができる」と指摘している。具体的には、国は、229億円の投資経費を負担して、その5.09倍に当たる1166億円の税収入を上げているのに対し、県・市町村は593億円の投資経費を負担して、わずか18％に当たる109億円の税収入を上げているにすぎない。総じてみれば、両者のかねあいは国に対しては非常に有利、地方公共団体に対してはかなり不利な形になっているとしている［日本銀行岡山支店・日本銀行調査局 1968：138-139］。

20) 岡山県は、①国は、国税における揮発油税、関税など、水島地区に特殊な税目を含め租税収入の約90％を占めるのに、県税4.4％、市税5.9％と開発に伴う租税収入は、投資の分担とは全く逆の関係になっている。②地方自治体は、工場誘致条例等による地方税の税制優遇措置（租税特別措置）をかなり行っている。③環境の整備、公害防止対策など背後地の整備に関する投資のほとんどを、県はじめ地元が負担している状況である。したがって、④国がより積極的な資金対策をたて、地方財政への暖かい手をさしのべる配慮をしなければならないのではないか、というものである［坂本 1991：55］。

21) 国土審議会は、①基盤施設の整備状況、②産業の発展状況、③県民所得、④人口動態の4つの観点から新産・工特制度が「国土の均衡ある開発発展及び国民経済の発達」という目的を達成したか否かを検証し、人口動態の面においては未だ道半ばであるが、基盤施設の整備が進められ、工業の地方分散と産業集積の形成が図られてきており、地区により進捗状況に差があるものの総じてみれば、「国土の均衡ある開発発展及び国民経済の発達に資することを目的とした新産・工特制度は、日本の経済成長の実現、地域間格差の是正に大きく寄与してきた」として、新産業都市建設促進法の廃止を決定した（国土審議会地方産業開発特別委員会『新産業都市の建設及び工業整備特別地域の整備の今後の在り方について（中間報告）』2000年8月）。

第9章
京都府における根幹的事業方式と内発的発展

はじめに

　戦後，国の政策を都道府県や市町村へ移植する地域政策，すなわち外来型開発が連綿と続いてきた。その始点は全国総合開発計画による拠点開発であり，全国で39の道県が拠点開発計画を提出し誘致合戦を展開した。

　こうしたなかで，拠点開発の研究が進められ，これに代わる地域政策として内発的発展論が提起された。[1] その後，内発的発展の研究が進められ，農山村部（町村）の事例から金沢や京都市など都市部の事例やボローニャ市など海外の事例に研究対象が拡張されてきた。

　一方，この内発的発展の地域政策は市町村にとどまらず都道府県へ，そして国へ展開することが求められている［入谷 2015］。[2] このうち都道府県段階に関して，高度成長期（1960年代）に多くの道県が拠点開発を指向するなかで，京都府がそれにくみせず独自の発展の道を模索したことは注目に値する。[3]

　本稿では，この京都府を対象として，『京都府総合開発計画』（1964年，以下「一府総」と略）と『第2次京都府総合開発計画』（1971年，以下「二府総」と略）による地域開発と地域経済を取り上げ，都道府県段階での内発的発展の事例として構成することを試みる。[4]

1　京都府の地域的特性

　京都府は，「政令で指定する人口50万以上の市」（地方自治法第252条の19）である指定都市・京都市を含んでいる。指定都市は，児童福祉・生活保護等の社会福祉行政，伝染病予防・食品衛生等の保健衛生行政，都市計画行政，建築基準行政など，住民の生活に直接関連している行政が中心であり，他方で，農林漁業や商工業に関する行政は主として知事が担当することになっている。

また，京都府は，南北に長く，中央部に横たわる丹波高原は地形的に府を南北に分断しているために，北部，中部および南部の各地域は，自然的条件において著しく相違しているだけでなく，社会的にも経済的にも性格が異なっている［京都府 1964：7］。

中央部の丹波高原地帯には，大阪湾に注ぐ淀川水系と日本海に注ぐ由良川水系の分水嶺があり，河川沿岸にわずかに発達した沖積平野と洪積台地が小さい平野を随所に形成しているにすぎないが，その南部では瀬戸内陥没地帯の一部である山城盆地が広がっている。南部は，経済・文化等の水準が高い「太平洋ベルト地帯」の一部として発展をとげている。これに対して，北部は産業の発展，生活水準の向上の面で相対的な遅れがみられる。

1960年の人口は199万人であり，そのうち64％は京都市に集中し，同市とその周辺部への人口集中が進んでいる。1960年から1962年の間に人口が増加した市町村は，主に南部の15市町村であって，残りの29市町村は人口が減少している。

就業者94万人の47％，44万人は第3次産業に就業し，36％，34万人は第2次産業に就業しており，第1次産業就業者は18％，16万人にすぎない（表9-1）。これは，全国平均より著しく低いが，総面積の87％をしめる京都市以外の区域については40.3％であるため，東京都の区部および5大市を除いた全国の第1次産業就業者の構成比39.6％を上回っている。また，分配所得は，2839億円と全国第9位である。これを産業別でみると，第1次産業は6％，第2次産業38％，第3次産業56％である。

以上のように京都府は，地域によって自然的，経済的諸条件が著しい多様性を示しているため，画一的な基準で産業振興を目指すだけでは十分な効果が期待できない［京都府 1964：9］。こうした見地から，一般的な産業振興策に地域開発の主軸を与えることによって，その行政効果を深化させることを重視している。なお，こうした地域の多様性を考慮する視点は二府総でも貫かれている[5]。

その上で，府内市町村の社会的・経済的相互依存関係，地形的連続性，産業構造の均質性，発展の動向やその可能性を総合的に勘案して，府の区域を3地域7地区に区分して開発計画を策定している（表9-2，注2参照）。

234　第Ⅱ部　地域政策の事例

表9-1　京都府の地区別産業構造（1960年）

	労働力比率	就業者数	産業別就業者構成比			分配所得額	産業別分配所得構成比			人口1人当たり所得
			第1次産業	第2次産業	第3次産業		第1次産業	第2次産業	第3次産業	
	%	人	%	%	%	百万円	%	%	%	千円
総　数	63.7	937,017	17.5	35.9	46.6	283,916	6.1	37.5	56.4	142
北部地域	74.9	204,383	40.3	27.7	32.0	39,603	15.9	36.6	47.5	102
奥丹地区	78.1	81,432	42.0	32.3	25.7	14,321	19.9	38.4	41.7	96
中丹地区	72.9	122,951	39.2	24.6	36.2	25,282	13.7	35.6	50.7	106
中部地域	73.1	61,873	54.7	16.7	28.6	11,521	36.7	17.0	46.3	95
南丹地区	71.8	50,871	53.6	17.2	29.2	9,316	33.3	17.5	49.2	92
北桑地区	80.3	11,002	59.6	14.7	25.7	2,205	50.9	15.0	34.1	109
南部地域	60.2	670,761	7.2	40.1	52.7	232,792	2.9	38.7	58.4	157
京都地区	59.7	578,343	3.4	41.3	55.3	208,874	1.4	38.7	59.9	163
南山城地区	63.0	67,917	25.0	37.2	37.8	18,949	13.1	43.2	43.7	129
相楽地区	65.5	24,501	45.7	20.0	34.3	4,969	24.7	21.8	53.5	96

出所）京都府［1964：11］。

　こうした京都府の地域的特性を踏まえて，京都府の総合開発計画は京都府内の地域問題を解決すべく「タテの開発」による地域間の均等発展を掲げている。

　以下，京都府総合開発計画（1960年，一府総）第2次京都府総合開発計画（1971年，二府総）を対象として，主に京都府の開発計画を取り上げその目的と実績を明らかにし，その地域政策的な意義について考察する。

2　京都府の総合開発計画—根幹的事業方式から地域開発事業方式へ—

（1）総合開発計画の役割

　一府総は，都道府県の機能について，「地方自治体の本旨は，あくまでも住民の意思によって住民の生活を守り育てるために，区域内の公共事務を処理していくことにある。そして，都道府県は，市町村を包括する地方公共団体として，市町村が処理することが不適当な広域にわたる事務，統一的な処理を要する事務，連絡調整の事務，大規模な事務等を処理することとされている。」としている。その上で，地方自治制度と地方財政制度の問題点として，都道府県においては，第1にその区域が比較的狭く，かつ，経済圏と合理的な関係を保

有していないこと，第2に民間部門の経済活動を誘導する政策的手段が極めて乏しいこと，第3に国の委任事務の拡大等に伴って，本来の公共事務の分野とその自由裁量によって処理しうる事務が著しく減少しつつあること，第4に財政的裏づけが不十分であること等の理由から，現行の地方行財政制度と自由主義経済体制のもとで地域社会の経済計画を策定することは極めて困難であるとしている［京都府 1964：3-4］。

こうした基本認識のもと，総合開発計画の役割を次のように規定している［京都府 1964：4-5］。すなわち，自治体の行政分野は，大別して教育，社会福祉，産業振興であるが，この計画は産業振興を中心とする諸計画のうちの1つであり，主な内容は2点である。

第1は，地域開発の方向づけと根幹的事業の策定である。これは，金融制度の活用，民主的な行政指導，試験研究機関の充実，市町村行財政の指導その他の府政運営によって推進すべき地域開発の方向を，地域住民の立場と近畿圏における府の位置から策定することである。第2は，産業基盤と生活環境施設の整備であり，国および地方公共団体が拡充すべき民間の個別経済主体の経済活動の基盤を，治水，道路整備等の公共投資によって強固なものにすることである。

その上で，長期的な展望のもと近畿圏と京都府の「基本構想（あるべき姿）」を想定し，それに到達するために1960年度を基準年次として1970年度を目途とする「根幹的事業」を定めるとしている。

（2）京都府総合開発計画（1964年）の理念

⑴ 「タテの開発」の構想

京都府の開発行政は，防災行政から出発し道路行政の展開のなかで形成されてきた。

蜷川府政は誕生前後に南桑・山城地方大水害（1951年7月），南山城大水害（1953年8月），同年9月の13号台風など大災害に見舞われた。これに対応した防災行政のなかから「命をまもる砦づくり」という思想が確立された。さらに，道路行政のなかで展開された「暮らしの道づくり」の思想は，太平洋沿岸地帯中心の「ヨコの開発」に対するアンチテーゼとして舞鶴港をアジアの平和貿易

の窓口とし，後に詳しくみる京阪神と産業道路で結ぶ「タテの開発」に結実している［京都府政研究会編 1973：213］。

この「タテの開発」について蜷川知事は次のように述べている［細野 1974：145-146］。

> 「京都府の開発はたての開発をやろう。丹後半島から南山城までりっぱな道路をつけてきて，その道路を中心にした開発をやっていく。いままでは開発といえば，すべて海岸沿いの横の開発であった。府といたしましては，京都府の地形もございますが，また京都府の産業の状態から見ましても，丹後半島から南山城まで，たての開発をすすめていく。とくに日本海と瀬戸内とをむすぶところまですすめてくるということは，これは京都としてすばらしいことじゃないか。このたての開発のうえに，京都の文化の発展をはかろうというのがわたしどものこれからの大きな希望であるわけです。そうすることによりまして，たとえば丹波地域というようなものも，もっともっと発展しますし，丹後半島の方面の開発もよくできるのじゃないか。そうしてまた経済力もすすむし，またそれを土台にして住民の文化も発展するというふうに考えております。」

この道路行政による「タテの開発」構想は，1959年に「京都府総合開発計画のための基本構想（試案）」としてまとめられたが，この段階ではまだ拠点としての機能を付与した地域における産業基盤の整備方針を明確にしたにとどまっていた［京都府 1964：2-3］。

これらの思想や構想を踏まえて，37年11月に「近畿圏開発促進協議会」事務局が提案した「近畿圏開発整備基本構想（案）」に対して次のような点を対置している。(1)定石をふんだ計画を，(2)“資本偏重”を排す，(3)まず防災上の配慮を，(4)むしろ未開発地を先に，(5)あくまで住民の暮らし本位，というものである。

これらの思想や主張は，蜷川府政誕生後の開発行政の総決算として「京都府総合開発計画」に結実することになった［京都府政研究会編 1973：209-214］。

(2) 拠点開発方式批判からもう１つの開発方式へ

1960年には本格的な高度経済成長政策が始動し，４大工業地帯に集積した工業を太平洋ベルト地帯に分散し再編成をめざす「国民所得倍増計画」が発表された。しかし，太平洋ベルト地帯偏重政策に対する地方からの反発をまねいたため，1962年に地域格差の是正を掲げ拠点開発方式を目指した「全国総合開発計画」が決定された。政府はこの計画に基づいて，新産業都市建設促進法（1962年）と工業特別地域整備促進法（1964年）を制定した［宮本 1998：223-225］。これに基づいて，39の道県が立候補し44地域の申請が出された。

一府総は，この拠点開発方式を批判し次のように述べている。すなわち，高度経済成長政策によって，工業部門と「太平洋ベルト地帯」の飛躍的な発展がみられるのに対して，農林水産業部門および中小企業の相対的な立ち遅れと，東北，山陰，四国，南九州等諸地方の相対的な衰退が顕著となるに至った。しかも，既成大工業地帯においては，無秩序な産業および人口の過度集中の結果として，経済活動に著しい障害が生じつつあるうえ，住民の生活環境も悪化しつつある［京都府 1964：1］。

こうした全国的な状況を反映して，京都府の地域経済にも次のような問題が生じているとしている［京都府 1964：1-2］。

第1に，農林漁業部門では，京阪神の大消費地帯を背後にひかえて近郊農業的な経営方式をとる南部の一部農業者を除くと，経営規模の零細性，資本装備率の低位性，労働力の不足と質的低下等によって，他産業との所得格差が拡大している。

第2に，商工部門では，いわゆる成長業種の比重が小さく，また，一般的に技術と経営の近代化が困難な中小企業の比重が大きいので，全国に比較して成長が相対的に低く，また，近代化の立ち遅れ，労働力の雇用難等によって経営上支障をきたしつつある企業が多い。

第3に，日本海沿岸地帯に属する府中部および北部では，舞鶴市，福知山市，綾部市等すぐれた工業発展の潜在力を有する地域を包含しつつも十分な産業の発展が地域内にみられず，しかも「太平洋ベルト地帯」の工業発展の波及的効果が及ばないため，停滞的な色彩が濃厚であり，住民の所得および便益の相対的な水準が低下しつつある。

238 第Ⅱ部 地域政策の事例

　第4に，府南部一帯，特に「太平洋ベルト地帯」に属する京都市，宇治市，乙訓郡，久世郡等では，近年の阪神工業地帯の外延的な拡大に伴って企業が相次いで進出しており，それらの新規立地企業と既存の中小企業および農業等が，労働力，土地，水等の諸資源の配分において相互に障害を及ぼしつつあるだけでなく，住民の生活環境がおびやかされつつある。

　このように問題点を整理した上で，一方で「工業の発展が産業構造の高度化の一つの指標ではあるとしても，地域性に即しない工業の導入は，工業の国際競争力を高めるゆえんでもなく，また，地域産業ないし地域住民に及ぼす効果も乏しいであろう。」と拠点開発方式を批判し，他方で「産業構造の高度化にあたっては，地域の諸条件に適合した方向において，地域住民の労働力，土地，水等の諸資源の最も効率的な産業間配分が実現するように，産業振興上の施策を実施することが必要である。」として独自の発展の必要性を説いている［京都府 1964：16］。

　その上で，これらの地域経済の問題を総合的，広域的かつ長期的な施策をもって解決に当たらなければならず，自然的，社会的諸資源を総合的に利用して諸問題の解決を図りつつ，府の有する潜在的発展性を最高度に発揮させることにより，住民の所得と生活の普遍的な向上を期するとともに，あわせて近畿圏の秩序ある発展と国民経済の均衡ある成長に寄与するために，府全域にわたる総合開発計画を策定するとしている［京都府 1964：3］。

（3）根幹的事業方式の論理

　以上のような総合開発計画の理念を具現化したのが根幹的事業方式である（図9-1）。その論理は，「タテの開発」により農林漁業・伝統産業・機械工業および関連産業が発展し，日本海ベルト地帯と太平洋ベルト地帯の相互が発展することにより住民所得と生活の向上が生まれる。そしてこの成果が税収の増大をもたらし，さらなる民力培養型公共投資を可能にするという好循環を生み出すというものである。以下，このことを具体的にみてみよう。

(1) 地区開発の主軸

　地域社会ないし経済圏ごとに，資源の効率的な利用と地域的諸格差の縮小を

はからなければならない。

　南部は，経済，文化等の水準が高い「太平洋ベルト地帯」の一部として顕著な発展をとげているのに対し，北部は，産業の発展，生活水準の向上等の相対的な立ち遅れがみられ，その中間にある中部は，平野部分が少なく，かつ，由来川および桂川の2大水系の水源地帯であるにもかかわらず治水事業も十分でないため，産業の発展も遅れている［京都府 1964：8］。

　したがって，一般的な産業振興対策に加えて地域開発の主軸を与えることによって行政効果の深化を図ることが必要であるとして，地域・地区の開発方針を掲げている［京都府 1964：12-13］。

図9-1　根幹的事業方式の論理

出所）『京都府総合計画』等をもとに作成。

① 　未開発の資源を有する舞鶴，福知山，綾部等の北部諸都市の工業開発と舞鶴港の開発を促進して，中丹地区を日本海沿岸地帯の開発拠点とし，北部一帯の産業の発展と社会福祉の向上を図るとともに，阪神工業地帯からの工業の分散，近畿圏の貿易機能の増大，阪神諸都市への産業および人口の過度の集中傾向の緩和等に資する。
② 　京都市およびその南部一帯における産業基盤，生活環境施設等を整備して，産業および人口の進出の秩序を確立し，文化観光資源の保全，生活環境の向上，産業の発展等を図るとともに，京阪神諸都市の無秩序な拡大の防止に資する。
③ 　これらの工業開発，産業発展等の効果が十分には波及しがたい地帯に対しては，その地域性に即した産業構造の近代化を図るとともに，社会福祉の向上に努める。

④ 上述の地域開発を強力に推進するため，雇用の近代化と労働力の質的向上の諸施策を講ずるとともに，農林漁業および中小企業の経営，生産，流通の改善，組織の強化等に努めて，産業構造の近代化を図る。
⑤ 社会資本の拡充ないし施設の整備にあたっては，抜本的な治山治水事業を促進するとともに，計画的かつ集約的な道路網の整備，日本海諸都市と太平洋側諸都市を短絡する「近畿縦貫高速自動車道」の建設等を促進して，産業基盤の拡充を図るほか，住宅，生活環境施設の整備に努める。

こうした方針に基づいて表9-2のような根幹的事業が策定されている。

(2) 北部地域の開発計画

本稿では，これらの根幹的事業のうち京都府北部の工業開発である長田野工

表9-2　根幹的事業の概要

性　　質	事　業　名	地　　域	事業主体
1．基盤整備	(1)地域開発道路整備事業 (2)由良川治水事業 (3)舞鶴港整備事業 (4)観光開発事業 (5)淀川治水事業	北・中・南部 北 北 北 南	府 国・府 国・府 府・市町 国・府
2．工業開発	(1)長田野工業地帯造成事業	北	府
3．農林漁業振興	(1)沿岸漁業振興事業 (2)丹後牛主産地形成事業 (3)丹波ぐり主産地形成事業 (4)酪農振興事業 (5)生鮮野菜特産地形成事業 (6)北桑林業振興事業 (7)宇治茶主産地形成事業 (8)木津川沿岸農業水利改良事業	北 北 中 中 中 中 南 南	府・市町・漁協等 農業者等 農業者等 農業者等 農業者等 府・林業者等 農業者等 国・府・土地改良区
4．環境整備	(1)宇治市南部住宅団地造成事業 (2)天ケ瀬上水道建設事業 (3)中小企業団地造成事業	南 南 中・南	府 府 府・企業等

注1) 京都府企画室「総合開発の概要について」(1969年11月) による。
注2) 北部地域：丹波地区 (宮津市・与謝郡・中郡・竹野郡・熊野郡)，中丹地区 (舞鶴市，福知山市，綾部市，加佐郡・天田郡)，中部地域：南丹地区 (亀岡市・船井郡)，北桑地区 (北桑田郡)，南部地域：京都地区 (京都市)・南山城地区 (宇治市・乙訓郡・久世郡・綴喜郡)，相楽地区 (相楽郡) である。
出所) 自治体問題研究所京都民主府政研究会編 [1974：14]。

業地帯造成事業を中心に北部地域に焦点を当てて考察する。それは次の理由による［京都府 1964：1-2］。

　戦後の高度成長政策によって，工業部門と「太平洋ベルト地帯」の発展がみられるのに対して，第1次産業および中小企業の遅れと東北，山陰，四国，南九州などの衰退が顕著になった。こうした社会経済状況は，京都府においても第1次産業と他産業との所得格差が広がり，比重の高い中小企業においては近代化の遅れと雇用難により経営問題に直面する企業が多い。また，日本海沿岸地帯の中部や北部では，舞鶴，福知山市，綾部市などすぐれた工業発展の潜在力を有する地域を内包しつつも十分な産業の発展がみられず，「太平洋ベルト地帯」の工業発展の波及効果が及ばず停滞的な状況に直面している。

①北部地域の地域問題

　北部地域は，就業者の産業別構成をみると第1次産業40％，第2次産業28％，第3次産業32％であり農村的色彩が強い［京都府 1964：46-48］。

　しかし，農業では農業所得が低位である。また，丹後機業の従業者数は約1万8000人であり，奥丹地区の就業者約8万人の22％，第2次産業就業者数2万6000人の68％を占めている。しかし，近年の衣服の消費性向の変化により需要増大を期待できないことに加え，経営規模の零細性と経営の非近代性が問題となっている。

　一方，舞鶴市，福知山市および綾部市ではかなりの工業の集積がみられる。1960年の事業所数は約1000，従業者数は2万人，出荷額は326億円となっており，それぞれ府全体の約5％，9％，10％を占めている。舞鶴市の工業は，戦後一部の軍施設の払い下げにより進出した機械，輸送用機械，化学，窯業等により発達してきたが，舞鶴港臨海部の要所は海上自衛隊が土地を占めており臨海工業の発展を阻害している。福知山市と綾部市は，戦前から繊維工業が発達し，戦後は化学繊維への転換が図られ，機械，電気機器器具，その他成長業種の企業が進出してきている。

　また，日本三景の1つである天の橋立は年間百数十万人の観光客を集めているが，観光地としての規模が小さく，交通網の整備が遅れているため観光資源が開発されていない。

②北部地域開発の方向

242   第Ⅱ部　地域政策の事例

　したがって，京阪神工業地帯の通勤圏外にあるこの地域は，地域の諸資源の潜在的経済力を地域内において開花させるような施策を講ずる必要がある［京都府 1964：48］。しかし，北部地域の立地条件からみて，農業や漁業に主導的な役割を期待することはできない。また。第3次産業の発展は，本来，製造業の発展や地域の人口と所得に規定されるものである。このため，北部地域では，すぐれた工業立地条件を有する中丹地区の工業開発を推進し，その波及的効果を周辺にも及ぼすことにより地域全体の自律的な発展を図ることが最も重要な課題である。

　中丹地区の工業立地の内部的条件は，第1に，すでに相当量の近代工業の施設と技術が蓄積していること，第2に，地区内と背後地である奥丹と南丹，兵庫県と福井県の一部地域に豊富な労働力があること，第3に，工場地域は約1000万㎡あり臨海性および内陸性工業に適するものが共存していること，第4に，豊富な水資源があること，第5に，有数の良港である舞鶴港があることである［京都府 1964：48-49］。さらに，近年の立地動向や国の産業配置政策の変化により中丹地区の工業開発の外部的条件が醸成されつつある。さらに，近年の既成工業地帯の企業は，内陸部の優れた立地条件をもつ地域に進出するなど新しい立地動向を示しており，中丹地区はこの動向に基づく工業の発展が期待される［京都府 1964：49-50］。

　こうした条件の変化に即して，中丹地区の開発効果を極大化する工業開発の方向は，第1に，阪神工業地帯との関連性を強化し，第2に，「日本海ベルト地帯」の拠点としての性格を強化し，第3に，対岸貿易の拠点としての素地を育成することである。福知山市と綾部市は，内陸性の機械，電気機械器具，繊維，衣服等の消費財製造工業が，舞鶴市は臨海性の木材，化学，窯業，輸送用機械器具等の生産財製造工業が好ましい。

　このため，中丹地区の工業開発にあたっては，由良川水系の治水事業を推進し，「太平洋ベルト地帯」を運輸，交通，通信の施設の先行的整備によって結合し，阪神工業地帯の企業の拡散的な立地動向を助長し，産業間の労働力の円滑な移動を促すための職業訓練施設の拡充および道路網の整備を図る。加えて，開発効果が及びがたい奥丹地区については丹後牛主産地の形成，丹後機業の振興，沿岸漁業の近代化等を推進し，観光資源の開発を図る［京都府 1964：

50–51]。

　以上の中丹地区の工業開発と丹後半島開発によって，中丹地区を中心とする北部地域は，富山，福井から鳥取，松江を結ぶ「日本海ベルト地帯」の拠点としての諸機能を充実する。さらに，中丹地区と阪神工業地帯を道路で結ぶことによって，「日本海ベルト地帯」は「太平洋ベルト地帯」と相互に諸機能を分担して，新しい発展をめざす。

　このために，次の7つの根幹的事業を実施するとしている。①由良川治水事業，②舞鶴港整備事業，③長田野工業地帯造成事業，④沿岸漁業振興事業，⑤丹後牛主産地形成事業，⑥観光開発事業，⑦地域開発道路整備事業である。

(3)　2つの基幹的施策

　府全域の自然的，社会的諸条件および近年における南部と北部の不均等発展を是正しようとする国家的な課題にも対応して，中丹地区の工業開発ならびに京都地区南部および南山城地区の産業発展の秩序づけを2つの基幹的施策としている。

①北部地域

　北部地域では，すぐれた工業立地条件を有する中丹地区の工業開発を積極的に推進して，その波及効果を周辺にも及ぼすことによって地域全体の自律的な発展を図ることが最も重要な基本的課題である。

　中丹地区の工業開発の方向は，第1に，阪神工業地帯との関連性を強化し，第2に，「日本海ベルト地帯」の拠点としての性格を強化し，あわせて，第3に，対岸貿易の拠点としての素地を育成することである。

　中丹地区の工業開発と丹後半島開発の基本的施策によって，中丹地区を中心とする北部地域は富山，福井から鳥取，松江を結ぶ「日本海ベルト地帯」の拠点としての諸機能を充実するであろう。さらに，中丹地区と阪神工業地帯を道路で短絡することによって，「日本海ベルト地帯」は，「太平洋ベルト地帯」と相互に諸機能を分担して，新しい飛躍的な発展を遂げることを期待する［京都府 1964：52］。この中核的事業が長田野工業地帯造成事業である。

　長田野丘陵地帯の原野約690ヘクタール(ha)を整地して，約480haの工業用地を造成し，機械，輸送用機械，金属等の内陸型業種の近代的企業の導入を図

る。土地造成事業費は約51億円である［京都府 1964：54］。

②南部地域

「太平洋ベルト地帯」に属する京都地区南部と南山城地区は，阪神工業地帯の外延的な発展により工場と住宅の無秩序な進出が相次ぎ，工場と住宅が農地を分断して散在し始めている。このような現象が，農業にとっても工業にとっても用地，用水，輸送施設その他の産業基盤のあい路をもたらし，円滑な経済活動を阻害し住民の生活環境を悪化させつつある。したがって，これらの地区においては工場の立地，住宅の進出，地域発展の秩序を確立して，文化観光資源の保全，生活環境の向上，土地および水の合理的な利用と産業の発展を図ることが重要な課題である［京都府 1964：64］。

京都地区南部と南山城地区は，既成工業地帯との関連と工業立地の動向を踏まえ，将来の工業立地を合理的に誘導するための基準として次の3工業地帯を設定する。

a）洛西工業地帯：電気機械器具，機械，金属，窯業，食料品等の大企業の立地を期待する。

b）洛南工業地帯：工具，冶具，機械付属部品，繊維製品の卸問屋とそれに関連する工業の立地を期待する。

c）宇治工業地帯：電気機械器具，機械，金属，食料品の中小企業の集団的立地を誘導する。

（4）第2次京都府総合開発計画（1971年）の理念

高度経済成長政策は，1965年以降，過疎・過密問題が激化し，公害問題がコンビナート反対運動を激化させるとともに，中枢管理機能の肥大化が都市開発の新たな投資戦略を顕在化させた。このなかで，1969年に「新全国総合開発計画」が策定され巨大開発方式が登場した。この計画では，日本列島を1つの会社のように空間的分業化させるために，中枢管理機能を集中させる中央地帯，産業や観光の機能を集中させる東北・南西の2地帯に3区分している。そして，この3地帯を新幹線，高速道路，空港あるいはマイクロウェーブ網などの大量輸送・通信網で結びつけようというものであった［宮本 1998：225］。

こうした国の動きに対して，戦後20年あまりで蓄積されてきた民主的な開発

計画の条件を踏まえて，第2次京都府総合開発計画が策定された。主なポイントは以下の5点である。

第1は，自治体の責任である。総合開発計画の作成主体である都道府県がもっている施策あるいは手段は，経済社会の活動からみると非常に少ない。しかも地方自治体の行政能力には財政的にも制度的にも制約条件が非常に多い。しかし，社会における資源配分の最適化をはかることは，国および地方自治体に専属している機能である。総合開発計画の作成主体は，いわば計画の推進母体であり，個別事業主体の計画内容あるいは事業実施などの誘導・調整を行うべき重要な責務を有している［京都府 1971：2］。この視点は，第5のポイントで述べる地域開発事業方式のバックボーンになっている。

第2は，高度成長方式の否定である。京都府は，中小零細企業ならびに小規模の兼業農林漁家などを中心とする産業構造をもち，また，府域は日本海側と太平洋側にわたり，わが国経済社会の地域構造の縮図でもあるため，経済の発展ないし経済社会の変動に伴う諸問題のすべてが強くあらわれているといえる。

このため，1970年代は，戦後の25年ことに1960年代の経済成長のもとで生じた諸問題について反省し，わが国の将来を展望して適切な地域開発政策を展開すべき時代である［京都府 1971：3］。

第3は，府民生活の発展の基礎となる条件整備である。総合開発計画の作成と実施にあたっての基本的な姿勢は，経済的にも社会的にも，より豊かなそしてひずみのない社会の実現をはかるため，地域住民の立場から府民生活の制約条件を排除し，さらに将来における府民生活の発展の基礎となる条件を整備することにある［京都府 1971：3］。

第4は，産業は生活の基盤であり，また，就労は生活の一部をなすものであるから，本来，物的施設は産業基盤施設と生活環境施設に区別すべきものではない。産業基盤施設と住民福祉の視点から総合的に考えるところに，地域住民の立場をとる総合開発の姿勢がある［京都府 1971：4］。

したがって，現状維持的なあるいは復旧的な施策では過疎問題は解決しないであろう。現状改変的な施策および都市の積極的な開発を進める必要がある。ここに，京都府北部における強力な地域開発事業が必要となる今日的な意義が

246　第Ⅱ部　地域政策の事例

ある［京都府 1971：4］。

　第5は，地域開発事業方式である。以上の4点にわたる理念のもとで地域開発事業方式が定式化されている。これは，広域的な施設整備の方向を定め，地域開発の波及効果の最も大きいプロジェクトを地域開発事業として位置づける方式である。「新全国総合開発計画」が民間ディベロッパーを開発主体としたのに対して，地域開発事業は，財政投融資をはじめ民間資金の積極的な導入および効率的な運用をはかり公的手段と民間の手段を総合して実施するものであり，民間資金統制型大規模プロジェクトである［京都府 1971：8］。

3　京都府の産業連関構造の姿

　2つの総合開発計画による地域マネジメントによってどのような産業連関構造が形成されたのかについてみてみよう。

（1）　戦後の京都府経済の推移—1960，65，70年の比較—

　1980年の京都府経済の特徴を考察するにあたって，その前段となる1960年から1970年までの10年間の変化について京都府産業連関表をもとに確認しておこう（表9-3）。

　1970年の総生産額は3兆2866億円である。これは，1960年の7955億円の4.13倍，1965年の1兆5762億円の2.09倍である。増加率でみると1960年から最も伸びた産業は不動産業等の9.24倍，鉱業の6.81倍，商業の5.87倍であり，逆に伸びの最も低い産業は農林水産業の1.60倍である。増加寄与率でみると，製造業が10年間で46.13％であり後の5年間では49.12％と最も高く，金融・保険・サービス（10年間16.53％，5年間18.10％）や商業（同14.41％，同11.16％）とともに増加に寄与している。前半の5年間に比べて後半の5年間の増加寄与率が減っているのは商業，建設業，電力・ガス・水道などである。

　そこで，増加率の低い農林水産業と増加率の高い製造業について詳しくみてみよう。

　まず，農林水産業の1970年の生産額は569億円で1960年の1.60倍と11部門中最も伸びの低い部門となっているが，農林水産業のうち農業についてみると

第9章　京都府における根幹的事業方式と内発的発展　　247

表9-3　生産額の推移（1960・65・70年）

単位：百万円，倍，％

部 門	生産額			増加率		増加寄与率	
	1960	1965	1970	70／60	70／65	60-70	65-70
農林水産業	35,590	42,790	56,871	1.60	1.33	0.85	0.82
鉱 業	1,189	1,533	8,095	6.81	5.28	0.28	0.39
製造業	388,583	697,690	1,537,784	3.96	2.20	46.13	49.12
建設業	83,282	195,318	333,541	4.00	1.71	10.05	8.08
電力・ガス・水道	14,678	27,495	54,417	3.71	1.98	1.60	1.57
商 業	73,678	241,665	432,580	5.87	1.79	14.41	11.16
不動産業等	10,557	27,634	97,525	9.24	3.53	3.49	4.09
運輸・通信	38,922	68,877	141,798	3.64	2.06	4.13	4.26
金融・保険・サービス	121,261	223,362	532,990	4.40	2.39	16.53	18.10
事務用品・梱包	10,685	16,879	25,013	2.34	1.48	0.58	0.48
分類不明	17,031	32,959	66,008	3.88	2.00	1.95	1.93
総生産額	795,456	1,576,202	3,286,622	4.13	2.09	100.00	100.00

出所）『京都府産業連関表（1970年表）』1974年，27ページより。

1.98倍であり健闘している[6]。

　この期間は全国的に限界地帯での離農と工業化・都市化に伴う農地転用が増大し都市近郊の農家の離農を促進した。京都府においても農家減少と経営耕地面積の減少が生じているが，田面積の減少率がわずかにとどまり，畑面積の減少率が大きく，果樹地ではほぼ同程度にとどまっている。また，米の収穫量では1965年から1970年の増加率は全国で約2％であるのに対して京都府では12％となっている。

　林業の生産額は，1960年比で0.86倍と減少傾向にある。この10年間で林家数，森林伐採面積，造林面積は減少し素材の生産量も1960年の半分以下になっている。

　水産業は，1960年の2.79倍，1965年の1.28倍と農林水産業のなかでは最も伸びている。このように，農林水産業のうち農業と漁業が健闘していることがわかる。

　次に，製造業の1970年の生産額は1兆5378億円と，1965年の2.20倍，1960年の3.96倍であり，1970年の総生産額の46.8％と半分近くを占めている。

248 第Ⅱ部 地域政策の事例

表9-4でその内訳をみると，1965年からの増加率で最も高いのは民生用電気機器・その他の軽電気機器の4.06倍，医薬品の2.86倍，衣料・身廻品の2.78倍，金属の2.64倍，機械の2.58倍などであり，他方低いのはその他の繊維の1.46倍，合成繊維原料の1.52倍，石油・石炭製品の1.62倍などである。また，食料品や絹・人絹織物は1960-65年よりも1965-70年の増加率の方が高い。

1960年に構成比が高い業種は食料品の20.71％，機械の18.35％，絹・人絹織物の8.63％であったが，1970年には機械の22.50％，食料品の14.01％，軽電気機器の11.14％となっている。この10年間では，食料品と機械の構成比が逆転したこと，および民生用電気機器・その他の軽電機器が著しい増加を遂げて絹・人絹織物よりも比重を高めていることが特徴である。

表9-4 製造業の構成比と増加率

単位：％，倍

部 門	構成比			増加率	
	1960	1965	1970	70／60	70／65
食料品	20.71	18.73	14.01	2.68	1.65
絹・人絹織物	8.63	9.27	8.76	4.02	2.08
染色整理	6.60	7.05	6.61	3.96	2.07
衣料・身廻品	3.12	3.09	3.90	4.95	2.78
その他の繊維	7.73	8.38	5.57	2.85	1.46
木製品・家具	3.64	3.49	3.77	4.09	2.38
紙・パルプ	2.21	2.68	2.03	3.63	1.67
印刷・出版	2.64	3.35	3.20	4.80	2.10
皮革・ゴム	0.52	0.47	0.38	2.90	1.79
合成繊維原料	2.87	3.31	2.29	3.17	1.52
医薬品	1.12	0.70	0.92	3.23	2.86
化学工業	4.42	3.28	2.76	2.47	1.86
石油・石炭製品	0.24	0.03	0.02	0.32	1.62
窯業・土石製品	3.40	2.92	3.02	3.52	2.28
金 属	6.70	5.69	6.82	4.03	2.64
機 械	18.35	19.21	22.50	4.85	2.58
軽電気機器	5.04	6.06	11.14	8.75	4.06
その他の製造業	2.06	2.29	2.30	4.44	2.22
計	100.00	100.00	100.00	3.96	2.20

出所）『京都府産業連関表（1970年表）』1974年，30ページより。

（2）1970年と1980年の産業連関分析

1980年の府内生産額は，10兆2111億円と1970年の3兆2866億円の3.11倍になっている（表9-5）。

産業別にみると，第1次産業が1166億円（構成比1.1%），第2次産業が4兆9901億円（同48.9%），第3次産業が5兆1046億円（同50.0%）である。これを全国と比べると，第1次産業と第2次産業の構成比が若干低いが，第3次産業の構成は6.5ポイント高くなっている。[7]

産業構造の特徴を特化係数でみると，1より大きいのは商業（1.43），公共サービス（1.34），その他のサービス（1.20）等であり，1より小さいのは鉱業（0.20）農林水産業（0.38），運輸・通信（0.88），製造業（0.91），建設（0.95）等である。

次に，80部門のうち特化係数の上位20位までの部門の全国シェアと特化係数から，京都府経済の特徴をみてみよう（表9-6）。

絹・人絹織物は，全国シェア37.3%，特化係数20.3と，1970年と比べても全国シェアが5.4ポイント，特化係数も4.6ポイント高まっており，京都府の繊維関連部門の健闘ぶりが際立っている。加えて，その他の織物（全国シェア8.2%，特化係数4.4），その他の繊維製品（同5.1%，同2.8），ニット製品（同3.1%，同1.7），化学繊維原料（同3.0%，同1.6）などの繊維関連産業が上位に位置している。また，清酒（同13.5%，同7.3）やその他の飲料（同4.2%，同2.3）など食品関連も際立っており，京都府の伝統産業が健闘している。

さらに，精密機械（同3.5%，同1.9）や重電機器（同3.2%，同1.7），軽電機器（同2.6%，同1.4）などの機械産業も重要な位置をしめている。

加えて，旅館・その他の宿泊所（同5.0%，同2.7）や商業（同2.6%，同1.4），飲食店（同2.4%，同1.3）など観光関連産業や，その他の公共サービス（同3.0，同1.6）印刷・出版（同2.8%，同1.5），教育（同2.5%，同1.4），その他の対個人サービス（同2.5%，同1.4）などの都市的・文化的需要関連の部門も特色がある。

最後に，生産額の上位20部門を全国との比較でみておこう（表9-7）。特化係数の高い絹・人絹織物，その他の織物，その他の食料品，その他の建設，印刷・出版，窯業・土石製品が上位に入っているが，石油製品，鉄鋼圧延製品，公共事業，銑鉄・粗鋼，金属製品，電力は含まれていない。これら上位10部門

250　第Ⅱ部　地域政策の事例

表 9-5　産業別生産額表 （1970年と1980年の比較）

	1980年			1970年			1980／1970
	億円	構成比 %	特化係数 —	億円	構成比 %	特化係数 —	倍
第1次産業	1,166	1.1	0.39	569	1.7	0.39	2.05
1　農林水産業	1,166	1.1	0.38	569	1.7	0.39	2.05
第2次産業	49,901	48.9	0.91	18,794	57.2	0.96	2.66
2　鉱　業	112	0.1	0.20	81	0.2	0.33	1.38
3　製造業	40,088	39.3	0.91	15,378	46.8	0.94	2.61
4　建　設	9,701	9.5	0.95	3,335	10.1	1.00	2.91
第3次産業	51,046	50.0	1.15	13,502	41.1	1.16	3.78
5　電気・ガス・水道	2,522	2.5	0.93	544	1.7	1.06	4.64
6　商　業	13,629	13.3	1.43	4,326	13.2	1.50	3.15
7　金融・保険	2,843	2.8	1.00	1,127	3.4	1.13	2.52
8　不動産	4,712	4.6	0.96	975	3.0	0.81	4.83
9　運輸・通信	6,072	5.9	0.88	1,418	4.3	0.93	4.28
10　公　務	2,501	2.4	1.00	500	1.5	1.07	5.00
11　公共サービス	7,991	7.8	1.34	1,597	4.9	1.40	5.00
12　その他のサービス	8,446	8.3	1.20	2,105	6.4	1.12	4.01
13　事務用品・こん包	820	0.8	1.14	250	0.8	1.00	3.28
14　分類不明	1,510	1.5	1.15	660	2.0	0.91	2.29
合　計	102,111	100.0	—	32,866	100.0	—	3.11

注1）14部門表による。
注2）特化係数は，京都府の構成比／全国の構成比。
出所）京都府『昭和55年京都府産業連関表』1986年，4ページより作成。

で府内生産額の47％，上位20位で68％を占めている。

　このことは，重化学工業を移植する道を選択しなかったことにより地域経済がバランスよく形成されたことを表している。

（3）1970年の産業連関構造—産業間バランスの創造—

　1970年の京都府生産額3兆3209億円を移輸出産業，最終需要産業，生産誘発産業から構成される産業連関構造でみてみよう（図9-2）[8]。図表の上段は移輸出産業，下段は最終需要産業，中段は移出産業と最終需要産業によって誘発さ

第9章　京都府における根幹的事業方式と内発的発展　　251

表9-6　全国シェアおよび特化係数上位20部門表

順位	部門名	対全国シェア（％）		特化係数	
		1980年	1970年	1980年	1970年
1	絹・人絹織物	37.3	31.9	20.3	15.7
2	清　酒	13.5	—	7.3	—
3	その他の織物	8.2	6.2	4.4	3.0
4	その他の繊維製品	5.1	3.8	2.8	1.9
5	旅館・その他の宿泊所	5.0	—	2.7	—
6	その他の飲料	4.2	—	2.3	—
7	都市ガス	3.9	4.1	2.1	2.0
8	精密機械	3.5	3.8	1.9	1.9
9	重電機器	3.2	3.7	1.7	1.8
10	ニット製品	3.1	2.8	1.7	1.4
11	その他の公共サービス	3.0	—	1.6	—
12	化学繊維原料	3.0	4.1	1.6	2.0
13	印刷・出版	2.8	2.7	1.5	1.3
14	商　業	2.6	3.0	1.4	1.5
15	軽電機器	2.6	2.8	1.4	1.4
16	教　育	2.5	3.0	1.4	1.5
17	その他の対個人サービス	2.5	—	1.4	—
18	飲食店	2.4	2.7	1.3	1.3
19	紙製品	2.4	2.3	1.3	1.1
20	皮革・皮革製品	2.4	1.7	1.3	0.8

注1）80部門表による。
注2）清酒，旅館・その他の宿泊所，その他の飲料，その他の公共サービスおよびその他の対個人サービスの1970年数値については，分類整合性の事情から省略した。
出所）京都府『昭和55年京都府産業連関表』1986年，5ページより。

れる生産誘発産業である。

　まず，移輸出産業についてみるとその生産額は1兆4015億円であり，府内生産額に占める割合は42.2％である。その内訳は，一般機械・民生用電気が5168億円（府内生産額に占める割合15.6％）を筆頭に，絹・織物3520億円（10.7％），流通1939億円（5.8％），食料品・その他の製造業1756億円（5.3％）が中核となっている。

　他方，農林水産業は116億円（0.4％）と他の産業と比べて低位であるが，南北に広がる京都府の地域経済の特徴からみれば重要な位置を占めているといえ

252　第Ⅱ部　地域政策の事例

表9-7　生産額上位20部門表（1980年）

単位：億円，％

順位	京都府			全　国		
	部門名	生産額	構成比	部門名	生産額	構成比
1	商　業	13,629	13.3	商　業	515,178	9.3
2	建　設	5,782	5.7	建　設	298,367	5.4
3	軽電機器	4,888	4.8	一般機械	229,078	4.1
4	一般機械	4,337	4.2	不動産業	218,487	3.9
5	不動産業	4,148	4.1	運　輸	206,046	3.7
6	保健・社会保障機関	3,638	3.6	自動車	204,001	3.7
7	教　育	2,939	2.9	軽電機器	191,149	3.4
8	運　輸	2,889	2.8	金融・保険	158,041	2.8
9	金融・保険	2,843	2.8	保健・社会保障機関	156,240	2.8
10	飲食店	2,832	2.8	石油製品	154,367	2.8
11	絹・人絹織物	2,715	2.7	鉄鋼圧延製品	144,971	2.6
12	自動車	2,670	2.6	公　務	132,752	2.4
13	その他の織物	2,560	2.5	対事業所・賃貸サービス	127,609	2.3
14	公　務	2,501	2.4	自家輸送	117,506	2.1
15	自家輸送	2,094	2.1	飲食店	117,229	2.1
16	その他の食料品	1,885	1.8	教　育	115,644	2.1
17	その他の建設	1,852	1.8	公共事業	114,247	2.1
18	対事業所・賃貸サービス	1,836	1.8	銑鉄・粗鋼	105,790	1.9
19	印刷・出版	1,767	1.7	金属製品	104,093	1.9
20	窯業・土石製品	1,645	1.6	電　力	101,569	1.8

注）80部門表による。
出所）京都府『昭和55年京都府産業連関表』1986年，6ページより。

第9章　京都府における根幹的事業方式と内発的発展　253

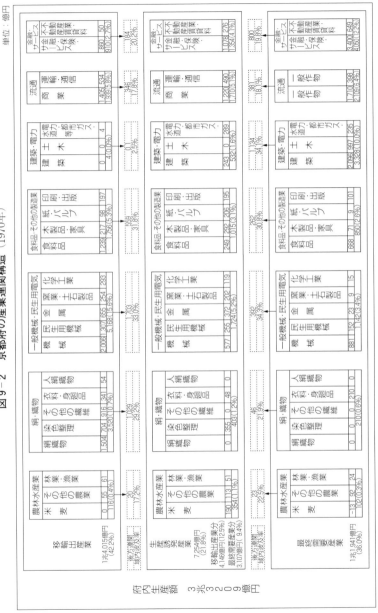

図9-2　京都府の産業連関構造（1970年）

注）表中の（ ）内の％は県内生産額に占める割合。最終需要産業の米麦のマイナスは在庫の減による。府内生産額は、原表より約362億円増えている。
出所）『京都府産業連関表（1970年表）』1974年7月より作成。

る。これら移輸出にその生産誘発分4146億円を加えた1兆8160億円（54.7％）が移輸出産業となる。

このように，1970年時点における京都府の移輸出産業は，比較的バランスよく並列していることがわかる。

次に，最終需要産業についてみると，金融・サービス4050億円（12.2％）を筆頭に建築・電力3328億円（10.0％），流通2109（6.4％），一般機械・民生用電気1142億円（3.4％），食料品・その他の製造業850億円（2.6％）が上位を占めている。これら最終需要産業の府内生産額は1兆1941億円（36.0％）であり，これに生産誘発額3107億円（9.4％）を加えると，最終需要産業とその誘発産業の合計は1兆5048億円（45.3％）となる。

移輸出産業に最終需要産業，生産誘発産業を加えて全体でみると，最大の位置を占めるのは一般機械・民生用電気8034億円（24.2％）であり，次いで金融・サービス6314億円（19.0％），流通5758億円（17.3％），絹・織物4133億円（12.5％），建築・電力3864億円（11.7％）が続いている。さらに食料品・木製品・家具3621億円（11.0％），農林水産業572（1.8％）となっている。

以上のように，1970年時点の京都府経済は，歴史の町である指定都市・京都市を包含していることから，伝統的な地場産業である一般機械・民生用電気をはじめ観光関連の商業や対個人サービス，絹・織物が中核的な産業となりつつも，食料品・その他の製造業や中・北部の農林水産業も一定の地位を占めており産業間にはバランスが形成されているといえる。

（4）1980年の産業連関構造—産業間バランスの維持—

次に1980年の産業連関構造をみてみよう（図9-3）。

1970年から1980年にかけて京都府の府内生産額は3兆3209億円から10兆2111億円へと3.1倍に拡大しており，その内訳をみると若干の変化がみられる。

1980年の特徴を1970年と比較してみると次のようになる。

移輸出産業では，第1に，一般機械・軽電機器等が5168億円（15.6％）から3.8ポイント増加し1兆9770億円（19.4％）となっている。第2に，食料品・その他の製造業が1756億円（5.3％）から2.0ポイント増加し7434億円（7.3％）と比率を高めている。第3に，金融・サービスも910億円（2.7％）から0.7ポイント増

第9章 京都府における根幹的事業方式と内発的発展　255

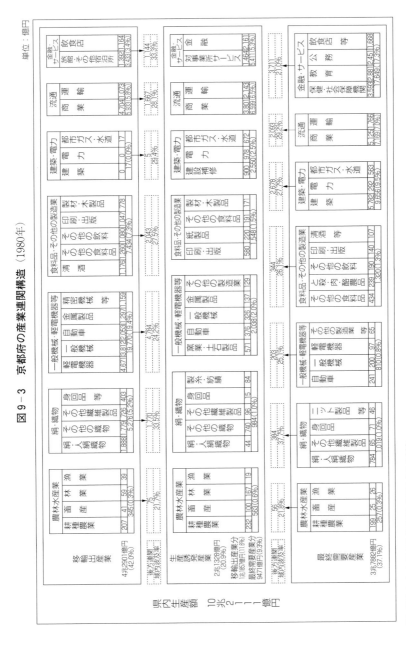

図9－3　京都府の産業連関構造（1980年）

注）表中の（ ）内の％は府内生産額に占める割合。
出所）『京都府産業連関表（1980年）』1986年3月より作成。

加し3433億円（3.4%）となっている。

　農林水産業は116億円（0.4%）から345億円（0.3%）へ，流通も1939億円（5.8%）から5933億円（5.8%）へとほぼ横ばいである。

　これに対して比率を下げている産業もある。

　最も比率を下げているのは絹・織物である。1970年では3520億円（10.7%）であったが，5276億円（5.2%）へと5.5ポイント減少している。

　このように，京都府の移輸出産業は1970年から1980年にかけて絹・織物の比重が低下し，一般機械・軽電機器等と食料品・その他の製造業が比重を高めるなどの変化がみられるが，移輸出産業全体では1兆4015億円（42.2%）から4兆2901億円（42.0%）となておりあまり大きな変化はみられない。これに生産誘発産業のうち移輸出産業分1兆1857億円（11.6%）を加えると，5兆4758億円（53.6%）が移輸出関連産業となる。

　次に，最終需要産業についてみると，一般機械・軽電機器等が1142億円（3.4%）から2.6ポイント減少し810億円（0.8%）に，食料品・その他の製造業が850億円（2.6%）から1.3ポイント減少し1320億円（1.3%）に低下している。一方，金融・サービスが4050億円（12.2%）から5.1ポイント増加し1兆7649億円（17.3%）に拡大している。これらの最終需要産業に生産誘発産業のうち最終需要産業分9471億円（9.3%）を加えると，4兆7353億円（46.4%）となる。

　移輸出産業に最終需要産業と生産誘発産業を加えて全体でみると次のような特徴が読み取れる。

　第1は，京都府経済は，1970年から1980年にかけて全体として第1次産業，第2次産業，第3次産業の間で若干の増減はあるものの全体としてバランスが維持されていることである。

　第2は，京都府産業における主役の交替がみられることである。1970年時点で最も生産額が多かったのは一般機械・民生用電気の8034億円（24.2%）であったが，1980年では金融・サービスの2兆6493億円（25.9%）となった。しかし，一般機械・軽電機器等も2兆2618億円（22.2%）であることを考慮すれば，これら2つの産業が主役であるといっても差支えない。

　第3は，絹・織物が1970年では4133億円（12.5%）を占めていたが，1980年には7279億円（7.2%）へと5.3ポイントも比重を下げていることである。しか

し，他方では絹・織物の後方連関（域内波及率）は，1970年では移輸出産業で29.2％，最終需要産業で21.9％であったが1980年では前者が33.5％，後者が37.7％へと増加させていることから，地域内の業者間での分業が緊密に行われるようになっているといえる。

第4は，農林水産業は移輸出が減少した分比重を下げているがほぼ維持している。

以上のことから，絹・織物の地位が低下し農林水産業も若干構成比を下げているものの，全体のバランスは維持されているといえる。

4　総合開発計画と京都府内の均等発展

（1）人　口

人口について，1960年，1970年および1980年の動向をみてみよう（表9-8）。

総人口は，1960年から1980年にかけて53万3927人増加している。その内訳は，南部地域は55万3491人増加し中部地域も1万2874人増加しているが，北部地域では3万2438人，8.4％減少しており北部地域だけが減少傾向にある。

北部地域の動向を詳しくみると，奥丹地区で1万5942人，10.6％減少し中丹地区では1万6496人，6.9％減少している。このうち中丹地区では1970年から1980年にかけて3806人増加していることが注目される。また，中部地域も北桑地区での人口減少に歯止めがかかっていないが，南丹地区で1万9860人，19.6％増加したためトータルで1万2874人，10.6％増加している。

以上のことから，北部地域と中部地域における根幹的事業が一定の成果を収めているといえる。

（2）就業者

1960年から70年にかけて，就業者が減少しているのは北桑地区だけである。北桑地区では，第1次産業で33％，第3次産業でも11％減少している（表9-9）。

北部地域では第1次産業で38％減少しているが，第2次産業で37％，第3次産業で20％それぞれ増加しており，第1次産業が減少した分を第2次産業と第

258　第Ⅱ部　地域政策の事例

表9-8　京都府の人口

	1960年			1970年			1980年			増減 （1960／1980）	
	人　口	伸び率	構成比	人　口	伸び率	構成比	人　口	伸び率	構成比	人	増減率
総　　数	1,993,403	100.0	100.0	2,250,087	112.9	100.0	2,527,330	126.8	100.0	533,927	26.8
北部地域	387,895	100.0	19.5	357,908	92.3	15.9	355,457	91.6	14.1	−32,438	−8.4
奥丹地区	149,871	100.0	7.5	140,186	93.5	6.2	133,929	89.4	5.3	−15,942	−10.6
中丹地区	238,024	100.0	11.9	217,722	91.5	9.7	221,528	93.1	8.8	−16,496	−6.9
中部地域	121,740	100.0	6.1	114,741	94.3	5.1	134,614	110.6	5.3	12,874	10.6
南丹地区	101,511	100.0	5.1	99,640	98.2	4.4	121,371	119.6	4.8	19,860	19.6
北桑地区	20,229	100.0	1.0	15,101	74.7	0.7	13,243	65.5	0.5	−6,986	−34.5
南部地域	1,483,768	100.0	74.4	1,777,438	119.8	79.0	2,037,259	137.3	80.6	553,491	37.3
京都地区	1,284,818	100.0	64.5	1,419,165	110.5	63.1	1,473,065	114.7	58.3	188,247	14.7
南山城地区	147,241	100.0	7.4	306,730	208.3	13.6	502,237	341.1	19.9	354,996	241.1
相楽地区	51,709	100.0	2.6	51,543	99.7	2.3	61,957	119.8	2.5	10,248	19.8

注）市制施行により城陽市，向日市，長岡京市，八幡市が誕生しているが南山城地区に含めた。
出所）京都府『京都府統計書』各年版より作成。

　3次産業で増加することで補っている。とりわけ，奥丹地区では第2次産業が44％増加していることは注目される。

　一方，増大しているのは南部地域，とりわけ南山城地区では2.17倍に増えている。これは，第2次産業で2.49倍，第3次産業で2.81倍と急激に増えていることによる。また，北部地域と中部地域も第2次産業でそれぞれ1.37倍，1.59倍と増加している。

　1960年から1980年にかけて，北桑地区に加えて奥丹地区で7％と中丹地区で6％就業者が減少している。北桑地区では，第2次産業で49％増加しているが第1次産業で71％減少している上に第3次産業も減少しているため，地区全体では減少している。奥丹地区と中丹地区では第3次で増加しているものの，第2次産業での就業者の伸びが低下しているため全体として減少している。

　一方，増大しているのは南丹地区と南部地域である。南丹地区では，第2次産業で2.19倍と南山城地区の3.20倍に次いで高い伸びとなっている。また，第3次産業も1.90倍とこれも南山城地区4.98倍に次いで高い伸びを記録している。

第9章　京都府における根幹的事業方式と内発的発展　　259

表9-9　京都府の就業者（伸び率）

	1960年／1970年				1960年／1980年			
	就業者数	第1次産業	第2次産業	第3次産業	就業者数	第1次産業	第2次産業	第3次産業
総　　数	1.21	0.66	1.31	1.35	1.27	0.40	1.24	1.61
北部地域	1.01	0.62	1.37	1.20	0.94	0.38	1.29	1.32
奥丹地区	1.02	0.58	1.44	1.19	0.93	0.36	1.36	1.32
中丹地区	1.01	0.64	1.30	1.21	0.94	0.40	1.23	1.33
中部地域	1.04	0.74	1.59	1.29	1.05	0.37	2.08	1.76
南丹地区	1.09	0.75	1.68	1.37	1.14	0.39	2.19	1.90
北桑地区	0.79	0.67	1.09	0.89	0.64	0.29	1.49	0.99
南部地域	1.29	0.69	1.28	1.38	1.39	0.44	1.19	1.66
京都地区	1.20	0.61	1.15	1.27	1.19	0.44	0.97	1.39
南山城地区	2.17	0.73	2.49	2.81	3.18	0.43	3.20	4.98
相楽地区	1.11	0.79	1.40	1.38	1.17	0.47	1.58	1.88

注）1960年を基準とした伸び率。
出所）京都府『京都府統計書』1963年，1974年および1982年版より作成。

（3）事業所と従業者

　事業所と従業者について，1960年，1969年，1981年の動向をみてみよう（表9-10）。

　事業所の構成比をみると，1960年では京都地区を含む南部地域が75.6％と全事業所数の4分の3を占め，1969年に72.8％に減少しているが1981年には76.1％へと増加している。また，従業者の構成比は1960年では80.0％と圧倒的な割合を占めており，1969年に79.0％に減少しているが1981年には82.0％を占めている。

　事業所と従業者については南部地域の占める割合が高いこと，および1969年から1980年にかけて南山城地区における事業所と従業者の増加によって比率を若干高めていることが特徴である。

　北部地域は，1960年から1969年にかけて事業所と従業者ともに構成比を高めている。とりわけ奥丹地区の事業所は9.2％から12.7％へ，従業者は6.7％から7.2％へ増加していることが特徴である。また伸び率も，事業所では1969年に171.0％，1981年に193.0％と南山城地区についで高い。一方，中丹地区は，事

260   第Ⅱ部　地域政策の事例

表9-10　京都府の事業所と従業者

<実　数>　　　　　　　　　　　　　　　　　　　　　　　　　　　　　　　　　　単位：件，人

	事業所数			従業者数		
	1960年	1969年	1981年	1960年	1969年	1981年
総　数	101,098	125,683	163,667	645,165	856,673	1,125,482
北部地域	19,930	28,545	32,002	108,961	149,815	163,318
奥丹地区	9,312	15,919	17,973	43,224	61,817	62,838
中丹地区	10,618	12,626	14,029	65,737	87,998	100,480
中部地域	4,691	5,680	7,098	19,189	29,845	39,774
南丹地区	3,969	4,770	6,142	15,849	25,285	34,861
北桑地区	722	910	956	3,340	4,560	4,913
南部地域	76,477	91,458	124,567	516,092	677,013	922,390
京都地区	69,745	80,607	103,929	477,799	593,722	758,822
南山城地区	4,613	8,648	17,704	29,769	73,127	147,609
相楽地区	2,119	2,203	2,934	8,524	10,164	15,959

<構成比>　　　　　　　　　　　　　　　　　　　　　　　　　　　　　　　　　　　　単位：％

	事業所数			従業者数		
	1960年	1969年	1981年	1960年	1969年	1981年
総　数	100.0	100.0	100.0	100.0	100.0	100.0
北部地域	19.7	22.7	19.6	16.9	17.5	14.5
奥丹地区	9.2	12.7	11.0	6.7	7.2	5.6
中丹地区	10.5	10.0	8.6	10.2	10.3	8.9
中部地域	4.6	4.5	4.3	3.0	3.5	3.5
南丹地区	3.9	3.8	3.8	2.5	3.0	3.1
北桑地区	0.7	0.7	0.6	0.5	0.5	0.4
南部地域	75.6	72.8	76.1	80.0	79.0	82.0
京都地区	69.0	64.1	63.5	74.1	69.3	67.4
南山城地区	4.6	6.9	10.8	4.6	8.5	13.1
相楽地区	2.1	1.8	1.8	1.3	1.2	1.4

<伸び率>　　　　　　　　　　　　　　　　　　　　　　　　　　　　　　　　　　　　単位：％

	事業所数			従業者数		
	1960年	1969年	1981年	1960年	1969年	1981年
総　数	100.0	124.3	161.9	100.0	132.8	174.4
北部地域	100.0	143.2	160.6	100.0	137.5	149.9
奥丹地区	100.0	171.0	193.0	100.0	143.0	145.4
中丹地区	100.0	118.9	132.1	100.0	133.9	152.9
中部地域	100.0	121.1	151.3	100.0	155.5	207.3
南丹地区	100.0	120.2	154.7	100.0	159.5	220.0
北桑地区	100.0	126.0	132.4	100.0	136.5	147.1
南部地域	100.0	119.6	162.9	100.0	131.2	178.7
京都地区	100.0	115.6	149.0	100.0	124.3	158.8
南山城地区	100.0	187.5	383.8	100.0	245.6	495.8
相楽地区	100.0	104.0	138.5	100.0	119.2	187.2

出所）京都府『京都府統計書』各年版より作成。

業所については構成比を1960年の10.5％から1981年の8.6％へと下げ，伸び率も1969年118.9％，1981年132.1％と府下でも低い方に入るなど奥丹ほどではない。しかし，従業者については構成比で10％前後を占めており，その伸び率も1981年には奥丹地区を超え152.9％となっている。

以上のことから，北部地域は，奥丹地区では多数の小規模の事業所が存在しているのに対して，中丹地区では比較的大規模な事業所が多数の従業者を雇用しているという特徴が読み取れる。

中部地域は，事業所と従業者の割合は府下で最も小さいが，南丹地区では1969年から1981年にかけて事業所数と従業者数ともに増加しており，とりわけ従業者数は1960年2.5％から1981年3.1％へと増加し，伸び率も159.5％から220.0％へと急増している。

3つの地域に関する事業所と従業者の動向は，北部地域で人口の減少がみられるものの，総合開発計画の根幹的事業方式と地域開発事業方式により府下全域の均等発展を追求した成果を現しているといえよう。

（4）出荷額

京都府の出荷額は，1960年の3313億円から1980年には3兆9026億円へと増加している（表9-11）。

これを地域別にみると，北部地域では構成比15.7％から13.5％へと3つの地域のなかで唯一2.2ポイント減少している。しかし，1969年には奥丹地区では総額で3.48倍，構成比も5.9％から7.3％へ1.4ポイント増えていること，および中丹地区も1969年7.1％から1980年8.6％へと構成比が1.5ポイント増加していることは注目に値する。

中部地域では，南丹地区が1960年0.5％から1980年2.2％へ，北桑地区も0.1％から0.2％へとそれぞれ増加し，中部地域全体も構成比0.6％から2.4％へと1.8ポイント増えている。このことも，北部地域の動向と並んで注目すべきことである。

南部地域は，京都地区が1960年の73.4％から1980年55.9％へと構成比を下げているのに対して，南山城地区が1960年の9.7％から1980年27.1％へと急増しているが，全体としては83.7％から84.0％へと微増にとどまっている。

262　第Ⅱ部　地域政策の事例

表9-11　京都府の出荷額

単位：百万円

	1960年			1969年			1980年		
	出荷額	伸び率	構成比	出荷額	伸び率	構成比	出荷額	伸び率	構成比
総　　数	331,334	100.0	100.0	1,206,420	264.1	100.0	3,902,615	1,077.8	100.0
北部地域	52,148	100.0	15.7	173,350	232.4	14.4	527,301	911.2	13.5
奥丹地区	19,540	100.0	5.9	87,551	348.1	7.3	190,776	876.3	4.9
中丹地区	32,609	100.0	9.8	85,799	163.1	7.1	336,525	932.0	8.6
中部地域	1,989	100.0	0.6	18,609	835.6	1.5	95,425	4,697.5	2.4
南丹地区	1,764	100.0	0.5	16,872	856.7	1.4	86,406	4,799.6	2.2
北桑地区	226	100.0	0.1	1,737	670.2	0.1	9,019	3,899.1	0.2
南部地域	277,167	100.0	83.7	1,014,460	266.0	84.1	3,279,888	1,083.4	84.0
京都地区	243,169	100.0	73.4	774,019	218.3	64.2	2,180,452	796.7	55.9
南山城地区	32,254	100.0	9.7	229,923	612.9	19.1	1,058,971	3,183.2	27.1
相楽地区	1,744	100.0	0.5	10,518	503.2	0.9	40,465	2,220.7	1.0

出所）京都府『京都府統計書』各年版より作成。

　以上のように，出荷額でみると，第1に，北部地域で1960年から1980年にかけて2.2ポイント減少しているが，奥丹地区で1969年にさらに中丹地区で1980年に構成比を増やしていること，第2に，中部地域で南丹地区と北桑地区ともに構成比を増やしていることは注目してよい。

（5）歳　　出

　歳出は，1960年から1980年にかけて，構成比が増加しているのは南部地域の7.8ポイント，とりわけ南山城地区8.8ポイント，相楽地区0.8ポイントである。減少しているのは北部地区−5.8ポイント（うち，中丹地区−4.7ポイント）と中部地区−2.1ポイントである（表9-12）。

5　民力培養型公共投資と税収効果

　2つの京都府総合開発計画は，歴史的自然的風土のなかで形成されてきた伝統産業や中小企業，農林水産業の振興を目指し，政府の進めるヨコの開発に対してタテの開発を掲げ南北に広がる京都府の内発的発展を目的とするものであった。

第9章　京都府における根幹的事業方式と内発的発展　　263

表9-12　京都府の歳出

単位：百万円，%

	1960年			1970年			1980年		
	歳　出	伸び率	構成比	歳　出	伸び率	構成比	歳　出	伸び率	構成比
総　　額	20,375	100.0	100.0	104,080	510.8	100.0	545,916	2,679.3	100.0
北部地域	3,941	100.0	19.3	15,565	394.9	15.0	73,920	1,875.5	13.5
奥丹地区	1,296	100.0	6.4	5,460	421.4	5.2	28,838	2,225.6	5.3
中丹地区	2,646	100.0	13.0	10,106	382.0	9.7	45,082	1,704.1	8.3
中部地域	1,480	100.0	7.3	5,891	398.0	5.7	28,515	1,926.6	5.2
南丹地区	1,141	100.0	5.6	5,014	439.3	4.8	23,986	2,101.5	4.4
北桑地区	339	100.0	1.7	877	258.9	0.8	4,529	1,337.0	0.8
南部地域	14,954	100.0	73.4	82,624	552.5	79.4	443,480	2,965.7	81.2
京都地区	13,403	100.0	65.8	67,462	503.3	64.8	349,974	2,611.1	64.1
南山城地区	1,164	100.0	5.7	12,933	1,111.4	12.4	78,941	6,783.6	14.5
相楽地区	387	100.0	1.9	2,229	576.2	2.1	14,566	3,765.9	2.7

出所）京都府『京都府統計書』各年版より作成。

　この開発行政は，財政支出と運用の面からみると「民力培養型公共投資政策」である［京都府政研究会編 1973：418-419］[9]。さらに，この公共投資政策は，道路や港湾などの"見える建設"の面だけでなく，さらに道路や港湾が真に住民のものとして，住民の社会的なつながりを促進する"見えざる建設"の面が重視されてきたことにも留意する必要がある。

　この民力培養型公共投資政策は，同時に財政基盤をも強化してきたことが注目される。これを府の歳入における法人税に限定してみると明瞭である。1955年以降，全国決算額では法人二税は好況期で60％，不況期は50％であったが，京都府の場合は65年の不況以降その割合を高めている［自治体問題研究所京都民主府政研究会編 1974：257-261］。さらに，1955年以降の法人事業税の伸びを全国と比較すると京都府の伸びは顕著である。これは，国の拠点開発政策にくみせず中小企業や伝統産業を培養する独自の内発的発展政策を採用したことと結びついている。

　京都府は法人税収に占める単独中小法人の割合が他都道府県に比べて高い。1971年でみると，法人税収のうち単独法人の割合は45％で全国平均35％より10ポイント高く，また京都府と類似する都道府県で60年代に工業誘致を推進し分割法人の比重を高めた都道府県と比べてもきわだっている。

264　第Ⅱ部　地域政策の事例

このように，京都府の民力培養型公共投資政策は，地元産業の培養を通して，中小企業の法人税収を増加させ堅実な財政基盤をもたらしている。

6　京都府の公害防止条例

企業活動による公害問題は京都府でも例外ではなかった。府下の公害苦情件数は1968年の771件から70年の1376件へと1.8倍になっていた。

こうした公害に対して，1961年の四宮地区における生コン工場建設問題や城陽市の山砂利公害問題にみられた住民の公害防止運動に歩調を合わせて，1971年に全国で最もきびしいといわれる「京都府公害防止条例」を制定し公害防止対策を強化した［京都府政研究会編　1973：97］。[10]

この条例は，①公害を豊かな自然と歴史的遺産の恩恵を享受し健康で快適な暮らしを営む府民の権利を侵害するものとし，②その範囲を生活環境の侵害にとどめず自然環境の侵害としてとらえ，有害なものはすべて禁止する，③住民の公害防止運動のよりどころとして，企業に住民と公害防止協定を締結する努力義務を課し，④公害はすべて発生させたものに責任があることを明瞭にし，あわせて府の責任として中小企業への助成を明らかにした。さらに，⑤汚水の土壌および地下水への浸透を禁止，⑥府下全域を対象に特定工場の設置許可制度をとり，無許可事業主には2年以下の懲役または10万円以下の罰金を定めている［京都府政研究会編　1973：97-98］。

さらに，1972年には条例の改正を行い，工業用水の供給停止の要請（34条の2）を追加している。

こうした条例に加えて，環境保全に万全を期すために「長田野工業団地における建築物ならびに環境保全に関する協定」が結ばれている［京都府政研究会編　1973：294］。これは十分な空き地を残しつつ，そこを緑化し，下水道の管理を容易にし，交通の流れも「制御」するものである。

おわりに―都道府県の地域政策の位置と役割―

以上の考察から次の結論を導き出すことができる。

第9章　京都府における根幹的事業方式と内発的発展　265

　第1は，国の全国総合開発計画による拠点開発にくみせず，「タテの開発」を唱え独自の内発的発展を志向し，地域の特長を活かし産業間のバランスを創造し（地域経済循環），民力培養型公共投資により税収を確保し（公共・民間循環），公害防止条例により環境保全に尽くし工業団地を創出し（環境・社会循環），3層の地域循環構造を創造した。この点で，戦後の都道府県段階での内発的発展の先駆であるといえる。

　第2は，2次にわたる総合開発計画により，市町村と連携しつつ都道府県の広域機能（総合計画の性格），補完機能（府事務所の維持），連絡調整機能（市町村との政策調整）を動員して都道府県の役割を果たしことである。

　第3は，拠点開発方式の批判を踏まえて，独自の内発的発展を模索したことにとどまらず，さらに国の役割の変革を展望していることである。この点について蜷川知事は次のように述べている［細野　1974：50-52］。

　　「国，府県，市町村というようなものの関係は非常に難しいのですが，府県というのは仲立ちでありまして，本当の自治体として伸びていくべきものは市町村だと思うのです。それを完全に伸ばしていくために私は2条件を考えております。一つは，国の政治，経済の民主化です。（中略）それからもう一つは，やはり国民自身がもっと自治意識をもって自分たちの村を，自分たちの町を自分たちで育てていくのだという意識が大事なのじゃないか。」

　これは，市町村から都道府県へ，そして都道府県から国へ，下から（地域から）地域政策を確立し，そして国は地方分権の推進と地方財政の拡充による地方行財政制度の改革を通して，都道府県や市町村の地域政策を支援する制度を確立することの重要性を示唆しているといえる。この指摘は，今日の日本経済の再生を展望する上で最も考慮されるべきものであると考える。

　　1）　拠点開発に関する研究は，宮本編［1977b］が代表的である。この研究を踏まえて，宮本［1982］で内発的発展論が提起された。
　　2）　明治期の町村是運動に着目し，町村是→郡是→県是→国是と下から地域政策を展開する視点の今日的な意義を考察した。
　　3）　なお，京都府が地方圏と共通している点については次の指摘が参考になる。「日本の

266 第Ⅱ部 地域政策の事例

多数の県は，京都府と同様に都市と農村とをかかえる地域であり，これが日本の姿そのものであるといってよい。したがって，京都民主府政の政策は，大都市地帯に比して革新の速度が遅い地域に対しても，政治革新の方向をさし示しているといえるだろう。」［自治体問題研究所京都民主府政研究会編 1974：19］。

4） 蜷川虎三知事時代の京都府についての研究としては，宮本［1999］で革新自治体における地方自治の分野での画期的業績の例として取り上げられている。また，金［1999］がある。また，京都府政全般に関する代表的な研究としては，京都府政研究会編［1973］と注3）の自治体問題研究所京都民主府政研究会編［1974］，朱［2014］がある。近年の京都府経済の研究については，岡田［2006］がある。

5） 京都府［1971：7］で「この計画の目標を達成するための基本的な課題は，京都府の自然的，社会的条件にかんがみ公害・防災の防除と文化財の保護・保全に十分配慮しつつ，長期的な観点から地域開発の方向づけを行うことと，産業および生活の共通の基盤となる諸施策の総合的な整備の基本的方向を定めることである。」としている。

6） 京都府『京都府産業連関表（1970年表)』，28ページ。

7） 京都府『昭和55年京都府産業連関表』1986年，4ページ。

8） 産業連関構造の分析方法については，中村剛治郎［2004］，佐無田［2007］を参照した。

9） これは「住民の暮らしを守るという観点から，限られた財政資金でも有効に支出，運用することによって，『地方民の経済と生活に力を与え，これを培養する』という総合的な施策である。そして，このことによってまた，地方自治の財政的基礎をささえ，また拡充できるだけの住民の経済的，民主主義的な力をつくっていこうとするものである。」と定義されている。他に，柳ヶ瀬［1975］がある。

10） なお，宮本は，京都府公害防止条例は最も包括的な環境権の規定を前文に定めている点で高く評価されるとしている［宮本 1981b：70］。

第Ⅲ部

地域政策の学説

第10章

W.ペティの「位置・産業・政策」理論と地域政策

はじめに

　地域政策は，地域経済の矛盾と地域問題を解決するための公共政策である
［宮本・横田・中村編 1990：23；中村剛治郎 2011：214-215］。地域政策は，目的に
おいて経済のみならず教育，福祉，文化，環境などの諸課題の総合性を不可欠
の要素とする。したがって，分析対象もそれに対応して，経済・政治・社会・
文化・環境などを総合的に取り扱うことになる。

　こうした社会を構成する諸領域を総合的に考察する方法を構築する上で，
ウィリアム・ペティ（William Petty）の方法論が有益であると考える。その理
由は，ペティの理論は，経済学・統計学・財政学などを包含する学際的で総合
的な体系をとっていたからである。こうした体系の総合性は，ペティの分析が
自然法思想にうらづけられ，外面的な分類にとどまることなく内在的な連関を
明らかにする分析的方法であったことによっている。[1]

　ペティは，17世紀イギリスの王政復古期(1660-88年)の約30年間にわたって，
『租税貢納論』(1662年)，『賢者には一言をもって足る』(1965年)，『政治算術』
(1671-76年)，『アイァランドの政治的解剖』(1671-75年，以下『政治的解剖』と略)，
『貨幣小論』(1682年) など多くの著書を残している。

　このため，ペティは，19世紀中葉以降，経済学および統計学の創始者として
位置づけられるとともに，財政学の先駆者として評価され，20世紀の30年代に
は人文地理学の先駆者，50年代には計量経済学の先駆者として評価されてき
た。[2]これらの評価は，主に個別科学の視点からペティの業績を評価するもので
あった。さらに，70年代以降には，都市問題・都市経済・都市政策の最初の著
作者 ［宮本 1971：45-49；柴田 1976：71-72；同 2005：13-14］，環境経済論の萌芽 ［寺
西 1985：321-337］，政策科学の創始者 ［宮本 1999：4-7］[3]とする評価がつけ加わっ
た。これらの評価は，都市経済学や環境経済学，政策科学などの新しい学問分

270 第Ⅲ部 地域政策の学説

野からの評価であり，ペティを学際的な視点からトータルに評価するものといえる。

このように，ペティの研究は多様な評価がなされてきたが，本稿では「政策科学の創始者」という側面について独自の視角から整理しようと思う。

政策科学の創始者としてペティを取り上げる理由はこうである。ペティは，イギリスの市民革命による体制変革の時代にあってイギリスの進むべき道を指し示した。一方，今日，グローバリゼーションの進展，新自由主義の席巻，サスティナブル・ディベロップメントの緊急性，地方分権の進展など時代の転換期を象徴する事態が展開しており，政策論が重要であるという認識が広まっている。ペティ政策理論の研究は，こうした時代の要請にかなうと考えるからである。

さて，ペティを「政策科学の創始者」と評価した宮本は[4]，ペティが政策の「目標（目的）」「方法」「主体」を政策科学の内容として展開していることを明らかにし[5]，これを基礎として政策科学を構成する際には政策目標，政策手段，政策主体を示す必要があることを説いている。

本稿は，この宮本の見解を踏まえてペティの政策理論を体系的に整理し，その政策理論を地域政策論に応用することを目的としている。そこで，ペティの政策理論が多面的に展開されている『政治算術』と『政治的解剖』を対象として，最も示唆に富む「方法」を軸に整理していくことにする。

『政治的解剖』は，アイルランドをイングランドの平和と豊富とに役だたしめるにはどうすればよいかという方策を示すことを主題としている。他方，『政治算術』は，重商主義政策を批判しイングランドの王位の勢力と威容を示すことを主題とし，イングランドは強敵フランスを凌駕し，世界貿易を掌握しうる潜在的な力をもっていることを論証している。

2冊の主題はこのように異なるが，松川は「ほぼ同一時期に執筆され研究方法が定式化された点で共通している[6]」と評価し，次のように4つの論点で整理している[7]。

『政治的解剖』は，

1.「自然体」と「政治体」とのあいだに「賢明な類比（judicious Parallel）」を行ったフランシス・ベイコンにしたがう方法であり，

2. 「政治体」を解剖することによって, 評価軸として「均整・組織・比例
  (Symmetry, Fabrick, Proportion)」を明らかにすることをその核心としている。
  そして『政治算術』は,

3. いっさいの論理を数量的表現──「数・重量または尺度 (Number,Weight or
  Measure)」──のみを用いて行い, 形而上学的・「思弁的な議論」を全面的
  に排除すること,

4. 「感覚にうったえる」つまり経験的に得られる論証のみを重視し, 主観的
  諸要素に左右される諸原因の考察を峻拒して, 「自然のなかに実見しうる基
  礎」をもつ諸原因のみを考察することをその主たる特質としているのである。

  筆者は, こうした松川の4つの整理に, 次に述べる5.を加えてペティの研
究方法としたい。すなわち,

5. こうした数量的方法により, 評価軸として「位置・産業・政策」を設定し,
  オランダ, フランス, イギリスを比較分析している。

  以下では, まず, 『政治的解剖』の方法論である「自然体と政治体との類比」
と評価軸である「均整・組織・比例」を, 『政治算術』の方法論である「数・
重量または尺度」と評価軸である「位置・産業・政策」を一体的に検討する。

  次に, この検討を踏まえて, ペティによる「国家の政治経済制度と3層の国
力増進構造」の理論的・数量的把握として整理する。

  そして, 最後に, このペティ政策理論を応用して地域政策論を展開する際の
枠組みについて述べることとする。

1 自然体と政治体との類比─国家の政治経済制度の理論的把握─

ペティは, 『政治的解剖』を執筆した目的をこう述べている [Petty 1899a：
130 = 1951：22-23]。

　「これがもし他のさらにすぐれた人々や助力者によって訂正増補されるな
　　らば, 帰するところわが国（イギリス）の平和と豊富とに役だつであろう
　　と私は信ずる。なおこのほかに私はなんの目的ももっていないのである。」

　すなわち, 『政治的解剖』は, 17世紀にイギリスの植民地になりつつあった

272　第Ⅲ部　地域政策の学説

アイルランドをイギリスの平和と豊富とに役だたせるにはどうすればよいかという方策を示すことを目的としたペティの政策理論であったといえる。

　そして，こうした目的を達成するために，「自然体と政治体との類比」という分析方法を採用した［Petty 1899a：129＝1951：21］。

　　「サー・フランシス・ベイコンは，かれの『学識の進歩』のなかで，自然体（Body Natural）と政治体（Body Politick）とのあいだに，また両者が健康と力とを保持する諸方法のあいだに，いくつかの点について賢明な類比をおこなった。そして，解剖が一方のものの最善の基礎であるのと同じく，他方のものについてもまたそうであるということ，また，政治体の均整（Symmetry），構成組織（Fabrick），および比例（Proportion）を知ることなしに政治を処理するのは，老婆ややぶ医者のように不確実なものであるということは，いずれも（ベイコンの考えと）同様に道理にかなったことである。」

　こうした解剖は，「いやしくもものの道理を知ろうとするほどの人であれば，誰もがわきまえてよいことである。」［Petty 1899a：129＝1951：21］としている。

　そして，解剖の用具として「ありふれた一本のナイフと，一片のぼろきれ」を手にしてアイルランドを解剖していくのである［Petty 1899a：129-130＝1951：22］。

　　「念のいった切開は種々さまざまの適切な器具なしには不可能である，ということは真実である。ところが私は，このような仕事が必要とするさらに多くの助力のかわりに，ありふれた一本のナイフと，一片のぼろきれとを手にするにすぎなかった。しかしながら，たとえ私の粗雑な接近作業が，りんぱ管，網状組織，脈絡膜，こう丸内の血管網を識別するには十分でないにしても，どのへんに肝臓やひ臓があるか，また肺臓があるかを見分けるくらいのことには十分まにあうのである。」

　このような方法によるペティの分析は，土地・住民・家屋・教会・1641年以降の反乱の諸結果・将来の植民対策・統治制度・軍備・気候・風土・産物・地

価・貨幣・産業・宗教・言語・飲食物・風習等，アイルランドの政治・経済・宗教・文化・社会生活・自然の極めて広い範囲にわたり［Petty 1899a ＝ 1951：257］，経済的要素のみならず非経済的要素をも分析対象としているのが特徴である。

　以上のことから，『政治的解剖』は，アイルランドの社会構造を把握し，イギリス国家を運営するための政策を示すために，経済的要素のみならず非経済的要素をも分析対象として考察しているのである。これは，アイルランドの政治経済制度を理論的に把握するプロセスであることを意味している。

2　「位置・産業・政策」を評価軸とする3層の国力増進構造の理論的・数量的把握

（1）評価軸としての「位置・産業・政策」

　『政治算術』は，イギリスはフランスよりも発展する可能性があり，その発展方向はオランダ型の道にあることを示すために，オランダ，フランス，イギリスの国力比較の評価軸として「位置・産業・政策」を設定している。

　この評価軸は，オランダとフランスを比較した第1章の結論として掲げられている次の文に端的に示されている［Petty 1899c：249＝1955：29］[8]。

　　「小国で人民が少なくても，その『位置・産業および政策』いかんによっては，富および力においては，はるか多数の人民，またはるか広大な領域に匹敵しうること。それには，とくに航海および水運の便が，もっとも著しく，またもっとも根本的に役だつこと。」

（2）オランダとフランスの国力比較

　ペティは，まずオランダとフランスの国力比較を3段階で行っている（表10-1）。

　第1段階は，「小国で人民が少なくても，富および力においては，はるか多数の人民，またはるか広大な領域に匹敵しうること」である。しかし，これは土地の豊度・地勢・地価，人民の技術水準・機械仕様の程度によるものであり

274　第Ⅲ部　地域政策の学説

表10-1　オランダとフランスの比較

	比較項目	オランダ	フランス
自然的 大きさ	土地の面積	100	8000
	人　口	100	1300
社会的 大きさ	土地の価値	100	750
	家屋の価値	100	500
	船舶の価値	100	11
	輸出額	100	24
	公収入	100	300
	利　子	100	200
	余剰利得伸率	100	20
富および力		100	300

出所）松川七郎の解題［ペティ著，大内・松川訳 1995：173］を
もとに作成。

立証を必要としないとしている。

　第2段階は，**表10-1**に掲げた比較項目についてフランスとオランダを比較する。まず，土地面積と人口の自然的な大きさは80対1，13対1であるが，社会的な大きさはこうではない。

　土地の価値は8対1（または7対1），家屋の価値は5対1，船舶の価値は1対9，輸出額は1対4，公収入は3対1，利子は2対1，余剰利得の伸び率は1対5であり，したがって「富おび力」という社会的な大きさは3対1となる[9]［Petty 1899c：254-255＝1955：41］。まさにこのことを立証する必要があるとする。

　第3段階は，こうしたフランスとオランダの差異は，各地方の「位置・産業および政策」，そしてとくに航海および水運の便に由来するとして，これら3つの要素についてそれぞれ次のように論究している。

(1)　オランダの位置

　まず，オランダの位置＝自然的条件（＝自然的利益）から産業交易を考察している。

　オランダは，低地であり地味が豊饒・肥沃であるため多くの人を養うことができ，人口密度が高く経費が節約できる。また，平坦で湿潤のため風が吹き風

車を設けることができ，労働を節約できる。さらに，三大長流の河口にあり製
造業と商業の利益を獲得し，仕事場・営業所も航行可能な水面から近く運送費
を節約でき，沼沢地に位置しており防衛しやすく防衛費が軽易で，小額の人件
費と碇船要具費で碇泊でき費用を節約できる。

　以上のような自然的な利益により，オランダ人は全貿易を指揮し支配しう
る。こうした位置から航海について支配権をもち漁業の利益を得るとともに，
さらに海事用必要品からも利益を得ている。

　こうして，オランダは，航海と漁業に優位を占めていることにより，世界中
でなにが不足し，なにが過剰か，また各国人はなにをなしうるか，なにを欲し
ているかを観察することができるため，貿易世界全体の問屋となり，仲立人と
なりうるのである。

(2)　オランダの産業

　次いで，産業の人為的利益について考察する。

　各国は，一般的にイギリスの毛織物，フランスの紙・リエージュの鉄器など
製造業によって繁栄する。これに対して，オランダは航海業によって繁栄し，
貿易界全体の仲立人になり問屋にもなっている。それは，航海業には次のよう
な利益があるからである。

　すなわち，どのような国家社会でも農夫・海員・兵士・工匠および商人は大
黒柱であるが，このうち海員は兵士と商人を兼ねるとともに，1人の海員は3
人の農夫に相当するからである。また，産業の終局的な成果は富一般ではなく
銀・金・宝石が普遍的富であるが，海員はオランダにそうした普遍的な富をも
たらすからである [Petty 1899c：258-261＝1955：48-52][10]。

(3)　オランダの政策

　最後に，一般的な産業政策と租税政策を対象としてオランダの政策の効果を
示している。

a.　一般的な産業政策

　宗教政策のポイントは，オランダにおける信教の自由である。これは，ペ
ティが，「産業というものは，庶民的な政府のもとでもっともよく繁栄するも

276 第Ⅲ部 地域政策の学説

のではなくて，むしろどのような国，どのような政府のもとにおいても，その
なかの異端的分子，すなわち公認されているところとは異なった信仰を告白す
るような一部の人たちによって，もっとも活発に運営されるのであって，この
ことは注目されるべきであろう。」と考えていることに基づいている
[Petty 1899c：263＝1955：56-57]。このことから，産業というものは，上述のよ
うななんらかの種類の宗教と不離なものではなくて全体のうちで「異端的な一
部の人たちと不離なもの」[Petty 1899c：263-264＝1955：57-58] だ，という結果
になるのである。

　以上のことから，産業の進歩のためには，信仰の問題に関しては寛容が認め
られねばならないと結論づけている。

　この宗教政策のほか，不動産登記制度は私有財産を擁護し勤勉に対する刺激
を与えること，銀行政策は貨幣（流通手段）を増加せしめること，傭兵政策は
人口増加を実現することについて述べている。

b．租税政策

　ペティは，国王の富を3つの構成部分から把握している。第1は臣民の富，
第2は臣民の富の分担額（人民の公共的防衛・名誉および外飾のための事業を管理す
るために国王に与えられるもの），第3は第2の分担額の一部分（国王の個人的消費
に充てられる）である [Petty 1899c：298-299＝1955：121]。

　こうした見地から，「もし租税の形で人民からとりたてられる貨幣その他の
財産が，破壊され，無に帰されるならば，このような徴税が共同の富
（Commonwealth）を減少させるであろうことは明白である。」[Petty 1899c：268
＝1955：67] として，租税政策の中心問題は，生産を促進し人民の富を増加せ
しめるために，租税をどう充当するか，租税の徴収割合・徴収方法をどうする
かにあるとする。

　したがって，大黒柱たる生産的階層の資材が租税として徴収され，不生産的
階層に譲渡されてはならず，租税が海外から金・銀をもたらすために充当され
れば「その利益は最大である」[Petty 1899c：269＝1955：68] としている。

（3）イギリスとフランスの国力比較

　次に，イギリスとフランスの国力を位置・産業・政策の面から比較し，イギ

リスは必ずしもフランスに劣っていないことを論証する。

(1) イギリスとフランスの「位置」の比較

フランスは，「自然的にして永久的な障害」があるため，イングランド人またはオランダ人より以上に海上では優勢たりえないとしている［Petty 1899c：278＝1955：83］。それは，海上権力は，船舶と兵員に依存するが，フランスは北海に良好な海岸と港をもっていないこと，兵員が不足していること，航海業が自力では増加しそうにないことなど，自然的で永久的な障害があるためである。

これに対して，イングランドの位置は，フランス国王を阻み狭い海の主権者たる称号を保持しえた自然的根拠であると述べている。

(2) イギリスとフランスの「産業」の比較

次に，ペティはこれにとどまらず，余剰利得と人民の消費を媒介にして，社会的分業拡大→消費増大→余剰利得増進→社会的分業拡大を説いている［稲村 1972：43-44］。

ペティは，イギリスとフランスの国力比較において，まず領土の面積を取り上げている。イギリスはフランスより多少狭小であるが両者はともに人民過剰ではないので，この差異は重大なものではないとしている（表10-2）。そして，富および力に関しては土地の面積という自然的大きさではなく，地代の増進こそが重要であり，地代は人口密度が高まると騰貴するとした。これは，人口が増加すれば，増加分の食料の供給はごく僅少の農耕で足りるので，増加人口の大部分は農業という貧しくもみじめな職業から比較的有利な手工業へ移植し，「余剰利得」が生まれ消費も増えるからである。

そこで，次に幾人が消費する以上にもうけるか，すなわち「余剰利得」という社会的な大きさを問題にする。

まず，両国人口の産業（職業）構成を比較し，「余剰利得者」の比率を分析している。ここから，第1にフランスでは聖職者（平均して労働者の3倍も消費する）［Petty 1899c：291-292＝1955：108-109］が多いこと，第2にイギリスでは海員・工匠が多いこと，第3にイギリスでは海面までの平均距離がフランスよ

278　第Ⅲ部　地域政策の学説

表10-2　イギリスとフランスの比較

	比較項目	イギリス	フランス
自然的大きさ	土地面積	100	273
	人　口	100	135
社会的大きさ （余剰利得）	聖職者数	100	1350
	海員数	100	25
	工匠数	100	25
	海面までの距離	100	542
	平民の消費額	100	86
	徴税割合	100	300
	貿易額（一人当）	100	33

出所）松川七郎の解題［ペティ著，大内・松川訳 1955：183］をもとに作成。

り短いので運賃が節約できること，第4にイギリスの平民の消費額はフランスの1.16倍で，その分稼得も多いことを明らかにしている。これらのことから，イギリスの人口1000万人は実質的にフランスの人口1300万人に匹敵すると結論している。

　さらに，両国の徴税割合を比較する。フランス国王の華美・壮大（外面的偉大さ）は，フランスの徴税割合が高いことの表れであり，比較的多くの富を有しているということにはならない。

　最後に，貿易額を比較し，1人当たりの分け前はイギリスがフランスよりも大きいことを論じている。

　イギリスから世界各地へ輸出される羊毛製品，すなわちあらゆる種類の服地，サージ・ラシャ・綿織物・粗ラシャ・薄セル・フライズ・パーペテュアナス，また同様にくつした・ぼうし・絨毯等々は1年当たり500万ポンドにのぼる。これに対して，フランスの輸出額は，イギリスの2分の1以上もない。したがって，1人当たりでみると，イギリスはフランスの3倍もの外国貿易を掌握し，さらに全商業世界の貿易の約9分の2，全船舶の約7分の2を掌握しているという結果になるとして，国内産業の生産力の発展および海運業の伸長による貿易の発展を論じている。

第10章　W.ペティの「位置・産業・政策」理論と地域政策　279

(3)　イギリスとフランスの「政策」の比較

　フランスが直面する障害は自然的で永久的であるのに対して，イギリスが直面する障害は偶然的であり，政策的に除去できるものであるとして，6つの障害を挙げている。

　第1の障害は，イギリスの諸領域が分裂しており立法府が個々別々であることである。これは，人民の富・公共的富（租税）・国王の個人的消費に充当される富すべてにとって障害となる。第2は，大権，議会の特権，法律および平衡法，民事上および宗教上の司法権についての理解がまちまちであること。第3は，混合・移植が不十分なため自然的結合も不十分であること。第4は，租税が土地のみに課税されており不公平であること。第5は，州・司教管区・教区・議員数が不平等であること。第6は，戦争遂行権と貨幣調達権とが同一の人の手の中にないこと，である。

　これらの障害について，3王国が合邦すること，教区その他の管区を均等化すること，司法権および権力についての要求を確実なものにすること，租税を平等に割り当てることなどの政策を提案している。そして，主権者がそれを適当だと考えるなら実行できることだとしている。

　以上，位置・産業・政策を評価軸としてイギリスとフランスの国力を比較し，イギリスは必ずしもフランスに劣っていないことを論証している。

（4）イギリスの国力増進（フランス凌駕）の根拠
(1)　評価軸としての「均整・構成組織・比例」

　『政治的解剖』の問題のたて方，その処理の仕方を最も特徴的に示すのは「アイルランド産業評議会の報告書」である［Petty 1899a：189-190＝1951：195-196］。

　　「われわれは，どのようにすれば一般にこの王国の富ならびに特にその貨幣を増加できるか，ということを考慮するために，……第1に，われわれは知りうるかぎり，産業に関するこの王国の状態を書きとめた。第2に，この記述からわれわれは，産業が小規模であること，貨幣が不足していること，およびこの国民が一般的に貧困であることについて，種々の原因を

280 第Ⅲ部 地域政策の学説

示すような推論を書き記した。そして最後に，われわれはそれぞれの場合に，アイルランドにおいてどのような新法律をも制定することなしに，達成され・そして実施されるような一般的救治策ならびに便法を提供することにしたのである。」

すなわち，アイルランドの富と貨幣を増加させるために，第1に，産業の状態を明らかにし，第2に，そこから①産業が小規模であること，②貨幣が不足していること，③国民が貧困であること，についてその原因を推論し，第3に，一般的救治策を提供することにある。こうした目的を達成するために，「均整・構成組織・比例」という評価軸を設定してアイルランドの産業構造を分析している［稲村 1972：62］。

a. 均整について

ペティは，産業についてのアイルランドの適合性について次のように述べている［Petty 1899a：189-190＝1951：156］。

「第一，18,000平方マイル以上からなりたっているアイルランドは，その周囲が750マイルあるから，各地を平均して海岸から24マイル以上へだたってはいない。それゆえ，粗大な貨物（Gross）の陸上輸送はこのような国では容易であろう。また，産業の最大の・そしてもっとも有利な方面，つまり海運業は，金属，岩石，用材，穀物，木材，藍，等々の貨物に依存しているから，アイルランドは産業に適しているのである。

第二，アイルランドは新アメリカ世界との貿易をするためにつごうのよい位置をしめており，われわれはそれが日ごとに発達しそして盛大化するのを知っている。

アイルランドは，バター，チーズ，牛肉，魚を，南方にあるその本来の諸市場，およびアメリカ植民地に送るために申し分のない位置をしめているのである。」

しかし，「領域の広さを人民の数と比較してみると，アイルランドははなはだしく住民不足であるように思われる。というのは，アイルランドでは一人に対して10エーカー以上の良質の土地があるのに，イングランドやフランスにお

いては４あるにすぎず，オランダにおいてはかろうじて１にすぎぬからである。もし250,000の労働能力ある遊休の人手があり，その各々が平均して４ないし５ポンドをかせぎだすことができるならば，アイルランドの人民は，十分に仕事を与えられさえすれば，現在かれらがしているよりもさらに１年当り100万ポンド多くをかせぎだすであろうし，それは全国の１年分の地代よりも多いという結果になる。」と述べている[Petty 1899a：217＝1951：208]。

　これらのことから，アイルランドの土地の自然的条件＝位置とその上層建築である産業との「均整」（バランス）をみると，一層拡大した産業を構築しうるということである。

　こう指摘した上で，遊休の人手の仕事口を「場所についての富」を目的とするものと「普遍的な富」を目的とするものに分けて提示している。前者は，現在使用されているあわれな豚小屋ではなく，みぞをめぐらし，いけがきで囲まれ，煙突，とびら，窓，園地および果樹園のついた16万8000の小さい石壁のある家屋を建設することである。後者は，１万トンの船舶，１年労働しうるだけの羊毛，大麻，亜麻および原皮の仕込み，その製造加工に従事することである[Petty 1899a：147＝1951：58-59]。

b．構成組織について

　ペティは，アイルランドの産業の状態について，16万の汚らしい小屋ではバター，チーズ，亜麻製品などを有利に製造できず「産業に非常にふむきである」ので，産業の増進のためにこれらの小屋の改善が必要であると述べている[Petty 1899a：190＝1951：156-157]。

　また，「アイルランドの産業は，上述の約50,000ポンドの値があるとみつもられるタバコをのぞけば，全人民の19／22のあいだでは，あるかないかわからぬほどにしかおこなわれていない。」として，アイルランドの産業が小規模であるとしている[Petty 1899a：192＝1951：159]。その原因は，かれらはどのような外国物品をも必要とせず，また村でつくられるどのようなものもほとんど必要としないからであり，したがってかれら自身の世帯が生産しないものへの支出は（全支出の）５分の１をこえない水準であり，こうした生活条件と生活状態は産業をうみださない。

　そこで，こうした産業の状況を脱するために，貴族の消費と庶民の消費を比

282　第Ⅲ部　地域政策の学説

較して次のように問いを立て政策を示している〔Petty 1899a：192＝1951：159-160〕。

　　「150千の貴族の支出を各一人当たり10ポンド以下に抑制するのと，それとも庶民をして消費させ，ひいてはかれらが現在消費している額の二倍をかせぎださせるために，950千の庶民にぜいたくの風をおこさせるのと，そのどちらが公共の富（Common-Wealth）にとって一層よいであろうかという問題である。」

　この問題に対して，前者は，公共の富をわずかしか益することなく，95万の庶民の間に生活についてのさもしさといやしさをつのらせるだけである。なぜなら，貴族の消費は，大地や海から最初に獲得した人々から諸物品を奪い取る公共の富のいも蟲にすぎないからである。[11] これに対して，後者は，95万の庶民の壮麗，技芸および勤勉を増加して公共の富の偉大なる富裕化につながると結論する。

　このように，ペティが重視したのは庶民にぜいたくの風をおこさせ「消費」を拡大することであるが，消費を拡大するためには消費できる財が大量に生産される必要がある。

　そこで，次に，18万4000のあばら屋の住民の間で富を増加する方法，富を生み出す産業を明らかにする〔Petty 1899a：196＝1951：167-168〕。

　　「国内的の富について。この部類のものには，立派な住居や園地，果樹園，樹林，旅館，製粉所，教会，橋，公道，堤道の建造，同様にまた家具，馬車，等々の建造がある。」

c.　比例について

　以上のような国内交易によって富を増加させる必要性を説いた上で，さらに貨幣の増加を説いている〔Petty 1899a：187＝1951：148〕。

　　「人民の苦悩，および前述の地金の粗悪化による産業の諸障害を十分よくわかっている他の人々は，約600千ポンドあればこの王国の産業が運営できるであろうと考えているのである。というのは，300千ポンドで全ての土地の半分の定期地代を支払い，50千ポンドですべての家屋の賃料の1／

第 10 章　W.ペティの「位置・産業・政策」理論と地域政策　　283

4 を支払い，そして150千ポンドでアイルランドのすべての人民の１週間
分の支出をまかなってあまりがあり，しかも全現金は主としてこれらの三
つの圏内でうごいている，と考えているからである。」

　ここで，貨幣は「政治体の脂肪」[Petty 1899a：113＝1951：149] である流通
手段として規定して，現在40万ポンドしかないが，60万ポンドあれば３種の循
環 [Petty 1899c：310-311＝1955：151] をなしとげることが可能であるとしている。

(2)　イギリスの国力増進の根拠—社会的再生産論への志向

　最後に，イギリスがフランスに劣っていないことの論証を踏まえて，イギリ
スの国力増進の根拠を示している。

a.　イギリスの権力および富は40年以上の間に増大

　イギリスは，内乱や戦争を経験したが，植民地が増加し砂漠状態から改良さ
れたこと，疫病などで多くの人民が死滅したが人口は増加したこと，家屋の価
値は２倍になったこと，ロンドン市の拡張や石炭使用の増加により船舶が増加
したこと，貨幣が増加したために利子が低下したこと，公収入が増加したこと
により，40年以上の間にイギリスの権力および富は増加してきたことを論証し
ている。

b.　人民の支出の10分の１で経費を支弁

　イングランド人の支出を推計し，課税方法が合理的であれば，その10分の１
で強大な軍備を維持し，いっさいの公共的経費を賄えるとしている。

c.　イギリスにおける「余剰利得」の現実性

　ペティは，国力増進の根拠として「余剰利得」を推計している（表10-3）。
1000万人（A）が１人当たり７ポンド支出する場合の支出年額（B）を7000万ポ
ンドとしたとき，土地・資財・貨幣の所収年額（C）は3000万ポンドである。
したがって，労働の価値の年額（D）は4000万ポンド（B－C）となる。

　以上の推計は現状に関するものであるが，問題は「もし人民が労働する気に
なり，またそうする必要にせまられ，しかもかれらが従事すべき仕事があるば
あい，どれほど稼得しうるか」[Petty 1899c：307＝1955：136] という今後の余
剰利得の可能性である。そこで，労働可能な人口650万人が１人当たり10ポン

284   第Ⅲ部　地域政策の学説

表10-3　余剰利得の現実性

	分析項目	数　量	単　位
A	イングランドの全人口	1,000	万人
B	全人口の支出年額（１人当たり７ポンド）	7,000	万ポンド
C	土地・資財・貨幣の所収年額（地代・利潤・利子）	3,000	万ポンド
D	「労働の価値」の年額（B－C）	4,000	万ポンド
E	650万人の稼得年額（１人当たり10ポンド）	6,500	万ポンド
F	期待しうる余剰利得年額（E－D）	2,500	万ポンド
G	現実の余剰利得	200	万ポンド

出所）松川七郎の解題［ペティ著，大内・松川訳 1955：192］をもとに作成。

ド稼得すると6500万ポンド（E）になる。したがって，期待しうる余剰利得年額（E－D）は2500万ポンド（F）となる。

　ただし，期待しうる余剰利得年額は2500万ポンドであるが，現実には200万ポンドの「余剰利得」を生みだしうることを，遊休の人手・仕事口，貨幣，資財の面から論証している。

　第１は，遊休の人手と仕事口についてである。イギリスにおいて，現在よりも１年当たり200万ポンド多くを稼得しうる遊休の人手があり，この目的のために役立つ仕事口が十分あることを証明している。

　すなわち，「ところで，たとえなん百万ポンドを余剰に利得すべき遊休の人手があったところで，この人たちのための仕事口がないかぎり，かれらはなんの意味ももたない」ので，「一層重要な点は，２百万ポンドに値する・現になされるべき仕事があって，しかも国王の臣民は現在それをなおざりにしている，ということを証明することである。」［Petty 1899c：309＝1955：139］として，「なされるべき仕事」を次のように証明している。「１.どれほどの貨幣が，イングランド国王の臣民から外国人へ船舶の運賃として支払われているか。２.オランダ人は，わが国の海上で漁業をしてどれほどもうけているか。３.いまのところイングランドへ輸入され，そこで消費されてはいるが，勤勉にやれば，ここで生産・製造しうるようなすべての物品の価値はどれほどか。……私はこの額が５百万ポンドをこえるということを確信する。」［Petty 1899c：309＝1955：139–140］とし，航海業と漁業，製造業を仕事口としている。

　第２は，貨幣についてである。イギリスに現存する貨幣は600万ポンドであ

る。一方，産業を運営していくためには，人々の支出のために100万ポンド，地代の支払いのために400万ポンド，家賃の支払いのために100万ポンドを必要としている。こうした３種の循環を成し遂げるためには計600万ポンドが必要であるが，それは現存する貨幣で足りるとしている。

第３は，資財についてである。全商業世界の貿易を運営するために十分な資財があることを述べている。

以上のことから，ペティは，イギリスが全商業世界の普遍的貿易を獲得してしまうことは，不可能でないどころか実行しやすい問題であるという結論を導きだしている［Petty 1899c：312＝1955：146］。

3　「数・重量・尺度」による国力増進構造の数量的把握の意義

政治算術の独自の方法は，『政治算術』の序文で定式化されている［Petty 1899c：244＝1955：24］。

イングランドの利害と諸問題とは悲しむべき状態にあるのではないことを明らかにするために採用した方法は，現在のところあまりありふれたものではない。それは，以前からねらいさだめていた政治算術の１つの見本として，

1．比較級や最上級のことばのみを用いたり，思弁的な議論をするかわりに，言わんとするところを数（Number）・重量（Weight）または尺度（Measure）を用いて表現する，
2．感覚にうったえうる議論のみを用い，“自然のなかに実見しうる基礎”をもつような諸原因のみを考察する，

という手続きをとったこと，すなわち数量に基づく社会関係の把握という方法である。

ペティは，この数量的把握の意義について，「だれでもが加減乗除をおこなうことができるが，だれもが解くべき材料をもっているわけではないし，また政治的問題を数・重量・尺度のかたちであらわし，また還元することのできる人はそう多くはない。」［浦田 1984：196］[12]と述べている。すなわち，数量的把握は，“解くべき”社会関係や政治的問題を数量に還元することであり，この数量的把握によって社会関係を一層明確にすることを意味している。

286　第Ⅲ部　地域政策の学説

　ペティの国力増進構造の数量的把握については，第2節で具体的に触れているので，ここではペティの中心的な概念である「余剰利得」にしぼってその数量的把握の意義について述べておこう。「消費する以上に稼得する」という余剰利得は，蓄財という弱点を伴いつつも，[13]それを実現しうる遊休の人手，その仕事口，貨幣，資財が存在することを実証しより具体的な概念に高められている。すなわち，余剰利得という概念は，"自然のなかに実見しうる基礎"をもつ社会関係を数量によって推理することで概念自体が一層明確にされているのである。[14]

　そして，この余剰利得は，遊休の人手によって新たに生産された価値のうち拡大再生産のために蓄積されるべき余剰を意味し蓄積論を志向している。[15]

　ここで注目すべきことは，ペティが計算する余剰利得の基礎には，次のようなイングランド社会の「総生産」[Marx 1956：324＝1969：453]の構造把握があり，社会の経済構造をトータルに把握しようとしていることである。ペティは，国家の経費のうち社会事業費の増額を勧告するなかで，赤貧の人の職を公共土木事業に求め，さらに誰がこれらの人に給与を与えるべきかと自問し次のように述べている[Petty 1899b：30＝1952：56]。[16]

　　「私は答える。あらゆる人が，と。そのわけは，かりに一地域に1000人がいて，そのうちの（A）100が1000全部の必要とする食物および衣類を生産しうるとしよう。もし，さらに（B）200が，他の諸国民が提供するところの諸物品または貨幣に対して，こちらからあとうべき諸物品を製造するとし，またもし，さらに（C）400が，全体の人たちの装飾・快楽および壮麗のために働くとし，もし（D）行政官・神学者・法律家・医師・卸売商および小売商が200いるとすれば，全部で900となるが，そこにはなお（E）冗員100に対する十分の食物があるわけであるから，問題はこの冗員がどのようにしてこの食物を手にいれるかである。」

　この総生産の関係を図式化すると図10-1[17]のようになる。この図では，冗員（E）を総生産の外におき，総生産構造をペティの労働価値論から帰結する等価交換の原則で図式化したものである。実線はペティの記述内容を意味し，点線は記述が無いが想定されることを意味している。

図10-1 社会の総生産の構造

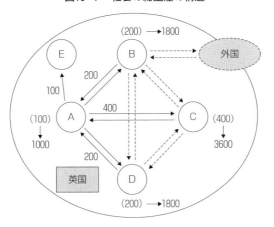

　BとDはAから200の生産物を受け取り，Aに対して等価の生産物を渡す。なお，Bは輸出品生産者であり外国との取引を行う。Cは，同様に400の生産物を受け取り，等価の生産物をAに渡す。こうしてA，B，C，Dが相互に交換し，同時に自己の内部で交換する。そうすると，Aは100人の労働で1000の生産物を，BとDは200人の労働で1800，Cは400人の労働で3600の価値を生みだすことになる。

　もちろん，この再生産表式は十分なものではないが，次の3点は注目に値する。

　第1は，制約はあるがc（不変資本）＋v（可変資本）＋m（剰余価値）が想定されていることである。すなわち，①ペティは，農業と製造業を「本来的に・そして本源的に稼ぐ」政治体の「血液と養液」としているが［Petty 1899b：28＝1952：53］，この総生産のなかではA（農業）だけが100の剰余（剰余価値）を生みだし，製造業が余剰を生みだすことは想定されていないこと，②『政治算術』では商人を礼賛しているが，『租税貢納論』では卸売と小売の商人を貧民の労働をもてあそぶ博徒と非難していることから論理の整合性がない。しかし，こうした制約はあるもののc＋v＋mが想定されているといえる。

　第2は，余剰が消費されるため単純再生産が想定されているが，余剰が再投

288　第Ⅲ部　地域政策の学説

資されれば拡大再生産となる。

　第3は，生産手段の生産と消費は想定されていないが，生活手段の生産と消費について流通が分析の対象とされている。

　こうした社会の総生産の構造は，当時の未発達な資本主義社会の現実を反映しているが，同時に農業や製造業など生産的な産業が主導しつつある社会における総生産の構造であることが重要である［Petty 1899b = 1952：227］[18]。この意味では，ペティの再生産表式はイングランド社会の社会的再生産論の萌芽的形態であるといえる。

　こうしたペティによる社会的再生産の把握は，重農学派であるカンティヨン，ケネーの「経済表」に引き継がれ，さらにマルクスによる「再生産表式論」に結実することになったといえるであろう。

4　ペティの「国家の政治経済制度と3層の国力増進構造」論

　以上，ペティの『政治算術』と『政治的解剖』を一体のものとして扱い，その政策理論としての特徴について検討してきた。その結論は，次の3点に集約できる（図10-2）。

　第1は，ペティによる「国家の政治経済制度」の把握である。

　『政治的解剖』では，「自然体と政治体との類比」で政治体を分析する方法によって，土地・住民・家屋・教会・1641年以降の反乱の諸結果・将来の植民対策・統治制度・軍備・気候・風土・産物・地価・貨幣・産業・宗教・言語・飲食物・風習等アイルランドの政治・経済・宗教・文化・社会生活・自然の極めて広い範囲を分析対象とし，アイルランドの基本構造すなわち国家の政治経済制度をトータルに把握している。これは，「国家の政治経済制度」の分析であるといえる。

　第2は，ペティによる「3層の国力増進構造」の理論的把握である。

　『政治算術』では，「富および力」つまり国力に関しては，一国の面積・人口の自然的大きさにあるのではなく，面積・人口を規定する自然的条件とその「上層建築として」の社会経済的条件，すなわち「位置・産業・政策」という評価軸いかんにあることを明らかにしている。さらに，産業については，「均整・

図10-2　ペティの「国家の政治経済制度と3層の国力増進構造」の概念図

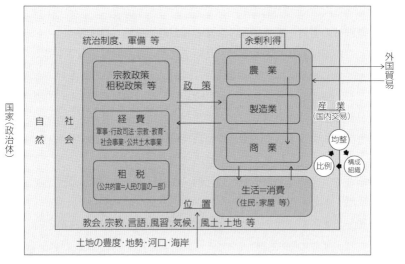

出所）筆者作成。

構成組織・比例」という評価軸によって国力増進の根拠を明らかにしている。これらは，「3層の国力増進構造」の分析であるといえる。

第3は，ペティによる「3層の国力増進構造」の数量的把握である。

上記の「3層の国力増進構造」については，市民社会の諸現象の「数・重量または尺度」という数量的考察・比較に基づく実証的な方法によって，理論的に把握するとともに数量的にも把握され，数量的に把握することによって理論的な把握がより明確にされている。

このように，ペティの政策理論の方法は，上述の3点から構成された「国家の政治経済制度と3層の国力増進構造の理論的・数量的把握」が基本的な内容となっているといえる。

5　ペティ理論の地域政策論への応用

以上のようなペティの理論は，今日の地域政策のあり方を研究するうえで重

290　第Ⅲ部　地域政策の学説

要な示唆を与えていると考える。

（1）地域への応用―開放体系のなかの相対的自律性・自立性―

　ペティの政策理論は，国家を対象としており地域を対象としていない。したがって，地域においてもペティ理論が応用しうることを示さなければならない。そこで，地域が開放体系のなかにあっても相対的自律性・自立性を有していることを論証する。

　地域は開放体系である。ゆえに，経済の地域内循環は広域化すればするほど自給性を高めることを根拠として広域経済圏が地域経済であるとする考え方がある。そこで，産業連関表を使って，国，広域ブロック，県，市町村のレベルでの自給率をみてみよう。

　国の2005年の産業連関表によれば，国内生産額972兆円のうち74兆円（7.6%）が輸出され，残りの898兆円（92.4%）と輸入72兆円が国内需要に対応し，自給率は92.5%である[19]。これに対して，地域経済の自給率を広域ブロック，県，市町村などのレベルではどうであるかをみてみよう。

　九州（7県）の2005年の産業連関表によれば，地域内生産額79兆円のうち21兆円（26.7%）が移輸出され，残りの58兆円（73.3%）と移輸入26兆円が地域内需要に対応し，自給率は69%である[20]。また，宮崎県の2005年の産業連関表によれば，県内生産額6.6兆円のうち1.6兆円（24.8%）が移輸出され，残りの4.9兆円（75.2%）と移輸入2.2兆円が県内需要に対応し，自給率は69.1%である[21]。このことから，九州という広域ブロックレベルも県レベルも，自給率ではほとんど差がないことがわかる。

　また，北海道十勝の2005年の産業連関表によれば，域内生産額2.3兆円のうち7758億円（33.9%）が移輸出され，残りの1.5兆円（66.1%）と移輸入9256億円が域内需要に対応し，自給率は62.1%である[22]。ここでも広域ブロックや県と大きな違いをみることはできない。

　最後に，最も小さなレベルの自治体として宮崎県綾町の2005年の産業連関表をみると，町内生産額377億円のうち178億円（47.3%）が移輸出され，残りの199億円（52.7%）と移輸入246億円が県内需要に対応し，自給率は44.7%である。その他，与謝野町49.8%，姫路市44.8%（2000年）であることから，市町[23]

村レベルの自給率は，平均すると50％前後になると思われる。

　これらのことから次のことが明らかになる。第1は，国民経済と地域経済の間で自給率に明確な差があり，グローバリゼーションが進行しているなかでも国の自給率は高い。これは，国民経済は国家に総括されており，生産物や生産要素の移動などが法的に規制されているからである。

　第2は，広域ブロック・県・支庁と市町村との間で自給率の差が明らかであるが，広域ブロックが県や支庁レベルと比較して自給性が高くなるとは必ずしもいえないことである。また，広域ブロック・県・支庁と市町村にせよ，地域経済は経済活動のかなりの部分が地域間の取り引きによって成り立つ「開放体系」であることがわかる。

　したがって，経済循環の地域内完結性を根拠として地域経済の自律性や自立を規定することはできない。むしろ，経済循環の完結性や自給性を喪失し地域間の相互依存関係を深める開放体系のなかに，地域経済が発展の単位として自律性を高め自立する可能性を求める必要がある［中村剛治郎 2004：72］。

　このように，地域経済は開放体系のなかにあっても相対的な自律性・自立性を獲得する可能性を有していることから，それを根拠として地域経済の発展のための目的・方法・主体に関する地域政策を確立することが重要である。

　そこで，ペティ政策理論の枠組み，とりわけ「方法」を応用してこの課題にアプローチすると次のようになろう。

（2）地域の政治経済制度と3層の地域循環構造の理論的把握

　ペティの時代は初期資本主義であるのに対して，今日ではグローバリゼーションが進展する独占資本主義の時代であり，地域を取りまく環境も大きく変化している。第1に，地球規模の環境保全が課題となり維持可能な発展が目指されるなど，環境や文化という非経済的価値の意義が重要性を増している。第2に，地方自治の形態が古典的地方自治の時代から近代的地方自治を経て現代的地方自治の時代にあり，自治体財政の役割が比較にならないほど重要となっている。第3に，地域における産業連関が多様性を帯びている。こうした地域を取りまく条件を踏まえて独自の分析枠組みを示すと次のようになろう［入谷 2012：3-4］。

292　第Ⅲ部　地域政策の学説

　地域は，生活と生産の容器（地域共同社会）であり，マクロ経済とミクロ経済の間にある中間システムである。このため，国民経済の論理や企業や家計の論理に依りつつもそれだけでは解けない領域であり，独自の論理が求められる。また，市場システムに限定するのではなく，公共部門の能動性や環境や文化などを総合する視点が不可欠である。

　日本各地の地域は，自然的・地理的・社会的な条件のもとで，多様で固有のありよう（「地域の政治経済制度」）を確立してきた。そして，先進的な地域では，その固有の政治経済制度のもとで次のような３つの地域循環を重層的に育んできた（「３層の地域循環構造」）。

　第１は，６次産業化などの地域内での経済循環である（「地域経済循環」）。

　第２は，公共部門による地域経済循環の支援と住民福祉の向上のための支出と投資が，民間部門の活性化と税源涵養につながり，その結果，公共部門に税収をもたらす（「公共・民間循環」）。

　第３は，自然環境・アメニティを保全し活用することが，地域社会にエコツーリズムや自然エネルギーなどの新しい社会的な価値をもたらす（「環境・社会循環」）。

　これらのうち第２と第３の循環は，そのプロセスに地域経済循環を含んでおり，第１の地域経済循環と共通性がある。

　それぞれの地域が，内発的に発展する条件を獲得する地域政策を確立するためには，第１に，こうした固有の政治経済制度とそれに立脚する３層の地域循環構造を理論的に把握し，第２に，地域経済循環の実態について産業連関表など統計資料を活用して数量的に把握し，第３に，地域の政治経済制度と３層の地域循環構造を総合的にマネジメントする自治体政策を確立することが課題となる。

　これらの課題を人に例えると，地域の政治経済制度は"骨格"に，３層の地域循環構造は体をめぐる"血液"に，自治体政策は"頭脳・神経系統"に相当する。したがって，これらの課題を一体的に扱うことが重要である。

（3）地域産業連関表による地域経済循環の数量的把握

　上記の地域政策の第２の課題で示した理論的に把握された地域経済循環は，

地域産業連関分析によって数量的に把握しより明確化することによって具体的な政策立案に活かすことが可能となる。

ペティの国富・所得計算は，資本関係の定式化が明確になされず問題を不明確にしているという制約をもちつつも，社会的再生産に統一的数量的表現をあたえる最初の試みであった。[24]

こうしたペティの理論は，イギリスの経済学者だけでなくフランスのリシャール・カンティヨンやフランソワ・ケネーにも影響を及ぼしている。[25] ケネーの「経済表」は，マルクスによって『資本論』第2巻の「再生産表式」に受け継がれている。さらに，旧ソビエト連邦では，集権的な計画経済の実施にあたって，レオンチェフなどの手で国民経済全体の部門連関を示す統計バランスが作成され，「再生産表式」を具体化したといわれる「国民経済バランス表」を作成した［土居・浅利・中野編著 1996：5-7；種瀬ほか編集代表 1976：140]。

地域産業連関分析では，理論的に把握される地域における多様な地域経済循環を数量的に把握することができる［入谷 2012：162-164]。具体的には4つの視点がある。

第1は，産業構造と域際収支の把握である。域内の生産額，特化係数，域際収支（移輸出額と移輸入額を含む）のデータから，産業構造の特徴を明らかにすることができる。

第2は，地域的産業連関システムの把握である。産業連関表の投入と産出（販路）の関係から，それぞれの地域に特有の産業構造に立脚する地域的産業連関システム（地域的フードシステム，地域的ウッドシステム，地域的自然エネルギーシステム，地域的エコツーリズムシステム）の構造を把握することができる。

第3は，産業相互の依存関係の把握である。中間投入率と中間需要率，移輸出率と移輸入率，影響力係数と感応度係数，歩留まり率と域外流出の指標から，産業相互の依存関係を明らかにすることができる。

第4は，移出産業と地元市場産業の把握である。最終需要（地元需要と移輸出）とそれらの生産誘発のデータから，それぞれの地域における移出産業，地元市場産業および生産誘発産業を把握する。また，移出産業と地元市場産業を分析する方法をもとにして，さらに地域経済を支えている地域的産業連関システムの連関構造を明らかにすることができる。

294　第Ⅲ部　地域政策の学説

1 ）「ペティの分析は事物を成りたたせる要素を部分的に見るだけでなく，不十分ながら
　　も事物の全体を見ている。それはペティの世界観が自然法思想であったことにもよる。
　　（中略）これにたいして封建的諸制度は自然の秩序を妨げる人為の制度である。自然の
　　秩序＝法則を証明し，人為の制度が不合理だと証明すること，これがペティ，ケネー，
　　およびスミスの経済学の目的であった。かれらの分析はこのような全体的世界観にうら
　　づけられた分析である。（中略）ペティの分析も，けっして経済現象のばらばらな分解
　　におわったのではなく，アイァランドやイングランドの全体像をとらえようとしたもの
　　であった。」［平野 1981：178-180］。
　　　また，アレッサンドロ・ロンカリアも「ペティの著作のきわだった特徴は，同時代の
　　多数の著者に比すれば，当面するさまざまな経済問題——貨幣の問題であれ，国際貿易
　　であれ，他のいかなる主題であれ——は，独立して考察すべきではなくて，より大きな
　　全体にとって欠くことのできない部分と考察すべきである。」と述べている［ロンカリ
　　ア著，津波古訳 1988：50］。
2 ）　松川は，K.マルクスによって「経済学の父」「統計学の発明者」と評されるとともに
　　E.R.A.セリグマンによって「財政学の先駆者」，Y.M.ゴブレによって「20世紀の人文地
　　理学の先駆者」，J.A.シュンペーターによって「計量経済学の先駆者」と評価されてい
　　るとしている［松川 1967：24-26］。
3 ）　なお，宮本がペティを政策科学の視点から評価しようとする試みはこの著書が執筆さ
　　れる前からなされている。例えば，「政策科学をかんがえる（講演記録）」［宮本
　　2004］，「ウィリアム・ペティの生涯」（1975年に執筆され宮本［2001］に所収）がある。
　　また，「ペティ財政学の位置—財政学の生成過程に関する一研究」［宮本 1953］では，『租
　　税貢納論』における商人批判と『政治算術』における商人礼賛の違いを，前者の下降体
　　系と後者の上向体系（政策への再志向）の違いにあることを論じ，ペティをトータルに
　　考察している。
4 ）「近代思想史上，政策科学の創始者といえるのは，おそらく，W.ペティであろう。
　　W.ペティについては第２章でも紹介するが，彼の代表的な著作『政治算術』こそ政策
　　科学の出発点といえるものである。
　　　ペティはフランスとオランダを比較して，その経済力の統計的な分析から，イギリス
　　の未来は新興国オランダ型の『商業国』をめざすべきだとして，イギリスの貴族は商人
　　になれという激烈な改革論を示しているのである。これは当時，フランス絶対主義に傾
　　斜しつつあったイギリス王朝批判となり，発禁となった。しかし，その予言はみごとに
　　当たり，イギリスは名誉革命以降，近代史の先端を走るのである。
　　　このペティの政策論で重要なことは３点である。
　　　第１は政策目標を示すために比較分析を行っていることである。その場合の方法は，
　　当時の封建大国であるフランスと，市民革命をおえて新興の商工業国であるオランダと
　　いう対照的な典型をえらんだということである。
　　　第２は政治算術と称した統計学をつかい，客観的な判断ができるように社会現象を数
　　量化したということである。政策科学は統計学という方法によって成立し発展すると
　　いってもよい。
　　　第３は政策主体を明確にしたということである。ここでは従来の支配層である貴族で

はなく，商人（商工業者）つまり市民という新興階級を明示したことである。

　　このようなペティの原理は今日でも政策科学の出発点となるであろう。もちろん，現代の政策科学はペティの段階とは異なる新しい政策目標，政策手段，政策主体を提示せねばならぬ。」［宮本 1999：4-5］。

5）　宮本の「政策科学をかんがえる（講演記録）」（注3）掲載）では，「ペティの『政治算術』は，目的，方法，主体を明確にした。」としている。

6）　松川七郎の解題［Petty 1899c = 1955：152］。

7）　松川の解題［Petty 1899c = 1955：163］。傍点の個所は筆者が追加した。

8）　なお，訳文中の『　』は筆者が付した。

9）　ペティは「地代という形態において剰余価値を予知」（マルクス）しているが，同時に地代と利潤，利子を混同している。余剰利得は，『政治算術』の中心概念であって「消費する以上の稼得」［Petty 1899c：291 = 1955：109］を内容としていることから，ペティが地代以外にも漠然と剰余価値を認めていたことを意味している。これは，松川によれば「ペティの不覚というよりもむしろ階級分化が不十分なイギリス資本主義の幼年期においてペティがこうむらざるをえなかった歴史的制約であった。職業と産業が不十分にしか分化しておらず「産業」という概念が極めて広範な社会経済的機能を包括していたのである。」（松川の解題［Petty 1899c = 1955：197-198］）。

10）　稲村は，これを中継貿易原理と規定している［稲村 1972：34］。

11）　「アイルランドの全体の富が10百万であり，そのうちAのわけまえが1000ポンドであったと仮定しよう。私はあえて言うが，Aにとっての関心事は，かれ自身の1000ポンドを300ポンドに減少することによって，アイルランドの全資財を30百万にするにあるというよりも，むしろアイルランドの全資材を2000ポンド減少してまでも，なおみずからの1000ポンドを3000ポンドにすることにあるのが普通である，と。」［Petty 1899a：194 = 1951：164］。

12）　この文章の原文は，Matsukawa［1977：48］。

13）　「もしかれらが2千3百万ポンドを余剰に利得しているならば，約5，6年のうちに，国民の全資財・動産が2倍になっていてもよいはずであるが，私はその真なることを希望しながらも，それを信ずべき理由を全く発見できないからである。」［Petty 1899c：308 = 1955：138］。

14）　松川七郎の解題［Petty 1899c = 1955：205］。

15）　松川七郎の解題［Petty 1899c = 1955：196］。

16）　なお，引用文中のアルファベットは筆者による追加。

17）　宮本憲一「イギリス自由主義財政学の成立—W.ペティを中心に」46ページの図を参考に，国内交易と外国貿易を区別した。なお，この論文は，同［1953］の底本となったものである。

18）　松川は，別の論稿で「この意味において，ペティの国富算定論は，資本主義の生成期におけるイングランド社会の富の再生産過程に関するきわめて素朴な図式的表示——諸々の制約はもとよりあるにしても，イギリス版の・すぐれて実証的方法にもとづいた『経済表』——であると言えよう。」と述べている［松川 1952：327］。

　　また，浦田は「ペティの国富・所得計算は，このような制約（資本関係の定式化が明確になされていないこと）をもちつつ，しかもなお社会的再生産に統一的数量表現をあ

296 第Ⅲ部 地域政策の学説

たえる最初の試みであった。」と述べている［浦田 1984：197］。

19) 総務省統計局「平成17年（2005年）産業連関表（確報)」より計算した。

20) 九州経済産業局「平成17年九州地域産業連関表」より計算した。

21) 宮崎県「平成17年宮崎県産業連関表」より計算した。

22) 北海道開発局「平成17年十勝地域取引基本表」より計算した。

23) 宮崎県綾町の数値は筆者が宮崎県産業連関表をもとに作成した「2005年綾町産業連関表」より計算した。与謝野町については加賀爪ほか［2013］をもとに計算した。姫路市については「2000年姫路市産業連関表」より計算した。

24) 浦田［1984：197］。松川七郎「訳者あとがき」［Petty 1899b＝1952：227］。

25) 松川の解題［Petty 1899c＝1955：217-218］。

第11章

明治期の町村是運動と補完性原理

はじめに

　明治中期に町村を単位とする町村是運動が展開された。[1] これは，前田正名[2]によって提唱されたものであり，明治20年代から昭和初期にかけて全国各地で町村経済の分析を通して地域振興政策を策定し実践した運動である。

　この町村是運動については多様な分野から数多くの研究がある。これまで歴史学・経済思想史や農学・農業経済学からのアプローチが主流であったが，近年では，数は少ないが中小企業・地域産業論，デザイン学，地域経済学からのアプローチも登場している。

　歴史学・経済思想史からのアプローチでは，『興業意見』が日本資本主義の原始的蓄積期を代表する文献とされ重要物産増進計画に代表される勧業上の意義が研究されてきた［安藤・山本 1971；長 1969］。近年では，『興業意見』の「定本」（1884年12月）とは別に「未定稿」（1884年8月）が公開されて以降，「定本」と「未定稿」の相違点を明らかにした有泉の論稿（これについては後述する）を受けて「未定稿」に基づく研究が行われている。

　農学・農業経済学のアプローチとしては次のものが代表的である。祖田は，町村是運動を「明治20年代から大正末期に至る約30年間に及ぶ一種の農村計画設定運動である」としている［祖田 1971：14］。[3] 祖田の問題意識は，単に地主―小作関係だけを問題にするのではなく，都市的巨大資本と地方諸産業の関係といった日本資本主義の全構造的側面も加えて考察する必要があるとし，こうした重層的モーメントのなかで町村是運動の展開と帰結の意味を考察することにある。また，佐々木は，町村是調査の理論構造，その思想，地方改良運動との関連，その社会過程などを丹念に追跡しその全体像を解明している。[4]

　次に，中小企業・地方産業論からのアプローチとして太田の研究がある。太田は町村是運動について「地方産業問題としての角度から」アプローチし一村

一品運動までの草の根的な地域づくりの連続性をたどっている［太田 1991：42］。そして，その意義を次の5点にまとめている［太田 1991：61-64］。第1は，農商工を一体とする産業観であること，第2は，地域経済を地理・人情・風俗や社会生活全般を含めて把握しようとするトータルな視角であり，そこでは政治・経済・道徳・分化・生活のすべてが関心の対象となっていたこと，第3は，町村の経済を独立した経済循環の場としてとらえる一種の社会会計的手法であること，第4は，徹底した実証主義の姿勢であり，そこには自立思想に基づくきびしい自己責任の原則がみられること，第5は，町村是運動の背後にみられる自立への志向であり強い郷土意識である。

　加えて，デザイン学からのアプローチもみられる。三橋らは，今日の地域開発は「当該地域に固有な自然や生活文化などその地域が本来的に有していたさまざまな特性・アイデンティティは排除され，規模の原理と経済効率が支配的になりやすい」外来型開発という性質を内包しているとして，前田の『興業意見』と『所見』に着目し内発的地域開発理念を見出している［三橋・宮崎・吉岡 1990：17］。[5)]

　最後に，地域経済学からのアプローチとして次のものがある。安東は，日本では国家が制度的にサポートする内発的な地域政策の仕組みは存在せず，各地の先進的な取り組みが全国に広がっていく制度的な体制も整えられていないが，「近現代の日本においては，数多くの創意に満ちた地域づくりが展開されてきた」として，戦後の「ムラおこし」あるいは「地域おこし」と並んで戦前の町村是運動をあげている［安東 2008：334-335］。この運動のなかで生まれた事業体の代表例として，波多野鶴吉が1896年に京都府何鹿郡に設立した「郡是製糸株式会社」をあげ，地元で生産される繭を原料として低価格で出荷するのでなく，地元で生糸に加工し，より付加価値を高めて地域の暮らしを改善することを目的とした取り組みであるとしている。

　本稿は，これまでの町村是運動に関する諸学の研究成果に依拠しつつ地域経済学の立場からアプローチし，地域政策論の構築を意図して町村是運動の意義と限界を考察するものである。

　そこで，最初に町村是運動の背景となる日本資本主義形成期における殖産興業政策の形成過程に触れ，在来産業の近代化を企図する町村是運動の系譜を明

らかにする。

　次に，町村是運動の典型例として愛媛県余土村是と福岡県生葉竹野郡是・八女郡是を取り上げその目的と構成について考察する。

　最後に，現代の地域政策の構築に向けて，町村是運動には一方では無視できない限界があるものの，他方ではくみ取ることができる要素があることに言及する。

1　日本資本主義形成期と殖産興業政策

　1881年にはじまる松方デフレの影響が頂点に達した1884年の地方の実態は苦境を呈していた［祖田 1971：4］。田畑449万町歩の約半分が3〜4年の間に動き，借金をしている農家は全体の8割前後，抵当に入れられた土地は5割前後，抵当地を自己の所有地として維持することは絶望的な状況にあった。商工業も例外ではない。

　こうした産業と国民生活の惨状は松方財政の帰結であった。すなわち，移植大工業の導入，軍事的整備，西南戦争などで紙幣を乱発したことによるインフレと銀貨の海外流出に直面した明治政府が行った紙幣整理によるデフレで米価が低落し，農業経営は赤字になり農地価格も低落した。あわせて地租等の増税で地方産業が甚大な影響を受けた。前田は，こうした情勢のなかで1884年12月に『興業意見』全30巻を著している。

　町村是運動の基礎となっている思想と理論は，『興業意見』（1884年）と『所見』（1892年）のなかにみることができる。このうち『興業意見』については，「定本」とは別に「未定稿」が公開され，これをもとに興業銀行の設立をめぐる政府内部における殖産政策上の対立と前田構想の性格，政策上の位置づけが明らかにされている［有泉 1969］[6]。

　これらの文献から明らかとなる前田の基本的な思想は2つある。1つは，富国強兵と近代工業移植型の殖産興業の推進への対抗路線，すなわち在来産業の育成による漸進的な近代化路線である。もう1つは，こうした主張を裏付ける「物に問う」という調査手法である。

300 　第Ⅲ部　地域政策の学説

（1）興業銀行による在来産業近代化論

　『興業意見＜未定稿＞』は，「綱領」「諸言」「欠項」「時弊」「参考」「戒慎」「統計」「方法」の各項目から構成されており，この核心について前田は次のように述べている。

> 「該書の精神は専ら方法甲乙の部に在りてその他は則ち方法を定るに付ての参考に列するものなり，然るに読者或は文を以て意を害し，目を論じ綱を忘るの感なき能はす，是れ□□（欠字）が此書を編成したるの本意にあらす」［有泉 1969：12］。

　すなわち，『興業意見＜未定稿＞』の核心は方法甲乙の部にあり，その他はこの方法を定めるための参考であるとしていることから，有泉の整理を参考にしてそれらの概要をみておこう［有泉 1969：14-15］。

　「時弊」では現状と問題点を把握している［近藤 1976：72-73］。明治維新後に士農工商に対して奨励保護を行ったが良好な結果をみることはできない。士は恩賜の金禄を煙散霧消して活路に窮し，農は懶惰安逸，前途の目的を定めず，工は濫造粗製の弊に陥り，商は狡猾不正を事とし内外の信用は地に落ちほとんど救済できるような状況にない。ゆえに，わが国の状況は不具にして多病になっているので放置することはできないとして，救治する方法として興業銀行設立の必要性を説いている。

　「戒慎」では「時弊」で把握された現状と問題点を踏まえて，保護者としての政府の役割と興業銀行設立の必要性を説いている［近藤 1976：155-161］。まず，政府は保護者であるべきであるとする。それは，保護も当を得れば利があり，自由も当を得なければ害があり，いずれを非としいずれを是とするかはその国の度合いに応じて保護する政策にほかならないからである。したがって，そこから保護のために興業貸付所を設け，まず2，3の重要物産を振興し，漸次その他に及ぼす必要があるとしている。

　「統計」では貸付対象の選別と確定を行い「各府県勧業上最上急の要務」が述べられている［近藤 1976：178］。例えば，群馬県ではそれは製糸業の回復，養蚕桑樹の改良増殖，織物の改良および麻苧の回復である。そしてその順序は，第1に養蚕製造の衰退を挽回し併せてその販売方法を改正すること，第2

第11章　明治期の町村是運動と補完性原理　301

に養蚕および桑園を改良増殖すること，第3に織物を改良進歩しますます海外の販路を拡張し，かつ内地の販売品については奸詐を去り，需要者を便利ならしめること，第4に麻苧の使用法を考究し販路を拡張し，其価格を至当の位地に回復することを挙げている。

「参考」では歴史と海外の事例を踏まえて，わが国では農産と製造の二者を基本として他の公益事業を興すべきである。フランスは農産と製造を以って立ち，イギリスとベルギーは工業を以て立っているように，その方向と順序を誤ってはならない。さらに，これを国内の地方に当てはめると，西京は工事を，大阪は商業を，九州地方は農業を基とすることであるとしている［近藤 1976：73-74］。

以上のことを踏まえて「方法甲乙」のなかで前田が構想した在来産業の近代化路線が最も鮮明に示されている。すなわち「方法甲」は興業銀行の関係法規と施設の整備について，「方法乙」は興業銀行による殖産興業資金供給の重点と順序について述べている。そこで，ここでは「方法乙」を中心にみておこう。

第1は，興業貸付着手の順序である（表11-1）。

貸付区分は甲種（短期：半年-3年）と乙種（長期：5-15年）の二種とし，それぞれ二期に分け，「貸付着手順序」は甲1期→甲2期→乙1期→乙2期へと成果をみながら展開する計画が示されている［安藤・山本編 1971：165-166］。

第2は，貸付資格である。生糸の場合，(い)桑園の栽培宜きを得る地方，(ろ)純粋最良の春蚕を飼う地方，(は)養蚕法宜きを得る地方，(に)桑畑蚕種掃立の数，成繭製糸の高各其権衡を失はさるもの，(ほ)製糸器械の位置構造完全なるもの若くは総合座繰法を用ふるもの，工女をして其雇主と損益の思想を均うせしむる方法を設けたるもの等である［安藤・山本編 1971：166-167］。

表11-1　興業貸付着手の順序

	第1期	第2期
甲種（短期）	生糸・茶・砂糖	海産物・煙草・紙・陶・牧畜・漆器・蝋・蜂蜜・紡績・採種・樟脳・麻・雑貨・織物
乙種（長期）	山林・道路・疏水・開拓・地質改良	運河・造船・築港・堤防

出所）安藤・山本編［1971：165-166］。

302　第Ⅲ部　地域政策の学説

　第3は，貸付規定である。「当興業銀行に於て資本の貸与を為す物は，定例の所定に従い当分の内蚕糸，茶，砂糖の三業に限るへし」として，製糸製茶砂糖については「本業に5年以上の実地経験がある者」，「生糸は20個，茶は□万斤，砂糖は□樽以上を1ヶ年に出す者」などの規程が設けられている［安藤・山本編 1971：167］。

　このように，前田の意図にしたがって「方法乙」を核心とすれば，『興業意見』は「独特の理論をもつ殖産興業実施計画書として準備されたものであることが明らか」であり，「その中心をなすのは『戒慎』で必要性を述べ，『方法乙』で輪郭を示した，『興業銀行』による強力な産業融資を切札とし，在来産業のうちから輸出重点部門を選び，これの生産・流通過程に国家が直接介入して，その育成・輸出（直輸出）増進をはかり，その成果を他の産業部門，さらに補完的公共事業部門におよぼし，国力全体の向上をもたらそうとする構想であった。」といえる［有泉 1969：14-15］[7]。

　こうした在来産業の近代化論は，地方産業振興運動に身を投じるために著した『所見』のなかでも，一部特権政商を中心とする移植大工業育成偏重を批判し，農業や固有工業など在来産業の優先的近代化を体系的に次のように述べている［近藤 1976：385］。

　「日本現在の工業に二種あり，其一は我国固有の工業にして，其二は器械的工業是なり。此二者いずれも皆当時政府の奨励に出でざるものなし。（中略）又，我れの急務として此第一位に在る固有工業の発達を先にすべきは当然の順序なるべきに，之を措て専ら心を第二の器械的工業に傾けたり。是れ固より順序を誤まりしのみ，器械的の工業決して放棄すべきものにあらず。然るに此第二の工業も亦失敗の否運に逢へり。」［近藤 1976：385-387］として，殖産興業政策を固有工業と器械的工業＝在来産業と移植産業の対抗関係として示し，政府が後者を手厚く保護し前者を蔑ろにしていることに対して，固有工業を優先的に近代化することによって経済力を養い先進諸国に迫る道筋を示している。なお，ここで器械的工業を無視したわけではないことにも留意する必要がある。

（2）「物に問う」調査方法

　さて，こうした在来産業近代化の方向を明らかにする上で前田が重視したの

は「物に問う」という徹底的な調査方法である。

『興業意見＜未定稿＞』の「時弊」では「現今イギリスの如き自由税法を実用するの国に於てすら，其人民を保護し其製産を保護し其商業を保護するには，或は間接に，或は直接に，曾て間断あることなし。全体自由主義又は保護主義とて理論上経済学士が互に論争するは，単に学術上の主義にして，実際は其国の形勢に応じ適当と見認むればこそ，或は自由に依り，或は保護に出て施行せるものに非ずや。」と述べている [近藤 1976：148]。

「戒慎」では「然るに近来動もすれば自由，保護などの論理を争うものあり，然れども若し我国の成立を考へ更に諸外国の実勢を察すれば釈然として悟るところあるや論を俟たず。今や，日本国前途の目的を定めて国利を興し民福を計らんと欲せば，政府は終始誘導人たり保護者たるの精神を貫かざるべからず。然らざれば到底実効を奏するの日あらざるべし」とし，また「夫れ保護と云ひ自由と云ふ，論理は全く反対の点に在るが如くなれども其帰する所は一つのみ。保護も其当を得れば利あり，自由も其当を得ざれば何れも害あり，苟も利あらば干渉も為すべし，苟も害あらば自由も与ふ可らず，何ぞ必ずしも理論に拘泥するを要せんや。是故にイギリスの自由貿易，アメリカの保護貿易，何れを是とせん，畢竟其国の度合いに応じて之を保護する政策に外ならず。」と述べている。

このように前田は保護主義の立場を明確にしている。さらに，『所見』ではそうした保護主義の必然性について言及し「物に問う」という実証主義的立場を鮮明にして次のように述べている。

「世人動もすれば我国の産業を論ずるに当たり区々学理の末に馳せて，其国柄の如何を顧みず，曰保護，曰放任，議論百出其甚きは産業の発達を理論の規矩に準拠せしめんとするものあるに至る。嗚呼何ぞ誤れるの甚きや。学理には国に境域なく，産業には特殊の国柄あるを知らざるべからず。（中略）其物，其時に由り保護すべきあり，放任すべきあり，之を物に問ひ之を時に尋ね，判断宜きを得ざるべからず。」[近藤 1976：375]とし，また「諺に曰く空虚の袋は直立せずと。知るべし，対立と云ひ，国家と云ひ，風俗と云ひ，国力と云ひ，民力と云ひ，生活と云ひ，国土と云ふ，之を完全ならしめんと欲すれば，先づ産業を勃興し国力を充実ならしむるに在るを。世人は之を熟知せり。然れ

304　第Ⅲ部　地域政策の学説

ども未だ之が為めに計画せる者なし。偶々之れあるも，其説く所は空想のみ，謬見のみ。是を以て忽に起り忽に敗れ，又は悪結果を見るに至る。是れ其為す所人の意見に出でて物に問はざるに因るなり。」［近藤 1976：388］としている。

　さらに，「産業の発達せしめんと欲せば国土の位置，国民の気質，知識の浅深，風土の差違，ミン力の厚薄，時勢の変遷，産物の種類等，皆其関係の大なるを知らざるべからず。」［近藤 1976：374］として，日本が近代化し先進国と比肩することを望むならば，人の意見に依らず，国土の位置，国民の気質，知識の浅深，風土の差違，ミン力の厚薄，時勢の変遷，産物の種類等を調査し（すなわち「物に問う」こと），しかる後に方針を定めることが不可欠であるとしている。

　当時学界においては，スミスやミルに連なる田口卯吉の自由主義の立場と，リストに傾倒する大島貞益の保護主義の立場の間で華々しい論争が展開されており，前田のこうした調査方法の背後にはリストをほうふつとさせる徹底した歴史主義的認識があるとされている［近藤 1976：8-9；祖田 1987：86］。[8]

2　在来産業の近代化構想と町村是運動

（1）下から（地域から）の在来産業近代化

　前田は，在来産業の近代化論と物に問う調査方法をもって「今日の急務は国是県是郡是村是を定るに在り」として町村是運動を展開している。町村是運動の指針は雑誌『産業』に次のように提示されている［近藤 1976：415-420］。

　国，県，郡，村それぞれに急務とすべき事業があり，国においては国是，県においては県是，郡においては郡是，村においては村是という。新事業を起こすにはまずその国，その地方の特有物産の遺利をあげてしかる後に着手すべきであるが，ややもすればこの特産物を後回しにして新事業に着手することは誤りである。

　村毎に村是があり，甲の村是は第1を米とし，乙の村是は養蚕とし，丙は水産とし，あるいは宿駅とし，あるいは温泉場とし，それぞれ村是は異なる。村是の第1として起きるべきものが十分に成り立たなければ，第2もしくは第3となるべきものを起こすことはできない。第1の事業は最もその村の力を起こ

すべきものであり，この力を得れば他の事業を起こすことができる。村力が起こらなければ郡力立たず，郡力が立たなければ県力は足らず，県力が足らなければ国力も充実しない。

郡是は，多数の村々の村是である事業であり，10村中5村が馬種改良を村是とし他の3村は山林とし残る2村は織物とする場合，この郡是は馬種改良をもって第1の郡是とすべきである。

県是は，県内多数の郡是をもって第1とすべきである。ただし，各郡村に至大の関係を有する道路あるいは山林を第1とする場合，または他府県との関係によって県内の利益を得ることを第1とする場合，または県内最多額の輸出入に関係することを第1とする場合もある。

国是は，わが国においては国を富ますことが最大急務でありそれを国是の第1にしなければならない。このことは誰もが同意できることであるが，どこに目を付けるかでは意見が異なる。これまで興業を説くものは新事業を起こして富を増加すると考えているが，これはわが国の特有物産に幾多の遺利があることを知らないからである。また，経済学者が放任主義や保護主義の理論を主張しているが，これは保護も放任も時と国と物と人との度合いに応じて幾多の好結果をえることを知らないからである。1つの新事業を興すことは1つの遺利を納めることになるが，わが国には元来遺利は多いのでまずは特有物産を発達させることが重要である。特有物産の発達を計ろうとすれば保護を要するものが多いのである。ここでの特有物産は，『興業意見＜未定稿＞』方法乙で挙げられている（**表11-1を参照のこと**）。

こうした市町村是→郡是→府県是→国是という形式で下から（地域から）積み上げていくことによって，在来産業の近代化論が展開されるのである。

（2）町村是運動の系譜―民間運動から官製運動へ―

町村是報告書は1102件が確認されている。

第1期の明治20年代は18件と少なく全体の1.6％にすぎないが，第2期（明治30年〜37年）には273件に増え24.8％を占めている。この第1期と第2期の291件のうち249件の町村是が明治36年の第5回内国勧業博覧会に出品されているが，そのうち75件が福岡県の分である［太田 1991：43-44］。

306 第Ⅲ部 地域政策の学説

　第３期（明治38年〜昭和７年）に入り811件となり73.6％を占めており，第３期に多数の報告書が刊行されていることがわかる。ちなみに，この1102件は明治31年の市町村数１万4289の7.7％である。[9]

　地域別では九州が326点，29.6％を占めており，次いで中部が281点，25.5％となっている。

　この町村是運動の調査主体についてみると，明治20年代と30年代では全国農事会の傘下にある農会による民間運動が主体である。町村是運動が明治20年代30年代に民間運動として発展した背景には，地域における経済振興を図り地方自治の要求を掲げた自由民権運動の発展と地方自治思想の開花があることもみ ておく必要がある。自由民権運動は，板垣退助らが設立した立志社にみられるように，地方自治の要求を掲げるとともに地域における経済の振興を図った。こうした運動を背景に明治21年には市制町村制が公布され，同23年には府県制郡制がしかれ日本における最初の近代的地方自治制が確立している。

　しかし，明治40年以降は郡・市町村によるものが主流となっている。すなわち，明治40年を境に町村是運動の調査主体が全国農事会—農会から府県—郡—市町村へと移行し，府県訓令によって「町村是調査標準」が出されるようになり，町村是運動が民間運動から官製運動に転換していった［祖田 1971：18］。[10]

　こうした主体が変化した背景には，当時の地方経済をめぐる状況の悪化がある。とりわけ，日露戦争後に増税と農村疲弊が進行したことである。市町村財政は戦費調達のため戦時中は緊縮下におかれたが，戦後は繰延べ事業の実施により膨張し，その財源は間接税や戸数割などの増税によって賄われた。増税は貧農の家計を圧迫し農民騒擾が各地で頻発することになり，市町村体制の動揺をもたらすことになった。そこで，市町村民の自発的服従と協力を作り上げる「地方改良運動」が展開され，明治41年の戊申詔書発布以降，桂内閣のもとで本格的に進められることになった［大島 1975：259-261］。この運動の理念は，一村一家観念や勤倹貯蓄などであった。

　この理念には町村是運動との親和性があり，町村是運動が内務省地方改良運動と結合していったのである。

3 町村是の目的と構成—愛媛県余土村是—

　ここでは，安原村是（石川県），北倭村（奈良県）とともに初期町村是の最も標準的なものとされている余土村是（愛媛県）を対象に町村是の具体的な内容を考察する。[11]

（1）余土村是の目的と構成
　余土村は，1989年（明治22年）に町村制施行により余戸村，保免村，市坪村が合併して伊予郡余土村として発足した。しかし，旧村間の対立，抗争が行政村の運営に支障をきたしていた。その１つは小学校新築にからみ，建設位置をめぐって部落・旧村間の利害が対立し分村問題にまで発展した。もう１つは隣村との水利権争いである。これらの対立を解消し，行政村の意思を統一することが求められていた。また他方では，資本主義の成立に伴う商品生産の拡大と貨幣経済の浸透による松山市場圏への包摂を契機とした社会関係の分離・分化が進行していた地域でもある［佐々木 1972：44］。[12]

　こうした社会状況のなかで，行政村の自治運営を達成することが求められており，村是はまさにこうした要請に応えるものとして策定されたのである。

　余土村是の構成は次の通りである。

「統計の部（統計調査）」：土地，戸口，財産，負債，教育，衛生，公費，生産
　　　　　　　　　　　　　　（農業，林業，工業，副業），商業，労力，利息，村外，
　　　　　　　　　　　　　　生活，耕費，負担，欠損，収支
「参考の部（沿革調査）」：地理，職業，風俗，経済，附録
「村是要領（将来の仮定）」：消極的方法（風俗矯正，勤倹貯蓄），積極的方法（肥料
　　　　　　　　　　　　　　共同購入小作の保護，土地の繰り上げおよび排水，青年
　　　　　　　　　　　　　　子弟の教育，織物の改良）

　このように，余土村是は３つの要素，すなわち第１は統計調査，第２は沿革調査，第３は将来の仮定から構成されている［森 1909：6-11］。

　統計調査は，複雑な社会的状態を詳らかにするために，各種の現象とその変化を知り，この背後にある自然的法則を発見するために不可欠である。

308　第Ⅲ部　地域政策の学説

　沿革調査は，統計調査だけでは解明できない地理歴史などから町村の固有の特性と事情を詳らかにし町村是調査の資料にするために必要である。

　将来の仮定は，統計調査と沿革調査から導き出される結論であり，町村自治を発展させ町村民の幸福を増進するための方針である。

（2）余土村の政治経済制度

　余土村の概要を「統計の部」をもとにみておこう。総戸数は457個，人口2213人，耕作面積は357町であるが，他村民の村内所有地を除き村民の他村所有地を加えると331.9町である。

　就業構造は農業が1988人（男983人，女1005人）で全体の82.8％を占めており農業が基幹産業であることがわかる（表11-2）。

　農業の自小作別構成は自作が93戸，自作兼小作が136戸，小作が121戸である［池内 1903：52］。この状況について，武田は小作地率は42.8％（1900年）であり，「日清戦争前後から30年代にかけてはあまり変化がなく，まず相対的な安定期の様相を示している。」としている［武田 1963：83］。余土村是はこの理由として，「近年土地売買高の次第に減少の傾きありて1年1町内外のものなり。交換またはなはだ減少せり。土地売買の減少する之れ村民の次第に実力を増しつつあるがためにして，上流のものよりも中等以下のもの却て土地買入に鋭意なるもの多し」という状況をあげている［池内 1903：161］。

　余土村を含む瀬戸内農村は，東北にくらべ先進的，畿内にくらべ後進的，しかし中間的というよりはやはり畿内により近い性格を有し，農業諸生産力の早期的な高まり，特に伊予絣副業の展開による貨幣化の促進，それらを基礎とした中農層が形成された地域である［武田 1963：40］。

　このような地域特性を有する余土村の村是は，次のような地域の自然的・地理的・社会的条件に根ざして提言されている［池内 1903：174］。

表11-2　余土村の就業構造（明治33年）

単位：戸，人

	戸　数		人　口	
	専業	兼業	男	女
農	314	20	983	1,005
商	15	30	115	136
工	3	6	25	16
雑	16	6	57	63
合計	348	62	1,180	1,220

出所）池内［1903：51-52］より作成。

地理：道後平野の中土にあり村内は悉く耕地に属し農作の適地にして商を営み
　　　工を営む余地はない。したがって，農を以て自営するべきであるとして
　　　農業立村をかかげている。

風土：気候温暖にして土地復た肥沃能く米麦作に適し石手重信の二川に沿って
　　　灌漑の便を得，天の時地の利倶に農に適す。

過去の歴史：わが村創始以来，農業に転じないことに慣れれば良いとするのは
　　　　　　自然淘汰で滅んでしまったので，農業に転じてこそ生存競争を生
　　　　　　き抜くことができる。

先祖の遺風：農を以て身を立て家を興し以て子孫長久の計をなす村民の今日が
　　　　　　ある。

（3）余土村の収支

　余土村是要領の冒頭に，「従来我村統計的資料の全からざるが為め，村経済
の収支を明瞭ならしめず。依て以て栄枯盛衰の理を示すに明鑑を欠き，恰も五
里霧中に彷徨するものの如し。然るに今や此資料を得て以て大に考慮を資く。
此を以て始めて我村が将来に処するに如何に画策すべきか，将に村是を定むべ
き機運に到りぬ。」と述べられている［池内 1903：173］。すなわち，これまで
の村の統計資料では村の経済の収支が不明であるため，その発展や衰退の理由
が不明であった。しかし，この村是の統計資料によって村の経済のおかれてい
る状況が判明し，したがって進むべき方向を示す政策を明らかにすることがで
きるという。[13]

　森は『町村是調査指針』のなかで統計調査の意義について，社会状態の自然
的法則を発見するためには統計が必要であること，統計と社会状態の関係は化
学研究と顕微鏡の関係と同じであること，統計は帰納的であり数量で町村が必
要とすることを明らかにすることなど，社会の状態を数量化することの重要性
を次のように述べている［森 1909：7］。

　　「依て其状態を覚知し，自然的法則を発見せんとするには，町村と雖も必
　　ず大量法即ち統計に依らざるべからざるは当然なり。統計と社会状態との
　　関係は恰も化学研究に顕微鏡を必要とするが如く，彼のバクテリヤ研究の

310 第Ⅲ部 地域政策の学説

如きも顕微鏡の力に依るにあらざれば今日の如く進歩することを得ず。故に町村に於ける複雑せる状態を此法に依りて調査し，其結果は即ち自然的法則の発見となり，変化の原因結果を詳らかにして，町村の自然が町村自らを如何に改善し，如何に経営すべきかを告白するに至るものなり。

帰納的なる統計は，数字を以て町村に於ける自然の要求を告白す。統計の帰納的なると数字の明確なるとに依りて，吾人が智識の判断を為すに適材料として用いらるるものなり。帰納ならざれば定則とするに足らず，明確ならざれば準拠とするに足らず。」

余土村の収支をみてみよう（表11-3）。町村是においては，収支を数量化し明確にすることは地域経済の計画を立てるための要とされる最も重要な要素である［森 1909：162］。

収入では，農業および林業の76％を中心に副業（織物）12.4％が特徴である。余土村の基幹産業は収入の56％を占める穀類を中軸とした農業である。

余土村における伊予絣の生産は明治8，9年頃から開始され，紡績工業興隆による紡績糸の原糸使用と全国的な販売市場が確立したこと，農家の余剰労働力の存在および伊予縞生産用在来手機の所有を基礎として20年代には急速に勃興した。明治30年代には，生産額も織戸数も増加し，村内総戸数に占める織戸率は日清戦争期の58％から日露戦争前後には90％に達し，明治30年代はまさに副業＝兼業普及期である［武田 1963：51-52］。村是では，今や機数398，生産高5万8967反，純益金2万638円となり農家の経済を助けるまでになっているとしている［池内 1903：156］。

支出では，飲食や被服など生活費が68.1％，耕作費（肥料・農機具など）18.2％が主なものである。なお，負担とは租税公課の負担，欠損は土地の小作料・使用料・他町村への利子支払額である。

負担の内訳は，国税6087円，県税3379円，村税2919円，水利組合費731円，協議費546円となっており，なかでも国税（44.6％）と県税（24.7％）と負担の7割を占めており如何に多額の税が国に集中していたかがわかる［池内 1903：132-133］。

この負担を明治23年度，33年度，大正13年度と比較してみると，この当時の

第 11 章　明治期の町村是運動と補完性原理　　311

表11-3　余土村の収支 （明治33年）

単位：円

支　出			収　入		
損　失	金　額	構成比	利　益	金　額	構成比
耕作費	32,518	18.2%	農業および林業	135,867	76.0%
負　担	13,661	7.6%	穀　類	99,847	55.8%
欠　損	7,902	4.4%	豆　類	7,232	4.0%
土　地	4,817	2.7%	果　実	4,288	2.4%
利　子	3,086	1.7%	蔬　菜	14,029	7.8%
生活費	121,762	68.1%	雑　品	10,032	5.6%
被　服	25,519	14.3%	林　業	440	0.2%
飲　食	62,045	34.7%	工　業	953	0.5%
住　居	18,837	10.5%	副　業	22,167	12.4%
雑　費	15,362	8.6%	商　業	5,310	3.0%
残　金	3,018	1.7%	労　力	7,025	3.9%
			給　料	3,624	2.0%
			労　役	3,401	1.9%
			利　息	5,105	2.9%
			村　外	2,434	1.4%
			土　地	2,306	1.3%
			家　屋	128	0.1%
合　計	178,861		合　計	178,861	

出所） 池内 ［1903：137-138］ より作成。

租税負担の状況がわかる （表11-4）。

　経費総額は, 明治23年の1350円から明治33年の3304円に2.4倍に増えている
のに対して, 村税は明治23年の1279円から明治33年の3210円に2.5倍に増えて
おり, 経費総額と税収はほぼパラレルに増加している。

　しかし, 大正期に入るやこの状況は一変する。経費総額は, 明治33年の3304
円から大正13年の3万4415円と10.4倍に増えているが, 村税総額は明治33年の
3210円から大正13年の1万8089円と5.6倍に増加しているにすぎない。注目す

312 第Ⅲ部 地域政策の学説

表11-4 余土村村財政の状況

単位：円

	明治23年度		明治33年度		大正13年度	
	決算額	%	決算額	%	決算額	%
＜歳 出＞						
役場費	427	31.6	763	23.1	5,543	16.1
教育費	347	25.7	1,275	38.6	18,608	54.1
勧業費	—	—	119	3.6	292	0.8
土木費	422	31.3	—	—	199	0.6
衛生費	124	9.2	79	2.4	282	0.8
公債費	—	—	514	15.6	1,190	3.5
財産造成費	—	—	—	—	800	2.3
その他	30	2.2	554	16.8	7,501	21.8
合　計	1,350	100.0	3,304	100.0	34,415	100.0
＜歳 入＞						
地価割	1,125	88.0	2,020	62.9	4,519	25.0
営業割	—	—	71	2.2	—	—
戸別割	154	12.0	1,081	33.7	—	—
戸数割付加	—	—	—	—	10,319	57.0
営業税付加	—	—	36	1.1	213	1.2
所得税付加	—	—	—	—	420	2.3
県税営業税付加	—	—	—	—	146	0.8
県税雑種税付加	—	—	—	—	2,472	13.7
合　計	1,279	100.0	3,210	100.0	18,089	100.0

出所）『愛媛県余土村誌』(1925年)，296-301ページより作成。

べきは，大正13年の税収は基本財産の蓄積が少ないため戸数割をのぞくすべて
の附加税が制限満率であるうえ，戸数割も群内平均を上回っているなかでの数
値であることである。

　以上のことから，歳出において教育費と役場費が急増する一方で，国に税収
が集中し地方では税収が伸び悩むという財政構造が定着しつつあるなかで，財
政危機は村是が策定された明治33年当時にはまだ潜在化していたが大正13年に
は顕在化するに至っている。余土村誌は，こうした財政状況について財政上行
き詰まっている状況にあり「財源の貧弱さ」を立証していると述べている[14]。

　以上のことから，余土村の収入総額は17万8861円に対して支出総額は17万

5843円であり，収支差引金3018円の剰余を生みだしている。

（4）余土村を維持経営するための政策

是とは，「将来我村を維持経営すべきの策」［池内 1903：179］であり，今日でいえば長期計画に相当し，地域経済のマネジメントのあり方を示すものである。

まず，上記の剰余は，村全体の収支額の1.7％にすぎず農作物の豊凶や米価の高低，その他生活費の寛厳によって皆無になることがあるので安心は禁物であると戒めている［池内 1903：162, 175-176］。余土村自営の本業は農業に依るべきであるにしても，余土村経済の収支は将来自営するのに十分であるのかということからみれば深く考慮しなければならないとして，次のようにその論拠をあげている。

すなわちこの収支は賭余豊凶，米価の高低，副業の盛衰，生活程度の伸縮によって年々変動するのは当然であるので，もし米麦の減産・価格の低下，副業織物の盛衰などで少しの差があればたちまち余剰は失われてしまう。特に，織物の利益は最近の4年間では調査時の明治33年が最も高かっただけであるので安心はできない。

以上のことを踏まえれば，将来にわたって村を維持経営するためには憂慮すべき状況にあり，村の将来を維持する基礎を切り拓くためには，社会の風潮に惑わされず外形の皮相に陥らず根本的革新を旨とし，村の自立は村民の自立に基づくものである［池内 1903：179-180］。こうした精神に基づいて消極的方法と積極的方法に分けて村是を提示している［池内 1903：180-192］。

消極的方法は，風俗矯正と勤倹貯蓄の2つである。

風俗矯正：村民は奢侈に流れ，豪華な着物や履物を身につけ，草鞋やゴザを使わなくなり，自給自足に背くものが多い。その果てには，遊民となり，投機で財産を食いつぶすようになる。これは村の風俗悪弊が原因であるので，矯正しなければならない。

勤倹貯蓄：一粒の米も数千石になるし，一里の金銭も数万円になるので，仕事にはげみむだな出費を少なくし，それを貯蓄して不時の備えにすることが必要である。

314　第Ⅲ部　地域政策の学説

　積極的方法は，肥料共同購入，小作の保護，土地の繰上げおよび排水，子弟の教育，織物の改良の５つである［池内　1903：156］。

肥料の共同購入：村で購入する肥料は村外からのものも多く，地方商人から高
　　い価格で売りつけられかつ不良品も多い。これを共同購入すれば，安くて品
　　質のいいものを購入できる。

小作の保護：地主は小作あっての地主である。地主は，収穫期に米を拠出し小
　　作保護の基金をつくり，凶作時の救済，肥料の貸与などに充てる。

土地の繰上げおよび排水：これにより少なからず利益が出ることは実証済みで
　　あるので，土地改良をすべきである。工費は改良した土地の利益で償却でき
　　余剰も得ることができる。

子弟の教育：松山市に委託をして教育をしてきたため，農業を卑しいとする風
　　紀が強くなった。委託を廃止し村是の方針にしたがって子弟を教育すること
　　は急務である。

織物の改良：織物から得る利益は農業の利益に伯仲しているが，地質や意匠で
　　欠点が多く粗悪劣等である。染色，地質，意匠の改良をする必要がある。し
　　かし，あくまでも副業の範囲である。[15]副業によって肥料を施すほどの余裕が
　　小作人の中に生まれ農業の進歩につながっているが，それは地主との関係で
　　みればあくまでも本業である農家の副業として奨励すべきであるとしてい
　　る。

　これらの村是を実行することによって次のような成果が生まれるとしている
［池内　1903：193-194］。

　　①風俗の矯正により，１万2176円の支出削減

　　②勤倹貯蓄により，10ヶ年で11万184円の基金

　　③肥料共同購入により，４万8108円の基本財産

　　④小作保護により，4142円の基金

　　⑤土地の繰上げおよび排水により，3040円の収入増加

　　⑥織物改良により，5897円の収入増加

　すなわち，①から１万2176円の支出削減，⑤と⑥で8937円の収入増加，②と
④の基金から6859円の利子，③から４万8108円の基本財産が期待されている。

　この結果，明治33年の支出17万5843円は１万2176円削減され16万3667円に，

収入は17万8861円から8937円増加し18万7798円になる。この結果，剰余は2万4131円と基金からの利子6859円の合計3万990円の余力（明治33年度の10.3倍の余力）となり，村経済を支持するに足るものとなる上に4万8108円の基本財産を得ることになる。

以上が村是による実践の成果である。

4　郡是の目的と構成—福岡県生葉竹野郡是と八女郡是—

福岡県は町村是調査の先進地域とされており，それは当時の生葉竹野郡と八女郡の郡長を歴任していた田中慶介の功績によるところが大きいといわれている。

そこで，ここでは，町村是運動の第1号であり郡是の代表的な事例である福岡県の生葉竹野郡是と八女郡是を対象としてその目的と構成の特徴についてみてみよう。

（1）生葉竹野郡是の目的と構成

生葉竹野郡是は，前田正名の町村是構想の最初の調査として1892年から94年にかけて生葉郡1町9村，竹野郡1町6村の合計17町村を対象として郡長である田中慶介の統轄のもとで調査編纂された。[16]最初に町村是を調査編纂し各町村の基礎を確立資料として提供し，これらをもとに郡是として調査編纂したものである。なお，この郡是は将来県是調査の資料として提供されることを予定していたが，県是は策定されることはなかった。

以下，生葉竹野郡是の目的と構成について概観しその特徴をみてみよう。郡是の構成は以下の通りである［永松編 1897：5-7］。

「現況」：生産（農業，商業，工業，力役，知識上の収益，雑）

消費（衣食住の需要，人民生計の概算，生産消費の比較）

人民経済の概況（所得の分配，貧富の状況，貸借金，租税の類別）

「農策」：土地および人口と殖産の関係，農事講習所，郡農会，排水法，郡農業試験場等

「将来」：総論，米，粟，裸麦，小麦，藍，砂糖，煙草，生糸，菜種，櫨実，茶

316　第Ⅲ部　地域政策の学説

「結論」：将来の希望要点

　これらのうち「現況」の農業，生産消費の比較，「農策」，「将来」の総論を
中心にみておこう。

(1)　生葉竹野郡の現況

　生葉竹野郡は，「筑後川は平時は水勢遅緩にして最も運送，灌漑の便に富め
り沿岸の地は地味膏腴にして殊に米，麦，蔬菜に適せり其東南山間の地は沃
土，磽确相雑ると雖も亦概ね五穀に適せさるなく且気候温和にして頗る人に可
なり……之を要するに本邦の地たる南に水縄山を擁し北に筑後川を控え山水明
媚，風色掬すべく実に天賦自然の佳境にして所謂楽土なる」[永松編 1897：10]
として，その自然的条件の良好さを指摘している。

　郡是は，こうした条件に恵まれている生葉竹野郡の「現況」から始めている。
まず，土地所有関係をもとに他郡所有の土地と自郡所有の土地の収益の受け払
い状況から生葉竹野郡の土地の収益状況を明らかにしている（表11-5）。これ
らの土地から収穫される余米は，生葉郡では4万5234石で30万9653円，竹野郡
では2万1127石で14万7893円，合計45万7546円である。

　こうした土地からの収益に農業に関連する副業収入と商工業等の収入を加え
た生産純益と生産・消費の費用をみた人民経済上の過不足（生産消費過不足）は
次のようになっている（表11-6）。生葉郡は生産純益83万5312円であるが消費
も71万2848円あり，差引12万2464円である。竹野郡の差引16万8321円と比べる
と1戸当たりでも1人当たりでも少ないことがわかる。

　このことから，郡是では「生葉郡は人民経済上頗る困難なるも竹野郡は少々
余裕あるを見るべし」[永松編 1897：32] と結論している。

　郡是は貸借金についても調査をしており，生葉郡は借入金が貸付金を超える
額が1戸平均で2円57銭であるのに対して竹野郡では40銭であることから，生
葉郡は貧富の格差が甚だしいが竹野郡は平均していると述べている［永松編
1897：34]。加えて，租税負担についても触れている。租税には国税，地方税，
町村税の3種があり，生葉竹野郡の負担する租税は1戸につき17円91銭，1人
につき3円13銭と人民生活上の負担は多額になっているとしている［永松編
1897：36]。[17)

第11章　明治期の町村是運動と補完性原理　317

表11-5　生葉竹野郡の土地収益

単位：石，円

	総土地に対する分		他郡に収益さるる分		以上差引残		他郡より収益する分		合　計	
	余米	代金	余米	代金	余米	代金	余米	代金	余米	代金
生葉郡	45,795	320,564	2,130	14,896	43,665	305,668	1,569	3,985	45,234	309,653
竹野郡	22,902	160,312	2,271	15,894	20,631	144,418	496	3,475	21,127	147,893
合　計	68,697	480,876	4,401	30,790	64,296	450,086	2,065	7,460	66,361	457,546

出所）永松編［1897：16］より作成。

表11-6　生葉竹野郡の人民経済の過不足

単位：円

	生産純益	消　費	差引過不足額	1戸当たり	1人当たり
生葉郡	835,312	712,848	122,464	21	4
竹野郡	670,111	501,790	168,321	39	7
合　計	1,505,423	1,214,638	290,785	28	5

出所）永松編［1897：32］より作成。

(2)　固有物産改良事業の振興策

　次に郡是は，「然れども是其外観のみ若し能く仔細に其実相を観察し来をは本郡の前途殊に注意せさるへからさるものあらん」［永松編 1897：10］と注意を喚起している。

　そして，「事業は風土，地形等により其趣を異にせさるへからす然るに我二郡に於ては人口周密にして耕地狭隘なるを以て将来各当業者の事業に従事する目的も亦之に副はさるへからす」として，「二郡当業者の目的とする事業は多々之あるへしと雖も主として農間に適する事業を振興するにあり」［永松編 1897：36-37］と方向性を提起している。具体的には，第1に固有物産の改良増殖，第2に水利，第3に運輸交通の便を開くことを提言している。

(3)　将来の郡経済

　固有物産改良事業は，「注意と改良の二途により」米17万3403円，裸麦2万

318 第Ⅲ部 地域政策の学説

表11-7 生葉竹野郡の現在と将来の収穫高の比較

単位：円

		現今の収穫高	将来の収穫高	差引増収穫
1	米	617,176	790,579	173,403
2	粟	61,819	68,829	6,910
3	裸 麦	105,221	132,290	27,069
4	小 麦	65,004	76,306	11,302
5	藍	14,683	22,239	7,556
6	砂 糖	9,240	15,720	6,480
7	煙 草	5,300	6,782	1,482
8	生 糸	3,679	23,301	19,622
9	採 種	27,584	37,716	10,132
10	櫨 実	13,614	17,524	3,910
11	茶	13,662	22,149	8,487
合 計		936,982	1,213,435	276,353

注) 2番の粟は差引増収高の数値が整合しないが原文のままとした。
出所) 永松編［1897：84-98］より作成。

7069円，生糸1万9622円など11の物産で合計27万6353円の増収穫代金を得ることができるとしている（**表11-7**）［永松編 1897：83-98］。

（2）八女郡是の目的と構成

八女郡是の構成は次の通りである。

「現況」：総論，小口，土地，山林，財産，貯蓄，生産消費過不足，生産消費の
状態，諸税及公債，経済の態度

「参考」：農業，興業，商業，経済

「将来」：農業政策，工業政策，商業政策，品評会共進会の開設，信用組合組
織，実業教育の普及，移住及出稼の奨励，郡経済の前途，結論

八女郡は，福岡県筑後の東南に位置し土地は小さいが県内第一の大郡になる
ことができる。また，川の水量は豊富で灌漑により業を起こすかとができ，水
田は肥沃で稲作に適し，陸田は蔬菜に適している［永松・本司編 1900：11-20（現
況ノ部）]。

第 11 章　明治期の町村是運動と補完性原理　319

表11- 8　八女郡の生産消費および過不足の状況

単位：円

	生産額	消費額	差引過不足
農　産	3,145,943	3,158,253	− 12,311
工　産	579,223	221,705	357,518
商　業	475,955	—	475,955
職　工	250,964	—	250,964
衣　住	—	1,223,450	− 1,223,450
労働及報酬	551,965	55,773	496,192
合　計	5,004,050	4,659,182	344,868

出所）永松・本司編［1900：128（現況ノ部）］より作成。

表11- 9　八女郡の郡経済の状態

単位：円

歳入科目金額		歳出科目金額		差引過不足
生産収入	5,004,050	消費支出	4,659,182	344,868
土地に係る権利の収入	153,346	土地に係る権利の支出	163,046	− 9,700
土地に係る労力の収入	74,376	土地に係る労力の支出	49,236	25,139
知識労働上の収入	551,965	知識労働上の支出	55,773	
金銭の権利上に係る収入	110,014	金銭の権利上に係る支出	102,025	7,989
公費収入	7,037	負担支出	245,011	− 237,974
合　計	5,348,825	合　計	5,218,502	130,322

注）上記表中の知識労働上の収入と支出は合計から除かれている。
出所）永松・本司編［1900：146（現況ノ部）］より作成。

(1)　八女郡の現況

　八女郡の経済を生産額と消費額の差引過不足でみると，農業が不足しており工業や商業，職工，労働および報酬が余剰となっている。生産額約500万円に対して消費額約466万円で差引約34万円の余剰を生みだしている（表11- 8）。

　表11- 9は生葉竹野郡是にはみられなかったものであり，土地に係る権利労力の収支，金銭貸借，生産，消費，租税および公費の5つの項目を合体し郡の歳入と歳出の全体経済の状態を著している。これにより郡経済の決算を示し収支経済の状態を知ることができる［永松・本司編 1900：143（現況ノ部）］。

　これによると，公費収入よりも負担支出が多く約24万円の赤字をだしてい

320 第Ⅲ部 地域政策の学説

る。これに加えて土地に係る権利の支出が収入より多く約1万円の赤字となっている。この結果，生産消費の収支（**表11-8**）で約34万円の余剰があったが，約13万円の余剰に減っている。

　郡経済の状態を現すこの表は，八女郡是では決定的に重要な位置を与えられている［永松・本司編 1900：147-148（現況ノ部）］。すなわち，本表に集約された戸口，土地，山林，財産，貯蓄，貸借，生産，消費，物産の輸出入，諸税および港費の負担等，本郡町村の経済に関する事柄を網羅していることから，「参考」ではこれらの起源沿革盛衰消長の状態および性質行動結果を知ることができ，「将来」ではこれらをもとに計画設備上の関係および将来の目的方針並びにこれにより生じる将来の効果を把握することができる。ここに「現況」「参考」「将来」の3編の相関関係があるとしている。

(2) 郡　　是

　郡是を提言するにあたり次のような現状を訴えている［永松・本司編 1900：9-10（現況ノ部）］。

　現在の13万円余りの余剰は3000人分の衣食住に充てる額に相当する。郡では，年に1464人の人口が増加していることからすればこの余剰は2年分を賄うだけのものにすぎない。もし，天災や凶変がおこればたちまち苦境に陥ることになる。

　こうした苦境を乗り越えていくためには郡是を定めることが重要であるが，それは必ずしも新事業を起こすことではない。まず重要物産の遺利余収をあげて，しかる後に商工費事業に着手するべきである。こうした観点から次のように方向を提言している。

　本郡では農工商の分野で遺利をあげるもの余益を収めるものが多い。

　農業では，水利を便利にして生産力を高めその余業を収めることである。その手段は，疏水事業，植林計画，溜池増設，害虫駆除などを実行し，次に余業の発達，農産物の改良，農業機関の活動を企画することである。

　工業では，生産者の技術鍛錬，製品の意匠発達，需要者の嗜好調査などは最も急務である。その手段は，組合団体の活動を計画し商業者と密に連携すること，伝習所の設置，内外の製品視察などである。

商業では，資本，信用，知能の三者を具備して商売の組織を一定にすることが急務であり，その手段は金融機関の活動を活発にして資本の流通を計り信用証券の発行流通を謀ること，需要供給を察し商機を誤らないこと，運輸交通の販路の拡張を計ることである。

町村は基本財産の貯蓄増進を行い自治の基礎を確立し，郡は運輸交通機関の設備に努め品評会や共進会を開設し事物の改善発達を促し各物各業を統括することである。

(3) 将来の郡経済

将来の部で，上で述べた郡是に従って増進計画を実施すれば将来が開けるとして次のように述べている［永松・本司編 1900：228-229（将来ノ部）］。

> 「経済の進運5百万円の世態をして一躍6百万円の世態に上がらしめ群力の増進は実に嘉みすへき顕象を得るへしと云うを得す必すや挙郡一致を専ら生産物の改良発達を計り農に工に商に着々其方針の存する所に進行し併せて財産の増殖及び貯蓄の実行を期すると同時に勤倹質素の良風美俗を涵養し敢て妄りに生活の分限を超過すること莫らしむるに非らすんは末た能く此経済の目的を徹底し我郡の富を到せるものと謂ふへからさるなり」

以上の方針によって，7年間で歳出では140万円余りの郡力が増加することにより人口増加と生活向上を支えることができる。その上，現在13万円余りの余剰は，39万8000円の余剰すなわち約27万円の余剰の増加を得ることができるとしている（表11-10）。

この余剰増加の主な内訳は次のようなものである。一方で，租税負担が約14万円増加し差引38万円の不足が生じ，現在に比べ約14万円の不足増加となる。しかし，他方で消費支出が約100万円増えるが同時に生産収入も約130万円増え差引約65万円の余剰が生じ，現在と比べ約31万円の余剰増加となる。この結果，余剰が約27万円増えることになる。

322　第Ⅲ部　地域政策の学説

表11-10　八女郡・7年後の郡経済の状態

単位：円

歳入科目及金額		歳出科目及金額		差引過不足
生産収入	6,304,869	消費支出	5,654,143	650,725
土地余米収益収入	163,046	土地余米収益支出	163,046	0
土地に係る労力上の収入	74,376	土地に係る労力上の支出	49,236	25,139
金銭貸付上の収入	170,560	金銭貸付上の支出	102,025	68,534
公費収入	7,037	負担支出	388,104	− 381,067
財産収入	5,255	—	—	5,255
貯蓄収入	29,539	—	—	29,539
合　計	6,754,683	合　計	6,356,556	398,126

出所）永松・本司編［1900：228（将来ノ部）］より作成。

5　町村是運動の限界と意義―地域政策論への示唆―

　町村是運動は，無視できない限界があるが同時に地域政策を構築する上で重要な要素もあると考える。そこで，以上の考察のまとめとして，町村是運動の限界を明らかにし同時に地域政策の構築を目指す上で参考となる諸点について述べる。

（1）町村是運動の限界

　町村是運動の第1の限界は，没落する運命にあった寄生地主を運動の主体としたことである。この点について，長は「前田の思想と運動は，きわめてエネルギッシュで，しかも，地方の伝統的社会に根を下ろした豪農地主・小ブルジョア層を体制の側へ『下から』組織化し吸収してゆくことにあった。」と述べている［長 1969：132］。

　地主制は地租改正と松方デフレによる明治10年代の本源的蓄積期に形成されたが，さらに明治20・30年代の小作地比率と小作農家比率が増加する産業革命期を経て確立した［中村政則 1975b：101-103］。日露戦争後の増税により農村が疲弊し，中農の小作農への転落と地主への土地集中が進むなかで農民騒擾が頻発し，さらに明治40年代には小作争議が発生し地主 - 小作関係の矛盾が深刻化

した。この結果，戦後の農地改革で寄生地主制は廃止された。

　町村是運動の第2の限界は，明治地方自治制の中核である議会制度や地方財政制度の分析と評価がなされていないことである。

　明治21-23年に確立した市制・町村制・郡制・府県制は，制限つき等級選挙制度の議会制と地方財政制度を伴った明治地方自治制であり［柴田・宮本 1963：31］，これらがどのように機能しているかについての分析は地域政策を確立するうえで不可欠である。

　しかし，『興業意見』『所見』および町村是は，市町村議会や郡・県議会の分析はなく，地方財政については地租などの税額の分析があるだけでその評価と政策はない。

　例えば，余土村是では1万3661円の租税負担が記載されているだけで公費収入の記述はない。また，大正期に余土村財政が危機的状況に陥ったことは前述したが，すでに明治33年当時に危機的な状況が進行しつつあったことからみれば，地方財政に対する政策が提案されてしかるべきであるがこれらの事については触れられていない。また，八女郡では24万5011円の租税負担に対して7037円の公費収入しかないが，この評価と政策提言は行われていない。

　このように前田が政治と行政に関わる諸問題について言及しないのは，前田の政治思想に関連している。長が指摘するように，「前田の政体・政府・政党論は『所見』中に明らかであるが，一言にしていえば，それは欽定憲法に基づく帝国議会，つまり体制側の政治思想」であったことによっている［長 1969：112-113]。

（2）町村是運動の意義—地域政策論への示唆—

　このように，一方では前田は体制側の政治思想に立っていたが，他方では近代工業移植による殖産興業政策に対抗して在来型産業の近代化政策を掲げたことの意義は小さくないと考える。そして，前田の在来産業近代化の思想については「実践の中で考察した方がいきいきと本質をとらえることができる」［長 1969：112］ことから，町村是運動を通した前田の実践に即してその意義について考察すると次の5つの点になる。

　第1は，地域経済が根ざすところの地域の自然的・地理的・社会的な条件，

いわば「地域の政治経済制度」を明らかにしていることである。

本稿で取り上げた 3 つの村と郡の条件を再掲しておこう。

＜余土村＞

地理：道後平野の中土にあり村内は悉く耕地に属し農作の適地にして商を営み工を営む余地はない。したがって，農を以て自営するべきであるとして農業立村をかかげている。

風土：気候温暖にして土地復た肥沃能く米麦作に適し石手重信の二川に沿って灌漑の便を得，天の時地の利倶に農に適す。

過去の歴史：わが村創始以来，農業に転じないことに慣れれば良いとするのは自然淘汰で滅んでしまったので，農業に転じてこそ生存競争を生き抜くことができる。

先祖の遺風：農を以て身を立て家を興し以て子孫長久の計をなす村民の今日がある。

＜生葉竹野郡＞

生葉竹野郡は，「筑後川は平時は水勢遅緩にして最も運送，灌漑の便に富めり沿岸の地は地味膏腴にして殊に米，麦，蔬菜に適せり其東南山間の地は沃土，磽确相雑ると雖も亦概ね五穀に適せさるなく且気候温和にして頗る人に可なり……之を要するに本邦の地たる南に水縄山を擁し北に筑後川を控え山水明媚，風色掬すへく実に天賦自然の佳境にして所謂楽土なる」［永松編 1894：10］として，その自然的条件の良好さを指摘している。

＜八女郡＞

八女郡は，福岡県筑後の東南に位置し土地は小さいが県内第一の大郡になることができる。また，川の水量は豊富で灌漑により業を起こすことができ，水田は肥沃で稲作に適し，陸田は蔬菜に適している。

第 2 は，上記でみた地域の自然的・地理的・社会的な条件に根ざす地域経済循環を数量で表現していることである。

町村是の最大の特徴は，町村経済の現状を理論的に把握するだけではなく，同時にそれを数量的に把握することによって地域政策を明らかにしていることにある。この典型は，「生産額と消費額の過不足」と「歳出歳入比較表」による地域経済循環の“数量化”である。

「生産額と消費額の過不足」は，生産活動によって生み出された収益と，生産活動に要した肥料・農機具・雇人給料などの費用や生活費との差額である。「歳出歳入比較表」は，「生産額と消費額の過不足」をはじめ，公租公課の負担と交付金や補助金などの公費収入，土地の出入関係に基づく小作料の流入と流出，利子の流入と流出などを総合して比較するものである。本稿で取り上げた余土村是では余土村収支が分析されているが公費収入が欠けており，生葉竹野郡是では土地収益（表11-5）と生産と消費の過不足（表11-6）の統計だけである。これに対して，八女郡是は生産額と消費額の過不足（表11-8）と歳出歳入比較表（表11-9，10）の統計が掲載されている点で町村是運動の典型例といえる。

これらのうち「生産と消費の過不足」では財と貨幣の域外との移出入は不明であるが，「歳出歳入比較表」では域外との財と貨幣の取引関係が取り扱われている。したがって，これらの統計は，制約はあるものの域外との取引関係を含む地域経済循環を表わしており，収支における“余剰”は所謂“外貨をかせぐ”ことを意味しているといえる。

このことについて，太田は，町村是を町村の経済を独立した経済循環の場としてとらえる一種の社会会計的手法であると評価している［太田 1991：62］。また，高松も「農業統計において一地域の経済を総合的に把握する試みは，町村是以前の農事調査・興業意見にもなく，さかのぼって農産表・物産表にもみられない。町村是以降については，戦後の県民所得統計があげられるけれども戦前についてはその類を見出せない。この表の考えが地域調査にとり入れられる経過はあきらかでないが，戦前と農業統計のなかで独特の価値をもつものである。」と評価している［高松 1975：394］[18]。

第3の意義は，これら地域の政治経済制度とそれに根ざす地域経済循環の数量化を踏まえて，地域経済をマネジメントしその発展を目指す是（政策）を提言していることである。

この是では，農業政策・工業政策・商業政策が具体的に提起されており，これらの政策を実践すれば地域経済が発展するとしている。例えば，是の実行によって余土村是では，「10.3倍の余力」，八女郡是では「7年後には3倍の余剰」が生まれることを明らかにしている。これは，政策の有効性を裏付ける数量的表現であるとみることができる。

326　第Ⅲ部　地域政策の学説

　第4は，政商による移植産業近代化という殖産興業路線に対抗して，地方名望家と中小企業による在来産業近代化路線を掲げ，その見地から地域経済の発展を構想したことである。ただし，在来産業を優先したことは器械的産業を無視したのではなく，在来産業のうちから輸出重点部門を選び，その生産・流通過程に国家が直接介入してその育成・輸出の増進をはかり，その成果を他の産業に及ぼす構想であったことに留意する必要がある。すなわち，ここでは在来産業と器械的産業のうちどちらを優先するのかという順序の問題であることが重要である。

　このことは，重化学工業，情報通信産業，リゾート産業など時々の先端産業をもって外来型地域開発が行われた戦後日本の地域政策の歴史を総括し，地域から新しい地域政策を構想する課題に対して重要な示唆を与えるものである。

　第5は，市町村→郡→府県→国という下から（地域から）近代化政策を構想したことである。

　町村是を踏まえて郡是が構想されていることについてはすでに第4節で考察しているので，ここでは未定稿の統計乙の部で取り上げられている埼玉県と秋田県の2県の「勧業上最上急の要務」を考察することにより，県レベルから国レベルでの在来産業の近代化政策がどのように構想されているのかについて，すなわち県是と国是の関連について補足しておこう。

　統計乙の部は，次のような構成で先にみた興業資金の貸し付け対象の選別と確定を行っている［安藤・山本編 1971：12］。

第1項　第1第2第3其他の要務

第2項　明治11年より同16年迄重要物産の産額及其各品上中下産額，価額3等の区別

第3項　重要物産中資本も十分に事業も確実に従業者も方正にして尚ほ一層進歩せしむへきもの

第4項　重要物産中一層の進歩を促すか為め要する資金

第5項　前項の資金に由り自今10年間に物産の産額，品位及価額を増進すへき分合

第6項　維持の見込なき製造所及会社

　こうした構成に従って各県における勧業上最上急の要務を次のように整理し

ている［安藤・山本編 1971：122-164]。[19]

　埼玉県の要務は，第1項で第1は製糸家の衰頽を挽回すること，第2は海外の消費者に製茶の信用を厚くせしむること，第3は絹織物を改良し従来の上等は尚ほ一層佳良になし，又其価木綿二ノ子織に比す可き屑糸織を盛にし輸出品の地位を占むるに至らしむる事を掲げている。

　その上で，第4項で製糸業を振興するための資金運用の方法を述べている。すなわち，埼玉県に適した器械を備えるために13の製糸場に資金（15万7000円）を運用し7万7000円を貸与すれば，従前の産額1万4187斤に3万262斤の産額を加えた4万4450斤の合計産額を生みだすことが見込まれるとしている。

　秋田県の要務は，第1は家蚕育養，蚕糸製造の改良及ひ増殖を図り兼ねて輸出の信用を占むる事，第2は米質改良を奨励して産出米の声価を得せしむる事，第3は絹及ひ木綿織物を改良して輸出品の信用を厚くせしむる事，第4は畜産の改良を図る事，第5は漁業の方法を改良し及ひ増殖を図る事である。

　その上で，県下の各社事業に対して生糸改良社2万7000円，秋成社3万円，織絹社1万5000円，横淵機業場2000円を貸与し，また県下の物産に対して養蚕15万円，米質8万3555円，水産3万5000円，畜産4万5000円を運用する。その結果，10年後には生糸価額は11万2816円から60万7583円に，米価は4万6998円から46万9980円に，畜産は7万7798円から32万2146円に，漁業は20万2800円から30万9800円にそれぞれ増進が見込まれるとしている。

　以上の埼玉県と秋田県の勧業上の急務をまとめると，製糸，製茶，絹織物，養蚕，米，畜産，漁業などの産業を振興することが課題とされていることが明らかとなる。これらの産業は，興業貸付着手の順序で甲種の第1期と第2期に掲げられている生糸，茶，織物，海産物，牧畜等に相当するものである（**表11-1**）。このことは，県レベルで振興すべきとする産業のうち多数の県で掲げられる産業を振興することが国是の内容となるという，『所見』で述べられている前田の在来産業近代化政策の一端を意味している。

おわりに―現代の地域政策論の構築に向けて―

　以上の考察を踏まえて，明治中期の町村是運動にみられる核心的かつ合理的

328　第Ⅲ部　地域政策の学説

図11-1　町村是の「地域の政治経済制度と地域循環構造」の概念図

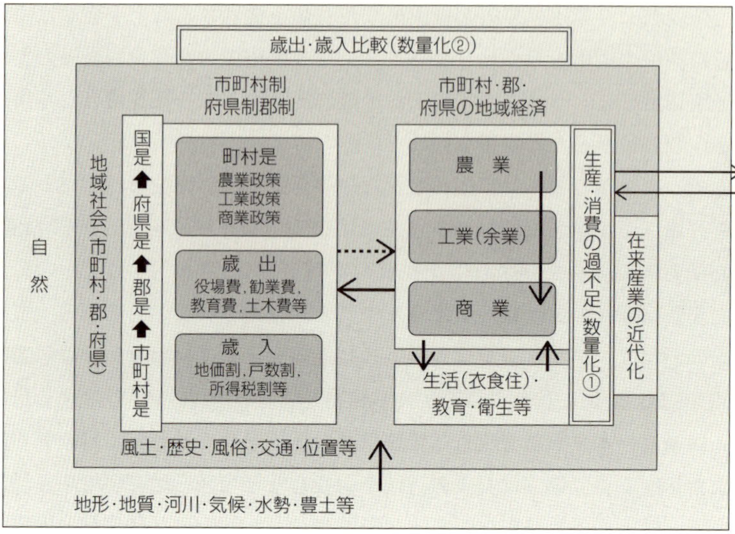

歳出・歳入比較（数量化②）

市町村制
府県制郡制

市町村・郡・
府県の地域経済

他市町村・郡・府県

地域社会（市町村・郡・府県）

国是 ← 府県是 ← 郡是 ← 市町村是

自然

町村是
農業政策
工業政策
商業政策

歳　出
役場費，勧業費，
教育費，土木費等

歳　入
地価割，戸数割，
所得税割等

農業

工業（余業）

商業

生活（衣食住）・
教育・衛生等

生産・消費の過不足（数量化①）

在来産業の近代化

風土・歴史・風俗・交通・位置等

地形・地質・河川・気候・水勢・豊土等

出所）筆者作成。

な内容をまとめると次の2点になろう。

　1つは，主体論において限界があるものの地域政策論を構築したことである。

　それは，第1に，町村がおかれている自然的・地理的・社会的な条件を明らかにすることから始めていることである。[20]

　第2に，そうした条件に根ざす地域経済循環について「生産と消費の過不足」と「歳出歳入の比較」という2種類の統計を駆使して数量的に把握していることである。

　第3に，第1と第2を踏まえて，町村是を提起し実践していることである。

　このように，町村是運動は「地域の政治経済制度」とそれに根ざす「地域循環構造」の数量的把握から地域政策を提言し実践した地域政策論であるといえる。以上の町村是を構成する3つの要素の関連を図式化すれば次のようになろう（図11-1）。

　もう1つは，この地域政策論は，市町村→郡→府県→国へと下から（地域か

ら）在来産業の近代化を目指したことである。

　さて，今日，グローバリゼーションの展開と新自由主義的政策により地域経済の衰退と地域の格差が拡大しており，地域の発展を促進する地域政策を下から（地域から）構築することが課題となっている。

　こうした課題に対応して，とりわけ21世紀に入ってから小規模自治体が地域づくりの発展を企図し交流する「小さくても輝く自治体フォーラム」の運動や，地域経済づくりと地域づくりの一体化を目指す「中小企業振興条例」づくりの運動が展開されるなど，全国で内発的発展の実践が広範囲に展開されている。[21]これらの運動は，内発的発展の「方法」と「主体」の面で注目すべき進化を遂げている。方法の面では，多様な地域循環型経済の創造を実現しており，主体の面では地元の自治体，中小企業，商工業者，農家や林家，住民，NPO等が横断的な運動を展開している。

　これらの新しい運動は，町村是運動が市町村→郡→府県→国へと下から（地域から）構築を企図した地域政策論を，グローバリゼーションの展開，新自由主義の席巻，維持可能な発展の緊急性，地方分権の進展などに対応して現代的なレベルで再構築することを求めていると考える。

　1）　本章では，市町村是だけでなく郡是や府県是をも含めてそれらの運動を「町村是運動」と総称する。なお，本章は，先駆的なペティの政策理論を地域政策論に応用することを試みた前章の続編として明治期の町村是運動を地域政策論として構成することを試みている。
　2）　前田正名（1850～1921）は，『興業意見』（1884年，全30巻）の編集者として明治時代の経済思想史に名を残している。また，「農事調査」の実施，地方産業団体の育成，「町村是」運動の普及，開拓事業の実施など多くの業績を残している。前田は松方正義大蔵大臣の経済・財政政策，すなわち上からの産業政策，大企業優遇の経済政策に反対し，下からの産業政策，すなわち地域産業の発展，農村の発展の重要性を力説し，自らその運動の推進者となった［島村 2008：53］。
　3）　このほかに，祖田［1987］（初版1973年）がある。
　4）　佐々木豊「村是調査の構造と理論」，「村是調査の理論構造」，「森恒太郎の村是調査思想」，「町村是調査の運動の社会理論」［佐々木 1970；1971；1972；1979］など一連の研究がある。
　5）　他に宮崎［1994］がある。
　6）　この論文は，安藤良雄・山本弘文によって「政策体系としての『未定稿』構想が当初存在したこと，『定本』が前田本来の構想の残骸でしかなかった点が指摘されたことは，

330　第Ⅲ部　地域政策の学説

今後における『興業意見』と前田の研究が，『未定稿』と『未定稿草稿』を中心にすすめられなければならないことを示唆したものであり，今後の研究に重要な手がかりを与えたものということができよう。」と高く評されている［安藤・山本編 1971：5］。

7）　なお，有泉はここで，『興業意見＜未定稿＞』の全編の関連に関して，「戒慎」は興業銀行の必要性について，「参考」は歴史と外国事例の調査研究について，「統計乙」は興業銀行の貸付対象の選別・確定について，「欠項」「時弊」は殖産興業構想を導く前提としての現状と問題点の把握について述べており，冒頭の「綱領」は調査の概要ではなく文字通り殖産興業の実施計画の綱領であったと整理している。

8）　また長幸男も「人の意見に聞くよりは物事態に問うという態度は彼の歴史主義より発する」［長 1969：108］，「前田の発想は全くフリードリッヒ・リストの歴史学派の思想に通ずるものであり，リストの翻訳者大島貞益『情勢論』（1891＝明治24年刊）の主旨に符合するものである。」［長 1979：12］と，同様の見解を述べている。

9）　明治21年に町村合併が行われ明治16年段階では7万1497あった市町村数が，明治22年には1万5859へと減少し明治31年には1万4289になっている［宮本 2005：37］。

10）　祖田は，こうした変化を"民間運動"から"官製運動"への転換と規定している。

11）　前田は町村是運動にあたり全国八実業区から石川県安原村・愛媛県余土村・奈良県北倭村・岡山県潟瀬村・福岡県浮羽・八女郡の諸村・千葉県生出村を選定しその踏査にも力を注いだ。モデル地区の1つである余土村は，盲目の村長森恒太郎（盲天外）の指導によって最も注目すべき「村是」を具体化した村である［祖田 1987：226］。

12）　武田勉は松山地域市場圏の拡大が余土村を包含する状況について，「松山・三津浜を中心として地方鉄道の敷設・銀行および紡績会社の設立など，いわゆる一連の地方殖産興業が進展したのが明治20年代である。殊に松山市を起点として背後農村を結ぶ三つの路線（現在の伊予鉄）は何れも日清戦争前後にほぼ完成している。つまりわが国鉄道の創業期に属するこの地方鉄道は，以降松山市を中心とした地域的な商品流通の動脈となる。調査地（余土村―筆者）には29年に余戸駅が開設された。この開設は余土村が松山地域市場圏に包摂された指標である。いままで立遅れていた商品経済の浸透は急速に進んだ。」と述べている［武田 1963：45-46］。

13）　佐々木は，村の経済の収支は「行政村を範囲とする物財の移入・移出，小作料・貸借・租税負担等の流入・流出をもとに『一村経済ノ収支関係』を明らかにしようというもので，流入・流出によって行政村経済の総体を動態的にとらえる社会会計の実施である。（中略）これは戦後の国民所得推計が一般化するまで，従って戦前段階の諸統計では類を見ない独自な視点である。」としている［佐々木 1980：100］。

14）　『愛媛県余土村誌』，297-298ページ。

15）　織物の改良については，「この余土村は瀬戸内における農民層の分解の比較的早い地域のなかでも，伊予絣の農家副業の盛んな地域があった。それだけに貨幣経済の浸透がはげしく，副業の本業か，挙家離村による人口流出等の現象が反面生じている。そうした階層分解，農村構造の変化のはげしい明治後期に作成された『余土村是』は，農村経済の実態を精細に伝えており，農業を村是の中心においた，いわば農村経済の先進地帯における苦悩がそこにうかがわれる。」としている［太田 1991：52］。

16）　福岡県は町村是調査の先進地域とされており当時の生葉竹野郡と八女郡の郡長田中慶介の活動によるところが大きいといわれている。田中は農商務省で前田正名に仕え，

『興業意見』の産業調査や府県農事調査に従事しており，前田の農商務省非職後は地方
産業振興のための実業団運動や町村是運動に共鳴して行動をともにした人物である。明
治25年に，田中は生葉竹野郡長に転任すると同時に，前田の主唱する町村是調査を管内
で実施することを決意した［太田 1991：84］。

17) これに関連して，「今日の形勢に於て一般人民の幸福は一に租税の負担を軽減するに
ありとする説を盲信し徒に自治制を以て人民の負担を軽減するものとせるは事実上当を
得さるか如し」としている。

18) 高松は，また町村是の収入支出表を下記のように整理すれば，現行の国民所得統計に
おける粗国民生産（GNP），粗国民支出（GNE）に類似した町村統計を作ることができ
るとしている［高松 1975：394］。すなわち，「収入科目の生産は，消費に計上されてい
る投入原材料等を利用して産業別に粗生産あるいは純生産に整理することが多くの町村
是について可能であろう。この整理は同時に支出科目の消費を生計費と投資に限定し，
中間生産物を除くことになる。町村外との所得の出入は，前期の土地収益，掛作作得及
び貸部・借部利子により把握される。町村役場の経常支出は項目が設けられていない。
しかし，町村役場費の大部分を占める人件費に関しては，消費の生計費，生産の雑業部
勤労に計上され，さらに純流出である国税・府県税を含めた役場収入を消費の実際負担
に計上している。」［高松 1975：394］。

19) 栃木県の要務は，第1は養蚕家の志気を作興すること，第2は製糸の方法を改良する
ことである。

20) 本書第Ⅰ部第2章を参照。

21) 詳しくは，全国小さくても輝く自治体フォーラムの会・自治体問題研究所編［2014］，
岡田ほか編著［2013］，入谷［2012］等を参照していただきたい。

参考文献

愛知県（2004）「『分権時代における県の在り方検討委員会』報告書」2004年11月。

明石市（2010）「平成21年度の緊急経済対策の経済波及効果について」2010年3月。

秋田県議会（2010）臨時議会提出資料「住宅リフォーム緊急支援事業について」2010年8月。

秋田県建築住宅課（2010）「住宅リフォーム緊急支援事業について」2010年1月25日。

朝尾直弘ほか編（1977）『岩波講座日本歴史23　現代2』岩波書店。

綾町（1982）『綾郷土誌』。

綾町（2008）『綾町プロフィール』。

有泉貞夫（1969）「『興業意見』の成立」『史学雑誌』78巻10号，1-30ページ。

安東誠一（2008）「日本の地域政策」（中村剛治郎編『基本ケースで学ぶ地域経済学』有斐閣ブックス）317-339ページ。

安藤光義・フィリップ・ロウ編（2012）『英国農村における新たな知の地平—Centre for Rural Economy の軌跡』農林統計出版。

安藤良雄・山本弘文編集／解説（1971）『生活古典叢書　第1巻　興業意見他前田正名関係資料』光生館。

池内清間（1903）『愛媛県温泉郡余土村是調査資料』余土村。

池上惇・儀我壮一郎（1974）「XI　日本の夜明けは京都から」自治体問題研究所京都民主府政研究会編／島恭彦監修『京都民主府政—その到達点と課題』自治体研究社，311-320ページ。

石井晋（2001）「大分の石油・鉄鋼コンビナート建設をめぐって」『学習院大学経済論集』38巻1号，51-65ページ。

石村貞夫・劉晨・玉村千治（2009）『Excelでやさしく学ぶ産業連関分析』日本評論社。

碇山洋・佐無田光・菊本舞編著（2007）『北陸地域経済学—歴史と社会から理解する地域経済』日本経済評論社。

伊東維年・柳井雅也編著（2012）『産業集積の変貌と地域政策—グローカル時代の地域産業研究』（MINERVA 現代経済学叢書113）ミネルヴァ書房。

伊藤正直（1985）「『高度成長』とその条件」歴史学研究会・日本史研究会編『講座日本歴史11　現代1』東京大学出版会，227-264ページ。

伊藤正直・藤井史朗編（2011）『グローバル化・金融危機・地域再生』日本経済評論社。

稲村勲（1972）「ウイリアム・ペティの経済理論—市民革命経済理論の形成（下の一）」『立命館経済学』21巻1号，27-70ページ。

入谷貴夫（2012）『地域と雇用をつくる産業連関分析入門』自治体研究社。

入谷貴夫（2015）「明治期の町村是運動と地域政策」『宮崎大学教育文化学部紀要社会科学』

32号，43-68ページ。

岩本直也（2008）「梼原町における間伐材の有効利用について」『建設マネジメント技術』2008年7月，33-36ページ。

岩本直也（2010a）「高知県梼原町―『木質バイオマスのペレット化による取り組み』」Journal of the Japan Institute of Energy, 89, 138-141ページ。

岩本直也（2010b）「中四国発・低炭素社会とまちづくり―現場に学ぶ技術とくらし」日本都市計画学会中国・四国支部ニュース第28号，2ページ。

植田和弘（1998）『環境経済学への招待』丸善。

植田和弘・神野直彦・西村幸夫・間宮陽介編（2004）『都市経済と産業再生』（岩波講座　都市の再生を考える　第4巻）岩波書店。

植田和弘・森田朗・大西隆・神野直彦・苅谷剛彦・大沢真理編（2004）『持続可能な地域社会のデザイン―生存とアメニティの公共空間』（講座　新しい自治体の設計3）有斐閣。

植田浩史（2007）『自治体の地域産業政策と中小企業振興基本条例』自治体研究社。

上野登（2004）『再生・照葉樹林回廊（てるはコリドール）―森と人の共生時代を先どる』鉱脈社。

上野登（2010）『照葉樹林って何だろう？―森の復元と文化再生・綾からアジアへ』鉱脈社。

有働正治（2004）『まちで雇用をふやす―公共事業より巨大な社会保障・医療の経済効果』自治体研究社。

浦田昌計（1984）「政治算術と国富・所得推計」坂寄俊雄・戸木田嘉久・野村良樹・野沢正徳編『現代の階級構成と所得分配―大橋隆憲先生追悼論文集』有斐閣，176-198ページ。

遠藤宏一（1985）『地域開発の財政学』大月書店。

遠藤宏一（1999）『現代地域政策論―国際化・地方分権化と地域経営』大月書店。

遠藤宏一（2009）『現代自治体政策論―地方制度再編下の地域経営』ミネルヴァ書房。

遠藤宏一（2010）『地域調査から自治体政策づくりへ―経験主義からの実践論』自治体研究社。

遠藤宏一・加茂利男（1995）『地方分権の検証』自治体研究社。

大石嘉一郎・宮本憲一編（1975）『日本資本主義発達史の基礎知識―成立・発展・没落の軌跡』有斐閣。

大石嘉一郎・室井力・宮本憲一（2001）『日本における地方自治の探究』大月書店。

大分県（1953）『大分懸綜合開発計画の概要』。

大分県（1955）『大分県総合開発計画の概要』。

大分県（1957a）『大分県総合開発計画の概要』。

大分県（1957b）『瀬戸内海調査地域　大分鶴崎地区臨海工業立地条件調査報告書』1957年3月。

大分県（1960）『瀬戸内海沿岸総合開発調査　工業を中心とする開発計画』。

大分県（1962）『大分県の開発基本計画』。

大分県（1963）『県政のあゆみ』昭和38年版。

大分県（1964）『新産業都市“大分地区”建設計画の概要』。

大分県（1967）『県政のあゆみ』昭和42年版。

大分県（1971）『県政のあゆみ』昭和46年版。

大分県（1986）『新産業都市建設基本計画改定関係参考資料』1986年12月。

大分県（1991）『大分県史　現代篇Ⅱ』。

大分県（1992）『大分地区新産業都市の概況―世界に開かれた高度情報都市・大分をめざして』。

大貝健二（2011）「地域産業連携の新たな展開―北海道・十勝地域における小麦を通じた地産地消の取組みを中心に」『北海学園大学経済論集』59巻2号，39-62ページ。

大蔵省印刷局編（1966）「第51回国会衆議院会議録第66号」（官報号外1966年6月21日）。

大島美津子（1975）「農村疲弊と地方改良運動」大石嘉一郎・宮本憲一編集『日本資本主義発達史の基礎知識―成立・発展・没落の軌跡』有斐閣，259-261ページ。

太田一郎（1991）『地方産業の振興と地域形成―その思想と運動』法政大学出版局。

大友詔雄編著（2012）『自然エネルギーが生み出す地域の雇用』自治体研究社。

大橋博（1982）『地方産業の発展と地主制』臨川書店。

岡田知弘（1989）『日本資本主義と農村開発』法律文化社。

岡田知弘（2005）『地域づくりの経済学入門―地域内再投資力論』自治体研究社。

岡田知弘編著（2006）『京都経済の探究―変わる生活と産業』高菅出版。

岡田知弘（2014）『「自治体消滅」論を超えて』自治体研究社。

岡田知弘（2015）「『地方消滅』論の本質と『地方創生』・道州制論」岡田知弘・榊原秀訓・永山利和編著『地方消滅論・地方創生政策を問う（地域と自治体37）』自治体研究社，15-36ページ。

岡田知弘・高野祐次・渡辺純夫・秋元和夫・西尾栄一・川西洋史著（2013）『中小企業振興条例で地域をつくる―地域内再投資力と自治体政策〔増補版〕』自治体研究社。

岡田知弘・榊原秀訓・永山利和編著（2015）『地方消滅論・地方創生政策を問う（地域と自治体37）』自治体研究社。

岡田知弘・川瀬光義・鈴木誠・富樫幸一（2016）『国際化時代の地域経済学〔第4版〕』有斐閣。

岡田知弘・岩佐和幸編（2016）『入門 現代日本の経済政策』法律文化社。

尾形森衛（1988）「受賞にあたって」（昭和63年第27回農林水産祭村づくり部門天皇杯受賞）。

岡村正淳（1979）「大分8号地埋立訴訟判決について」『公害研究』9巻1号，49-55ページ。

岡本雅美監修／寺西俊一・井上真・山下英俊編（2014）『自立と連携の農村再生論』東京大学出版会。

奥田宏司（1978）「大分新産都と大分県・市財政」『大分大学経済研究所研究所報』12号，

1-30ページ。

小田切徳美編（2013）『農山村再生に挑む―理論から実践まで』岩波書店。

帯広市（2009）『帯広市産業振興ビジョン』2009年2月。

帯広信用金庫地域経済振興部（2010）「『とかち酒文化再現プロジェクト』立ち上げについて」2010年8月26日。

帯広畜産大学・帯広信用金庫共同研究成果報告書（2008）『地域活性化事業の経済効果測定手法に関する研究』（研究代表　金山紀久）。

帯広畜産大学・帯広信用金庫共同研究成果報告書（2010）『十勝型地産地消と地域密着型フードシステムの展開に関する研究』（研究代表　仙北谷康）。

加賀爪優ほか（2013）「与謝野町住宅新築改修等補助金交付制度に係る産業連関表策定事業成果報告書」2013年3月。

神奈川県自治総合研究センター独自研究報告書（2004）『自治基本条例』2004年3月。

金沢良雄・西山夘三・福武直・柴田徳衛編（1971）『住宅問題講座1　現代住居論』有斐閣。

加茂利男（1988）『都市の政治学』自治体研究社。

加茂利男・自治体問題研究所編（1984）『地域づくり運動新時代（地域と自治体14）』自治体研究社。

川瀬光義（2016）「地域づくりをどう進めるか」岡田知弘・川瀬光義・鈴木誠・富樫幸一『国際化時代の地域経済学〔第4版〕』有斐閣，225-280ページ。

河野健二編（1975）『産業構造と社会変動　第1巻　産業構造の変革』日本評論社。

河野耕三（2012）「綾ユネスコエコパーク登録の取り組みを振り返って」みやぎん経済研究所『調査月報』No.234，2-7ページ。

環境省（2009a）『平成20年度地球温暖化対策と地域経済循環に関する調査報告書』2009年3月。

環境省（2009b）「梼原町の環境モデル都市の取組」2009年2月。

儀我壮一郎・深井純一・三村浩史編（1979）『国土・都市・農村と地域開発』自治体研究社。

気候変動対策認証センター（2009）「バリデーション審査結果等の概要」（諸塚村森林炭素吸収量活用プロジェクト）2009年12月。

金淳植（1999）「京都市域の地域経済と産業政策―内発的発展論の観点を中心とした考察」立命館大学『政策科学』7巻1号，83-96ページ。

九州森林管理局（2009）『綾の照葉樹林プロジェクト―綾川流域照葉樹林帯保護・復元計画』2009年3月。

九州農政局大分統計調査事務所編（1972）『新産都市化の農業への波紋』―大分農林統計協会。

京都府（1964）『京都府総合開発計画』。

京都府（1971）『第2次京都府総合開発計画』。

京都府政研究会編（1973）『戦後における京都府政の歩み』汐文社。

京都府政研究会地域産業部会編（2002）『どう変える京都の産業と経済―地域経済の再生をめざして（シリーズ京都府政研究2002(4)）』自治体研究社。

栗栖祐子（1999）「林業不況下におけるスギ産地の林業経営の実態―静岡県竜山村・天竜市と高知県梼原町の事例を中心として」『農林金融』1999年4月，222-236ページ。

栗栖祐子（2002）「奥地山村における森林・林業を軸とした新たな地域づくり―宮崎県諸塚村と高知県梼原町を事例に」『農林金融』2002年3月，26-49ページ。

栗栖祐子・依光良三（1998）「新興林業地における組織化と担い手の再編―高知県梼原町を事例として」『林業経済研究』44巻1号，57-62ページ。

黒木勝利（1980）『よみがえる山と村―諸塚村・複合経営の記録』清文社。

郷田實・郷田美紀子（2005）『結いの心―子孫に遺す町づくりへの挑戦〔増補版〕』評言社。

国土交通省（2015）『国土形成計画（全国計画）』2015年8月。

近藤康男編（1976）『明治大正農政経済名著集①　興業意見・所見他』農山漁村文化協会。

財団法人農村開発企画委員会編（2007）『平成18年度　限界集落における集落機能の実態等に関する調査報告書』2007年3月。

坂野潤治・宮地正人・高村直助・安田浩・渡辺治編（1994）『戦後改革と現代社会の形成（シリーズ日本近現代史―構造と変動4）』岩波書店。

坂本忠次（1991）「地域開発は何をもたらしたか―岡山県南地区の経済・財政の変貌を通じて考える」『岡山大学経済学会雑誌』22巻3-4号，47-69ページ。

坂本忠次・重森暁・遠藤宏一（1999）『分権化と地域経済』ナカニシヤ出版。

坂寄俊雄・戸木田嘉久・野村良樹・野沢正徳編（1984）『現代の階級構成と所得分配　大橋隆憲先生追悼論文集』有斐閣。

佐々木豊（1970）「村是調査の構造と理論―その調査様式を中心に」『農村研究』31号，28-38ページ。

佐々木豊（1971）「村是調査の理論構造―福岡県浮羽郡・八女郡殖産調査を中心に」『農村研究』32号，35-43ページ。

佐々木豊（1972）「森恒太郎の村是調査思想―余土村是調査の担い手たち(1)」『農村研究』35号，35-48ページ。

佐々木豊（1979）「町村是調査運動の社会理論」『農村研究』48号，30-44ページ。

佐々木豊（1980）「町村是調査の様式と基準」『農村研究』50号，99-112ページ。

佐藤由美（2011）「2050年までに電力の100％を再生可能エネルギーに―高知県梼原町の挑戦」農山漁村文化協会『季刊地域』NO.7，48-51ページ。

佐無田光（2007）「金沢都市圏の産業構造とその展開」碇山洋・佐無田光・菊本舞編著『北陸地域経済学―歴史と社会から理解する地域経済』日本経済評論社，105-142ページ。

佐無田光（2008）「地方都市の内発的発展」中村剛治郎編『基本ケースで学ぶ地域経済学』有斐閣，123-144ページ。

自治体問題研究所京都民主府政研究会編／島恭彦監修（1974）『京都民主府政―その到達点と課題』自治体研究社。

自治体問題研究所編（1978）『地域と自治体　第8集　三全総と地域，自治体産業政策

の追求』自治体研究社。

自治体問題研究所編集部編（1998a）『社会保障の経済効果は公共事業より大きい―産業
連関表による生産・雇用・GDP 効果比較』自治体研究社。

自治体問題研究所編集部編（1998b）『これならできる！　社会保障の経済効果試算―付・
教育・研究と消費税減税の経済効果分析』自治体研究社。

篠崎勝（1978）「瀬戸内海の地域社会（特別講演）」（第 7 回瀬戸内シンポジウム―住民
の手で，瀬戸内を豊かに）1978年 1 月，4 -11ページ。

柴田徳衛（1976）『現代都市論〔第 2 版〕』東京大学出版会。

柴田徳衛編（1987）『21世紀への大都市像―現状と課題』東京大学出版会。

柴田徳衛（2005）「東京とその前身江戸―その社会経済的展開」『東京経大学会誌，経済学』
247号，3 -19ページ。

柴田徳衛・宮本憲一（1963）『地方財政―現代資本主義と住民の生活』有斐閣。

島根県農林水産部森林整備課・林業課（2008）「木材流通がもたらす地域経済効果につ
いて―資源造成対策から資源供給対策への転換」2008年 2 月。

島村史郎（2008）「統計史群像(4)　前田正名と統計」日本統計協会『統計』2008年 5 月号，
53-60ページ。

島恭彦（1974）「民主的自治体論」自治体問題研究所京都民主府政研究会編／島恭彦監
修『京都民主府政―その到達点と課題』自治体研究社，11-22ページ。

島恭彦（1976）『地域の政治と経済』自治体研究社。

島恭彦（1983）『地域論　島恭彦著作集 4 』有斐閣。

島恭彦・小沢辰雄（1969）「広域行政と都道府県の合併問題　島教授から話を聞く」『月
刊自治研』自治研中央推進委員会機関紙，11巻 4 号，84-97ページ。

島恭彦・西川清治・西山夘三・宮本憲一編（1970）『講座現代日本の都市問題』汐文社。

社団法人中小企業診断協会宮崎県支部（2009）「宮崎県における地域産業連携による地
域経済活性化の調査・研究」2009年 1 月。

自由民主党道州制推進本部（2013）「道州制基本法案（骨子案）」2012年 9 月 3 日。

朱然（2014）「蜷川京都府政の開発政策の理念と実践」京都大学。

朱宮丈晴（2012）てるはの森の会会報『照葉樹林だより』第31号。

白藤博行（2013）『新しい時代の地方自治像の探究』自治体研究社。

白藤博行・村上博・米丸恒治・渡名喜庸安・後藤智・恒川隆生（2010）『アクチュアル
地方自治法』法律文化社。

杉原泰雄（2008）『地方自治の憲法論〔補訂版〕』勁草書房。

杉原泰雄（2010）『憲法と資本主義の現在―「百年に一度の危機」のなかで』勁草書房。

杉原泰雄（2016）『試練にたつ日本国憲法』勁草書房。

杉原泰雄・大津浩・白藤博行・竹森正孝・廣田全男編（2003）『資料現代地方自治―「充
実した地方自治」を求めて』勁草書房。

全国知事会（2001）『地方分権下の都道府県の役割―自治制度研究会報告書』。

全国小さくても輝く自治体フォーラムの会・自治体問題研究所編（2014）『小さい自治

体 輝く自治 ―「平成の大合併」と「フォーラムの会」』自治体研究社。

総務省（2005）第28次地方制度調査会第31回専門小委員会（2005年10月21日）「資料1」。

総務省（2016）『平成25年度 行政投資実績』。

総務省統計局（2016）「平成27年国勢調査　人口速報集計結果」2016年2月。

祖田修（1971）「町村是運動の展開とその系譜―『興業意見』から町村是運動へ」『農林業問題研究』7巻1号，14-24ページ。

祖田修（1987）『前田正名〔新装版〕』吉川弘文館。

高橋正郎監修／土井時久・斎藤修編（2001）『フードシステムの構造変化と農漁業』農林統計協会。

高原一隆（2008）『ネットワークの地域経済学―小さな会社のネットワークが地域をつくる』法律文化社。

高松信清（1975）「町村是の『農業経済関係内容目録』」農林省統計情報部・農林統計研究会編『農業経済累年統計　第6巻』農林統計協会，385-442ページ。

武田公子（2011）『地域戦略と自治体行財政』世界思想社。

武田勉（1963）「明治後期，瀬戸内一農村における農民層の分化―伊予絣副業の展開と関連して」『農業綜合研究』17巻4号，39-97ページ。

竹村脩一・船橋泰彦（1986）「Ⅰ　大分新産都市の都市経済構造」柴田徳衛編『21世紀への大都市像』東京大学出版会，163-179ページ。

田中宏昌・本多哲夫編著（2014）『地域産業政策の実際―大阪府の事例から学ぶ』同友館。

田代洋一・荻原伸次郎・金澤史男編（1996）『現代の経済政策』有斐閣。

田代洋一・荻原伸次郎・金澤史男編（2011）『現代の経済政策〔第4版〕』有斐閣。

蓼沼朗寿（1991）『地域政策論〔第2次改訂版〕』学陽書房。

種瀬茂・川鍋正敏・深町郁弥・村岡俊三編集代表（1976）『マルクス経済学の基礎知識―基礎概念の論点究明』有斐閣ブックス。

玉垣良典（1975）「産業構造変革期の再生産構造」河野健二編『産業構造と社会変動　第1巻　産業構造の変革』日本評論社，29-71ページ。

玉垣良典（1977）「日本資本主義の再建」『岩波講座日本歴史23　現代2』岩波書店，51-93ページ。

田村悦一・水口憲人・見上崇洋・佐藤満編著（2005）『分権推進と自治の展望』日本評論社。

長幸男（1969）「ナショナリズムと『産業』運動―前田正名の思想と活動」長幸男著／住谷一彦編『近代日本経済思想史Ⅰ』有斐閣，85-133ページ。

長幸男（1979）「移植型大工業と在来産業」国際連合大学『人間と社会の開発プログラム研究報告』，1-19ページ。

長幸男・住谷一彦編（1969）『近代日本経済思想史Ⅰ』有斐閣。

寺西俊一（1985）「環境経済論の諸系譜に関する覚え書―若干の学説史的回顧を中心に（一）」『一橋大学研究年報．経済学研究』26巻，313-340ページ。

寺西俊一・石田信隆編著（2010）『自然資源経済論入門1　農林水産業を見つめなおす』

中央経済社。

土居英二・浅利一郎・中野親徳（1996）『はじめよう地域産業連関分析—Lotus 1-2-3 で初歩から実践まで』日本評論社。

渡名喜庸安・行方久生・晴山一穂編著（2010）『「地域主権」と国家・自治体の再編—現代道州制論批判』日本評論社。

永松茂州編（1897）『福岡県生葉竹野郡是』。

永松茂州・本司義足編（1900）『福岡県八女郡是（現況ノ部，参考ノ部，将来ノ部)』。

中村剛治郎（1979）「現代日本の地域開発をめぐる理論と政策」儀我壮一郎・深井純一・三村浩史編『国土・都市・農村と地域開発』自治体研究社，33-64ページ。

中村剛治郎（1996）「地域政策と環境政策」田代洋一・荻原伸次郎・金澤史男編『現代の経済政策』有斐閣，183-209ページ。

中村剛治郎（2004）『地域政治経済学』有斐閣。

中村剛治郎編（2008）『基本ケースで学ぶ地域経済学』有斐閣。

中村剛治郎（2011）「地域政策」田代洋一・荻原伸次郎・金澤史男編『現代の経済政〔第4版〕』有斐閣，214-234ページ。

中村隆英（1997）『日本経済—その成長と構造〔第3版〕』東京大学出版会。

中村政則（1975a）「昭和恐慌と農村危機」大石嘉一郎・宮本憲一編『日本資本主義発達史の基礎知識—成立・発展・没落の軌跡』有斐閣，353-355ページ。

中村政則（1975b）「地主制の展開」大石嘉一郎・宮本憲一編『日本資本主義発達史の基礎知識—成立・発展・没落の軌跡』有斐閣，101-103ページ。

中山徹（2016）『人口減少と地域の再編—地方創生・連携中枢都市圏・コンパクトシティ』自治体研究社。

永田尚久・蒲谷亮一（1978）『現代地方自治全集21　地域政策』ぎょうせい。

永田恵十郎・七戸長生編（1988）『地域資源の国民的利用—新しい視座を定めるために』農山漁村文化協会。

21世紀政策研究所（2008）「地域再生戦略と道州制　九州をモデルとしたシミュレーション分析を中心に」2008年4月。

21世紀政策研究所（2009）『地域経済圏の確立に向けた道州制の導入と行政改革—道州制と税財政制度』。

二瓶敏（1976）「戦後日本資本主義の構造的危機把握のために」専修大学社会科学研究所『社会科学年報』10，1-64ページ。

日本科学者会議編（1985）『テクノポリスと地域開発』大月書店。

日本銀行岡山支店・日本銀行調査局編（1968）『地域開発の地元金融経済におよぼす影響—水島地区工業開発に伴う波及効果の調査』。

日本経済団体連合会（2008）第5回九州地域戦略会議夏季セミナーにおける御手洗会長講演「道州制でひらく九州と日本の未来」2008年8月1日。

農林水産省（2011）「第85次農林水産省統計表」。

野原光（1979）「産業構造転換と地域開発」自治体問題研究所編『自治体問題講座5

国土・都市・農村と地域開発』自治体研究社，93-124ページ。

羽倉一雄（1968）「大分地区新産業都市建設の進展にともなう県内住民の社会生活」大分大学経済研究所『研究所報』2，169-215ページ。

小長谷一之・前川知史編（2012）『経済効果入門—地域活性化・企画立案・政策評価のツール』日本評論社。

平岡和久・自治体問題研究所編（2014）『新しい時代の地方自治像と財政—内発的発展の地方財政論』自治体研究社。

平野喜一郎（1981）『社会科学の生誕—科学とヒューマニズム』大月書店。

廣田全男（2004）「ヨーロッパ地方自治憲章と世界地方自治憲章草案—その意義・内容と各国の対応」比較地方自治研究会・自治体国際化協会編『世界地方自治憲章と各国の対応』財団法人自治体国際化協会，1－9ページ。

藤川清史（2008）『産業連関分析入門』日本評論社。

藤田武夫・和田八束・岸昌三編（1978）『地方財政の理論と政策』昭和堂。

藤田実（2014）『日本経済の構造的危機を読み解く—持続可能な産業再生を展望して』新日本出版社。

藤原宏志（2010）「『住んでみたい町』へ綾町の挑戦」財政学研究会『財政と公共政策』32巻2号，2－6ページ。

古川泰（2004）「地方自治体による新たな林政の取り組みと住民参加—高知県森林環境税と梼原町環境型森林・林業振興策を事例に」『林業経済研究』50巻1号，39-52ページ。

ブレック研究所（2011）「四国地域における森林資源を有効活用した地域産業新興モデルの調査研究成果報告書」2011年2月。

Petty, William, *A Political Anatomy of Ireland* London, 1691, in *Economic Writings of Sir William Petty.* ed. by C. H. Hull, Cambridge, 1899a,vol 1 .（＝ペティ著／松川七郎訳（1951）『アイァランドの政治的解剖』岩波書店）。

Petty, William, *A Treatise of Taxes & Contributions* London, 1662, in *Economic Writings of Sir William Petty.* ed. by C. H. Hull, Cambridge, 1899b,vol 1 .（＝ペティ著／大内兵衛・松川七郎訳（1952）『租税貢納論 他一編』岩波書店）。

Petty, William, *Political Arithmetick* London, 1690, in *Economic Writings of Sir William Petty.* ed. by C. H. Hull, Cambridge, 1899c,vol 1 .（＝ペティ著／大内兵衛・松川七郎訳（1955）『政治算術』岩波書店）。

細野武男編（1974）『道はただ一つこの道を—蜷川虎三自治体論集』民衆社。

北海道開発協会（2003）「自然との共生を目指し，産業観光を実践　宮崎県綾町」『開発こうほう』2003年3月号，28-32ページ。

保母武彦（1996）『内発的発展論と日本の農山村』岩波書店。

保母武彦（2001）『公共事業をどう変えるか』岩波書店。

増田寛也編著（2014）『地方消滅—東京一極集中が招く人口急減』中央公論新社。

松尾純廣（1995）「『新産業都市』化前後の大分の産業・企業配置」大分大学経済研究所『研究所報』29，1-29ページ。

松川七郎（1952）「ペティの国富算定論について」一橋大学経済研究所論編『経済研究』
　　3巻4号，324-327ページ。

松川七郎（1967）『ウィリアム・ペティ〔増補版〕』岩波書店。

Matsukawa, Shichiro, 1977, *Sir William Petty : An Unpublished Manuscript.* in,
　　Hitotsubashi Journal of Economics, 1977-02.

松原宏（2012）『産業立地と地域経済』放送大学教育振興会。

松原宏編著（2014）『地域経済論入門』古今書院。

Karl Marx, Theorien Über Den Mehrwet, 1956.（＝大内兵衛・細川喜六監訳（1969）『マ
　　ルクス＝エンゲルス全集　第26巻第Ⅰ分冊』大月書店）。

丸山高満（1987）『セミナー地域政策と地方自治—二一世紀へ向けて』良書普及会。

三井逸友（2011）『中小企業政策と「中小企業憲章」—日欧比較の21世紀』花伝社。

三林正和（2004）「森の恵みを活かした『全村森林公園』の村づくり」『町村週報』2004
　　年4月5日，6-8ページ。

三橋俊男・宮崎清・吉岡道隆（1990）「前田正名にみる『内発的』地域開発理念—デザ
　　インを通した在来産業の内発的活性化に関する検討」日本デザイン学会『デザイン学
　　研究』No.77，17-24ページ。

宮崎清・三橋俊男（1994）「前田正名にみる在来産業振興の理念と実践」『EPECIAL
　　ISSUE OF ISSD』Vol.2 No.1，デザイン学研究特集号，2-5ページ。

宮崎県綾町役場（2010）「綾町の観光・まちづくり」財政学研究会『財政と公共政策』
　　32巻2号，31-40ページ。

宮本憲一（1953）「ペティ財政学の位置—財政学の生成過程に関する一研究」『金沢大学
　　法文学部論集　法経編』1号，119-138ページ。

宮本憲一（1969）『日本の都市問題—その政治経済学的考察』筑磨書房。

宮本憲一（1971）「近代の都市・住宅問題の思想」金沢良雄・西山夘三・福武直・柴田
　　徳衛編『住宅問題講座1　現代住居論』有斐閣，44-71ページ。

宮本憲一（1973）『地域開発はこれでよいか』岩波書店。

宮本憲一（1976）『社会資本論〔改訂版〕』有斐閣。

宮本憲一（1977a）『財政改革—生活権と自治権の財政学』岩波書店。

宮本憲一編（1977b）『大都市とコンビナート・大阪（講座　地方開発と自治体1）』筑
　　摩書房。

宮本憲一（1980）『ＮＨＫ大学講座 都市と経済』日本放送協会。

宮本憲一（1981a）『現代資本主義と国家』岩波書店。

宮本憲一（1981b）『日本の環境問題—その政治経済学的考察〔増補版〕』有斐閣。

宮本憲一（1982）『現代の都市と農村—地域経済の再生を求めて』日本放送出版協会。

宮本憲一（1989a）『環境経済学』岩波書店。

宮本憲一（1989b）『経済大国〔増補版〕』小学館。

宮本憲一（1990）「地域経済学の課題と構成」宮本憲一・横田茂・中村剛治郎編『地域
　　経済学』有斐閣，1-27ページ。

宮本憲一（1991）『地方自治の歴史と展望』自治体研究社。

宮本憲一（1996）『環境と自治―私の戦後ノート』岩波書店。

宮本憲一（1998）『公共政策のすすめ―現代的公共性とは何か』有斐閣。

宮本憲一（1999）『都市政策の思想と現実』有斐閣。

宮本憲一（2001）『思い出の人々と』藤原書店。

宮本憲一（2004）「政策科学をかんがえる―都市・環境政策から（講演記録）」立命館大
　　学政策科学会編『政策科学』12巻特別号，3-15ページ。

宮本憲一（2005）『日本の地方自治　その歴史と未来』自治体研究社。

宮本憲一（2007）『環境経済学〔新版〕』，岩波書店。

宮本憲一・山村勝郎他（1985）『環日本海地域の都市問題と都市政策』大和書房。

宮本憲一・横田茂・中村剛治郎編（1990）『地域経済学』有斐閣。

宮本憲一・遠藤宏一・小林昭編（2000）『セミナー現代地方財政―「地域共同社会」再
　　生の政治経済学』勁草書房。

宮本憲一・淡路剛久編（2014）『公害・環境研究のパイオニアたち―公害研究委員会の
　　50年』岩波書店。

村上博・自治体問題研究所編（2010）『都道府県は時代遅れになったのか？―都道府県
　　の役割を再確認する』自治体研究社。

室井力編（1977）『日本国憲法12　地方自治』三省堂。

室井力 渡名喜庸安・白藤博行編集委員（2002）『現代自治体再編論―市町村合併を超
　　えて』日本評論社。

藻谷浩介・NHK広島取材班（2013）『里山資本主義―日本経済は「安心の原理」で動く』
　　角川書店。

森恒太郎（1909）『町村是調査指針』丁未出版社。

守友裕一（1991）『内発的発展の道―まちづくり，むらづくりの論理と展望』農山漁村
　　文化協会。

森裕之（2008）『公共事業改革論―長野県モデルの検証』有斐閣。

森元恒雄（1973）「国土総合開発法案と新産業都市・工業整備特別地域」『自治研究』49
　　巻7号，283-308ページ。

森山喜代香（2001）『自然と共生した町づくり　宮崎県・綾町』公人の友社。

諸塚村（1962）『諸塚村史』。

諸塚村（2001）『第4次諸塚村総合長期計画（2001年～2010年）』2001年3月。

諸富徹（2003）『環境』岩波書店。

諸富徹・門野圭司（2007）『地方財政システム論』有斐閣。

諸富徹（2010）『地域再生の新戦略』中央公論新社。

諸富徹（2009）『持続可能な地域発展のための地域政策のあり方に関する実証研究』（平
　　成20年度国土政策関係研究支援事業 最終報告書）＜共同研究者＞八木信一・門野圭司・
　　金 淳植・太田隆之。

諸富徹（2014）『持続可能な地域発展と住民自治組織』（平成25年度全国知事会自主調査

研究委託事業）。

諸富徹（2015）『「エネルギー自治」で地域再生！―飯田モデルに学ぶ』岩波書店。

諸富徹編著（2015）『再生可能エネルギーと地域再生』日本評論社。

安田秀穂（2008）『自治体の経済波及効果の算出―パソコンでできる産業連関分析』学陽書房。

柳ヶ瀬孝三（1975）「社会資本の民主主義的管理への一試論―京都民主府政における『民力培養型』公共投資政策の検討を手がかりとして」『愛媛大学法文学部論集. 経済学科編』8号，19-45ページ。

矢房孝広（2005）「認証の森から発信する信頼の家づくり」九州森林管理局『暖帯林』2005年号，42-44ページ。

矢房孝広（2006）「都市と山村を『森の恵み』と『人のふれあい』で結ぶ」農山漁村文化協会『21世紀の日本を考える』32号，20-25ページ。

梼原町（2009）『梼原町の環境モデル都市に関する取組』（低炭素都市推進国際会議2009年10月開催提出資料）。

梼原町（2010）「オフセット・クレジット（J-VER）制度に基づく温室効果ガス排出削減プロジェクト申請書」2010年2月。

梼原町（2014）「梼原町環境モデル都市行動計画」。

吉井英勝（2010）『原発抜き・地域再生の温暖化対策へ』新日本出版社。

吉岡健次（1963）『現代日本地方財政論』東洋経済新報社。

吉田敬一・井内尚樹編著（2010）『地域振興と中小企業―持続可能な循環型地域づくり』ミネルヴァ書房。

歴史学研究会・日本史研究会編（1985）『講座日本歴史11　現代1』東京大学出版会。

ロンカリア，アレッサンドロ著／津波古充文訳（1988）『ウィリアム・ペティの経済理論』昭和堂。

渡辺純夫（2013）「帯広市中小企業振興基本条例から産業振興ビジョンづくりへ」岡田知弘・高野祐次・渡辺純夫・秋元和夫・西尾栄一・川西洋史『中小企業振興条例で地域をつくる―地域内再投資力と自治体政策〔増補版〕』自治体研究社，121-146ページ。

初出一覧

第Ⅰ部 地域政策の理論

第1章 地域政策の現状と課題
拙著『地域と雇用をつくる産業連関分析入門』自治体研究社，2012年，および拙稿「地域経済 州都 中核と周辺」（岡田知弘・榊原秀訓・永山利和編著『地域と自治体 第37集』自治体研究社，2015年所収）をもとに加筆

第2章 地域の制度・循環・マネジメント
拙著『地域と雇用をつくる産業連関分析入門』自治体研究社，2012年所収の「Ⅲ-2 地域の政治経済制度と3層の地域循環構造の把握」および「Ⅲ-3 産業連関表を活用した地域経済循環の計量的把握」と「Ⅲ-4 地域づくりのマネジメント政策」をもとに加筆

第3章 地域政策と「市町村・都道府県・国」の関係
書き下ろし

第Ⅱ部 地域政策の事例

第4章 照葉樹林と産業観光によるまちづくり―宮崎県綾町―
拙稿「綾町のまちづくりの理論」（財政学研究会『財政と公共政策』第32巻第2号，2010年10月所収），および拙著『地域と雇用をつくる産業連関分析入門』第Ⅱ部Ⅱ-1「照葉樹林と産業観光によるまちづくり―宮崎県綾町」をもとに加筆

第5章 産業の川上・川中・川下が循環する林業立村―宮崎県諸塚村―
同上拙著第Ⅱ部Ⅱ-2「産業の川上・川中・川下が循環する林業立村―宮崎県諸塚村」をもとに加筆

第6章 自然エネルギーによるまちづくり―高知県梼原町―
同上拙著第Ⅱ部Ⅱ-3「自然エネルギーによるまちづくり―高知県梼原町」をもとに加筆

第7章 中小企業振興基本条例と帯広・十勝の地域経済―北海道帯広市―
同上拙著第Ⅱ部Ⅱ-4「中小企業新興条例と帯広・都道府県価値の地域経済―北海道帯広市」をもとに加筆

第8章 大分県の地域政策
書き下ろし

第9章 京都府の地域政策
拙稿「京都府の地域政策―都道府県段階の内発的発展の事例」（日本地域経済学会『地域経済学研究』第32号，2016年12月所収）をもとに加筆

第Ⅲ部　地域政策の学説

第10章　ウィリアム・ペティの政策理論と地域政策

　宮崎大学教育文化学部紀要社会科学第31号，2014年 8 月所収をもとに加筆

第11章　明治期の町村是運動と地域政策

　宮崎大学教育文化学部紀要社会科学第32号，2015年 3 月所収をもとに加筆

事項索引

あ 行

新しい社会的な価値　49, 292
アメニティ　　ii, 21, 28, 34, 36, 292
綾町（宮崎県）　　v, 87
新たな公　16
EU の地域政策　37, 60
イギリス　271, 273
生葉竹野郡是　315
池田町（北海道）　20
維持可能な内発的発展（論）　20, 22, 29
移出産業　24
　──化　27
　──と地元市場産業　38, 54, 108, 112, 135,
　　140, 160, 164, 182, 187
位置・産業・政策　269, 271, 273, 276, 288
一極集中　70, 75, 84, 221
　東京──　15
一般競争入札　26
一般政府消費支出　12, 48, 110, 139, 161, 187
イノベーション　17, 18, 23
内子町（愛媛県）　26
NPO　34, 35, 329
FSC 認証　62, 117, 125, 129, 143, 149, 151
欧州社会基金（ESF）　37
欧州地域開発基金（ERDF）　37
大分県　64, 190
　──財政　223
　──の地域政策　68, 84
大分・鶴崎臨海工業地帯開発　191
大山町（大分県）　20
帯広市　167
帯広・十勝　v, 167
オランダ　271, 273

か 行

海外生産（海外生産比率）　iii, 3
　──拡大　7
改正地域再生法　19
開放体系　39, 290, 291
外来型開発　i, v, 20, 22, 30, 190, 196, 214, 228,

232, 298
学習・参加・自治　88, 98
各種政策の統合　88, 94
数・重量・尺度　285
過疎地域　16-18, 23, 29, 216
過疎化　15, 20, 48, 70, 75, 120, 216
過疎問題　19, 245
「簡易型」総合評価方式　26
環境・社会循環　　ii, 28, 30, 36, 49, 68, 71, 75,
　　100, 129, 154, 265, 292
環境政策　61, 88
環境の里づくり　59, 147, 150, 151
環境負荷　36
環境・文化の意義　31
環境保全　21, 49, 75
環境保全型まちづくり　143
神戸勧告　80, 81
機関委任事務　29, 81, 228
企業立地　　3, 7, 170, 172, 176, 205, 227
規制緩和　23
基礎自治体　8, 26, 29
木曽谷の妻籠　20
木の里づくり　142, 151
規模の経済　9, 10
行財政運営　88, 95
共助の精神　18
行政組織　34
行政投資　iii, 3, 5, 7, 71, 221
協同組合　35
京都府
　──内の均等発展　257
　──の地域政策　iii, 66, 72, 83, 84
京都府公害防止条例　75
京都府総合開発計画　66, 232, 234-236, 262
　第2次──　68, 232, 234, 244, 245
拠点開発方式　iii, v, 15, 64, 67, 75, 190, 237,
　　238, 265
空間経済学　24
草の根の民主主義　20
グローバリゼーション　　i, 3, 60, 270, 291,
　　329

経済基盤説　24
経済的・社会的結束　37
経済波及効果　36, 43, 45, 51, 55, 56, 58, 107,
　　112, 135, 139, 140, 164, 178, 188
結束基金（Cohesion Fund）　37
原料—中間財—最終製品　29
広域的な事務　9
広域連合　27
公　害　15, 72, 226, 228, 264
公害防止条例　264, 265
興業銀行　299-302
公共事業改革　26
公共施設　19, 34, 87, 92, 97, 147, 150, 153
公共政策　19, 269
公共・民間循環　ii, 28, 30, 36, 43, 45, 68, 70,
　　74, 100, 128, 265, 292
公設研究所　34
公的固定資本形成　12
公的年金　35, 102
高度成長期　i, iii, 29, 232
公立病院改革ガイドライン　19
交流事業　117, 122-124, 127, 129, 140
国際競争力　8, 10, 17, 67, 238
国土計画　15, 16, 22, 24
国土形成計画　i, 8, 15, 16, 19, 23
国土のグランドデザイン　16
国力増進構造　271, 273, 285, 286, 288, 289
　　3層の——　288
国家の政治経済制度　vi, 271, 288, 289
固定資本形成　4, 42, 212
コモンズ　27
雇用の創出　49, 55, 148, 149, 154
雇用誘発　12, 13, 44, 56, 57, 140
根幹的事業方式　iii, 64, 67, 74, 75, 232, 234,
　　238, 261
混合部門　34, 35, 45

さ 行

財源保障機能　8
最終需要　4, 12-14, 38, 39, 44, 52, 53
財政構造　34, 312
財政調整制度　8
在来産業近代化　300, 302, 304, 323
佐久総合病院　20, 47, 48
産業活性化事業　96, 97

産業観光　v, 32, 36, 49, 50, 87
　　——政策　88, 94
産業経済費　32, 34
産業振興ビジョン　v, 58, 60, 62, 167, 169,
　　172, 177
産業政策　iv, 15, 19, 61, 88, 90, 275
産業相互の依存関係　52, 106, 112, 134, 139,
　　159, 164, 182, 187, 293
産業組織　33, 34
産業の川上・川中・川下　37, 103, 112, 117,
　　127-129
産業連関構造　3, 29, 54, 108, 135, 160, 182,
　　202, 246
　　3系列の——　210
産業連関の希薄化　202
産業連関分析　10, 12, 13, 52, 57
3大都市圏　16-18
産直住宅　32, 121, 127, 140, 151
CO_2吸収　126, 149
CO_2の削減　147, 150
J-VER　126, 127, 129, 147, 148, 153, 155, 158
事業所と従業者の集中　218
自助努力　i, 16, 19, 23, 25
自然エネルギー　28, 36, 49, 51
自然環境　ii, 28, 34, 36, 88, 129, 148, 172
自然生態系との共生　88, 94, 95
自然体と政治体との類比　271, 288
自然的・地理的・社会的な条件　ii, 27, 28,
　　31, 32, 34, 292, 323, 324, 328
下から（地域から）　ii-iv, vi, 29, 30, 64, 265,
　　304, 305, 326, 328, 329
自治権　21, 25, 78
自治公民館　34, 35, 61, 62, 83, 93, 98, 124
市町村合併　i, 8, 14
市町村・都道府県・国の関係　64
市町村類型　32
島おこし運動　20
地元市場産業　27, 38, 48
シャウプ勧告　iii, 80
社会組織　34, 35
社会的使用価値　36, 49, 102, 113
　　——効果　43
社会的余剰（利潤，租税，貯蓄）　36
重化学工業コンビナート　69, 71, 197, 205,
　　206, 208, 210, 211, 213, 225

重化学工業誘致　195
収穫逓増効果　24
就業構造　3，5，308
就業者　5，7
　　――の集中　216
住民参加　21，61，78，146
住民の生活・生産の支援　43
出荷額の集中　220
条件不利地域　16，17，24
照葉樹林　87
殖産興業　118，299
　　――政策　298，299，302，323
人口減少　7，16，17，168，169，216，257
人口集中　215，216，233
新産業都市　15，64
　　――建設の目的　197
森林整備　49，149，152，154，155
森林炭素吸収量活用　125，126
水源地域森林整備交付金事業　145，146
垂直的政府関係　27
水平的国土構造　24
スーパー・メガリージョン　17，18
数量的把握　iv，vi，52，271，273，285，286，289，292，328
生活圏と経済圏　8
生活様式　31，32
税源涵養　ii，28，43，292
政策提言　57，58，323
政策（理）論　i，270-272，288-291
生産・粗付加価値・雇用・税収　112，140，164，188
生産様式　31，32
静態的把握と動態的把握　54
制度的階層性　26
制度的補完性　26
設備投資　4，38，57，214
瀬戸内海沿岸地域　65，191，193，196
瀬戸内海調査地域　65
先行投資　70，97，221，223
全国総合開発計画　i，15，16，23，198，232，237，265
全国知事会報告書　11
選択と集中　9，10，19
前方後方地域内産業連関的発展　24
専門化による多角化　27

相対的自律性・自立性　290

た　行

第三セクター　34，35，45，62，131，148
対流促進型国土　18
タテの開発　iii，67，75，234-236，238，262，265
炭素吸収機能　36，49，117
地域開発事業方式　64，68，74，234，245，246，261
地域格差の是正　i，16，20，23，237
地域ガバナンス　26
地域計画　24
地域経済循環　ii，28，35，37，40，41，45，47，50-54，56，68
地域経済づくり　39，49，50，57-60
地域構造　i，7，15，18，68，75
　　重層的――　25
地域自治の時代　20
地域循環構造
　　――の分析　103，130，155，179
　　3層の――　ii，28，30
地域政策　3，19
　　――の成果　68
　　――の目的　64
地域的アプローチ　37
地域的ウッドシステム　41
地域的エコツーリズムシステム　50
地域的ケアシステム　47
地域的結束　37
　　――に関する緑書　37
地域的産業連関システム　ii，28，103，132，157，179
地域的自然エネルギーシステム　51
地域的フードシステム　40
地域内再投資力　29
地域の政治経済制度　31
地域の多様性（Diversity）　37
地域密着型フードシステム　175
地域問題　15，19，80，234，241，269
小さな拠点　i，19
地産地消　40，41，61，100，149，150，173，176，178
地方改良運動　i，22，297，306
地方圏　iii，3，7，16，17，19，23
地方公社　35，45

地方交付税　8
地方交付税種地　32
地方制度調査会　9，11
地方創生　8，15
地方分権　23, 265, 270, 329
中間的構造　32, 33
中間システム　ii, 31, 292
中山間地　32, 33
中小企業振興基本条例　v, 40, 60, 167
中・東・南欧　37
長期計画　59, 60, 313
町際収支　103, 155
町村是運動　iv, vi, 22
道州制　8, 10, 13, 76, 78
道州制推進基本法案　8
動態的で補完的　iii
動態的発展論的比較地域的制度アプローチ
　24
独立採算　96
都市再生特別措置法　19
都市問題　15, 19, 66, 269
土地利用　19, 21, 32, 34
都道府県合併特例法　76
都道府県の地域政策　75, 84, 264
都道府県の役割　76, 79, 83, 265
トレンド　88, 95

な　行

内需産業の縮小　3
内発型テクノポリス　23
内発的発展論　20, 22, 27
長野県の地域政策　26
ナショナル・ミニマム　8
農工併進　190, 197
農村経済更生運動　i, 22

は　行

非１次産業　10, 12, 13
百彩の森づくり　59
ふーどツーリズム　36, 173
付加価値の地元帰属　24

不均等発展　19, 70, 75, 80, 221, 243
プラザ合意　iii, 3，142
フランス　271, 273
ふるさと創生　23
平成の大合併　iv, 28
別府湾沿岸地区　64, 65, 191
補完事務　11
補完性原理　iv, 23, 25, 27, 80, 82, 84, 297
ボトムアップ型　26

ま　行

マーストリヒト条約　37
まちづくり産業振興論　25
マネジメント　ii, 28-30, 59, 62, 292, 313, 325
民間運動から官製運動へ　305
民力培養型公共投資　67, 238, 262, 265
６つの産業分野　202
６つのメルクマール　11
木質ペレット　51
目標設定　88, 95, 96
物に問う　299, 302, 304
森づくり　119, 122
諸塚村（宮崎県）　v, 117
諸塚方式自治公民館　62, 124

や　行

八女郡是　299, 315, 318
有機農業　88
輸出産業と輸出誘発産業　3
梼原町（高知県）　v, 142
ユネスコエコパーク　94
湯布院町（大分県）　iv
ヨーロッパ地方自治憲章　iii, 82
ヨコの開発　75, 235, 262
余土村是　307
４大産業　59-62, 117

ら　行

林業の担い手の組織化　142
林業立村　v, 59, 117
６次産業化　28, 37

人名索引

あ 行

浅利一郎　293
有泉貞夫　299, 300, 302
安東誠一　298
安藤良雄　297, 301, 326, 327, 329, 330
池内清間　308–310, 313, 314
池上惇　79
石井晋　195, 229
伊藤正直　210
稲村薫　280, 295
岩本直也　148, 150, 151
植田和弘　63
上野登　94, 95, 115
有働正治　45
浦田昌計　285, 296
遠藤宏一　47, 84, 229, 230
大貝健二　177
大島美津子　22, 306
太田一郎　22, 305, 330, 331
大友詔雄　51
岡田知弘　29, 63
尾形森衛　125
岡村正淳　227, 228
奥田宏司　225
小沢辰雄　78

か 行

金山紀久　175
川瀬光義　22
河野耕三　95
儀我壮一郎　79
金淳植　266
栗栖祐子　143, 146
黒木勝利　117, 119
郷田実・郷田美紀子　87, 89, 94, 99, 114
近藤康男　300–304

さ 行

坂本忠次　231
佐々木豊　307, 329, 330

佐藤由美　155
佐無田光　48, 115, 229
篠崎勝　76
柴田徳衛　269, 323
島村史郎　329
島恭彦　77, 78
朱然　266
朱宮丈晴　95
杉原泰雄　80–82
祖田修　297, 299, 304, 306, 330

た 行

高松信清　325, 331
武田勉　308, 310, 330
竹村脩一　230
種瀬茂　293
玉垣良典　229
長幸男　297, 322, 323, 330
寺西俊一　269
土居英二　293

な 行

中野親徳　293
永松茂州　315–321, 324
中村剛治郎　16, 19, 20, 22–25, 37, 63, 213, 229, 269, 291
中村政則　22, 322
二瓶敏　229
野原光　229

は 行

羽倉一雄　226, 227
平野喜一郎　294
廣田全男　84
藤原宏志　115
舟橋泰彦　230
古川泰　143
ペティ, ウィリアム　271–287
細野武男　236, 265
保母武彦　114

ま　行

前田正名　vi, 297
松尾純廣　213
松川七郎　294–296
マルクス，カール　286
御手洗冨士夫　9
三橋俊男　298
三林正和　123
宮崎清　298, 329
宮本憲一　19–23, 49, 63, 79, 84, 237, 244, 266,
　　269, 294, 295, 323, 330
本司義足　318–321
森恒太郎　307, 309, 310
森裕之　26
森元恒雄　214–216, 230

森山喜代香　99
諸富徹　26, 115

や　行

柳ヶ瀬孝三　266
矢房孝広　124, 126
山本弘文　297, 301, 326, 327, 329, 330
横田茂　269
吉岡道隆　298
依光良三　143

ら　行

ロンカリア，アレッサンドロ　294

わ　行

渡辺純夫　168

■著者紹介

入谷　貴夫（いりや　たかお）

1955年　愛知県生まれ
1980年　立命館大学経済学部卒業
1989年　大阪市立大学大学院経営学研究科博士課程後期単位取得退学
　　　　京都大学経済学部研究員（日本学術振興会特別研究員）
1990年　宮崎大学教育学部講師，助教授，教授をへて
現　在　宮崎大学地域資源創成学部教授

〈著書〉
『現代の港湾』（分担執筆，税務経理協会，1987年）
『高齢化時代の地方財政』（分担執筆，勁草書房，1998年）
『第三セクター改革と自治体財政再建』（自治体研究社，2008年）
『PFI神話の崩壊』（共編，自治体研究社，2009年）
『地域と雇用をつくる産業連関分析入門』（自治体研究社，2012年）　ほか

Horitsu Bunka Sha

現代地域政策学
──動態的で補完的な内発的発展の創造

2018年1月10日　初版第1刷発行

著　者　入谷貴夫
発行者　田靡純子
発行所　株式会社　法律文化社
〒603-8053
京都市北区上賀茂岩ヶ垣内町71
電話 075(791)7131　FAX 075(721)8400
http://www.hou-bun.com/

＊乱丁など不良本がありましたら，ご連絡ください。
　送料小社負担にてお取り替えいたします。

印刷：西濃印刷㈱／製本：㈱藤沢製本
装幀：奥野　章
ISBN 978-4-589-03890-6
Ⓒ 2018 Takao Iriya Printed in Japan

JCOPY　〈(社)出版者著作権管理機構　委託出版物〉

本書の無断複写は著作権法上での例外を除き禁じられています。複写される
場合は，そのつど事前に，(社)出版者著作権管理機構（電話03-3513-6969,
FAX03-3513-6979, e-mail: info@jcopy.or.jp）の許諾を得てください。

岡田知弘・岩佐和幸編

入門 現代日本の経済政策

A5判・282頁・2800円

経済政策を「広義の経済」を対象とする公共政策と捉え，産業・生活・公共・対外関係の4観点から包括的・多角的に考察。歴史的展開と最前線の動きをフォローし，現代日本経済と経済政策の全体像をわかりやすく解説。

新川達郎編

京都の地域力再生と協働の実践

A5判・158頁・2400円

地域の疲弊を克服し，潜在力を引き出して持続可能な未来を切り拓くことが切に求められている。地域問題の縮図といえる京都の事例を参考に，地域をつくりなおす様々な協働と実践を紹介し，その意義を明らかにする。

石田 徹・伊藤恭彦・上田道明編

ローカル・ガバナンスとデモクラシー
—地方自治の新たなかたち—

A5判・224頁・2300円

世界的な地方分権化の流れをふまえつつ，日本におけるローカル（地域・地方）レベルの統治に焦点をあて複眼的な視点から，地方自治の新たなかたちを提示する。政府－民間関係，中央政府－地方自治体関係，諸組織間連携の最新動向がわかる。

新川達郎編

政 策 学 入 門
—私たちの政策を考える—

A5判・240頁・2500円

問題解決のための取り組みを体系化した「政策学」を学ぶための基本テキスト。具体的な政策事例から理論的・論理的な思考方法をつかめるよう，要約・事例・事例分析・理論紹介・学修案内の順に論述。

市川喜崇著

日本の中央－地方関係
—現代型集権体制の起源と福祉国家—

A5判・278頁・5400円

明治以来の集権体制は，いつ，いかなる要因で，現代福祉国家型の集権体制に変容したのか。その形成時期と形成要因を緻密に探り，いまにつながる日本の中央－地方関係を包括的に解釈し直す。〔日本公共政策学会2013年度著作賞受賞〕

小田切康彦著

行政－市民間協働の効用
—実証的接近—

A5判・222頁・4600円

協働によって公共サービスの質・水準は変化するのか？ NPOと行政相互の協働の影響を客観的に評価して効用を論証。制度設計や運営方法，評価方法等の確立にむけて指針と根拠を提示する。〔第13回日本NPO学会優秀賞受賞〕

————法律文化社————

表示価格は本体（税別）価格です